RÜDIGER GÖRNER

ROMANTIK

RÜDIGER GÖRNER

ROMANTIK

Ein europäisches Ereignis

Mit 15 Abbildungen

RECLAM

2021 Philipp Reclam jun. Verlag GmbH,
Siemensstraße 32, 71254 Ditzingen
Druck und buchbinderische Verarbeitung:
Friedrich Pustet GmbH & Co. KG,
Gutenbergstraße 8, 93051 Regensburg
Printed in Germany 2022
RECLAM ist eine eingetragene Marke
der Philipp Reclam jun. GmbH & Co. KG, Stuttgart
ISBN 978-3-15-011325-7

Auch als E-Book erhältlich

www.reclam.de

»Ich habe ein tiefes Heimweh nach fremden Ländern.«
Rahel Varnhagen (um 1810)

»Die romantische Poesie faßt alles in sich was das ganze Europa in den folgenden Zeiten aus eigener Kraft hervorgebracht hat.«
Karl August Varnhagen von Ense, *Über den literarischen Geist des Zeitalters* (1804)

»Das Ende der Romantik, zu der ich noch gehöre, drückt sich auf alle Weise aus, auch und namentlich durch das Erbleichen und Absterben der Sexual-Symbolik, die fast identisch mit ihr ist. (Parsifal)«
Thomas Mann, Aus dem Tagebuch vom 24. Mai 1921

»Amerika kennt noch die Romantik des Schienenstranges.«
Wolfgang Koeppen, *Amerikafahrt* (1959)

»Ich lese Ihnen jetzt eine Stunde Novalis-Sätze vor, sagte er zu mir, und er blieb, während ich doch auf dem scheußlichen Loos-Sessel sitzen hatte müssen, stehen und las mir tatsächlich eine Stunde lang Novalis-Sätze vor.«
Atzbacher über Reger in: Thomas Bernhard, *Alte Meister. Komödie* (1988)

Inhalt

Préludes mit weiblicher Note ... 11

    I ... in As-Dur 11

    II ... in cis-Moll 17

    III ... in G-Dur 20

    IV ... in E-Dur 22

    V ... in D-Dur 25

KAPITEL I

Bestimmungsversuche: Zugänge zur Romantik 31

    Was Romantik ›ist‹ und wie man sie sieht 31

    Revolutionäre Romantik auf dem Weg zum eigenen Ich 39

    Geschichtlich-poetische Selbstbesinnung 41

    Antisemitische Entgleisungen 46

    Spätromantische Rückblicke (I) 49

    Spätromantische Rückblicke (II) 53

    Das unbekannte Meisterwerk als Ikone des Romantischen 54

    Heinrich Heines Frühromantik 57

KAPITEL II

Britisch-deutsche Verschlingungen in der Romantik 60

    Vorspiel in Goslar 60

    Das Bruchstück als ›Konfession‹ 63

    Geschichte und Imagination 66

    Romantische Manifestationen 69

    Ausklang mit Meistersängern à la E. T. A. Hoffmann 75

KAPITEL III

Romanhafte Romantik 78

    Wie (sich) eine Epoche erzählt 78

    Experimentieren mit Sinnlichem, der Liebe und
Gefühlsgrammatik zuliebe 83

    Was der Roman vermag – eine romantische Ambition 96

    Romantische Prosaisten – ein Quartett ›exemplarischer
Sonderfälle‹: Novalis, E. T. A. Hoffmann, Hans Christian
Andersen und Alexander S. Puschkin 101

KAPITEL IV

Lyrische Weltbezüge oder: »Schläft ein Lied in allen Dingen« 130

Romantische Poesie und Prosa im Wechsel 133
Unterwegs zum »Zauberwort« 141
Die Lyrik des Späten am Rande der »Kunstperiode« 145
Wie politisch ist das romantische Gedicht? 149
Das Gedicht als Windharfe oder als Nest 154
Lyrisches Ausgreifen polarer Gegensätze: Karoline von
Günderrode und Friedrich Rückert 159

KAPITEL V

Schwellentanz: Das romantische Ballett als symbolische
Kunstform 168

KAPITEL VI

Romantisch Wissen schaffen 182

Wissensvorgaben und vulkanische Erfahrungen 184
Anderes, Neues wissen und benennen wollen 187
Carl Gustav Carus und die Psyche 193
Biosophisch gedacht 197
Was anzieht und abstößt – Romantischer Magnetismus und,
einmal mehr, E. T. A. Hoffmann 199
Wortlob oder: Philologisches Wissen 208

KAPITEL VII

Blühende Ruinenlandschaften, Nachtwelten und andere –
auch theoretische – Kunsthorizonte 215

»Was malt er denn?« Mörikes Bilderzählung *Maler Nolten*
und Balzacs *Das unbekannte Meisterwerk* 219
Romantisches Bild-Denken 224
Was ist eine ›romantische Landschaft‹? 228
Vom Blühen der Ruine 232
Nachtwelten, ein poetischer Exkurs in dunkle
Klangbildwelten 236

KAPITEL VIII

Da capo: die romantische Sprache der Musik, literarisch gehört 247

Beethoven als musikalisches Maß aller Klänge – eine
Kreislerianerei 250
Das romantisch-utopische Musikethos des Hector Berlioz 255
Und noch einmal und immer wieder: E. T. A. Hoffmann 261
Vom Anrührenden des »Übelklangs« in *Der arme Spielmann* 265
Den Klängen nachsinnen 269

KAPITEL IX

›Productive Imagination‹ und religiöse Anklänge in der englischen
und deutschen (Spät-)Romantik 275

Auftakt mit Marbot 275
Romantische Kunstkritik auf Englisch 280
Heine rechnet ab 285
Romantische Resakralisierungen – durch Kunst 289
Was ›productive imagination‹ ist 294

KAPITEL X

Finale con moto oder: Wie die Romantik verstehen? 300

Neuorientierungen 300
Die Frage der Fragen: das Verstehen 306
Wie enden? – monströs mit Frankenstein ... 312

Ausblicke 319
Ein Aprèslude 324

Anmerkungen 327
Literaturhinweise 359
Abbildungsnachweis 376
Worte des Dankes 377
Personenregister 378

Préludes mit weiblicher Note ...

I ... in As-Dur

Europäischer gestimmt war man nie als in der (frühen) Romantik, dieser Fortsetzung der Aufklärung mit anderen Mitteln und Themen. Ihr vorrangiges Mittel war das Poetische; ihr Hauptthema die Psyche. Ihr bevorzugtes Ausdrucksmedium wurde überall verstanden, wie Joseph Haydn (1732–1809) zu antworten wusste, als man ihm in Wien zu bedenken gab, dass man ihn, der des Englischen nicht mächtig war, in London nicht verstehen würde: Musik verstehe die ganze Welt – damals tat das zumindest die europäische.

Romantisieren, wie es der Dichter Novalis (1772–1801) als universales ästhetisches Prinzip forderte, bedeutete in erster Linie: die Musikalisierung des Empfindens und seiner künstlerischen Umsetzung, in welcher Kunstform auch immer. E. T. A. Hoffmann (1776–1822), weltweit als Universalromantiker anerkannt, imaginierte in seiner schizophrenen Kunstfigur Johannes Kreisler einen erzählenden Musiker, der »pianissimo mit gehobenen Dämpfern im Baß den vollen As-Dur-Akkord« greift, dessen »versäuselnde Töne« ihn zum Sprechen bringen; er erzählt daraufhin in verschiedenen Tonarten, wobei dieses Erzählen einem Improvisieren in Worten gleicht.[1]

Reflektieren wir denn eingangs auch in quasi tonartenhaft vorgegebenen Stimmungen, stilistischen Schattierungen, vorspielgleichen gedanklichen Klangfärbungen, und versichern wir uns dabei der Form des Prélude, derer sich romantische Musiker so gerne bedienten. Das Prélude ist eine musikalische Vorskizze, ursprünglich als Einstimmung gedacht, wobei diese Vorspiele nicht selten Hauptsachen enthielten, Leitthemen für ganze Werke und Entwicklungen. Um es paradox zu sagen, was gleichfalls eine beliebte Aussageform in der Romantik war, im Prélude drückten sich schlussfolgernde Vorwegnahmen aus. Ich möchte nämlich auch in der Form der Darstellung, der Sageweise, mit zum Ausdruck bringen, dass die Romantik Ungewöhnliches bot auf eine Art, die uns bleibend zu beschäftigen hat: (sozial-)politisches Engagement *und* Herz-Schmerz-Poesie, philosophischer Tiefgang *und* Ironie, Spiel mit Formen *und* emanzipatorische Ansätze, Gefühlsauslotung und (natur-)wissenschaftliche Analyse. Das soll in Anspielung auf Tonarten geschehen, deren Klangcharakter die Romantik bevorzugt verwendete.

In den verschiedenen Kulturen Europas erwies sich das Romantische als ein Thema mit nationalen Variationen, die zeitversetzt wirkten. So klein die künstlerischen und intellektuellen Kreise in den einzelnen Ländern auch gewesen sind,[2] in denen diese Variationen ›gespielt‹ wurden, sie übten doch erheblichen Einfluss auf die Selbstfindung der bürgerlichen Gesellschaften aus.

Kinder der Aufklärung waren die frühen Romantiker allesamt – auch und gerade im Hinblick auf ihre politische, auf Europa bezogene Einstellung.[3] Sie probten im Schatten der Französischen Revolution und der Bewusstseinskritik Immanuel Kants die quasi radikale Gemeinschaft, das aber als Erzindividualisten, und verschwisterten sich quer durch Europa im Namen der Künste, die sie verflechten, wenn nicht gar vereinigen wollten.[4] Friedrich Schlegel (1772–1829) etwa wird sich am Ende seines Aufenthalts in Paris (1802–04) dazu entschließen, die Schriften Gotthold Ephraim Lessings neu herauszugeben, obwohl er selbst nicht gerade ein Musterbeispiel für Lessing'sche Toleranz war. Das Urteil des von der Aufklärung her die frühe Romantik bedenkenden Romanisten Werner Krauss hat an Gültigkeit und Triftigkeit nichts eingebüßt: »Die Romantik ist zunächst Modernismus« gewesen,[5] bevor sie sich der Restauration andiente.

Wie so oft schufen die ersten Vertreter einer neuen Zeitkultur, in diesem Fall die frühen Romantiker, zunächst eine *culture mineure*, eine Minderheitenkultur im Widerstand gegen den *mainstream*, bis diese selbst zur Mode wurde – und durch ihre romantisierenden Trivialnachahmer nicht selten zu einem ans Kitschhafte grenzenden Klischee. Man ließ die Perücken verstauben und trug das Haar offen; die Frauen in diesen intellektuell-künstlerischen Kreisen lockerten ihre Mieder. In den Salons in Berlin, die geistreiche Frauen jüdischer Herkunft als Orte geistiger Emanzipation begründet hatten,[6] rief man die Republik des Geistes im Namen der Universalpoesie aus. Die Gesprächskreise im Hause von Rahel Varnhagen (1771–1833), Henriette Herz (1764–1847) und Dorothea Veit (1764–1839), der Tochter des jüdischen Aufklärers Moses Mendelssohn, zogen die Literaten magisch an.[7]

Die Salons der romantischen Frühzeit frequentieren etwa die Gebrüder Friedrich und August Wilhelm Schlegel (1767–1845), die man bald als die Gedankenschmiede der Romantik wahrnahm, die Wissenschaftler Wilhelm und Alexander von Humboldt, der Cheftheologe der Romantik, Friedrich Schleiermacher (1768–1834), sowie – als ungekrönter König in republikanischen Phantasien – der Dichter Ludwig Tieck (1773–1853);[8] am Rande gehörte auch Novalis dazu. Man schätzt jedoch, dass in Berlin um 1798 gerade einmal einhundert Salonisten am ›Projekt Romantik‹ beteiligt waren – mit den Schlegels als Zentralgestirn und Novalis als geistesblitzendem Trabanten. Eine ähnliche Anzahl sammelte sich wohl in Jena um den jungen rebellischen Philosophen Johann Gottlieb Fichte (1762–1814). Bedeutend höhere Zahlen sind auch in den anderen europäischen Zentren und Schauplätzen der Romantik unwahrscheinlich. Aber was besagen schon Zahlen. Sie waren schon damals »Frevel«. Weitaus wesentlicher war die Wirkung dieser Einzelnen.

Als Zeugnis aus der Spätzeit dieser Gemeinschaft der Einzelnen, die sich mehr oder weniger vom Geist der Kunst für auserwählt hielten, mag dieses Bild der Bilder dienen, das von wahrer Eintracht unter kurzzeitig annähernd Gleichgesinnten geprägt scheint – man könnte auch sagen: Es übermalt ihre Spannungen. Es handelt sich um eine Ikonographie europäischer Romantik, geschaffen von Josef Danhauser am Ausgang der romantischen Kunstepoche (1840) im Auftrag des bedeutenden Wiener Klavierbauers Conrad Graf.

Der Betrachter dieses Gemäldes soll sich wie ein Zaungast fühlen dürfen, gar wie ein Eindringling in diesen Kunstsalon. Zu sehen ist des Wiener Bildkünstlers Rückblick auf eine urromantische Szene, die Danhauser »Liszt am Flügel« (s. Abb. 1) nannte. Danhauser schart die prominenten Vertreter der Künste um Franz Liszt (1811–1886), der im Frühjahr 1838 und im Winter des darauffolgenden Jahres in Wien auf einem Graf-Flügel konzertiert hatte. In dieser Zusammenstellung hatte sich diese Künstlergruppe nie getroffen, schon gar nicht in Wien; wenn überhaupt wäre das eher in einem Pariser Salon möglich gewesen, etwa in jenem des Bildkünstlers Ary Scheffer (1795–1858): Einträchtig sich dem Spiel Liszts hingebend zeigt das Gemälde die Schriftstellerin George Sand (1804–1876), den Violinisten Niccolò Paganini (1782–1840), die Schriftsteller Alexandre Dumas d. Ä. (1802–1870) und Victor Hugo (1802–1885), den Komponisten Gioachino Rossini (1792–1868) und schließlich Liszts Geliebte, die Schriftstellerin und Historikerin Gräfin Marie d'Agoult (1805–1876), die ihrer beider Tochter Cosima das Leben schenken wird, der späteren zweiten Frau Richard Wagners. Bedeutsam sind die Verstorbenen, die nur als Kunstwerke, als Bild im Bild, präsent sind: der über allem thronende Beethoven und der den Hintergrund diskret dominierende englische Poet Lord Byron (1788–1824).

Einen bildenden Künstler sucht man auf diesem Gemälde jedoch vergebens, kein Eugène Delacroix (1798–1863) in Sicht, ein William Turner (1775–1851) schon gar nicht. Auch die Komponisten Clara (1819–1896) und Robert Schumann (1810–1856) fehlen, die beide zu der Zeit in Wien auf einem Graf-Flügel konzertierten. Aber Schumann war in Wien eben als vermeintlicher ›Revolutionär‹ eher verdächtig, auch wenn George Sand literarisch als Libertine weitaus ›revolutionärer‹ war. Der unsichtbare Urheber dieses Bildes, Danhauser selbst, vertrat die bildenden Künste und hatte damit die anderen buchstäblich in der Hand – oder eben am Pinselende, als seien sie die Marionetten des Malers. Seine visuelle Macht ermöglichte es ihm, sie alle zusammenzubringen, das Spiel Liszts sozusagen sicht- und hörbar zu machen.

Beethoven, der Abgott der Romantiker, beherrscht die Szene. Hector Berlioz (1803–1869), ein weiterer großer Abwesender auf diesem Bild (manche haben ihn mit Victor Hugo verwechselt, der seinen Arm auf die Rückenlehne von George Sands Sessel gelegt hat), stand Beethoven eher skeptisch gegenüber, nicht anders als der andere große Abwesende, Frédéric Chopin (1810–1849). Auf Beethovens Spuren wandelte in jener Zeit kein Musiker bewusster als Liszt. Unter den Literaten tat E. T. A. Hoffmann dasselbe, dem freilich der kultivierte Salon weniger behagte als die rauchgeschwängerten Weinstuben in Bamberg und Berlin.

Unzweifelhaft schuf Danhauser, der selbst erst am Ende seines Lebens aus Wien herauskam und dann bis Holland reiste, mit diesem Gemälde, »Liszt am Flügel«, einen bildsymbolischen Höhepunkt europäischer Romantik.[9] Es zeigt Franz Liszt in souveräner Solistenpose, in schwarzen Samt gekleidet mit androgyn wirkendem Pagenhaarschnitt, neben sich den Hut der Geliebten auf der Sitzbank. Als

Danhauser diese imaginierte Szene malte und vollendete (1840), erschienen soeben die Klaviertranskriptionen, die Liszt von der Fünften, Sechsten und Siebenten Symphonie Beethovens angefertigt hatte, dessen Namen er für »heilig« hielt, wie er im Vorwort zu den Transkriptionen verkündete.[10] Liszt, der romantische Heros des Klaviers, hatte das rechtmäßige Erbe Beethovens angetreten. Diese Transkriptionen hatte er übrigens 1837 in Nohant, dem Landsitz der George Sand, und in der Gesellschaft Marie d'Agoults erarbeitet. Unter Liszts zahlreichen Liebhaberinnen erwies sich freilich Euterpe, die Muse der Musik, als die wesentlichste. Mit diesen Klavierbearbeitungen hatte Liszt signalisiert, dass er das zu seiner Zeit gewaltigste orchestrale Korpus buchstäblich in der Hand und damit gefügig sowie für den Hausgebrauch verfügbar gemacht hatte.

Fast alle Künstler auf diesem Gemälde schauen auf die Beethoven-Büste, auch der spielende, stumm Zwiesprache mit ihr haltende Liszt. Nur die Gräfin d'Agoult scheint Liszt anzubeten, dem Virtuosen und Liebhaber beinahe zu Füßen liegend – vom Hals- und Brustansatz der Beethoven-Büste abgesehen bietet ihre obere Rückenhälfte die einzige leicht verführerische Blöße auf diesem Gemälde; George Sand schmachtet scheinbar ebenfalls, in Männerkleidung freilich – die Frisur gleicht jener Liszts, das schmale Gesicht mit seinem wissenden Ausdruck auch. Beethoven thront als Büste vor gewittrigem Hintergrund, entblößt, ungeschützt, unanfechtbar – der Modellfall eines Künstlers, der Künstler der Künstler ...

Wer Künstler und ihre Zeit will verstehen, muss in ihre Welten gehen – so wollen wir eines der »Zahmen Xenien« Goethes für uns abwandeln und uns auf den Weg machen. Gehen wir denn *in* die Romantik wie sonst nur in die freie Natur oder ins Kino, das aber jetzt mitten in einer Stadt, *der* europäischen Stadt: Paris. Unser Ziel liegt zwischen Pigalle und der Place de Clichy, in der Rue Chaptal No 16, und nennt sich Musée de la Vie Romantique. Je näher ich meinem Ziel komme, desto stärker regnet es. Die noch unbelaubten Bäume entlang der engen Auffahrt zum Eingang des von der Straße in einen Garten zurückversetzten (*rez-de-chaussée*) Museums triefen. Es handelt sich um das Stadthaus des holländischen Künstlers Ary Scheffer, der hier 1827 erlesenem Publikum seinen Salon öffnete.

In einem Vorgebäude befindet sich die Ausstellung *Cœurs du Romantisme dans l'Art Contemporain*, »Herzen des Romantischen in der Kunst der Gegenwart«. Sieben Ausstellungsbereiche erwarteten den Besucher: das offene Herz, das künstlerische Herz, das symbolische Herz, das liebende Herz, das gebrochene Herz, das gezeichnete Herz und das ewige Herz. Bei so viel ›Herz‹ fehlt das Klopfen nicht. Und genau das forderte Alfred de Musset, der auf einer der Schautafeln mit der Aufforderung zitiert wird: »Poche an dein Herz, denn dort befindet sich das Geniale.« Der so empfohlene Weg nach innen führt jedoch zu äußerst extrovertiert gearbeiteten Herz-Stücken, einschließlich einer kleinen Filminstallation, die eine offene Herzoperation zeigt. Danach gelangt der Besucher ins Herz der museal aufbereiteten französischen Romantik, ins Haus des Künstlers Ary Scheffer, der in Paris zunächst als Zeichenlehrer der Kinder des künftigen Bürgerkönigs Louis-Philippe Fuß fassen konnte.

Die Romantik besteht aus Stimmungen und großen Namen. Man muss diese Namen nennen, immer wieder, weil von ihnen bis heute eine Aura ausgeht, die jene Stimmungen mit erzeugt, die ihre Werke ausstrahlen. Hier in diesen recht engen Räumen gaben sie sich ein Stelldichein, die Stimmungen und die Namen: George Sand und Frédéric Chopin, Eugène Delacroix und Gioachino Rossini, der Komponist Charles Gounod (1818–1893) und Franz Liszt, die Opernsängerin Pauline Viardot-García (1821–1910) und der Bildhauer Auguste Clésinger (1814–1883), der Rodin jener Tage. Die Räume sind dunkel, schließlich soll ›romantische Stimmung‹ simuliert werden. Etwas Licht flackert im Salon George Sand, in dem auch einer der unzählig vielen, über ganz Europa verteilten Gipsabgüsse von Chopins Hand liegt. Es riecht muffig hier.

Der Hausherr ließ sich zu seinen figurativen Bildern gern von literarischen Vorlagen inspirieren: Goethes *Faust*, Gottfried August Bürgers *Leonore*, Walter Scotts *The Heart of Midlothian* und Byrons *Manfred* standen im Frankreich der Romantik hoch im Kurs, *Faust* vor allem, vermittelt durch die bewundernswerte Übertragung von Gérard de Nerval (1808–1855). Zu einem europäischen Ereignis wurde Goethes *Faust* in der Romantik jedoch in erster Linie durch die Musik. Louis Spohrs (1784–1859) *Faust*-Oper, *Fausts Verdammnis* von Hector Berlioz, Schumanns *Scenen aus Goethe's Faust*, Wagners *Faust-*

Ouvertüre und Liszts *Faust-Symphonie* sind markante musikschöpferische Umsetzungen von Goethes Jahrhundertwerk.[11]

Im *Musée de la Vie Romantique* glaubt man, mit den französischen Romantikern auf engstem Raum flüsternd zu verkehren, wobei die Dielen und Treppenstufen nur allzu vernehmlich knarren, als mokierten sie sich über diese Intimität. Dieses Knarren passt nicht zur Hand Chopins, die *Préludes* (op. 28) auf einem Klavier hervorzauberte, auf dem noch die große Wanda Landowska um 1910 spielte.[12] Chopins *Préludes* haben etwas von getupften Klängen, sind musikalischer Pointillismus; noch in ihrem Verklingen sind sie unbedingte Gegenwart. Später werden sie, wenn wir uns an ihre Gegenwart erinnern, zu Klangspuren einer *vie romantique*, wo immer sie sich leben lässt.

II ... in cis-Moll

Weshalb nur verklärte die Romantik – von Weißenfels bis Rom und Paris – die tuberkulöse »Auszehrung« und hielt sie für die Krankheit der genialen Künstler? Die Wirklichkeit dieser Krankheit war grauenvoll, mit übelriechendem blutigem Auswurf. Was gab es da zu idealisieren? Mit der Syphilis ließ sich nicht ähnlich verfahren. Und warum nicht? Weil es bei der Auszehrung um den Atem ging, um das Aushauchen dessen, was der Geist seinen Lieblingen eingehaucht hatte.

In der Romantik entdeckte das Ich sein Unbewusstes in der Traumwelt; es erahnte Abgründe in sich selbst. Dieses labile Ich geriet und blieb in Bewegung. Befand es sich an Land, ›wanderte‹ es, und auf hoher See erlitt es Schiffbruch selbst bei Flaute; in der Stadt wurde es zum Flaneur. Flaniert man heute nicht weit von der Place de Clichy die Rue de St-Petersbourg in südwestlicher Richtung entlang, stößt man auf die Place de l'Europe, auch eine Métro-Station, von der Straßen sternförmig ausgehen, die nach europäischen Städten benannt sind, ein einmaliges Straßenensemble gleich hinter der Gare St-Lazare. Durchschnitten wird es von der breit angelegten Rue de Rome, die an eine andere Art Romantik erinnert, eine urbane Ruinenromantik.

Sie erschließt sich einem diesmal nicht durch Kupferstiche von Giovanni Battista Piranesi, sondern durch jene, die François-René de

Chateaubriands Autobiographie *Mémoirs d'outre-tombe* (1848–50) illustrieren (s. Abb. 2), *Erinnerungen von jenseits des Grabes*, mit denen sich der ›Vater der französischen Romantik‹ in die Weltliteratur eingeschrieben hatte. Kein europäischer Romantiker war weltläufiger, weltkundiger als Chateaubriand (1768–1848), dem freilich gerade diese Eigenschaft nicht in die Wiege gelegt worden war. Er war der Spross einer Adelsfamilie aus der tiefsten bretonischen Provinz, in der er sich auch bestatten ließ, und zwar auf der Insel Grand Bré bei Saint-Malo, in einem Grab direkt am Atlantik.

›Jenseits des Grabes‹ jedoch wirkte er als Diplomat und Schriftsteller konservativ-liberaler Provenienz, ein Gegner Napoleons, der ihn aber gewähren ließ, und Anhänger des *Ancien Régime* der Bourbonen, ein Weltreisender, der bis zum Mississippi und nach Jerusalem kam, nach Griechenland und Nordafrika, nach Italien ohnedies und mehrmals nach Spanien. Träumten deutsche Romantiker zumeist nur ›von der Welt‹, Chateaubriand erschloss sie sich reisend – und dazu auch neu den ›Geist des Christentums‹ (*Le Génie du Christianisme*, 1802), neben seinen Romanen *Atala* (1801) und *René* (1805) ein Kultbuch romantischer Zeit. Chateaubriand schuf sowohl den nach dem zweiten Teil seines Doppelvornamens benannten Protagonisten *René*, die klassische Figur des Weltschmerz-kranken Intellektuellen und Künstlers, als auch in *Atala* ihr weibliches Gegenstück: Das Buch erzählt die Geschichte einer Frau, die das Kloster der inzestuösen Liebe zu ihrem Bruder vorzuziehen lernt, schließlich aber ihren seelischen Konflikt durch Selbstmord ›löst‹. *René, ou les effets des passions* (*René, oder: Die Folgen der Leidenschaft*), dieser Roman über die Anatomie und Wirkungsweise der Leidenschaft, wurde für Stendhal ebenso zum Modell, wie er Gustave Flaubert zu seiner *Éducation sentimentale* inspirierte.

Chateaubriand, dieser – noch von Roland Barthes gepriesene – Stilist von hohen Graden, verfasste weniger ›Reiseliteratur‹, sondern eher eine Art Welterfassungsliteratur, die in ihrer Bedeutung jener Alexander von Humboldts in nichts nachsteht. Es gehört zu den subtilen Ironien der Romantik, dass gerade Chateaubriand, der nach Goethes *Die Leiden des jungen Werther* (1774) dem Weltschmerz neue literarische Formen verlieh, durch seine Welterkundungsliteratur viel zur Welterkenntnis in der damaligen Zeit beigetragen hat.

Haben wir den Kupferstich aus Chateaubriands Memoiren damit aus den Augen verloren? Keineswegs. Denn mit ihm ist der Hintergrund skizziert, der die darauf dargestellte Szene verständlicher macht:

Nun befinden wir uns inmitten der römischen Ruinenromantik mit Chateaubriand und seiner Geliebten, der gleichaltrigen Pauline de Beaumont (1768–1803), einer Frau von Welt und *femme de lettres*. In einem leeren Colosseum, heute kaum mehr – oder seit ›Corona‹ wieder – vorstellbar, ruht eine erschöpft wirkende Gräfin, den Blick ins Weite, nicht auf den Geliebten gerichtet. Chateaubriand wirkt halb besorgt, halb distanziert. Weiß er um ihre Krankheit (sie wird im November 1803 in Rom der Tuberkulose erliegen)? Geht er deswegen schon leicht auf Abstand? Der nahende Tod in Rom an einem Ort inmitten der Stadt, an dem das Töten zum Volksvergnügen gehörte, jetzt aber herrscht … Totenstille in diesem Kupferstichmotiv.

Bei diesem Bild ließe sich auch an den englischen Dichter Robert Browning (1812–1889) und sein sizilianisches Gedicht »Love Among the Ruins« (»Liebe in Ruinen«, 1855) denken, das freilich in den Relikten der Antike das eigentliche Leben sieht. Darin erwartet ein Schäfer seine Geliebte; die innere Spannung des Gedichts besteht in der Differenz zwischen dem, was in der Gegenwart – spielerisch – erreichbar ist, und dem eigentlich Erstrebenswerten, das aber in der unerreichbaren Vergangenheit vergraben liegt.[13] Da kann nicht einmal die in der Epoche der Romantik erste Fortschritte machende Archäologie helfen.

Doch zurück zum Colosseum. Nicht allzuweit von ihm liegt die Piazza di Spagna mit der Spanischen Treppe und der Hausnummer 26, wo John Keats (1795–1821) starb: *der* Tod eines Romantikers in Rom. Auch ein Tuberkulosetod und wenig romantisch, verzweifelt eher, verstörend, entsetzlich.

Ich befinde mich im Sterbezimmer von Keats; man hat es unverändert belassen. Es ist der 28. Februar 2019; die Zeit steht hier still, trotz des bunten Touristentreibens auf der Spanischen Treppe. Auch wenn ich froh bin, allein dort zu sein, wundert es mich, dass sonst niemand das Museum besucht. Seltsam, immer wieder dieser Drang in mir, solche Gedenkstätten aufzusuchen, etwa das Wiepersdorf der Bettine von Arnim (1785–1859) oder das Sterbezimmer der Annette von Droste-Hülshoff (1797–1848) in der Meersburg hoch über dem Bodensee. Dort freilich wäre man nur nachts allein, wenn sich keine Pilgerströme Schritt für Schritt durch ihr Zimmer schieben …

Von Keats in Rom ist es nur ein gedanklicher Schritt zu Keats in Hampstead. Dort lebte er in Wentworth Place, einem Juwel von Haus, ganz in Weiß, umgeben von einem uralten Baumbestand, in dessen Wipfeln man glaubt, die Nachtigall zu hören, die Keats in seiner berühmten Ode besungen hat. Oder man denke an Rydal im nordenglischen Cumbria, wo William Wordsworth (1770–1850) seine oft die Natur beschreibenden Gedichte schuf und starb. Diese seltsame Faszination, die von ihren Nachleben ausgeht. Es ist geradezu, als begegnete man diesem Nachleben in diesen Häusern.

Virginia Woolf hat den Wohnorten verstorbener Schriftsteller Stimmen zugeschrieben, etwa dem Haus des Schotten Thomas Carlyle (1795–1881) in Londons Chelsea, Cheyne Walk, dessen Beitrag zur Literatur der Romantik in einem satirischen Roman bestand, der unter dem Titel *Sartor Resartus* 1836 veröffentlicht wurde, zu Deutsch: *Der geschneiderte Schneider.* Die Hauptfigur mit dem aparten deutschen Namen Teufelsdröck ist ein Professor in Universalien an der Universität in Weissnichtwo, der sich mit einer philosophischen Arbeit über Kleidung hervorgetan hat, also ein Kulturwissenschaftler *avant la lettre.*

III … in G-Dur

Epochenbestimmungen bestehen aus Gretchenfragen: Wie halten wir es mit den zeitlichen Eingrenzungen? Endete die Aufklärung – die womöglich an sich selbst, sprich: ihren eigenen hochgesteckten Zielen scheiterte – mit der Französischen Revolution und ihren Guillotinen? Endete die Romantik mit dem Schalt- und Revolutionsjahr 1848 oder ein Jahrzehnt früher oder später? Wie viel an ›Aufklärung‹ führte die Romantik weiter? War der Sturm und Drang zwischen Aufklärung und Romantik eine geistige Pufferzone oder ein elektrisch aufgeladenes Feld? Statt dem 14. Juli 1789 könnten wir ebenso gut als Epochen- und Bewusstseinsgrenze den 5. Mai 1795 angeben, an dem in England die sogenannte *Hair Powder Act* vom Parlament verabschiedet wurde. Mit diesem Gesetz wurde die Haarpudersteuer eingeführt, um das Bestäuben von Haaren und Perücken zu unterbinden. Damit verbunden war ein ›Zurück zur Natur‹ ganz im Sinne der aufklärerischen ›Romantik‹ Jean-Jacques Rousseaus (1712–1778), dem sich übrigens auch der Erzjakobiner Robespierre verpflichtet wusste.

Unterlassen wir diese didaktisch-säuberliche Aufbereitung der Zeitphasen, die den Überschneidungen und Überlappungen in der kulturellen Entwicklung nicht einmal annähernd gerecht wird. Überwinden wir diesen kulturkategorialen, aber geistesfernen Schematismus, um das Stichwort ›Romantik‹ eher als das zu verstehen, was es tatsächlich bezeichnet: nämlich die Fortführung der Aufklärung mit anderen Mitteln. Denn das ›Projekt Aufklärung‹ kennt ebenso wenig einen Abschluss wie die ›Romantik‹ selbst. Mit der Romantik gewann die Aufklärung eine neue Dimension: Denker begannen danach zu fragen, was das Menschliche im Innersten zusammenhält, und lernten, ›Innerlichkeit‹ als universales Phänomen im Menschlichen zu verstehen.

Die Romantik übersetzte das ›Projekt Aufklärung‹ ins Psychische und Künstlerische. Sie nahm sich vor, unter veränderten Vorzeichen über das Seelische und Schöpferische aufzuklären, was jedoch auch zu Ich-Verklärung, Eintrübungen oder gar Verdunkelungen führen konnte; Letzteres mündete unmittelbar in spiritistischen Irrationalismus und Nationalismus. Die Romantiker lebten vor, welchen Preis eine rein vernunftorientierte Aufklärung zu zahlen hätte. Sie *wollten* sozusagen die Gesetze der Optik *und* das Seherische von Stigmatisierten und Träumern gleichermaßen ernstnehmen. Dabei wussten sie durchaus, dass zum Beispiel aus der Besessenheit von Physiognomik nach dem Vorbild Johann Caspar Lavaters, der sich selbst ja auch als ein ›Aufklärer‹ verstand, ein ›Geistersehen‹ werden konnte: von der bizarr-›rationalen‹ Analyse der Gesichtszüge zum Sehen von Gesichtern, das ihnen William Shakespeares *Hamlet* (1603/04) ebenso beglaubigte wie Justinus Kerners *Seherin von Prevorst* (1845).

Lässt sich etwas in der sogenannten Romantik aufspüren, das der »pragmatischen« oder »religiösen« Aufklärung entspräche, wie sie Dennis Rasmussen und David Sorkin herausgearbeitet haben?[14]

Läge die Entsprechung in einer spezifisch romantisch-ästhetischen Aufklärung und einer eigenständigen Umarbeitung bewährter Mythen, die die Romantiker der Volkspoesie abgewannen? Gibt es ein Äquivalent in romantischer Zeit zu Kants ›kategorischem Imperativ‹ bezüglich der Art, wie der Mensch sich handelnd verhalten solle?

Vor allem die Frühromantik – noch ganz in Tuchfühlung mit der Spätphase der europäischen Aufklärung – geizte keineswegs mit Verhaltensmaximen, die aber in der Hauptsache ästhetisch motiviert waren; sie konzentrierten sich auf das ›Romantisieren‹, das in diesen Maximen als ein ›Poetisieren‹ des Bewusstseins und der Gesellschaft in Erscheinung trat, ein Vorgang, der sich wiederum aus dem Nicht- oder Unbewussten speiste. ›Romantisieren‹ bedeutet für Novalis ein »qualitatives Potenzieren« und damit Intensivieren von Vorstellungskraft und Wahrnehmungsfähigkeit.[15]

Der Literaturwissenschaftler Manfred Frank hat gezeigt, in welchem Ausmaß die frühe Romantik auf Kants Anliegen aufbaut, die Ästhetik als einen »Brückenschlag zwischen Natur und Vernunft« zu verstehen und im Symbol einen Sinnträger im Ästhetischen zu sehen, der »die Vernunft mit der Sinnlichkeit versöhnt«.[16] Aber eben das wurde zu einem Bedürfnis, das nichtdeutsche Künstler der Romantik mit der trans-kantischen Frühromantik der Brüder Schlegel und Novalis zunehmend teilten, wenngleich es nicht unbedingt mit einer ebenso intensiven Reflexionslust einherging.

IV ... in E-Dur

Das romantische Freundschaftsideal war quer durch die Geschlechter amouröser Natur. Achim von Arnim (1781–1831) und Clemens Brentano (1778–1842) zum Beispiel lebten nach Aussage Joseph von Eichendorffs in Heidelberg, als sie an ihrer legendären Anthologie *Des Knaben Wunderhorn* arbeiteten, »wie ein [...] Ehepaar« zusammen, wobei Arnim den männlichen, Brentano den weiblichen Part dargestellt haben soll.[17] Carola Stern ergänzt: »Irgendwann tauchte dann meistens eine junge Dame auf, und die Leidenschaft wurde von dem Freund auf diese übertragen.«

Doch es gilt auch, geschlechtsspezifisch zu differenzieren. Während

Männer, junge Dichter, ihre überschwenglichen Glücksgefühle zuerst einem anderen jungen Mann zuwandten und bei diesem lieben lernten, war es bei Frauen umgekehrt. Freundinnen entschädigten sich gegenseitig für zu geringe, enttäuschende männliche Gefühle, für Ehen ohne Liebe, Gefühle der Verlassenheit und Einsamkeit. Nach zwei gescheiterten Verlobungen schrieb Rahel Levin an Rebecca Friedländer, häufig sei sie nicht beachtet, viel verachtet, lange nicht geliebt, oft gehaßt worden, wirklich geliebt übernatürlich selten.[18]

In der Rue de Clichy kam keine rechte Salonatmosphäre auf. Die Pariser blieben dem kleinen Kreis um die Schlegels fern. Zumeist fanden sich Deutsche ein, Achim von Arnim besuchte sie zum Beispiel auf der Durchreise. Es erschienen zudem die reichen, kunstbesessenen Brüder Sulpiz und Melchior Boisserée, die den Schlegels den Weg nach Köln ebnen sollten, aber auch der Orientalist Alexander Hamilton, der den Gastgeber täglich drei Stunden in Sanskrit unterrichtete. Man sprach über alle Wissensgebiete von der Kunstgeschichte bis zu den Naturwissenschaften, der Übersetzungspraxis und der Philosophie. Nichts davon wurde systematisch verstanden, wohl aber so enzyklopädisch umfassend wie möglich studiert.

Schlegel versuchte zwar vergeblich, in Paris Fuß zu fassen. Aber angesichts der dortigen Schätze in der Bibliothèque Nationale wurde er zum »Orientalisten«, lernte Sanskrit und legte den Grundstein für seine große Studie zur *Sprache und Weisheit der Indier* (1808). Aus seiner zweiten Ambition, als Vermittler neuester deutscher Kultur in Paris zu wirken, wurde allerdings nichts. Deutsche Literatur, das war für die Franzosen allenfalls Goethe, Schiller, Friedrich Gottlieb Klopstock (1724–1803), Christoph Martin Wieland (1733–1813) und August von Kotzebue (1761–1819), dessen Gegnerschaft zur Romantik sie nicht weiter kümmerte. Die Einsicht war ernüchternd: Die Franzosen »schickten sich zwar an, Europa zu erobern, aber von den Europäern wußten sie erschreckend wenig; das machte ihnen nichts« aus.[19] Eine ähnliche Einstellung hätte Schlegel in England und Spanien antreffen können: Die imperialistischen Nationen übten sich in einhelliger Einseitigkeit.

Aufschlussreich war aber auch diese Erfahrung: Es bedurfte des Umwegs über Paris, damit sich die Jenaer und Heidelberger Romantik in Gestalt Friedrich Schlegels und Achim von Arnims begegneten. Und spürbar wurde sogleich: In Heidelberg war man insgesamt[20] nationaler eingestellt als in Jena, wo man das Weltklima schätzte (oder was man dafür hielt). Zu einem Freundschaftsbund zwischen den beiden kam es jedenfalls nicht. Es kam aber auch zu keinem tieferen Verständnis Schlegels für die französische Kultur. Im Gegenteil, je länger er in Frankreich lebte, umso fremder wurden ihm das Land und dessen Kultur; umso näher rückten ihm die ›orientalische‹ Geisteswelt, die spanische und portugiesische Literatur. Das Französische schien ihm hauptsächlich in Form der provenzalischen Dichtung wesentlich. Seine Beschäftigungen damit waren – freilich immens fruchtbare – Ersatzhandlungen für seine Enttäuschung über die »Gallier«, die er 1804 eine »traurige Race« nannte.[21]

Und doch hatten Friedrich und Dorothea die Feuerprobe ›Paris‹ ›bestanden‹, die unbestrittene Hauptstadt Europas. *Dort* hatten sie ihren Lebensbund besiegelt. Von dort aus brachen sie auf in jenen Glauben, den sie als ›weltumspannend‹ im Wortsinn verstanden, den Katholizismus, der sie über Köln bis nach Wien führen sollte. Friedrich mag sich gefragt haben, ob er nicht doch den Aufsatz seines so unbegreiflich früh (1801) verstorbenen Freundes Novalis über *Die Christenheit oder Europa* hätte veröffentlichen sollen; denn im Grunde hatte er sich mit Dorothea genau in die richtige Richtung entwickelt, um zu verstehen, dass Novalis das ›Oder‹ im Titel nicht als Gegensatz gemeint, sondern komplementär gebraucht hatte: Europa war identisch mit einem neuen Verstehen einst gewesener Christlichkeit. Deren schwer lastende Schattenseiten hatte Schlegel übersehen wollen. Sein kritisches Bewusstsein drohte, im Weihrauch aufzugehen …

Und als Schlegel kurzzeitig nach Frankfurt als Delegierter Österreichs und damit des Außenministers Klemens Wenzel Lothar von Metternich (1773–1859) ging, um in der dortigen ständigen Versammlung des im (Un-)Geist der Restauration gegründeten Deutschen Bundes habsburgische Interessen zu vertreten, hatte er tatsächlich geglaubt, dass sich dort ein am Mittelalter orientierter christlicher

Gesamtstaat bilden und er als Legationsrat entscheidenden Einfluss ausüben werde. Seine Abberufung erfolgte bereits im April 1818, als Metternich erkennen musste, wie wenig sein Protegé fürs diplomatische Fach geeignet war.

V ... in D-Dur

Worin nun besteht der Zweck dieses Buchs? Es soll eine perspektivenreiche Annäherung an das Langzeitereignis ›europäische Romantik‹ ermöglichen. Man kann es sich am sinnfälligsten als einen dunklen Kristall vorstellen, der an diversen Stellen blitzartig alle nur denkbaren Farben funkeln lässt, Töne von sich gibt, aromatisch angereicherte Wörter freisetzt, Gerüche von sich gibt und zum Betasten einlädt: ein synästhetisches Phänomen also, länderspezifisch und zugleich kulturenübergreifend. Ein Kristall der Motive und Themen – in Fragmenten niedergelegt ebenso wie in ganzheitlich gemeinten Entwürfen –, der ebenso konzentrierten wie vagen Sehnsüchte bei gleichzeitiger wissenschaftlicher Arbeit, der Beschwörung ewiger Kindheit und anderer versunkener Welten.

Eine Annäherung auch an das Weibliche, an die erste wirkliche Stunde der Frau in der Neuzeit. In der Romantik steht die Frau unverkennbar in einem Mittelpunkt, der ihre Ausstrahlung verstärkt. Man führe sich ihre Namen und Leistungen wieder und wieder vor Augen, um sich bewusst zu bleiben, wie feminin die Romantik selbst dann noch ausgerichtet war, wenn Männer über Frauen schrieben und auf diese Weise auch ihre Phantasien über die Frau auslebten – und das zu einer Zeit, in der ›die Frau‹ ihrer Stimme sonst nur unter Mühen und Opfern Gehör verschaffen konnte. Neben Ricarda Huch und Bertha Badt-Strauß hat in der Weimarer Republik, in der auch die junge Hannah Arendt mit Vorarbeiten zu ihrer später einflussreichen Biographie über Rahel Varnhagen begonnen hatte, vor allem Margarete Susman mit ihren Porträtessays *Frauen der Romantik* (1929) dazu beigetragen, deren kulturelle Leistungen zu würdigen.[22]

Damit sind nicht nur die Salons Rahel Varnhagens und Henriette Herz', Bettine von Arnims, Sophie Mereaus (1770–1806), Karoline Pichlers (1769–1843) und Ida Hahn-Hahns (1805–1880) gemeint, sondern das Weibliche etablierte sich gewissermaßen als Psyche der Kultur, als eigene Art des künstlerischen Schaffens *und* kritischen Vermögens, des philosophischen Dichtens, wie es sich im Werk Karoline von Günderrodes (1780–1806) niedergeschlagen hat. Zu nennen sind zudem die weiblichen Wissenschaftlerinnen, wenn wir an Lord Byrons Tochter Ada Lovelace (1815–1852) denken, die »Poetin der Mathematik« (Benjamin Wolley), aber auch die Kulturvermittlerinnen, allen voran Madame de Staël (1766–1817) und die Übersetzerin Sarah Austin (1793–1867). Hinzu kommen Autorinnen wie Dorothea Schlegel (1764–1839), Caroline Schelling (geschiedene Schlegel) (1763–1809), Mary Shelley (1797–1851), George Sand, George Eliot (1819–1880), Annette von Droste-Hülshoff oder Ludmilla Assing (1821–1880), Komponistinnen wie Fanny Mendelssohn (1805–1847) und Clara Schumann – Frauen auf der Schwelle zur Emanzipation und zur Verwirklichung ihrer eigenen geistigen und physischen Lebensform. Sie schufen sich einen *room of one's own* (Virginia Woolf), auch wenn die Grenzen, die ihnen weiterhin gezogen wurden, überdeutlich waren (Robert Schumann etwa untersagte seiner Frau Clara, eine der bedeutendsten Pianistinnen ihrer Zeit, zu Hause zu üben, weil ihre Kunst ihn beim Komponieren störte).

Dieses Weibliche in der Romantik steht für eine eigenständige Sicht- und Auffassungsweise emotionaler und kultureller Vorgänge, aber auch (zeit-)geschichtlicher Begebenheiten, zu denen etwa Günderrode und Bettine von Arnim Stellung nahmen. Mehr als jede andere Strömung wagt die Romantik eine Einstimmung der Kultur ins Weibliche. Anders gesagt: Das Weibliche wurde zur ›Temperierung‹ in der Kultur, zum Gegenstand und Maß von Reflexionen über das Fühlen, die Ahnung und Intuition. Im Roman *Corinna oder Italien* (1807) der Germaine de Staël wird eine Dichterin und Übersetzerin (von Shakespeares *Romeo and Julia*) durch ihre Beziehung zu dem melancholisch veranlagten, aber begeisterungsfähigen Lord Oswald Nelvil zu einer veritablen italienisch-britischen Kulturvermittlerin vor dem Hintergrund deutscher romantischer Erzählästhetik, die Germaine de Staël von den Brüdern Schlegel übernommen hatte.[23] Die Psychologie des Weiblichen als Zeugnis des Romantischen war für Friedrich Schlegel in seinem Roman *Lucinde* (1799) ebenso Thema wie für George Sand in *Lélia* (1833).

Vor dem Horizont all der in diesen Préludes genannten Motiven bilden sich Thesen zu dieser einerseits so deutlich umrissenen, andererseits im Konkreten doch wieder schwer fassbaren Epoche: Romantik, das ist die Musik der Nacht *und* der lichte Einblick in die Beweggründe menschlichen Handelns. Romantik steht für die Verschmelzung von Land und Stadt, ruraler und urbaner Welt, für ein Denken in Form von sich öffnenden Horizonten und Abgründen. Romantik bedeutet vorweggenommene Moderne und nachgeholtes Mittelalter; sie spricht sich aus in einer radikalen Ästhetisierung der Lebenserfahrung und einer Europäisierung der politischen Diskurse bei gleichzeitiger Nationalisierung des Denkens.

Romantisches Bewusstsein schärft sich durch Kulturkritik, es kann im Rückschritt Fortschritte erkennen und im Prélude bereits ein Nachspiel hören. Ihre eigene zeitliche Eingrenzung ist unbestimmt. Sie stellt sich uns im Rückblick als eine langandauernde »Parallelaktion« dar, um einen prominenten Begriff aus Robert Musils Roman *Der Mann ohne Eigenschaften* zu gebrauchen. Das Bizarre unseres Denkens in Epochen oder Zeitabschnitten liegt ja gerade darin, dass wir damit das Parallele in Entwicklungen übersehen. Schließlich beerbte die Romantik die Empfindsamkeit des 18. Jahrhunderts, ebenso wie sie Elemente des Sturm und Drang in sich aufnahm und verwandelte, während sie sich gleichzeitig zu den Anfängen des Idealismus und der Weimarer Klassik entwickelte. Das erklärt, weshalb der internationale Blick auf die deutsche Romantik wie selbstverständlich Goethe und Schiller einschließt, Kleist und Friedrich Hölderlin ohnedies. Und es spricht einiges dafür, diesen Blick von außen auf die deutschen Kulturverhältnisse (damals) für den schärferen als den eigenen, nicht selten betriebsblinden zu halten.

Die kategoriale, in ihrem Einfluss weitreichende Abgrenzung zwischen beiden Strömungen hatte der deutsch-schweizerische Literaturhistoriker Fritz Strich bereits 1922 vorgenommen, und zwar mit seiner (über-) pointierten Untersuchung *Deutsche Klassik und Romantik* mit dem bezeichnenden Zusatz: »oder Vollendung und Unendlichkeit«.[24] Seither stehen bei Betrachtungen über Romantik und Klassik das Durchlässige, ja Verwischte dieser ›Grenze‹, die Überlagerungen und Überschneidungen dieser Stil- und Bewusstseinsformen im Mittelpunkt des Interesses. Schließlich lässt sich nicht übersehen, dass etwa Friedrich Schlegel mit dem *Athenäum*, dem Wortsinn nach der ›Tempel der Athene‹ und der Name für eine römische Bildungsanstalt, einen ›klassischen‹ Namen für sein die frühe Romantik prägendes Publikationsorgan gewählt hatte. Noch die Gründung des Athenaeum-Clubs im Londoner West End im Todesjahr von Lord Byron (1824) stand in dieser das klassische Erbe mit romantischem Zeitgeist verbindenden Tradition.

Explizit nicht-klassisch positionierte sich hingegen das Sprachorgan der Heidelberger Romantik, die von Achim von Arnim und Clemens Brentano veröffentlichte *Zeitung für Einsiedler* (1808), wohingegen Heinrich von Kleist und Adam Müller mit ihrer Zeitschrift *Phoebus* im selben Jahr wiederum ein ›klassisches‹ Emblem in Szene setzten, in dem sich jedoch ›romantische‹ Stoffe wiederfanden – man denke allein an *Die Marquise von O...* (1808). Schiller schließlich bezeichnete seine *Jungfrau von Orleans* (1801) als eine »romantische Tragödie« und zeigte bei ihrer Niederschrift einen kunstreligiösen Enthusiasmus, der sich tatsächlich ›romantisch‹ gebärdete, ganz zu schweigen von seinem Interesse an der magischen Wirkung des Unbewussten seiner »militanten Mystikerin«, die er als kämpferische »Somnambule ihrer (nationalen) Mission« darstellte.[25] Kleist nahm dann in seinem *Käthchen von Heilbronn* (1807/08) an Schillers *Jungfrau* Maß.

Die Romantiker hatten sich mit jenem Napoleon auseinanderzusetzen, der nicht nur zum Testamentsvollstrecker der Französischen Revolution, sondern auch – wider Willen – zum Geburtshelfer des ›modernen‹ Nationalismus in Europa wurde.[26] Zutreffend urteilt Rüdiger Safranski: »Napoleon war das sinnfällige Beispiel für eine politische creatio ex nihilo. Kein Zufall, daß zeitgleich mit Napoleons Aufstieg die europäische Karriere des ›tierischen Magnetismus‹ sich vollzog. Im Spiegel Napoleons entdeckte man die Macht des Unbewußten. Napoleon war auch der große Magnetiseur, der seine magnetischen Kuren am Körper Europas vornahm.«[27] Zugegeben, es waren Gewaltkuren!

Und die Romantiker standen mitten in der Phase einer politisch regressiven Restauration, der es darum ging, die vorrevolutionären Zustände politisch wiederherzustellen – auch durch Zensurmaßnahmen gegen den romantischen Intellektualismus, dem wiederum das kritische Vormärz-Bewusstsein erwuchs. Gleichzeitig etablierte sich in der Spätphase der Romantik der deutsche Zollverein mit eigenem Zollparlament, was einer Wiederherstellung der politischen Verhältnisse vor Napoleon zuwiderlief. Stattdessen bildete sich eine erste ökonomische Gemeinschaftszone als pragmatische Vorstufe einer nationalen Identität in Deutschland. Doch parallel dazu hatte sich das zwischen Selbstgenügsamkeit und Selbstgefälligkeit schwankende Biedermeier vor allem im deutschsprachigen Kulturbereich etabliert. Vollends gestalt- und nahezu umrisslos stellt sich uns die Spätromantik in der zweiten Hälfte des 19. Jahrhunderts dar, als dunkel raunende Antwort auf die Industrialisierung sowie auf die Kunstströmungen des sozialen Realismus und Naturalismus. Aus der Spätromantik wiederum schälte sich die Neuromantik heraus, die sich parallel zum Jugendstil und Expressionismus bildete.

Das Romantische verbinden wir daher eher mit etwas Fließendem, nur dann und wann wirklich Greifbarem. Noch Charles Dickens (1812–1870) eröffnet seine umfängliche Justiz- und Sozialsatire, den Roman *Bleak House* (1853), mit einer dreiseitigen Schilderung des Londoner Nebels, was er in seinem Vorwort »die romantische Seite bekannter Dinge« nennt.[28] Das Vernebeln des Bekannten – wie auch der rationalen Erklärungen für bestimmte Phänomene des Lebens – assoziierte man mit dem ›Romantischen‹. Und so scheint der Begriff als solcher ebenfalls wie ›vernebelt‹. Indem wir ihn zu bestimmen versuchen, entzieht er sich uns auch schon wieder. Nur an einzelnen Aspekten lässt er sich wirklich fassen, wobei ›das Romantische‹ ja gerade für die Aufhebung von Vereinzelung steht, gleichzeitig aber die Verlorenheit des Ichs im Weltganzen nicht nur gekannt, sondern auch dargestellt hat – nie ergreifender als in Schuberts Zyklus *Die Winterreise* nach Gedichten von Wilhelm Müller.

Sinnenfroh und morbide zugleich zeigt sich die Romantik, dem Kind aufgeschlossen wie kaum eine andere Kulturepoche, dem Leben zugewandt und dabei todessüchtig. Doch war die Romantik kein Ismus, keine in sich gefügte ›Lehre‹, kein Dogma, so wesentlich ihr die (kunst-)religiöse Erfahrung war und blieb. Kritiker der Romantik – in unserer Zeit der prominenteste: der Philosoph Isaiah Berlin – verwarfen ihr Gebaren jedoch als ›Romantizismus‹, womit Berlin einen der Lebenswirklichkeit abgewandten Irrationalismus meinte, eine Kultform, deren Perversion mitten in die Katastrophen des 20. Jahrhunderts geführt hätte.

Jeder Epoche wohnt ihre eigene Spielart der Dialektik inne, begründet in ihren unvermeidlichen inneren Widersprüchen. Im Fall der Romantik kommt aber hinzu, dass sie sich von Anbeginn diesen inneren Widersprüchen stellte, sie thematisierte und als Teil ihrer Vielfalt zur Geltung brachte. Die inneren Vielfältigkeiten verstanden Romantiker wirkungsvoll aufeinander zu beziehen und in ihrer Wechselseitigkeit fruchtbar zu machen. Entsprechend erweiterte sich die Dialektik zu einer immanenten Pluralektik, die in den an der Romantik beteiligten nationalen Kulturen erkennbar war. Gerade darin zeigt sie sich uns als das, was sie gewesen ist: ein europäisches Ereignis von bleibendem Wert.

Kapitel I

Bestimmungsversuche: Zugänge zur Romantik

Was Romantik ›ist‹ und wie man sie sieht

Als universal, allumfassend, auf ein Ganzes gerichtet verstand sich die Romantik von Anbeginn. Und doch blieb ihr Denken und Schaffen nicht selten dem Fragment als Darstellungsform verhaftet.[1] Woraus der Schluss zu ziehen wäre, dass in der Romantik das Fragment das Ganze ausschnitthaft repräsentierte. Postulieren lässt sich in jedem Fall: Das Fragment – das mag seine Beliebtheit unter Frühromantikern begründet haben – regt die Vorstellungskraft oder Phantasie an, um es mit zwei Begriffen zu sagen, die gleichfalls in jener Zeit hoch im Kurs standen.

Nicht selten verwechseln wir die zeitlich eingrenzbare Phase oder Epoche namens ›Romantik‹ mit dem zeitlosen Empfindungsbegriff ›romantisch‹. Durchaus erlaubt ist daher zu fragen: Was war romantisch an der Romantik? Man behilft sich gewöhnlich mit relativierenden Anführungszeichen, um sich über die Verlegenheit hinwegzuhelfen, zu definieren, was man darunter versteht. Als besonders aufschlussreich hat sich eine eingehende Analyse romantischer Begrifflichkeit erwiesen.[2] Doch soll dadurch nicht der Blick auf die Selbsteinschätzung der Romantiker verstellt werden. Zuweilen finden sich nämlich eindrucksvoll schlichte Äußerungen über das, was das Romantische sei, etwa wenn der autobiographisch angelegte Ich-Erzähler in E. T. A. Hoffmanns zwischen Kitsch und Anspruch changierendem Roman *Die Elixiere des Teufels*, der den Wahn liebende Klosterbruder Medardus, befindet, Sinn für das Romantische zeige derjenige, welcher das »heterogen Scheinende« zu einem »sinnigen bedeutungsvollen Ganzen zu verbinden« wisse.[3] Als Vorbild für seinen Roman hat Hoffmann übrigens selbst den 1795 in London erschienenen Roman *Ambrosio, or the Monk* von Matthew Gregory Lewis genannt, der bereits zwei Jahre nach seinem Erscheinen in deutscher Übersetzung vorlag.[4]

Auch ich werde in diesem Buch schwerlich umhinkönnen, dann und wann – der Allgemeinverständlichkeit zuliebe – zu sagen: ›Die

Romantik ist ... das und jenes.‹ Schließlich begann die Frühromantik in der programmatischen Zeitschrift *Athenäum* mit *der* prototypischen Ist-Selbstbestimmung überhaupt: »Romantische Poesie«, so dekretierte Friedrich Schlegel, »ist progressive Universalpoesie«.[5] Er verstand darunter ein »Poetisch-Machen« von Leben und Gesellschaft, wozu für ihn der »Witz« ebenso gehörte wie das Mischen und Verschmelzen von »Poesie und Prosa, Genialität und Kritik«.[6] Der Auffassung des Literatursoziologen Richard Faber ist daher zuzustimmen, dass »Kritik der Romantik« bedeuten muss, Romantik als Gegenstand der Kritik und Kritik als Wesensmerkmal romantischen Bewusstseins zu verstehen. Sie muss »als Subjekt der Kritik ernst genommen werden«.[7] Die kritische Theorie im heutigen Sinne hat demnach in der Aufklärung *und* der Romantik ihre Wurzeln. Gleiches gilt auch für die zivilisations- und bewusstseinskritische Seite des utopischen Denkens eines Ernst Bloch.

Definitionen behaupten einen ontologischen Stellenwert und haben demzufolge gewissermaßen ein Seinsgewicht. Sie bieten Festlegungen, wie sie jedoch gerade im Fall der Romantik nur sehr bedingt angebracht sind. Denn in dieser Kulturphase dominierte das Oszillieren und Changieren von Disziplin zu Disziplin, von Genre zu Genre, zwischen Gegensätzen (Ironie und Melancholie, Laune und Weltschmerz) sowie zwischen kühn behaupteter Subjektivität und versuchter Objektivität, die sich nicht selten in universalistische Spekulationen auswuchs.

Einer der Gründe, weshalb die Theoretiker in der Romantik die Kunst als entscheidende Bezugsgröße favorisierten, ist genau in diesem Oszillieren zu suchen. Es ließ sich am wirkungsvollsten im Kunstwerk zeigen und vorführen, aber eben auch in der Ironie. Nur die Theorie in romantischer Zeit leistete sich Selbstironie, wobei an Jean Pauls (1763–1825) *Vorschule der Ästhetik* (1804) ebenso zu denken wäre wie an die Ironie, mit der Johann Peter Hebel (1760–1826), der alemannische Grenzgänger in der Literatur der Zeit, in einer seiner *Kalendergeschichten* (ab 1806) die Obsession mit Träumen ironisierte, und zwar in der Prosa *Der vorsichtige Träumer.* Sie handelt von einem Fremden, der in einer Herberge in Witlisbach im Kanton Bern sich mit an die Füße gebundenen Pantoffeln zu Bett legte. Auf die Frage des Zimmergenossen, weshalb er das tue, antwortete dieser:

»Wegen der Vorsicht. Denn ich bin einmal im Traum in eine Glasscherbe getreten. So habe ich im Schlaf solche Schmerzen davon empfunden, daß ich um keinen Preis mehr barfuß schlafen möchte.«[8]

Weniger ironisch Veranlagte, man denke allein an August Wilhelm Schlegel, sahen die Kunst als Nachahmung der Natur, wodurch sich eine Fülle von Möglichkeiten weiteren Changierens und Oszillierens ergab, und zwar unter dem Oberbegriff des Organischen. So befindet August Wilhelm Schlegel in seinen Berliner Vorlesungen: Die Kunst soll, »wie die Natur selbständig schaffend, organisiert und organisierend, lebendige Werke bilden, die nicht erst durch fremden Mechanismus, wie etwa eine Pendeluhr, sondern durch innewohnende Kraft, wie das Sonnensystem, beweglich sind und vollendet in sich selbst zurückkehren«.[9] Schelling hatte dieses organische Verständnis vom Kunstwerk auf das Ich zurückbezogen, indem er es als die vollendete Darstellung »vom Wesen des Ich« sah.[10]

Versucht man, die Romantik und das Romantische in ihrem Zusammenhang zu erfassen, dann bietet sich an, beides als psychologischen Zustand Einzelner zu begreifen, die sich nach Gemeinschaft oder zumindest nach Zweisamkeit sehnten. Stellte sie sich ein, erkannten diese Vereinzelten dann doch recht rasch, dass sie selbst in Gesellschaft, im Bund oder Kreis, Salon oder Bruderschaft wiederum nur vereinsamen konnten. Philosophisch gesehen begriffen sie ihre Sehnsucht als *die* eigentliche metaphysische Erfahrung.

Was nun bedeutet es, die Romantik zu erforschen? Sollen wir nach Motiven und Themen suchen, die auch aus heutiger Sicht ›aktuell‹ sind? Das wäre etwa das Motiv des Fremden, Ausgegrenzten, des ›Wanderers‹, überhaupt die Aufmerksamkeit für den anderen und das andere. Zwar hatte auch die Aufklärung Fremde erfunden, um aus ihrer Sicht das Europäische zu definieren. Montesquieus 1721 anonym in Amsterdam erschienene *Persische Briefe* (*Lettres Persanes*) sind dafür das prominenteste Beispiel.[11] Aber der Fremde als das sich selbst fremd werdende Individuum, der Grenzgänger und der ruhelose Wanderer – sie bevölkern als Vereinsamte die romantische Landschaft, wobei sie sich nicht selten als Radikale verstehen, die über Pamphlete Kommunikation mit Gleichgesinnten einfordern. Die Protestkultur gehört europaweit durchaus auch zur Romantik, die nicht mit bloßer Verträumtheit verwechselt werden will.[12]

Doch bedeutet das Erforschen der Romantik zunächst einmal: ihrer eigenen Selbsterforschung nachzugehen, die sie intensiv betrieben hat – und das einstweilen ganz nach dem Muster der kantischen Selbst-Bestimmung dessen, was Aufklärung sei – wie in allen Lebenslagen weiterhin zitiert: der »Ausgang des Menschen aus seiner selbstverschuldeten Unmündigkeit«.[13] Der dänische Literaturhistoriker und Schriftsteller Georg Brandes (1842–1927), der neben Charles-Augustin Sainte-Beuve und August Wilhelm Schlegel entschieden europäischste unter den wissenschaftlich orientierten Literaten des 19. Jahrhunderts, sah genau dies, wenn er feststellte, die »älteren Romantiker beginnen alle ohne Ausnahme als Apostel der Aufklärung«.[14] Das war so lange der Fall, bis sie ihre nationalen Missionen entdeckt zu haben glaubten, sich – im Fall der deutschen Romantiker – gegen Napoleon mobilisierten und/oder wie verlorene Söhne in den Schoß des ›wahren Glaubens‹ zurückkehrten, indem sie dem Katholizismus huldigten oder zu ihm konvertierten, wie das Beispiel Friedrich Schlegels zeigt, der dabei päpstlicher als der Papst wurde.

Selbst-Bestimmung als individuelle und kollektive Aufgabe war den frühen Romantikern so wichtig, dass sie sich dafür – zumindest taten das die Brüder Schlegel – anfangs eine eigene Zeitschrift leisteten, eben das *Athenäum*. Bedienen wir uns hierfür einen Augenblick lang eher merkantil klingender Begriffe, was nicht befremden, sondern dem Umstand Rechnung tragen soll, dass einer der wichtigsten Vordenker in der frühen Romantik, Johann Gottlieb Fichte, auf Überlegungen zum *Geschlossenen Handelsstaat* (1800) zusteuerte, den er als ein durch Außenzölle geschütztes Gedeihen ökonomischer Innerlichkeit begriff. So gesehen gehen die Anfänge der Romantik auf ein intellektuelles Familienunternehmen der Gebrüder Schlegel zurück, mit unbeschränkter geistiger Haftung aller, die sich an diesem Unterfangen beteiligten.

Das philosophisch-kritische Startkapital dieser von Anbeginn programmatisch konzipierten geistigen Geschäftsgrundlage bestand im Warenvorrat der *antiken* Dichtung und bildenden Kunst. Insbesondere Friedrich Schlegel leitete daraus die Forderung ab, Kunst mit kritischem Interesse zu verbinden, sie gleichzeitig aber durch das freie Spiel der Phantasie als Hauptkraft im Schaffensprozess auf originelle Weise zu bereichern. Durch seine These, dass sich mit der

Schönheit der Kunst ein kritisch-philosophisch-didaktisches Interesse verbinde, grenzte sich Friedrich Schlegel prinzipiell von Kants Konzeption eines »interesselosen Wohlgefallens« des Schönen ab. Die Schlegels verstanden ›Interesse‹ wörtlich: als ein Teilhaftigwerden am Schaffensprozess des Künstlers und der Wahrnehmung seiner Werke, ein Sein (lat. *esse*), das zwischen (*inter*) individuellem Schaffen und der Wahrnehmung des Geschaffenen seinen Ort findet. Anders jedoch als ihr Guru, der Philosoph Johann Gottlieb Fichte, lehnten die frühen Romantiker systematische Formen der geistigen Vermittlung ab. Ihr Medium war das Fragment, das lediglich dazu diente, den Geist anzuregen, Dinge anzustoßen, Ideen anzureißen, Gedankentorsi aufzustellen, die nicht durch fremde Einflüsse zu Torsi geworden waren, sondern oftmals als solche geschaffen wurden. Es handelte sich um Gedankenquader, herausgebrochen aus einem mehr oder weniger imaginierten Ganzen, und behauen mit den Werkzeugen ›Phantasie‹ und ›Kritik‹.

›Romantisch‹ meinte zunächst Bildungsgut, das der hellenisch-lateinischen Romania entstammte, und der Begriff bezog sich auf das prinzipiell Romanhafte aller Kunst schlechthin. In diesem Sinne gingen die Schlegels – wie übrigens auch Johann Gottfried Herder (1744–1803) – von der Romanhaftigkeit der Dramen Shakespeares aus; August Wilhelm spricht von Shakespeares »Romanspielen«, und Friedrich bezeichnet sie als »psychologische Romane«.[15] Damit ist zugleich der Hauptorientierungspunkt der frühen Romantiker genannt: neben der griechischen Kunst und der spanischen Literatur des ›Goldenen Zeitalters‹ (ca. 1550 bis Ende des 17. Jahrhunderts) war das in erster Linie Shakespeare. Die frühe Romantik teilte also das wesentlich durch Herder und Goethe eingeleitete ›moderne‹ Verständnis von Shakespeare als *dem* Vertreter einer Dramatik, die sich am Charakteristischen, lies: dem Natürlich-Menschlichen, orientierte.

Zeitversetzt verhielten sich die französischen Romantiker nicht anders. Der junge Stendhal (d.i. Marie-Henri Beyle, 1783–1842) begründete seine Parteinahme für ›das Romantische‹ mit seiner Vorliebe für Shakespeare, den er mit dem unbedingt Modernen gleichsetzte. Das bedeutete konkret ein Ablehnen des Klassizismus à la Jean Racine und eine Hinwendung zur ›natürlichen‹ Sprache in Prosa, wie er sie bei Shakespeare wahrnahm. Das Überschreiten ästhetischer

Normen, für das aus Stendhals Sicht Shakespeare stand, das Lebendig-Menschliche (auf der Bühne) sah er im Werk des Barden aus Stratford-upon-Avon verwirklicht. Das Romantische stelle den Menschen von heute dar, argumentierte Stendhal in seinem Pamphlet *Racine et Shakespeare* (1823–25), und keine Helden von gestern, die es so ohnedies nie gegeben haben dürfte.[16]

Die Romantik als Kulturepoche in den Blick zu nehmen bedeutet, die sich aus diesen Voraussetzungen ergebenden Auffächerungen zumindest zu umreißen und ihre ästhetische Wirkungsweise zu ergründen. Untersuchungen zur Frühromantik sind Legion,[17] dagegen mangelt es an Studien zur Spätphase der Romantik, nicht minder fehlen Erörterungen der europäischen Dimensionen[18] dieser Kulturepoche mit ihrem über zwei Jahrhunderte langen Atem. Legendär und bis heute unübertroffen ist die Auseinandersetzung mit dieser Kulturepoche durch die *Grande Dame* der deutschen Literatur in der ersten Hälfte des 20. Jahrhunderts, Ricarda Huch. In ihrem Werk *Romantik*, das auf zwei Studien zur »Blütezeit« (1899) und zu »Ausbreitung und Verfall« (1902) der Romantik zurückgeht,[19] gelang ihr ganz im Sinne der frühromantischen Ästhetik eine poetische Kritik dieser Zeit. Auf sie wie auch auf die bahnbrechende Arbeit von Georg Brandes, *Die romantische Schule in Deutschland* (1873),[20] wird immer wieder zurückzugreifen sein, weil in ihnen erstmals bis heute tragende thematische Analysen der Kultur der Romantik herausgearbeitet worden sind.

Die Außenperspektive des Dänen unterscheidet sich wohltuend von der mit der Reichsgründung (1871) einsetzenden nationalkulturellen Vereinnahmung der Romantik als vermeintlich rein deutsches Phänomen, wie sie vor allem Rudolf Haym mit seiner monumentalen Studie zur Romantik betrieben hat.[21] Haym verstand ›die‹ Romantik als Lehranstalt für echt deutsches Bewusstsein. Zwar übernahm er Heinrich Heines Bezeichnung »Schule«, nicht aber dessen ironische Verwendung dieses Wortes. Brandes dagegen stellte in seinen Kopenhagener Vorlesungen die deutschsprachige Romantik in einen Zusammenhang mit den von ihm untersuchten »Hauptströmungen der Litteratur des neunzehnten Jahrhunderts«, womit er den geistesgeschichtlichen Horizont der Erörterung des Romantischen entscheidend erweitern konnte. Bei aller fortschreitenden Differenzierung in

der Romantikforschung hat Brandes' abschließender, auf Europa bezogener Befund nichts an Gültigkeit eingebüßt:

> Eine romantische Strömung braust in den ersten Jahrzehnten des
> [19.] Jahrhunderts in fast allen europäischen Landen durch die
> Geister. Mit wirklicher Ursprünglichkeit tritt die Romantik je-
> doch nur in Deutschland, England und Frankreich auf. Hier allein
> macht sie eine europäische ›Hauptströmung‹ aus. In den slawi-
> schen Ländern verspürt man hauptsächlich einen Nachhall der
> englischen Romantik. In den skandinavischen Reichen ist die ro-
> mantische Literatur von der deutschen stark beeinflusst.[22]

In Schweden bezeichnete man die Romantik übrigens als dynamischen, gar ›feurigen‹ »Phosphorismus«, der gegen den französischen
Stil des 17. Jahrhunderts gerichtet war. Nationale Ausprägungen der Romantik machte Brandes in Norwegen in Gestalt von Henrik Wergeland (1808–1845) aus, der sich für die Emanzipation der Juden im ›neu-
en Norwegen‹ einsetzte, vor allem aber in seinem heimischen Dänemark, das sich durch seine besonders reiche romantische Literatur
auszeichnet. Man führe sich allein diese die dänische literarische Kultur
beherrschenden Namen vor Augen: Adam Oehlenschläger, Nikolai
Grundtvig, Bernhard S. Ingemann, Carsten Hauch, Ludvig Heiberg und
Hans Christian Andersen. Sie standen ausnahmslos unter dem Einfluss von deutschen Romantikern – von Ludwig Tieck über Friedrich
de la Motte Fouqué bis hin zu E. T. A. Hoffmann. In der Musik fanden
die Kulturen Skandinaviens erst in der Spätromantik ihren jeweiligen
Ton: in Norwegen mit Edvard Grieg, Johan Svendsen und Christian
Sinding, in Finnland mit Jean Sibelius, in Dänemark mit Carl Nielsen
und in Schweden mit Franz Berwald sowie Wilhelm Stenhammer.

Diesen europäischen Blick auf die Romantik hatten die wenigsten
ihrer Kritiker aufzuweisen. Als Rudolf Kassner 1900 seine Betrachtungen zu »englischen Dichtern« weitgehend aus der ersten Hälfte
des 19. Jahrhunderts vorlegte – eine Neuausgabe erschien 1920 –, geschah dies unter dem Titel *Die Mystik, die Künstler und das Leben*. Die
Bezeichnung ›Romantik‹ unterblieb, so als wollte Kassner sagen, ›Romantik‹ habe es eigentlich nur im deutschen Kulturgebiet gegeben.
Übrigens finden sich bei Kassner Abhandlungen zu Percy Shelley,

Keats, William Blake, Dante Gabriel Rossetti und anderen, aber keine Äußerungen zu William Wordsworth oder Samuel T. Coleridge.[23]

Die Wandervogel-Bewegung vor dem Ersten Weltkrieg erklärte das Vereinzelungssyndrom der romantischen Wandererfigur zu einem national-kollektiven Phänomen. Derweilen entdeckte Carl Schmitt die »politische Romantik« (1919) in ihrer konservativ-katholischen Spielart.[24] Genau zu dieser Zeit (1922) schickte sich Thomas Mann zu seinem bis dahin gewagtesten Manöver an, der Umwertung der kulturkonservativen *Betrachtungen eines Unpolitischen* durch sein Bekenntnis zur neuen deutschen Demokratie, das er mit Hinweisen auf Novalis anreicherte.[25]

Wie viel ist seither geschehen: Auf die Pervertierung des ›Romantischen‹ im Nationalsozialismus folgten nach 1945 die grundlegenden editionsphilologischen Erschließungen und Kommentierungen der romantischen Dichtungen, die sozialhistorische und literatursoziologische Analyse der Romantik und die grundsätzliche Infragestellung ihrer Epochentauglichkeit, während die ur-romantische ›Blaue Blume‹ als Hoffnungszeichen in der Studentenrevolte einen zweiten Frühling erlebte.[26] Man hatte durchaus das Dynamische, ja das Dynamithafte der Romantik erkannt, das noch in Anita Brookners auf Frankreich bezogener Studie *Romanticism and its Discontents* (2000) zum Ausdruck kam.[27] Und die Vorstellung einer konservativen Revolution, die Anfang der 1920er an Boden gewann, fand ihre späte und unverhoffte Entsprechung in Ayn Rands (pseudo-)philosophischer Provokation *The Romantic Manifesto* (1969).[28] Auf wissenschaftlicher Grundlage bemühte man sich nach der Jahrtausendwende um ein Aufarbeiten der *Paradoxien der Romantik* (aus österreichischer Sicht)[29] und das Sichtbarmachen der *Lesbarkeit der Romantik*.[30]

Ein Befund bleibt bestehen: Nichts ist verführerischer, aber auch verfänglicher, als ›die Romantik‹, die europäische zumal, definieren zu wollen. Kann es doch – trotz oder gerade wegen – ungezählter, durchaus auch exemplarisch zu nennender Versuche nur um Einstimmungen und Annäherungen gehen. Skeptiker wie Isaiah Berlin hielten die Romantik für einen intellektuell geradezu »gefährlichen und wirren« Gegenstand, bei dessen Bestimmungsversuch man nur seine eigene Richtung verlieren könne.[31] Dieser Befund hinderte ihn allerdings nicht daran, dieser Wirrung ein ganzes Buch zu widmen.

Revolutionäre Romantik auf dem Weg zum eigenen Ich

Wie revolutionär war die Romantik? Das ist keine Frage aus dem Jahr der Studentenrevolte von 1968. Schon Thomas Mann stellte sie, nicht in den *Betrachtungen eines Unpolitischen*, nicht in seiner politischen Kehrtwendung zugunsten der neuen Weimarer Republik in seiner von Novalis bestimmten, Gerhart Hauptmann zugedachten Rede *Von deutscher Republik*, nicht im *Zauberberg*, sondern im Zusammenhang mit Sigmund Freud. In seinen Überlegungen zur *Stellung Freuds in der modernen Geistesgeschichte* (1929) erscheint ihm der Urheber einer wissenschaftlich verstandenen Psychoanalyse als Nachfolger der poetischen Psychologie der Romantik, ja, als ihr Nachlassverwalter, der ihr Erbe mit neuen Akzenten versah. Dabei entwickelte Thomas Mann Perspektiven zur Romantik, deren Bedeutung bis heute ungebrochen ist.[32] Die Thesen, mit denen er im Jahr seines Nobelpreises und der Weltwirtschaftskrise aufwartet, lassen aufhorchen:

> Die deutsche Romantik ist, so sonderbar es herkömmlichem Vorurteil klingen mag, wesentlich nicht historisch gestimmt, sondern zukünftig, und dies so sehr, daß man sie als die revolutionärste und radikalste Bewegung des deutschen Geistes bezeichnen kann.[33]

Bedenkt man das europäische Bewusstsein, durch das Thomas Mann ›das Deutsche‹ schon damals kontextualisiert sah, dann darf man mit Fug davon sprechen, dass er in diesem Verständnis von Romantik auch einen exportierbaren und auf andere Kulturen übertragbaren Wert gefunden hatte. Überdies hatte Thomas Mann den unmittelbaren Zusammenhang zwischen der geistigen Substanz der Französischen Revolution und der Romantik in deutschen Landesteilen deutlich erkannt.

Neben dieser politischen Erweiterung hatte er auch eine bewusstseinsbedingte Öffnung und Vertiefung in der Romantik wahrgenommen, die er dann bei Freud manifestiert sah. Wen wundert, dass Thomas Mann schon seine Tony Buddenbrook die *Serapions-Brüder* von E. T. A. Hoffmann lesen ließ.[34] Angesichts einer zunehmenden

»Geistfeindlichkeit« in seiner Zeit (1929) wertete er die »Geistliebe«, den »leidenschaftlichen Utopismus«, die »Zukunftsorientierung« und den »Bewußtheitsrevolutionismus« der Romantik auf. Freud nun, so Mann weiter, habe einen entscheidenden Beitrag dazu geleistet, den Bewusst*werdungs*prozess zu verstehen, jenes dem Unbewussten inhärente Werden, durch welches erst das Ich zu einem Ich werden kann. Freuds Augenmerk gelte dem Wachstum im Vorfeld der Identitätsbildung, so ließe sich Thomas Manns Deutung umschreiben. Und die Aufmerksamkeit gerade für diesen Zwischenbereich erachtete er als genuin ›romantisch‹.

Zugegeben, gradlinig verläuft wenig in der Romantik. Ihre Wege sind verschlungen, traumgesäumt, dann wieder unverhofft steinig; sie führen an Rosenhügeln vorbei und an Abgründen, durch die mehr oder weniger mondhelle Nacht und durch das grell beleuchtete Terrain der Kritik und Schmähung. Diese Wege gehen Vereinzelte, Versprengte, Migrierende zwischen Welten, die sich immer mühsamer miteinander vereinbaren lassen. Manche Pfade führen aber auch in die Geselligkeit; die Schubertiaden zeugen davon ebenso wie Texte, die das Leben in durch und durch poetisierter Form und im Wechselspiel von Einsamkeit und Vielsamkeit erfahrbar machen sollen (*Dichter und ihre Gesellen* von Joseph von Eichendorff, 1833), Salons oder regelrechte Gemeinschaftserzählungen.

Die komplexeste und bedeutendste hat E. T. A. Hoffmann unter dem Titel *Die Serapionsbrüder* (1819–21) vorgelegt; diverse Erzähler bilden ein Ensemble, wobei jeder zunächst für ein Thema zuständig ist. Mit zunehmender Erzähldauer kommt es dann immer häufiger vor, dass sich die Themenfelder perspektivisch überschneiden oder überlagern. Vorgetragen werden diese Erzählungen von den jeweiligen »Brüdern« im serapiontischen Geiste, benannt nach einem wahnhaften Eremiten, der sich in den Erzählungen sozusagen pluralisiert. Das Besondere dieses erzähltheoretischen Entwurfs ist, dass er sogleich umgesetzt und damit erzählend praktiziert wird. Ein Widerspruch zwischen Theorie und Praxis soll auf diese Weise erst gar nicht aufkommen. Durch diese Art des Erzählens entstehen Situationen wie diese – in den Worten des Erzählers Cyprian, der sonst nicht für musikalische Themen zuständig ist:

Ich werde der größeren Lebendigkeit halber in der ersten Person erzählen, als sei ich selbst der Virtuose, dem alles geschehen, und hoffe, daß mein würdiger Serapions-Bruder Theodor es nicht übel deuten wird, wenn ich ganz in sein Gebiet hineinzustreifen genötigt bin.[35]

Als sei ich selbst der Virtuose – das könnte das Leitmotiv sein für die Art, in der die Romantiker verschiedener Phasen europaweit, aber im deutschen Sprachraum besonders, ihr Verhältnis zum eigenen Ich und damit zur Subjektivität zu klären versuchten. Auf virtuose Weise ›ich‹ zu sein, das meint einen Anspruch, der sich aus identitätsphilosophischen Überlegungen ableitete und künstlerisch manifestierte.

Das romantische Ich betreibt in dieser Hinsicht vor allem eines: Bewusstseinsarbeit in Form von Spekulation oder Selbst-Setzung. Diese Zugänge zum Ich, aber auch zu einem zumeist poetischen Du, sind am sinnigsten mit einem Gratwandel vergleichbar. Wer den Grat entlanggeht, ist das Ich. Zwischen Emphase und Absturz balanciert und schwankt es, Schwindelgefühle für Energien haltend. Noch in der Spätromantik zentriert sich das Ich auf diese Weise.

Rein individualpsychologisch gesehen ist eine Bemerkung Hoffmanns aufschlussreich, kann er sich doch 1809, wie ein Tagebucheintrag belegt, sein »Ich durch ein Vervielfältigungsglas« denken, wobei »alle Gestalten, die sich um mich herumbewegen, Ichs« seien. Darauf folgt der bezeichnende Zusatz: »und ich ärgere mich über ihr Thun und Lassen.«[36] Aus der Gemeinschaft freundschaftlicher Kreise, der Tischgesellschaft oder des Salons war noch nicht jenes gesellschaftliche Sein geworden, das – laut Karl Marx – das Bewusstsein bestimmen wird. Aber die Bestimmung des Einzelnen im Umfeld sozialer Verschiebungen bleibt auch in der Spätphase der Romantik Thema.

Geschichtlich-poetische Selbstbesinnung

Romantik und Revolution stehen in einer eigentümlichen Wechselbeziehung. Die Frühromantik arbeitet auf ihre Weise die Französische Revolution auf und intellektualisiert sie, wie Friedrich Schlegel nahelegt, sowohl mit Hilfe von Goethes Roman *Wilhelm Meisters*

Lehrjahre (1795/96) als auch von Fichtes *Wissenschaftslehre*; zugleich verinnerlicht sie den Geist der Revolution und macht ihn zu einer Revolution der Gefühle. Die Romantik übersteht sogar Napoleon, der eineinhalb Jahrzehnte lang zum europäischen Phänomen oder – je nach politischer Perspektive – Skandalon wird. Das gelingt ihr, indem sie – europaweit – nationales Kulturbewusstsein zu privilegieren beginnt. Während der Restriktionen, die mit den zensurpolitischen, gegen die nationale Einigungsbewegung gerichteten Karlsbader Beschlüssen (1819) einsetzen, scheint sich die Romantik gezwungenermaßen wieder zu entpolitisieren. Das Bekenntnis zum Nationalen verwandelt sich in ein Interesse an Volksmärchen und ästhetisiert sich als Folklore.

Zugleich beginnt sie, sich – noch nach Vorgaben Friedrich Schlegels – zu ›orientalisieren‹, sich von der (indo-germanischen) Philologie bis zur Chemie und Botanik zu verwissenschaftlichen sowie sich historisierend gewissermaßen zu vermittelalterlichen. Den Revolutionen von 1830 kann sie dann aber doch wieder politisch-konkreten Ausdruck verleihen – man denke allein an die »Polen«-Lieder ihrer besten Dichter, deren Intention und Duktus die Freiheitslieder für das nach Unabhängigkeit von den Osmanen strebende Griechenland aus der Zeit um 1824 aufgreifen. Man sieht: Mit ein Grund für ihre lange Lebensdauer war die Fähigkeit der Romantik, sich als ein bemerkenswert anpassungsfähiges Chamäleon zu erweisen.

Nach 1830 unternimmt die Romantik gleichwohl keine wirklich neuen Selbstbestimmungsversuche mehr. Während der zweiten Phase der Restauration in Europa (1830–48) steuert sie zwar wieder auf eine Revolution zu, kann deren soziale Sprengkraft jedoch – auch intellektuell – nicht mehr für sich nutzen. Stattdessen beginnt sie, sich selbst geschichtlich zu werden, ein Phänomen, das mit Heinrich Heines Abrechnung in eigener Sache, *Die Romantische Schule* (1833), eingesetzt hatte. Nahezu konkurrenzlos entwickelt Georg Gottfried Gervinus (1805–1871) eine nationalpoetische Literaturgeschichte, die es zwischen 1835 und 1842 auf fünf Bände bringen wird. Darin begreift er die romantischen Tendenzen durchaus als Höhepunkte der literarischen Entwicklung, begrüßt als liberaler Demokrat jedoch die soziale Öffnung der Literatur. Als Historiker bemüht er sich zudem darum, den nationalen Rahmen zu überschreiten und zum Beispiel auch die Restauration als gesamteuropäisches Phänomen zu begreifen.

Unmittelbar vor der März-Revolution 1848 bemühte sich Joseph von Eichendorff in betontem Gegensatz zu Heines provokanter *Geschichte der Religion und Philosophie in Deutschland* um eine ironiefreie Abhandlung unter dem Titel *Über die ethische und religiöse Bedeutung der neuen romantischen Poesie in Deutschland*. Julian Schmidt (1818–1886) arbeitete zu jener Zeit an seiner zweibändigen *Geschichte der Romantik im Zeitalter der Reformation und der Revolution*. Robert Schumann komponierte gleichfalls 1847 sein erstes Klaviertrio op. 63 in d-Moll, dessen erster Satz die Aufführungsvorschrift »mit Energie und Leidenschaft« trägt. Der Heidelberger Philologe Adolf Holtzmann (1810–1870) legte in bester romantischer Tradition der kulturübergreifenden Sprachforschung den dritten Teil seiner kommentierten Ausgabe *Indische Sagen* vor, und Joseph William Turner ließ sein Gemälde *Sonnenaufgang mit Seeungeheuern* unvollendet. Währenddessen erschien Michail J. Lermontows (1814–1841) Roman *Ein Held unserer Zeit* in vierter Auflage. Die Geschichte des Grigorij Alexandrowitsch Petschorin ist ein Roman in Form von vier Novellen über das Leben und sinnlose Treiben eines romantischzeitgemäßen »Helden«, wiedergegeben aus verschiedenen Perspektiven, eines »Helden«, den Liebe und Leidenschaft – langweilt.

In jenem Jahr schrieb zudem Victor Hugo ein Gedicht, das zu seinen bekanntesten zählen wird, aber nicht im Entferntesten politische Untertöne anschlägt: »Demain, dès l'aube …«. So persönlich Hugos Gedicht auch wirkt, es klingt, als nähme es Abschied von einer ganzen Epoche. Denn im Grab der Geliebten, das dieses Ich nach einem langen Weg erreicht, scheint auch das zu ruhen, was man mit romantischem Empfinden verbindet.

Im Frühlicht, morgen, wenn wieder Felder darin baden,
Werde ich gehen. Denn schau, ich weiß, du wartest auf mich.
Ich werde durch Wälder gehn, über Berge, und das beladen.
Dir länger fern zu bleiben, wäre mir ein Herzensstich.

Gehen werde ich, den Blick auf das, was ich denke, gelenkt,
Ohne seitwärts zu schaun, ohne des Lärmens zu achten.

Allein, fremd, den Rücken gebeugt, die Hände verschränkt,
Traurig zu sehen, was Tag und Nacht an Gleichem mir brachten.

Des Abends sinkendes Gold werd ich verschmähn, nicht
Sehen die Segel in der Weite, wenn Harfleur ich erreiche.
Dann leg ich dort auf dein Grab ein Gebinde ganz schlicht
Aus Misteln und blühender Heide, auf dass es dir gleiche.[37]

Im Original beginnen fünf der insgesamt zwölf Verse mit *je* (›ich‹).
Von einem solchen Ich geht jedoch keine selbstversichernde, gar
selbstbestimmende Wirkung aus. Es nimmt buchstäblich nur im
Vorübergehen die Mitwelt wahr, Menschen nicht, eher Stimmungen
und das eine anfänglich alles beherrschende Bild: das Morgenlicht,
das die Landschaft badet. Ansonsten bleibt dieses Ich auf seine Gedanken konzentriert, und diese wiederum richten sich auf die Ankunft in der kleinen Hafenstadt Harfleur, wo sich, wie wir erst zuletzt
erfahren, das Grab der Geliebten befindet. Die für Victor Hugo und
überhaupt ungewöhnliche Wendung *Je marcherai les yeux fixés sur
mes pensées* – ›ich gehe mit auf die eigenen Gedanken gerichteten Augen‹ – verweist auf die prototypisch romantische Einheit von sinnlichem Eindruck und Abstraktem. Selbst das in der unmittelbaren Zukunft liegende ›Gehen‹ bedeutet ein Eingehen in die eigene Vorstel-
lungswelt, in der das Ich nur einen Fixpunkt kennt: das Grab der
Geliebten.

Die Nähe dieses spätromantischen Gedichts zur frühromantischen Sehnsuchtswelt Friedrich von Hardenbergs (Novalis) ist greifbar. Nach dem Tod seiner kindlichen Verlobten, Sophie von Kühn,
ging Novalis unablässig zu ihrem Grab – im physischen wie im poetischen Sinne – bis hin zur zeitweisen Destabilisierung seines Ichs, das
ja ursprünglich durch seine Studien der Ich-zentrierten Philosophie
Fichtes eine erhebliche Stärkung erfahren hatte. Denkt man an Novalis, dann am ehesten an seine *Hymnen an die Nacht,* wobei sich ein
sprechender Unterschied zeigt zwischen Victor Hugos ›Grablied‹ und
der Verlusterfahrung, die Novalis in seinen *Hymnen* verarbeitet: Hugos Gedicht konstatiert mehr, als dass es klagt, und räumt dem Licht
gleich zu Beginn eine alles überstrahlende Rolle ein. Novalis dagegen
verschmäht in den *Hymnen* das Licht; »arm und kindisch« kommt es

ihm vor. Seine Sehnsucht gilt der sich mystisch offenbarenden Nacht, dem heilenden Dunkel, allenfalls dem »Dämmerungsschauer«.[38] Das Morgenlicht, das im Gedicht Hugos auch ›Aufklärung‹ über die Beweggründe des Ichs verheißt, ist bei Novalis zur »Morgenröte« gedämpft und ursächlich mit der durch ein gleichnamiges »altes Buch« Jakob Böhmes, das »mit Gold verschlossen« vermittelten mystisch-intellektuellen Erfahrung verbunden – wie er dies in einem an Ludwig Tieck gerichteten Gedicht zum Ausdruck bringt. (I, 137/138) Ein repräsentatives Notat aus dessen *Fichte-Studien* veranschaulicht, was Novalis und mit ihm die von Fichte beeinflusste Frühromantik an Ich-Emphase praktizierten:

Analytisches Ich ist Ich mit Bewußtseyn – synthetisches Ich, ohne Bewußtseyn. Im Synthetischen Ich schaut sich das analytische Ich an. Das Anschauende Ich wird sein eignes Angeschaute – das synthetische Ich ist gleichsam Spiegel der Realität. (II, 47)

Dieser sezierende Umgang mit dem eigenen Ich ging bei Novalis tief und schlug sich sogar in privaten Äußerungen nieder. In diesem Brief an die Freundin »seines bessern Selbst« und Nichte seines Vorgesetzten konnte das jedoch durchaus auch (selbst-)parodistische Züge annehmen:

Ich bin kranck obendrein – Merken Sie, wohin ich will – Ihr Compaß ist untrüglich – Ich will nicht – ich will – ich will nicht – ich will – ich muß, ich darf, ich kann – *hier bleiben.* […] Was ich kann, das will ich, und was ich will, das kann ich – Wer kann wider sein Schicksal – Ich gehöre zu den Deterministen – Mein Schicksal ist so complaisant [entgegenkommend] dismal – ein andermal nicht – ich muß seine gute Laune benutzen, da es sonst oft sehr schief und mürrisch aussieht. (I, 565/566)

Es ging Novalis wie wohl der Mehrzahl der Romantiker um Selbsterkenntnis und die Suche nach dem Ort des eigenen Ichs sowie nach dem, was dieses Ich enthält. Man kann die Romantiker als eine Gemeinschaft von Randfiguren beschreiben, genauer gesagt von Vereinzelten, ihr Ich bewusst Bildenden und gleichzeitig an ihrer Subjektivität Leidenden. Schließlich wollten sie ja einerseits nichts lieber, als Gemeinschaften zu bilden, und andererseits wurden sie von der etablierten ›Gesellschaft‹ als exzentrische Versprengte angesehen. Migranten waren sie und dabei zugehörigkeitsbedürftig; weltgläubig, aber später mit der Tendenz zur Katholisierung; kunstverliebt mit Neigung zur Kunstkritik; auf intellektuelle Weise europäisch gesonnen und doch zunehmend mit nationalpatriotischem Einschlag. Man hatte, der Wissenschaft zutiefst zugewandt, die Aufklärung beerbt, ließ gleichzeitig aber dem Antisemitismus freien Lauf.

Antisemitische Entgleisungen

Auf diesem verhängnisvollsten Abweg in der Romantik hatte Fichte in seinen notorischen *Reden an die deutsche Nation* (1808) den denunziatorischen Ton vorgegeben. Die Tischgesellschaft des Achim von Arnim, der als modellhafter Romantiker schon von seinen Zeitgenossen gepriesen wurde – Eichendorff nannte ihn den »reinsten und gesündesten« Repräsentanten dieser Epoche[39] – nahm ihn auf und variierte ihn in den schrillsten Lagen.[40] Die Romantik kennt keine gefährlich misstönendere ›Kammermusik‹ als das antisemitische Gegeifer, das Schule machte und an Rabiatheit weit über das hinausging, was man als ›übliche Form‹ antijüdischen Verhaltens in bürgerlichen Kreisen im übrigen Europa beobachten konnte.

Heines Bemerkung trifft einmal mehr den Sachverhalt genau: »Der Judenhaß beginnt erst mit der romantischen Schule (Freude am Mittelalter [und seinen Pogromen, d. Verf.], Katholizismus, Adel, gesteigert durch die Teutomanen).«[41] Der Widerspruch dieses betont extrovertierten Antisemitismus zur romantisch-biedermeierlichen Innerlichkeit hätte nicht drastischer sein können. Aufgehetzt wurde diese rassistisch aufgeladene Strömung einer sich nationalistisch pervertierenden Romantik durch die Machwerke des Joachim Hartwig Hundt-Radkowsky, *Judenspiegel, ein Schand- und Sittengemälde alter und neuer Zeit* (1819/21) und die dreibändige (!) *Judenschule* (1822/23), gefolgt von seinen Schriften zur ›Umerziehung‹ der Juden.[42] Die Äußerungen jener hässlichen Fratze romantischer Zeit reichen von der Forderung, jüdische Männer zu kastrieren und jüdische Frauen in

Hurenhäuser zu stecken, bis zur Behauptung, Metternich und der restaurative Hochadel stünden in Diensten jüdischer Finanziers und unterdrückten deswegen die Bildung eines deutschen Nationalstaats. Die antisemitische, burschenschaftlich organisierte Hep!-Hep!-Bewegung breitete sich über den deutschen Sprachraum aus bis in die baltischen Staaten, nach Prag und Krakau ebenso wie nach Kopenhagen. ›Romantiker‹ wie Ernst Moritz Arndt (1769–1860) und der »Turnvater« Friedrich Ludwig Jahn (1778–1852) vervollständigten mit ihren prominenten Stimmen diese Aberration nationalistischer Selbstbestimmung. Schmählicher Vorreiter dieser Tendenz war Hegels Vorgänger auf dem Heidelberger Philosophie-Lehrstuhl, Jakob Friedrich Fries (1773–1843). In seiner notorischen, 1816 in den *Heidelberger Jahrbüchern* vor deren redaktioneller Übernahme durch Hegel veröffentlichten Schrift *Ueber die Gefaehrdung des Wohlstandes und Charakters der Deutschen durch die Juden* forderte er die Kennzeichnung der Juden an der Kleidung und heizte so den Antisemitismus in den Burschenschaften an. Zu Fries' Studenten gehörte übrigens Karl Ludwig Sand (1795–1820), der Mörder des als anti-national verschrieenen Dichters August Friedrich von Kotzebue. Die durch das Attentat ausgelösten Karlsbader Zensurbeschlüsse und die sogenannten Demagogenverfolgungen waren, so gesehen, auch das verhängnisvolle Ergebnis des nationalistischen Terrors, den Fanatiker wie Fries und Konsorten offen propagierten.[43]

Auch wenn Annette von Droste-Hülshoffs Novelle *Die Judenbuche* (1842) sich nicht auf diese zeitgenössischen Vorgänge bezieht, sondern auf einen Vorfall im Westfälischen vor der Französischen Revolution, so liefert sie doch einen atmosphärischen Kommentar zu dieser Selbstdemontage romantischen Bewusstseins in Form einer erzählten sozialpsychologischen Studie. Ihr Protagonist Friedrich Mergel, der den jüdischen Geschäftsmann Aaron ermordet hat, erhängt sich nach langen Jahren an der inzwischen mit hebräischen Schriftzeichen versehenen Buche, unter der Aaron aufgefunden worden war. Anders als die Hep!-Hep!-Aufgeputschten quält Mergel wenigstens zuletzt noch sein Gewissen, so dass er sich selbst richtet.

Ein anderer, späterer Text, Wilhelm Raabes Novelle *Holunderblüte* (1863), nimmt unmittelbar auf das Jahr 1819/20 und auf die Judenhetze dieser Zeit Bezug. Ein alter, innerlich ›gegerbter‹ Arzt, keiner Romantik verdächtig, erinnert sich anlässlich eines Besuchs bei der Mutter einer von ihm behandelten jungen Frau und beim Anblick eines Holunderblütenkranzes seiner romantischen Anfänge als Medizinstudent in Prag. Dort begegnete er 1819 auf dem jüdischen Friedhof Jemima Löw, die ihm am Grab der jüdischen Tänzerin Mahalath deren Geschichte erzählt. Sie starb an einem gebrochenen Herzen, und auch Jemima, die sich bis zur Selbstaufgabe mit Mahalath identifiziert (und wohl auch in den Medizinstudenten, der ein Herzspezialist werden wird, verliebt), wird einer Herzkrankheit erliegen. Ihr Student, von Jemima ein wenig ins jüdische Leben eingeführt, nimmt ihre Krankheit nicht ernst, sondern geht nach Berlin, um ein Jahr später bei seiner Rückkehr nach Prag zu erfahren, dass sie verstorben ist.

Raabe, dessen ›poetischer Realismus‹ die Spätromantik dank ihrer milieugenauen Prosa hinter sich lässt, wendet sich mit dieser betont einfühlsamen Schilderung der jüdischen Welt Prags gegen den Anfang der 1860er Jahre erneut aufkommenden Antisemitismus, der maßgeblich publizistisch unterstützt wurde durch Wilhelm Marrs *Judenspiegel* (1863) und Gustav Freytags mehrbändigen judenfeindlichen Roman *Soll und Haben* (1855). Auch Richard Wagners schimpfliche Polemik *Das Judenthum in der Musik* (1850) steht in diesem Zusammenhang. Veröffentlicht wurde sie in der weithin verbreiteten *Neuen Zeitschrift für Musik* – und das in dem Jahr, in dem die spätromantische Oper schlechthin, *Lohengrin*, in Weimar ihre Uraufführung unter Franz Liszt erlebte, während Wagner aufgrund seiner revolutionären Umtriebe in Dresden 1848 noch steckbrieflich gesucht wurde.[44]

Die neuere Vorurteilsforschung hat nachgewiesen,[45] wie gerade scheinbar beiläufige Anspielungen auf überkommene Klischees die Neubildung von Vorurteilen befördern. In diese scheinbar ›harmlose‹ Kategorie gehört zum Beispiel eine Stelle in den *Reiseschatten* (1811) des Romantikers Justinus Kerner (1786–1862), der im Grunde ein in antisemitischer Hinsicht unverdächtiger schwäbischer Liberaler war. Erzählt wird eine Szene, in der sich eine kleine Reisegesellschaft, zu der auch ein jüdischer Zahnarzt gehört, unterhält. Der Ich-Erzähler kommentiert: »Unter anderem erzählte derselbe Jude, daß der Feind [die Franzosen, d. Verf.] in Ulm mit klingender Münze eingezogen sei; wahrscheinlich wollte er sagen: mit klingendem Spiel.« Allein schon der Umstand, dass der Zahnarzt eigens als Jude ›ausgewiesen‹

wird, bedeutet bereits eine Ausgrenzung. Vor allem aber schreibt ihm der Erzähler einen für die als geldgierig geltenden Juden vermeintlich bezeichnenden, den Charakter ›enthüllenden‹ Versprecher zu, ganz von der Art, wie ihn hundert Jahre später Sigmund Freud in seiner *Psychopathologie des Alltagslebens* freilich in aufklärerischer Absicht vorführen sollte.

Spätromantische Rückblicke (I)

Vieles spricht dafür, diverse Aspekte der Romantik von ihrem Ende her zu erfassen, vor allem dann, wenn ein Vertreter der späten Romantik auf den Repräsentanten einer neuen Stilrichtung trifft: in diesem Fall Robert Schumann und Friedrich Hebbel (1813–1863). Wieder ist es das Schwellenjahr zur Revolution: 1847. Ende Juli sucht der Dichter den Komponisten in Dresden auf; ein emphatisch auftretendes Ich trifft auf ein in sich gekehrtes Selbst. Hebbel versteht zu poltern, legt seine ungehobelten Manieren nie ganz ab; Schumann wirkt wie in sich verstrickt, befangen, dabei innerlich so bewegt wie der Anfang des besagten Trios in d-Moll aus dem nämlichen Jahr. Doch die Begegnung führte lediglich zu betretenem Schweigen. Vermutlich fiel kein Wort zwischen beiden; Schumann fühlte sich über die Maßen geehrt, dass der gefeierte Dramatiker ihn aufsuchte, vermochte aber aufgrund seiner zunehmenden Verschlossenheit anderen gegenüber nichts zu äußern, wovon Hebbel sich zu Unrecht brüskiert fühlte.[46]

Hatten sich beide wirklich nichts zu sagen? Der mythologisch-sozial inspirierte Gefühlsrealismus Hebbels, der mit Naturverklärung nichts mehr im Sinn hatte, harmonierte womöglich schlecht mit dem zur mystischen Transzendierung neigenden musikalischen Verklingen Schumanns. Und doch wollte Schumann, dass Hebbel die Libretto-Bearbeitung seiner *Genoveva*-Tragödie (1843) prüfte, die zu seiner Oper (1850) führte. Zudem konnte er Hebbels Gedichten manches abgewinnen. Das Gedicht »Schön Hedwig« setzte er in Gestalt eines neuartigen Genres um, des Deklamationsstücks (op. 106). In den *Waldszenen* (op. 82) finden sich Mottoverse von Hebbels »Waldbildern«. Und »Das Nachtlied« ebenso wie die »Ballade vom Haidknaben« nach Hebbels Gedicht wurde noch einmal ein später Höhepunkt

Schumann'scher Liedkunst (op. 108 und op. 122/1). Man erinnert sich: Schumann beendete einst seine *Kinderszenen* (op. 15) mit einem Stück, betitelt »Der Dichter spricht« – in dem er jedoch kein Wort sagt. Ob Schumann in Dresden sich dieser seiner Komposition erinnerte, als er seinem Besucher Hebbel gegenüber genau das tat?

In seiner Lyrik liebäugelte Hebbel nämlich durchaus mit romantischen Stimmungen und Bildern, obgleich er mit ironischen Bemerkungen über die Romantik nicht geizt, wenn er etwa den späten Ludwig Tieck, den er in Dresden noch persönlich kennen gelernt hatte, – à la Heine – als »blauäugigen Adler mit zerschossenen Flügeln« bezeichnet.[47] Freilich ging Heine noch rabiater zur Sache – wiederum auf Tieck bezogen heißt es bei ihm:

> In Dresden sah ich einen Hund.
> Der einst sehr scharf gebissen,
> Doch fallen ihm jetzt die Zähne aus,
> Er kann nur bellen und pissen.[48]

Auffallend wiederum ist, dass Hebbel in seiner Besprechung der vierten Auflage von Heines *Buch der Lieder*, einem damals bereits kanonischen Werk romantischer Poesie, die Bezeichnung ›Romantik‹ unterlässt. Ihn interessiert anderes, ein charakteristisches Phänomen jeder Spätzeit und damit auch der späten Romantik: die Nachahmung bestimmter Vorlagen, in diesem Fall die »Grazie« von Heines »scheinbar so nachlässigen Versen«. Hebbel findet dafür eine Erklärung in Heines »Emanzipation von der Metrik«:[49] Durch sie seien Verse frei geworden für die »Tiefe des Gemüts« und die »Reflexion«; Letztere sei sogleich »mit dem Bewußtsein da« und schaffe sich ihre eigene Form. Ohne ›romantisch‹ zu sagen, benannte Hebbel im Zusammenhang mit seiner positiven Heine-Kritik das ästhetisch-intellektuelle Ideal dieser Epoche, wenn er davon sprach, dass »Gefühl und Reflexion« am »vollkommensten entwickelt« seien, »wo alle beide gleichmäßig und unzertrennt tätig sind«.[50] Diese Art der Entwicklung hielt er gerade in der »deutschen Lyrik« für besonders ausgeprägt.

Diese »nationelle« Eigenheit hatte für diejenigen noch mehr Gewicht, die wie Eichendorff die Romantik zunehmend kulturell nationalisieren wollten, nachdem sich das politische Nationalgefühl im

Widerstand gegen Napoleon und dann gegen die Beschlüsse des Wiener Kongresses herausgebildet hatte. In seiner Schrift über die »Bedeutung der romantischen Poesie«, zu der er Heinrich von Kleist, den Grenzgänger zwischen den Zeiten und Stilrichtungen, ebenso zählt wie August von Platen, erscheint die Romantik tatsächlich als eine weitgehend »deutsche Affäre«.[51]

Exkurshafte Improvisation zu Brentanos *Friedenspuppe*

Im Laufe ihrer Entwicklung kam die Romantik – gerade auch als Kunstepoche – gar nicht umhin, zum politischen Geschehen ihrer Zeit Stellung zu beziehen. Das betraf in erster Linie die Nachwirkungen der Französischen Revolution. Die Romantiker wurden Augenzeugen des kometenhaften Aufstiegs und jähen Falls von Napoleon; sie bewunderten, beargwöhnten und bekämpften ihn als Modellfall eines Ichs, das sich für autonom erklärt hatte.

Dann erlebten sie die sogenannte ›Restauration‹ nach dem Wiener Kongress, teils als Mitläufer, als Leidtragende, als Fürsprecher *und* mehr oder minder verschwiegene Kritiker. Die Publizistik der Zeit leitete den Begriff von der sechsbändigen Kolossalschrift Karl Ludwig von Hallers mit dem Titel *Restauration der Staats-Wissenschaft oder Theorie des natürlich-geselligen Zustands der Chimäre des künstlich-bürgerlichen entgegengesetzt* ab. Im Grunde war das ein Irrtum, da das Metternich'sche Zensureuropa und die aufkommende Biedermeierzeit genau diese »Chimäre«, nämlich eine Gesellschaft von politisch unambitionierten, harmlosen Wirtschaftsbürgern, privilegierten.

Doch ein anderes Phänomen fällt mehr ins Gewicht: Um 1814/15, also bevor von einer ideologisch motivierten Restauration die Rede sein konnte, gerieten die Verhandlungen auf dem Wiener Kongress in eine ernsthafte Krise. Preußen, das ganz Sachsen annektieren wollte, und Russland, das sich das herrenlose Großherzogtum Warschau einzuverleiben hoffte, stießen auf erbitterten Widerstand Frankreichs, Englands und Österreichs. Eine Spaltung der Kongressmächte drohte und damit ein neuerlicher europäischer Krieg, den aber unmittelbar nach den napoleonischen Verheerungen niemand wirklich wollte.[52]

Genau in diese Krisenphase fiel die Veröffentlichung in Fortsetzungen von Clemens Brentanos Erzählung *Die Schachtel mit der Friedenspuppe* in der Wiener Zeitschrift *Friedensblätter. Eine Zeitschrift für Leben, Literatur und Kunst*.[53] Konzeption und Ausführung dieser auffällig – beinahe nach Hoffmann'scher Manier – ›verschachtelten‹ Erzählung legen die Vermutung nahe, dass Brentano zumindest während der Arbeit daran das Ziel verfolgte, erzählte Zeit und Zeit der Erzählung identisch werden zu lassen. Er konstruierte eine symbolische Geschichte, die in Klang und Satzrhythmik deutlich an die Erzählungen Heinrich von Kleists erinnert, um das Fragile, wenn nicht Prekäre des nach-napoleonischen Friedens auszudrücken. Die Bedeutung dieser Erzählung liegt zudem in ihrer Betonung der Dinghaftigkeit eines schicksalhaften Objekts.

Anders gesagt: Das Schicksal lässt sich mit diesem in Paris »bei einer Trödlerin« erworbenen Behältnis und der einen trügerischen Frieden indizierenden »Friedensmodepuppe« quasi ›dingfest‹ machen. So anschaulich diese Erzählung die »verwilderte Zeit« abbildet – es handelt sich um den Jahrestag der sogenannten Völkerschlacht bei Leipzig, mit der sich das Ende der Ära Napoleon anbahnte,[54] der auf einem Landgut an der brandenburgisch-sächsischen Grenze unter verwirrenden Bedingungen begangen wird –, so eindrucksvoll die konstruktive Einbeziehung gestrandeter, aus Russland kommender Franzosen unter dem Vorzeichen der *Wiedererrichtung* (›Restauration‹) der bourbonischen Herrschaft auch ist – symbolischerweise rührt eine Madame Antoinette Frenel »allerlei fremdartige Teige« in die für das Fest zu backenden Kuchen ihrer preußischen Gastgeberin –, und so beziehungsreich die makabren Täuschungen, Erbschaftsbetrügereien und Identitätsschwindel mit tödlichem Ausgang auch erzählt werden, ohne perfide antisemitische Volte kommt selbst Brentano nicht aus.

Er spart sie dramatisch wirkungsvoll bis zum Schluss auf, als der Leser zusammen mit der getäuschten Pflegetochter Antoinette die Wahrheit über den ominösen, sich zuletzt selbst richtenden St. Luce alias Dumoulins erfährt: »Dumoulins war ein Jude gewesen, der aus Gewinnsucht schon in seinem vierzehnten Jahre die Rolle eines Christen zu spielen angefangen […]. Er hatte lange Zeit die Gräber geplündert, und war dadurch zu einem ansehnlichen Vermögen gekommen [...].« Als Schwiegersohn eines Totengräbers verstand er es, Totgeborene zu anatomischen Zwecken zu verhökern, bis er schließlich in Moskau zum Pelzhändler avancierte. Eine Klischees und Vorurteile nährende, kaum überbietbare Anhäufung von, sagen wir: Gräueltaten, die in den Deutungen dieser Erzählung geflissentlich übergangen werden.[55]

Man kann Brentanos Erzählung durchaus als »narrative Zweckliteratur« bezeichnen, die dem Geist der »Wiederherstellung« der alten Ordnung dienstbar sein wollte (»wieder« ist das bevorzugte Wort in diesem Text[56]). Sie weist sogar auf einen markanten Unterschied zwischen »Enthusiasmus« und »Begeisterung« hin (»In der wahren Begeisterung hört aller Zufall auf, sie ist unendliche Harmonie.«[57]). Aber das kann die vorurteilsheischende Wendung, die der Erzähler seine Geschichte nehmen lässt, nicht relativieren. Mit schrillen Dissonanzen ist eben auch dann in der Romantik zu rechnen, wenn sie von einer »unendlichen Harmonie« beseelt zu sein scheint.

Spätromantische Rückblicke (II)

Eichendorff, der den Niedergang der Romantik unter anderem der Ablösung der Phantastik vom Religiösen zuschrieb, hielt vor allem einen Vertreter der Romantik für »aus der Art geschlagen«: E. T. A. Hoffmann, der schon damals im nichtdeutschen Sprachgebiet neben Heine als ein Hauptexponent des Romantischen galt. Für Eichendorff war dies ein bedauerliches Faktum, denn er wirft Hoffmann ein mangelhaftes ethisches Bewusstsein vor, eine Verstiegenheit im Ausmaß des Phantastischen und Zerrissenseins. Genau deswegen aber, so Eichendorff, erkenne »die ganz unmoralische sogenannte Romantik in Frankreich ihn fast ausschließlich als ihren deutschen Vorfechter« an.[58] Dagegen bemerkt er das Phantastische bei Tieck kaum,[59] wohl aber dessen »Doppelnatur, jene kühle Lust am Tiefsinnigen und am Gewöhnlichen, an der Mystik und am Zweifel«.[60]

In seiner *Romantischen Schule* – die dazu gedacht war, das französische Publikum mit deutscher Romantik vertraut zu machen – äußerte sich auch Heine doppeldeutig zu Hoffmann. In Frankreich habe jener dank vorzüglicher Auswahl und der ab 1830 erscheinenden

Übersetzung seines Gesamtwerks durch Adolphe François Loève-Veimars (1799–1854) »eine große Reputation erlangt«; die »eigentlichen Geistreichen und die poetischen Naturen wollten« hingegen »nichts von ihm wissen. Diesen war der Novalis viel lieber.«[61] Doch Heine korrigiert sich: »Aber, ehrlich gestanden, Hoffmann war als Dichter viel bedeutender als Novalis. Denn letzterer, mit seinen idealischen Gebilden, schwebt immer in der blauen Luft, während Hoffmann, mit allen seinen bizarren Fratzen, sich doch immer an der irdischen Realität festklammert.«[62]

Eichendorff zufolge hat sich die romantische Ironie bei Hoffmann geradezu verselbständigt, der als »materieller Doppelgänger« und »travestierender Bajazzo« jedem Gedanken, »jeder aufdämmernden Empfindung, fratzenhafte Grimassen schneidet.«[63] Das ist durchaus nicht unrichtig, aber was Eichendorff noch für verwerflich hielt, weil es den Nerv des romantischen Gefühls und Bewusstseins traf, können wir im Rückblick gerade als eine entscheidende Stärke Hoffmanns und als Merkmal seines ›modernen‹ erzählerischen Perspektivismus anerkennen.[64]

Tatsächlich wurde Hoffmann zu einem dezidierten ›europäischen Ereignis‹ in der Romantik, ausgehend von seiner Aufnahme in Frankreich. Zu seinen großen Bewunderern zählte Honoré de Balzac ebenso wie im Amerikanischen Edgar Allan Poe. Théophile Gautier schrieb schon sechs Jahre nach der Veröffentlichung von Loeve-Veimars' Übersetzung: »Hoffmann ist in Frankreich beliebter als in Deutschland. Seine Geschichten werden auf der ganzen Welt gelesen: Ob Pförtner oder Dame von Welt, ob Künstler oder Händler, sie finden an ihm Gefallen.«[65]

Das unbekannte Meisterwerk als Ikone des Romantischen

Noch heute findet sich diese Nähe zwischen Hoffmanniana und französischer Phantastik, wenn etwa die weit verbreitete Taschenbuchreihe »Le Livre de Poche« Balzacs Künstlernovelle *Le Chef-d'Œuvre Inconnu* (*Das unbekannte Meisterwerk*) in einer Ausgabe mit Hoffmanns Geschichte *La Leçon de Violon* (›Die Geigenstunde‹) vereint[66] – letztere übrigens ohne jeden Kommentar, so als verstünde es sich von selbst, diesen Text mit Balzacs kleinem Meisterwerk zu kombinieren. Die reizvolle Pointe dabei ist, dass Balzacs Novelle von einer Novelle Hoffmanns begleitet wird, die es nicht gibt, zumindest nicht unter diesem Titel. Der Text findet sich als überschriftloser Abschluss des Dritten Bandes der *Serapions-Brüder* und handelt von einem virtuosen Kenner des Violinspiels, der Geigengeschichte und ihren Aufführungspraktiken. Besagter Baron von B. glaubt, den vollkommenen Geigenton treffen zu können. Doch sein eigentliches ›Spiel‹ ist die Apotheose der Kakophonie: »Dicht am Stege rutschte er mit dem zitternden Bogen hinauf, schnarrend, pfeifend, quäkend, miauend – der Ton war dem zu vergleichen, wenn ein altes Weib, die Brille auf der Nase, sich abquält, den Ton irgendeines Liedes zu fassen.«[67]

Das Zurückbleiben hinter dem eigenen Kunstanspruch seiner Protagonisten ist neben der Ich-Dissoziation und isolationistischen Selbstverfallenheit (*Der Sandmann*) eines *der* Hoffmann'schen Themen überhaupt, ob in *Ritter Gluck* oder in den »Kreisleriana«, im *Kater Murr* oder humoristisch verbrämt im Märchenroman *Meister Floh*. Auch Hoffmanns Erzählungen, wenn man noch an *Klein Zaches* und *Prinzessin Brambilla* denkt, ergeben eine auf Balzac vorausweisende *Comédie humaine*, und es ist schwerlich ein Zufall, dass die letzte Bühnenkomposition des Deutsch-Franzosen Jacques Offenbach (1819–1880), eben *Hoffmanns Erzählungen,* neben Tschaikowskis *Nußknacker*-Ballettmusik mehr als alles andere für das Nachleben dieses Autors getan hat.

Bei Hoffmann wie bei Balzac war es ein Erzählen bis ans Ende des Lebens, wobei die streckenweise völlig disparaten Teile immer wieder auseinanderzufallen drohten; auch das Erzählen selbst wurde zu einem Gratwandel. Schon Horaz, auf den Hoffmann zu Anfang des *Meister Floh* in Form des »weisen Rates« des »alten römischen Dichters« selbst verweist, stellte sich das Schreckensbild der Kunst als eine Art Montage oder Collage disparatester Teile vor, ein Buch also, »welches phantastisch zusammenhanglose Gebilde vereinte, / Haltlos wie Träume im Fieber«.[68] Für Hoffmann war dieses »Zusammenhanglose« jedoch nicht unbedingt eine Schreckensvorstellung. Und das Träumerische? Wie sagt doch der wahnhafte Guru der Violinisten in Hoffmanns ›Geigenstunde‹? Den großen Geminiani habe er in Paris konzertieren gehört; gespielt habe er »wie ein Nachtwandler, der im Träumen herumsteigt, und es wurde einem selbst zumute, als läg man im Traume.«[69]

Allem Anschein nach hatte sich Balzac tatsächlich an Hoffmann ein Beispiel genommen, zumal als er *Das unbekannte Meisterwerk* schrieb, wobei er die Lehre aus der ›Geigenstunde‹ ins Bildkünstlerische transponierte. Das Gegenstück zu Hoffmanns Baron von B. heißt bei Balzac Maître Frenhofer, *die* Autorität in Sachen Porträtkunst. Er selbst arbeitet seit Jahren an einem Porträt seiner Geliebten. Der junge Nicolas Poussin (1594–1665) und sein Malerkollege Porbus (gemeint ist Frans Pourbus, 1569–1622) werden Frenhofer schließlich besuchen, zusammen mit Poussins bildschöner Geliebten Gillette, im Glauben, dem großen Frenhofer mit ihr das Modell für ein Porträt ultimativer Schönheit vorzustellen. Als er dann aber sein Porträt enthüllt, sind nur Striche und Farbkleckse zu sehen – der Art des ›musterhaften‹ Vorspiels vergleichbar, das Baron von B. in Hoffmanns Novelle seinem Schüler zugemutet hat.

Die entscheidende, bei allen zu besprechenden Phänomenen und Werken (oder bei zu Phänomenen gewordenen Werken) zu stellende Frage lautet: Was daran ist ›romantisch‹? Was sagen sie aus über den künstlerischen Charakter des Romantischen? Die visuellen und akustischen Zeichen sind es, die in der Romantik in den Vordergrund rücken, sie lassen aber offen, worauf genau sie verweisen. Friedrich Hölderlin (1770–1843), den Brandes treffend paradox als zeitgleichen »Vorläufer« der Romantik bezeichnet,[70] hatte dafür einen besonderen Sinn ausgeprägt. Die zweite Fassung der Hymne »Mnemosyne« beginnt vielsagend:

> Ein Zeichen sind wir, deutungslos
> Schmerzlos sind wir und haben fast
> Die Sprache in der Fremde verloren.[71]

Die »Patmos«-Hymne spricht von einem »Losungszeichen« (aber für welche ›Losung‹?) und von einem stillen göttlichen Zeichen am »donnernden Himmel«.[72] Es ist eine poetische Semiotik, die Verlassenheitspathos und ahnungsvolle Transzendenzverweise einschließt.

Künstlerisches Schaffen in vorromantischer Zeit vermochte vorgefundene ›Zeichen‹ zu deuten und abzurunden; zumindest gab es vor, dies zu können. Es tendierte zum Vollenden des Werkes und suggerierte dementsprechend dessen ›klassische‹ Abschließbarkeit. Dabei nahm es Maß an der Vollkommenheit der göttlichen Schöpfung, die es im Kleinen zu verwirklichen suchte. Blieb ein Werk unvollendet, dann war dies äußeren Umständen zuzuschreiben. Die romantische Kunstepoche dagegen söhnte sich nicht nur mit dem Nicht-Vollenden-Können, dem Unvollendeten aus;[73] sie kultivierte es geradezu. Dementsprechend konnte sie Zeichen im ›Deutungslosen‹ belassen. Denn im romantischen Bewusstsein lebte allein die Sehnsucht nach dem Vollenden.

Schon dem frühen Heine blieb es vorbehalten, sich im *Buch der Lieder* auf diese Verhältnisse einen ironischen Reim zu machen:

Zu fragmentarisch ist Welt und Leben!
Ich will mich zum deutschen Professor begeben.
Der weiß das Leben zusammenzusetzen,
Und er macht ein verständlich System daraus;
Mit seinen Nachtmützen und Schlafrockfetzen
Stopft er die Lücken des Weltenbaus.[74]

Heinrich Heines Frühromantik

Jeder (romantische) Dichter hatte seine eigene ›Frühromantik‹. In besonderem Maße trifft dies auf Heine zu, was oft aus dem Blick gerät, wenn man nur seine kritische *Romantische Schule*, die schmerzensreiche Ironie im *Buch der Lieder* und seine spätere Kritik an einem der Hauptvertreter der Romantik und seinem zeitweisen akademischen Lehrer August Wilhelm Schlegel im Sinn hat.

Heine scheint das selbst so empfunden zu haben, wie aus seiner Vorrede zu seiner frühen »Tragödie oder dramatisierten Ballade« *William Ratcliff* (1821) hervorgeht. Darin spricht er von der im *Buch der Lieder* nur »sehr unvollständig und dunkel« kundgetanen »poetischen Sturm- und Drangperiode«. Und weiter: »Der junge Autor, der hier mit schwerer, unbeholfener Zunge nur träumerische Naturlaute lallt, spricht dort, im Ratcliff, eine wache, mündige Sprache und sagt unverhohlen sein letztes Wort.«[75] Im Rückblick des Jahres 1851 kehrt Heine Friedrich Schlegels berühmtes Wort vom Geschichtsschreiber als einem rückwärtsgewandten Propheten um und nennt den Dichter einen »Geschichtsschreiber, dessen Auge hinausblicke in die Zukunft«.[76]

Zu Heines ›Frühwerk‹ gehören des Weiteren seine Tragödie *Almansor* (1823), die Byron-Übersetzungen und seine knappe, oft übersehene programmatische Schrift *Die Romantik* (1820). Wie so vieles aus dieser Zeit ist sie August Wilhelm Schlegel verpflichtet,[77] Heine fand aber schon darin – auch im Bereich der Literaturtheorie – seinen eigenen Ton. Mit einer »wachen, mündigen Sprache« spricht er über das ihm an der Romantik Wesentliche. Poetische Formen eines ›orientalisch‹ inspirierten Mittelalters sieht er in der Romantik wiederkehren, wobei er zu diesem Zeitpunkt noch den »deutschen Boden« betont, auf dem dies geschehe.

> Aber nie und nimmermehr ist dasjenige die wahre Romantik, was so viele dafür ausgeben; nämlich: ein Gemengsel von spanischem Schmelz, schottischen Nebeln und italienischem Geklinge, verworrene und verschwimmende Bilder, die gleichsam aus einer Zauberlaterne ausgegossen werden, und durch buntes Farbenspiel und frappante Beleuchtung seltsam das Gemüt erregen und ergötzen.[78]

Gegen dieses Klischee hält Heine die These, dass »die Bilder, wodurch jene romantischen Gefühle erregt werden sollen, eben so klar und mit eben so bestimmten Umrissen gezeichnet sein« dürfen, »als die Bilder der plastischen Poesie«.[79] Als »die zwei größten Romantiker« bezeichnet der junge Heine »Goethe und A. W. Schlegel«, weil sie »Plastiker« der Sprache dank der Art ihres poetischen Charakterisierungsvermögens seien.

Heine sah lebensgeschichtlich früh – aber mitten in der romantischen Zeitströmung – das keimen, was man als das ›Ende der Kunstperiode‹ zu bezeichnen gewohnt ist. Doch auch der Kunst selbst drohte aus sich heraus, so Heine, eine, wenn nicht gar *die* Endphase. Für Heine war das am Virtuosenkult ablesbar, einem Zeichen der Zeit, das er durchaus für deutbar hielt. Seine Paganini-Schilderung in der ersten der *Florentinischen Nächte* veranschaulicht diese Art des ›diabolischen‹, die Substanz der Kunst zerstörenden Zugangs zu ihr. Dieser Heine'sche Paganini erinnert übrigens mehr als deutlich an die musikalischen Wahncharaktere E. T. A. Hoffmanns.[80] Kurios genug: Zur Beruhigung erzählt in Heines fragmentarischer Novelle ein gewisser Maximilian seiner kranken Freundin auf ärztlichen Rat hin »phantastische« Geschichten. Eine davon handelt von seinem – angeblichen – Hamburger Paganini-Erlebnis. Dem ›Dämonischen‹ im Auftreten Paganinis entspricht die unheimliche synästhetische Befähigung Maximilians. Seiner leidenden Freundin erklärt er:

> Was mich betrifft, so kennen Sie ja mein musikalisches zweites Gesicht, meine Begabnis, bei jedem Tone, den ich erklingen höre, auch die adäquate Klangfigur zu sehen. Und so kam es, daß mir Paganini mit jedem Striche seines Bogens auch sichtbare Gestalten und Situationen vor die Augen brachte, daß er mir in tönender Bilderschrift allerlei grelle Geschichten erzählte, daß er vor mir gleichsam ein farbiges Schattenspiel hingaukeln ließ, worin er selber immer mit seinem Violinspiel als die Hauptperson agierte.[81]

Maximilians optisches und figuratives Hören wiederum findet seine paradoxe Entsprechung in der Kunst eines gehörlosen Porträtisten »namens Lyser, der, in seiner geistreichen Tollheit, mit wenigen Kreidestrichen den Kopf Paganinis« so gut getroffen habe, weil er in der »sichtbaren Signatur des Spieles«[82] die Töne sehen und sie von den Gesichtern der Musik ablesen könne. Paganini tritt in wechselnder Erscheinung auf, mal ganz in Schwarz gekleidet, mal in einem Anzug, »gespalten in zwei Farben, wovon die eine gelb und die andere rot«, einen »Gesang gefallener Engel« auf seiner Geige mit infernalischem Ausdruck vortragend.[83]

Heine lässt seinen Erzähler diese Aberrationen ausschmücken, um damit zu zeigen, dass sie inzwischen die Hauptsache in der Kunst geworden sind. Ihre begabtesten Vertreter haben die Kunst entkernt, entwesentlicht. Das ist die Kehrseite der Wissenschaft in der Kunst: ihre Selbst-Dämonisierung. Aus den Zugängen zur Romantik, so wie sie auch der junge Heine gesucht hatte, sind zuletzt Ab- oder Irrwege geworden.

Kapitel II
Britisch-deutsche Verschlingungen in der Romantik

Vorspiel in Goslar

Angesichts des klirrenden Frosts sahen sich die Geschwister William und Dorothy Wordsworth (1771–1855) im Winter 1798/99 zu einem längeren Aufenthalt in Goslar am Fuße des Harzes verurteilt. Man hatte in Hamburg Samuel Taylor Coleridge (1772–1834) getroffen, den Freund und deutschlandbegeisterten Mitverschwörer in Sachen aufkeimender englischer Romantik, und dank dessen Vermittlung den greisen Klopstock besucht, nun befand man sich auf dem Weg in Richtung Weimar. Vage ins Auge gefasst hatten die Geschwister ein Gespräch mit Goethe; der Frosteinbruch und wohl auch schwindende Courage seitens Williams vereitelten dieses Ziel. Dorothy scheint um einiges wagemutiger als ihr geliebter Dichter-Bruder gewesen zu sein – die beiden hielt man übrigens, vor allem in Goslar, für ein klassisch englisches Ehepaar.

Der knapp dreißigjährige Wordsworth schickte sich nun im halb arktischen Goslar an, ein autobiographisch gefärbtes Langgedicht zu verfassen, das dann zum Englischsten in der britischen Romantik werden sollte: die epische Dichtung *The Prelude* (*Präludium*). Wordsworth sollte daran in Schüben bis zu seinem Tod genau in der Jahrhundertmitte weiterarbeiten. Die wichtigsten Arbeitsphasen dieser lyrischen Erkundung des menschlichen Bewusstseins im Verhältnis zu Natur und Geschichte, Landschaft und Urbanität liegen in den Jahren 1798 – 1799 – 1805 – 1850; der Entstehungsprozess umfasst also die frühe, mittlere und späte Romantik in Europa und Britannien – eingedenk zeitlicher Versetzungen in den jeweiligen Kulturkontexten.

The Prelude ist ein Bildungsroman in Versen, der herkömmliches Erzählen unterläuft, indem er immer wieder neu ansetzt und dabei das Narrative lyrisch neu erfindet. *The Prelude* suggeriert einen immerwährenden Anfang, ein sich vervielfachendes, dabei stets neu ansetzendes Vorspiel, das um jeden Preis ein unliebsames Nachspiel verhindern sollte.

Unterwegs zu Goethe wussten sich viele englische Romantiker, Wordsworth war unter ihnen derjenige, der Goethe gegenüber noch am kritischsten eingestellt war. Amoralität warf er dem Verfasser des *Werther* vor, auch wenn sein rudimentäres Deutsch nicht ausreichte, um Goethe im Original zu lesen. Bei Samuel Taylor Coleridge, Henry Crabb Robinson, Thomas Carlyle und Matthew Arnold verhielt sich dies erheblich anders, von den Nicht-mehr-Romantikern George Eliot und ihrem Lebensgefährten, dem ersten Goethe-Biographen George Henry Lewes, ganz zu schweigen – allesamt waren sie des Deutschen bis in seine feinsten Bedeutungsverästelungen kundig.

Wordsworth erinnerte sich in Goslar beim Anblick der gebirgigen Harz-Landschaft an seine frühen Jahre in Cockermouth und die Hügel von Cumberland. Bereits die ersten Strophen von *The Prelude* sprechen jene Themen an, welche die larmoyante Seite des Romantismus beschäftigen sollten: Das Ich im Verhältnis zur Zeit, das Träumen, das Erinnern des »unerinnerbaren Seins«:

Ja, ich erinnre mich, als die wechselhafte Erde
Und zweimal fünf Jahreszeiten mir im Sinn
Des wechselhaften Jahrs Gesichter prägten,
Selbst dann, als Kind, war unbewusst ich gar intim
Mit ewiger Schönheit, und trank
Mit natürlichem Gefallen des Dunstgekräusels Arabesken
oder von der Wasser ruhiger
Flächenweite, gefärbt vom wolkenfreien Mond.[1]

Genau zeitgleich schreibt Friedrich von Hardenberg, der sich als Erkunder von (geistigem) Neuland Novalis nannte, gleichfalls an einem Ort des Bergbaus, im sächsischen Freiberg nämlich, an den Kreisamtmann Coelestin August Just von »Anfängen interessanter Gedankenfolgen«, die ihn beschäftigten, von »Texten zum Denken«; einschränkend fügte er jedoch hinzu: »Viele sind Spielmarken und haben nur einen transitorischen Werth. Manchen hingegen hab ich das Gepräge meiner innersten Überzeugungen aufzudrücken gesucht.«[2] Und wenig später spricht er in einem Brief an Friedrich Schlegel von der regelrechten »Persönlichkeit und Urkraft«[3] von Raum und Zeit und davon, dass ihre Verhältnisse die Dreh- und Angelpunkte der Welt seien und Grundimpuls des Schöpferischen.

Zuvor hatte er den Freund in Berlin wissen lassen: »Mit den romantischen Projecten muß ich auch noch eine Zeitlang zurückhalten – Der Kaufmann ist jetzt an der Tagesordnung. Chymie – und Mechanik oder Technologie im allgemeinen Sinn müssen jetzt vorzüglich dran.«[4] Man macht sich nur dann eine Vorstellung von der Vielwertigkeit der romantischen Welt, wenn man ihr die durch ein wissenschaftspoetisches Interesse geprägte unablässige Selbsterweiterung zugrunde legt, wie sie Novalis nicht nur forderte, sondern – lebensgeschichtlich bedingt wie im Zeitraffer – auch lebte. An Caroline Schlegel schreibt er wie im Nachklang zu den vorigen Briefen:

> Man muß eine poëtische Welt um sich her bilden und in der Poësie leben. Hierher gehört mein mercantilischer Plan. Diesem ordne ich die Schriftstellerey unter. Ich lobe Wilhelm [gemeint ist August Wilhelm Schlegel, d. Verf.] wegen seines lebhaften Treibens der Professorey. Auch dies gehört zur *schönen*, liberalen Oeconomie, dem eigentlichen Element der gebildeten Menschen.[5]

Mit dieser »Oeconomie« ist einerseits August Wilhelm Schlegels produktive Umtriebigkeit gemeint, andererseits spielt diese Wirtschaftlichkeit auf Adam Smith' relativen Liberalismus an und soll ein grundlegend neues Verständnis von merkantilem Gebaren begründen. Die attische, am *oikos* ausgerichtete ideale Sozialstruktur verbindet sich bei Novalis mit der *poesis*, die er als ein Gestalten von (Eigen-)Welt versteht. Mit Hilfe von Ahnung und Wissenschaft sowie »älterer Schriften« versucht Novalis, »eine Berührungsstelle mit der unsichtbaren Welt« zu ermitteln, um Letztere dadurch zum Leben zu erwecken. Goethe gilt ihm dabei als der »Liturg dieser Physik«, denn jener verstehe »vollkommen den Dienst im Tempel«[6] – zu ergänzen ist: neben den Philosophen Baruch de Spinoza, Plotin und Gottfried Wilhelm Leibniz.

Das romantische Thema überhaupt ergibt sich folglich aus der nicht abschließbaren Ermittlung des Verhältnisses von Phantasie und Wirklichkeit, verbunden mit der Frage, wie viel und welche Art Phantasie die Wirklichkeit ertragen könne und welche Wirklichkeit die

Phantasie selbst besitze. Wordsworth holte episch-lyrisch weit aus, um sich diesem Problem zu nähern; Novalis hingegen ging augenscheinlich davon aus, dass diesem Wechselspiel am sinnfälligsten durch Bruchstücke beizukommen sei, durch Selbstunterbrechungen kohärenter Diskurse, Reflexionsblitze oder eben »Spielmarken« für ein Spiel mit den Grenzen der Wahrnehmung und herkömmlichen Vorstellungen.

Das Bruchstück als ›Konfession‹

Wenn nach Goethe die Wahrheit über die Dichtung darin besteht, die »Bruchstücke einer großen Konfession« in einen sinnfälligen Zusammenhang zu stellen, dann geriet namentlich den frühen Romantikern das Bruchstück selbst zu einer kleinen Konfession. Das Fragment als Denkform gehört wesentlich zur deutschen Spielart romantischen Bewusstseins; als gesamteuropäisches Phänomen lässt es sich in dieser Zeit kaum nachweisen. Äquivalente finden sich allenfalls in Stendhals sinnlichem Reflexionskorpus *De l'amour*, oder auch bei Coleridge in seinen Notaten und lyrischen Reflexionen wie seinem Gedicht mit dem Titel »Fragment«:

Körper,
ewiger Schatten endlicher Seele,
Symbol des Seelen-Selbst, des Bildes seines Selbst.
Was ihm zu eigen, aber nicht es selbst …

Insbesondere Friedrich Schlegels Fragmentkult kannte im außerdeutschen Sprachgebiet keine Entsprechung, wobei Schlegel sogar formvollendete Aphorismen als Fragmente bezeichnete. Das kann nur bedeuten, dass er das beziehungsreich Pointierte in Aphorismen als anknüpfungsfähige inhaltliche Offenheit und damit Unabgeschlossenheit wertete.

Dieses Fragmentbewusstsein als deutsche Domäne in der europäischen Romantik fand seine Entsprechung in einer betont ausschnitt- bis bruchstückhaften Wahrnehmung der deutschen Romantik in Europa, sofern es sich um die nicht-musikalische Romantik handelte. Wenig bekannt sind etwa Eduard Mörike und Joseph von Eichendorff außerhalb des deutschen Sprachraumes, auffällig präsent dagegen der Ironiker Heinrich Heine und der vermeintliche Nur-Phantast E. T. A. Hoffmann. Für letztere Beurteilung zeichnete vor allem Sir Walter Scott verantwortlich, worauf noch einzugehen sein wird.

Auf eine politische Ursache für dieses ausgeprägte Fragmentbewusstsein unter deutschen Romantikern hatte der im vorigen Kapitel bereits genannte Georg Brandes verwiesen: Seiner Ansicht nach hatte der kleinstaatliche Partikularismus zu einer parzellierten gesellschaftlichen Erfahrung geführt, die in keiner anderen gesellschaftlichen Formation in Europa – von Italien einmal abgesehen – vergleichbare Ausmaße angenommen hatte. Deutsche Romantiker setzten sich durchaus dem Widerstreit zwischen Universalismus und Partikularismus aus, wobei sich diese Universalität politisch auf die mythischen Überreste des mittelalterlichen Heiligen Römischen Reiches Deutscher Nation bezog. Dessen (Selbst-)Auflösung unter Napoleons Druck vollzog sich unter der Zeitzeugenschaft der frühen Romantiker (1803–06).[7] Im Vergleich zur umfassenden mittelalterlichen Reichsidee bildeten die auf sie folgenden Nationalismen europaweit partikularistische Tendenzen ab. Die politische Romantik sah sich dadurch besonders gefordert, schwankte sie doch zwischen der Idee und Praxis pluralistischer Vielfalt und der Herausbildung volksnaher nationaler Kulturen.

Als Carl Schmitt, der junge Rechtsintellektuelle und spätere Justiziar des Nationalsozialismus, ein Jahrhundert danach (1919) die romantische Phantasie auf ihre politischen Füße gestellt zu haben glaubte, behauptete er: »Die Stimmung des Subjekts war der Mittelpunkt« romantischer Produktivität.[8] Doch eben dieses Mittelpunkt gewordene Subjekt leide an der sprichwörtlichen romantischen Zerrissenheit und damit an einer psychologischen Voraussetzung für das Fragmentieren seiner Aussagen. Zudem sei die Mehrzahl der Romantiker, so Schmitt, dem »Occasionalismus« nach dem Modell des französischen Rationalisten Nicolas Malebranche verschrieben gewesen. Malebranches Konzeption, der zufolge ein Göttliches im Konfliktfall zwischen Leib und Seele, Körper und Geist vermittle, sah sich im Laufe der Aufklärung zunehmend profaniert und auf »Gelegenheitsursachen« – den Wortsinn von Occasionalismus – reduziert. In der Romantik, argumentiert Schmitt nicht zu Unrecht, hätten diese Gelegenheitsursachen zu einer weitgehenden Fragmentierung der Welterfahrung beigetragen, die dann ihrerseits in einer Gegenbewegung oder Gegenreaktion zu der unter Romantikern nach 1808 bekanntlich weit verbreiteten Re-Katholisierung geführt habe. Die Universalpoesie fand – zumindest phasenweise und außerhalb der schwäbischen Romantik – ihre sakrale Entsprechung im καθολικός (gr. ›das Universelle, Ganze‹), dem postuliert universalistischen Bekenntnis zum Glauben. Die Aufhebung des Fragmentarischen im ›Katholischen‹, gerade auch in der ästhetisch-religiösen Scheinwelt des Ritus, gehörte zu den Abwehrmechanismen, mit denen die fortschreitende Säkularisierung aller Lebensbereiche jener Zeit konterkariert werden sollte.

Bereits in der Frühphase der Romantik hatte sich als die eigentliche säkularisierende Kraft weniger die Naturwissenschaft als vielmehr eine zunehmend mit wissenschaftlich-kritischen Mitteln betriebene, betont europäisch ausgerichtete Geschichtsforschung erwiesen. Sie bezog auch das Religiöse mit ein, was Schleiermachers Versuch *Über die Religion. Reden an die Gebildeten unter ihren Verächtern* (1799), der den Pluralismus der religiösen Erfahrung, verstanden als Anschauung des Universalen, untersucht, ebenso belegt wie David Friedrich Strauss' biographischer Zugang zur Christus-Figur, *Das Leben Jesu* (1835).

Überhaupt entwickelte sich das Verhältnis zur Geschichte zu einem Bewertungskriterium intellektueller Diskurse in der Romantik, wobei diese Wertungen zunehmend ästhetischen Charakter annahmen. Dazu gehörte auch, dass sich die Romantik selbst als geschichtliches Phänomen betrachtete, übrigens nicht nur in Heines und Eichendorffs einschlägigen literaturhistorischen Schriften, sondern auch in Gestalt von Thomas de Quinceys *Recollections of the Lakes and the Lake Poets* (›Erinnerungen an die [nordenglischen] Seen und die *Lake Poets*‹, zwischen 1834 und 1840 erschienen), die zunächst aus persönlichen Erinnerungen an Wordsworth und Coleridge und die Landschaft um das Dorf Grasmere im nordenglischen *Lake District* bestanden, sich dann aber zu einem Beispiel für erlebte Literaturgeschichte auswuchsen.[9]

De Quincey, bekannter freilich als der Verfasser der *Confessions of an English Opium Eater* (*Bekenntnisse eines englischen Opiumessers,* 1822), erwies sich mehr und mehr als zweifelhaft militanter Imperialist und Rassist, der härtestem Vorgehen der britischen Armee im Opiumkrieg gegen China (1839–42) ebenso applaudierte wie den Massenhinrichtungen Aufständischer durch die Briten in Indien im Jahre 1857. Diese Schattenseiten des englischen Musterromantikers sind erst um 1991 aufgedeckt worden.[10]

Doch ist de Quincey damit keinesfalls ›erledigt‹ oder abgetan. Zumindest verfügte er über genügend subtilen Sprachsinn, um als Erster nachzuweisen, dass Coleridge in seinen Werken deutsche Quellen plagiierte, neben August Wilhelm Schlegels Shakespeare-Vorlesungen betraf das vor allem Texte von Schelling und Ludwig Hölty.[11] Und de Quinceys *Confessions* in der Tradition des Augustinus und Jean-Jacques Rousseaus bieten mehr als nur ›Bekenntnisse‹: Hinter dem Titel verbirgt sich eine neuartige Form der Autobiographie, bestehend aus resonanzträchtigen Fragmenten in Form von Traumaufzeichnungen und reflektierten Halluzinationen. Drogensucht war vor de Quincey nicht literaturfähig gewesen; die *Confessions* zeigen sie als ein Wechselverhältnis von »bewusster und unbewusster Erfahrung«.[12]

Geschichte und Imagination

In diesen Zusammenhang gehört jedoch auch eine andere Seite des Verhältnisses von Romantikern zur Geschichte. Ich meine die fünf Jahre nach E. T. A. Hoffmanns Tod erschienene, heute selten zitierte[13] Schrift von Walter Scott *On the Supernatural in Fictitious Composition; and Particularly on the Works of Ernest Theodore William Hoffmann* (›Über das Übernatürliche in fiktiven Texten und über das Werk von E. T. A. Hoffmann im Besonderen‹).[14] Es handelt sich um die erste umfassende kritische Auseinandersetzung mit Hoffmann außerhalb des deutschen Sprachraums, und das aus der Feder des weltweit wohl einflussreichsten britischen Schriftstellers seiner Zeit.

Scott warf Hoffmann darin Unfähigkeit zur Darstellung geschichtlicher Begebenheiten vor; so habe er es bei seiner Schilderung der Schlacht bei Dresden vom Sommer 1813 nur zu »Erinnerungsskizzen« gebracht. Hoffmann sei ein Erzähler des Nebeneinanders gewesen; zudem habe er Imagination und Wirklichkeit beständig verwechselt. Man erinnere sich an den Rat, den Hoffmanns Freund, sein späterer Nachlassverwalter und Biograph Julius Eduard Hitzig, dem Verfasser der *Prinzessin Brambilla* erteilt hatte – nämlich, Walter Scott zu lesen, um sich nicht weiter im »Nebeln und Schwebeln mit leeren Schatten« zu verlieren, sondern Boden unter die Erzählerfüße zu bekommen.[15]

Roman Lach hat darauf aufmerksam gemacht, dass Hoffmann darauf konstruktiv reagiert habe, indem er seinen Serapionsbruder Lothar einräumen lässt: »Es ist gar nicht zu bezweifeln, daß die Geschichte Eigentümliches darbietet, das der ohne Halt im Leeren schwebende Geist zu schaffen sich vergebens bemüht.«[16] Damit beschrieb Hoffmann den geschichtlich fundierten Zugang zum Erzählen als *eine* unter vielen Möglichkeiten, eben als Ansicht *eines* der fünf Serapionsbrüder, was aber keineswegs gleichzusetzen ist mit Hoffmanns eigener Haltung zu diesem Problem oder gar einer Art Selbstrevision. Denn das in die Zukunft Weisende, ja entschieden Neue an Hoffmanns romantischem Erzählverfahren besteht ja gerade in seinem Vermögen, phantasievoll mit geschichtlichen Verhältnissen zu spielen, die er mit anderen Stoffen zu mischen verstand. Darin ist er dem Erzählen in der literarischen Moderne weitaus näher als den historisierenden Romanen seiner Zeitgenossen.

Scott übersah, dass es Hoffmann auf geschichtliche Genauigkeit, die immer nur eine annähernde sein kann, überhaupt nicht ankam und dass Scotts eigene Art des Erzählens keineswegs normgebend sein musste, auch wenn wohl bis zu zwei nachfolgende Schriftstellergenerationen im 19. Jahrhundert sich an Scott orientierten und abarbeiteten. Scotts Verfahren mündete in nach-romantischer Zeit eher in den Historismus der Geschichtswissenschaftler Leopold von Ranke und Johann Gustav Droysen, die als Vertreter des vermeintlich »geschichtlich Wahren« und Beschreibens, »wie es wirklich gewesen ist«, über weitaus weniger Witz verfügten als Schriftsteller wie Theodor Fontane, der zwar auch an Scott entscheidend Maß nahm, sich aber ebenso entschieden von ihm zu lösen verstand. Dabei bemerkten die beiden Historiker nicht, dass dieser Versuch, mimetisch die geschichtliche Wirklichkeit abzubilden, im Grunde die größte Fiktion in Gestalt einer Selbsttäuschung war, die der junge Nietzsche in seiner *Zweiten Unzeitgemäßen Betrachtung* (»Über Nutzen und Nachteil der Historie für das Leben«) kompromisslos zu entlarven verstand.

Die vielgestaltige Reflexion romantischer Welterfahrung sowie ihre geschichtlichen Tiefendimensionen lassen sich nicht auf ein dialektisches Schema reduzieren. Eher verhält es sich so, dass in den theoretischen Versuchen der Romantiker die Dialektik als eine von vielen Möglichkeiten intellektuellen Vorgehens aufscheint. Sie ist keinesfalls *die* Methode der Methoden, sondern eine Hilfskonstruktion in einer umfassenden, immer auf das Universalistische gerichteten Weltschau. Ihre Perspektiven sind meistenteils ironisch – aber weder bei Novalis noch bei Hölderlin, sofern dessen zentrale Randstellung in den geistigen Strömungen der Zeit eine Zuordnung – überhaupt und gar zur Romantik – erlaubt.

Kommen wir – gleichsam in Parenthese – auf ein scheinbar nebensächliches semiotisches Phänomen im Zeitalter der Romantik zu sprechen. Als typographisches Signal hatte in der Romantik der Gedankenstrich eine Konjunktur – man denke allein an Novalis und Hoffmann – wie zuvor nur im Schreiben von Georg Christoph Lichtenberg und Johann Georg Hamann. Ähnlich ist die entsprechende Schreibpraxis unter englischen Romantikern, etwa bei Coleridge und Keats. Der Gedankenstrich als Ersatz für gängigere Satzzeichen rhythmisiert die kognitive Entwicklung in ihrer schriftlichen Form, ist Taktzeichen in der Sprachmelodie und Pausenwert im Denk- und Schreibprozess. Im Gedankenstrich verengt sich das Denken kurzzeitig zu wortloser Linearität, sorgt für einen Raum, in dem soeben Gedachtes oder Angesprochenes nachwirken kann.

Im Englischen dagegen meint das Wort für Gedankenstrich – *dash* – etwas anderes, nämlich eine Plötzlichkeit. *Dash* hat etwas Aktionistisches. Stürzt man sich etwa auf einen Platz, damit ihn andere nicht ergattern, ist die Rede von: *making a dash*. Keats hat sich dieses Zeichens – zumal in seinen Briefen – geradezu exzessiv bedient. Im Gedankenstrich versinnbildlicht sich jedoch auch das Fragmentarische, eben (noch) Nicht-Ausgesprochene. Wenig fehlt dem Gedankenstrich zum Pfeil und damit zum Verweis. Er ist der Platzhalter für

das Imaginierte und dabei Ausgesparte; Abbruch kann er sein und
Überleitung – in unserem Fall die Überleitung zur klassischen We-
sensfrage dieses Themas.

Romantische Manifestationen

Wie und wodurch manifestierte sich die Romantik in ihren verschiedenen Phasen? Im Chorgesang der sogenannten Liedertafeln ebenso
wie in der Vereinzelung, durch Gemeinschaftspathos oder auch das
Leiden in und an der Einsamkeit. Man gab sich rebellisch[17] *und* har-
moniebedürftig, weltlich-sinnlich *und* am Rande des Transzendie-
rens ins kosmische Zuhause.

Selbst der am revolutionärsten gesonnene unter Europas Romantikern, Percy B. Shelley (1792–1822), vermittelte in seiner poetischen
Reaktion auf das Massaker von Peterloo bei Manchester, einen ersten
Arbeiteraufstand gegen die Repressionspolitik des reaktionären To-
ry-Regimes unter Lord Castlereagh im August 1819, *The Mask of Anarchy*, den Eindruck, es gehe ihm vorrangig um eine Rebellion der
Imagination, zumal Shelley diese Dichtung fernab des Geschehens in
Italien schrieb. Er stützte sich dabei auf Berichte von Richard Carlile,
die in den Zeitungen *Political Register* und *The Republican* erschienen waren, auf Leigh Hunts *Examiner* und Briefe von Thomas L. Peacock.[18] Entsprechend bleibt selbst Shelleys versuchte politisch-poeti-
sche Revolte seltsam von der Wirklichkeit detachiert. Peacock hatte
ein Jahr zuvor in seiner Travestie *Nightmare Abbey* nicht nur das romantische Bewusstsein parodiert, sondern auch Shelley in Gestalt des
liebeskranken Mr. Scythrop und Coleridge als Mr. Flosky karikiert. Es
scheint, als habe sich der Erzähler bemüht, kein romantisches Klischee auszulassen:

Die Terrasse endete am südwestlichen Turm, der, wie bereits erwähnt, zerfallen und voller Eulen war. Hier pflegte Scythrop allabendlich auf einem bemoosten Stein Platz zu nehmen, den Rücken gegen die zerbröckelnde Mauer gelehnt, über seinem Haupt
ein dichtes Efeudach mit einer Eule darin, die ›Leiden des jungen
Werthers‹ in der Hand. […] Er begann Romane und deutsche Tra-

gödien zu verschlingen und, auf Empfehlung von Mr. Flosky, über gewichtigen Bänden transzendentaler Philosophie zu brüten, die ihn für die Mühe, sie zu studieren, mit ihrem mystischen hochtrabenden Stil und ihrer nekromantischen Bildsprache entschädigten.[19]

Die Romantiker tendierten zum Programmatischen, man könnte auch sagen zur Selbstmanifestierung – ob bei Alessandro Manzoni (1785–1873), der mit der deutschen Romantik dank Claude Fauriel, Frankreichs Gegenstück zu August Wilhelm Schlegel, bekannt wurde, oder in Victor Hugos Vorwort zu seinem *Cromwell*-Drama, in dem Hugo den Bruch mit dem Klassizismus verkündet und eine romantische Dramentheorie skizziert, wobei er das Wort ›Romantik‹ kaum nennt, es aber mit jedem Absatz meint.

Historisch gesehen begann romantische Programmatik mit einem umfassenden Anspruch, indem sie sich das – freilich europäisch konditionierte – Universale ins Stammbuch eintrug, ob als ›Poesie‹ oder Zusammenwirken und -klingen unterschiedlichster Empfindungs-, Erfahrungs- und Wissensbereiche: Die Anfänge der Romantik erwiesen sich im deutschen Sprachraum zunächst als transnationale Denkanstöße, die auf Selbstüberschreitung angelegt waren. In Jena fanden die jungen Romantiker in unmittelbarer Nachbarschaft zu Schiller und im mal anregenden, mal lähmenden Schatten Goethes ihren Ort der Selbstbestimmung und Selbstentgrenzung. Jena war der Ort, an dem das Ich die Initiative ergriff, sich selbst – zuweilen sogar absolut – setzte. Das Ich war (Erkenntnis-)Lustquelle und geistig-physisches Lustobjekt. Im Ich kristallisierte sich, glaubten die Jenaer Romantiker, ihre Zeit. Neben Kants »Ding an sich« stellte Jena das Ich an sich, das zugleich sinnlicher greifbar und abstrakt erschien. Vergleiche – auch mit dem Höchsten – scheute es nicht. Nie gab sich die Romantik idealistischer, als wenn sie ›Ich‹ sagte; und eben das tat sie beständig.

Fichtes Ich-Vermessung – sie war von Vermessenheit nie ganz entfernt – erfolgte in Jena ein paar Straßen von jenem Ort entfernt, an dem Schiller fünf Jahre zuvor öffentlich über Universalgeschichte nachgedacht und befunden hatte, dass die Weltgeschichte ohne philosophische Durchdringung nicht mehr sei als »ein Aggregatzustand von Bruchstücken«. Dass er dabei das Ich, das die Aufgabe solcher Durchdringung leistet, unerwähnt ließ, sollte den Objektivitätsanspruch seiner Ausführungen unterstreichen. Gerade einmal zwei Monate vor Ausbruch der Französischen Revolution hatte Schiller verkündet, die »europäische Staatengesellschaft« habe sich scheinbar in eine »große Familie verwandelt«. Und weiter: »Die Hausgenossen können einander anfeinden, aber hoffentlich nicht mehr zerfleischen.« Ein idealistischer Wunsch, den Kant, der philosophische Übervater Schillers und Fichtes, im Jahr des Friedensschlusses von Basel (1795) in dem pragmatischen Grundtext *Zum ewigen Frieden* konkretisieren sollte. Nachdem Schiller die Geschichte noch als »unsterbliche Bürgerin aller Nationen und Zeiten« gewertet hatte, forderte Fichte den Mut zum Ich; ja, er stattete das Ich mit unverhohlenen Allmachtsphantasien aus.

Das Romantische orientierte sich an einer von lebenswirklicher *und* geistiger Naturwahrnehmung gespeisten Symologie, womit eine eigenlogische Zusammenschau buchstäblich *aller* Erfahrungsbereiche im Leben gemeint ist. Es ließ die Natur im Herzen des Menschen wurzeln. Das war in Richtung einer neuen Mythologie gedacht, die latente Zusammenhänge zum Bewusstsein bringen sollte. Zu dieser Natur gehörten Flora und Fauna ebenso wie der Magnetismus und die Kosmologie, das im Bergwerk teilweise Freigelegte des Erdinneren sowie die Psyche des Menschen. Aus der romantischen Symologie sprach eine Vereinigungssehnsucht sinnlicher *und* metaphysischer Art, Selbsterforschung und Selbsttranszendierung gingen dabei Hand in Hand. Gleichzeitig erfolgte eine europäische Bewusstseinsbildung aus dem Geist der Poesie.[20]

Es gibt in der Romantik unstrittig europäische Ereignisse: etwa August Wilhelm Schlegels *Vorlesungen über dramatische Kunst und Literatur* (gehalten in Wien 1808), Madame de Staëls lange das Urteil über deutsche Kultur prägende Schrift *De l'Allemagne* (*Über Deutschland*, 1810), die Phänomene Lord Byron und E. T. A. Hoffmann, die musikalische Welt der Nocturnes und Phantasiestücke, oder auch das Doppelgängermotiv, das noch bei Edgar Allan Poe und in der realistischen Phantastik Fjodor M. Dostojewskijs eine Rolle spielt.

Nicht zu vergessen das Denken in komplementären und dissonanten Gegensätzen, wie bereits Alois Stockmann in seiner 1921 vorgelegten Untersuchung über *Die deutsche Romantik* konstatierte: Viele der Romantiker seien »echte Proteusnaturen« gewesen, »bei denen Scherz und Melancholie, leichtfertiger Weltsinn und fromme Anwandlungen, mutwillige Laune und ernste Lebensauffassung in unberechenbarem, buntem Wechsel einander ablösten«.[21] Dieses Gegensatzbewusstsein, das Adam Müller, der Begründer der politischen Romantik, um 1804 programmatisch herausgearbeitet hat,[22] äußerte sich in der Selbstverdoppelung oder doppelten Selbstsetzung bei Fichte und Schelling, die gleichzeitig von Selbstbewusstsein zeugte.

Georg Brandes, der in Kopenhagen die »romantische Schule« im Zusammenhang der »Hauptströmungen der Litteratur des neunzehnten Jahrhunderts« in Vorlesungen und damit in Fortsetzung von August Wilhelm Schlegels Vorlage vorstellte, sah in der spiegelkabinetthaften Selbstvervielfältigung ein verbreitetes romantisches Phänomen, das er mit Hinweis auf Tagebuchaufzeichnungen von E. T. A. Hoffmann belegte. Man kann den diesbetreffenden Eintrag aus dem Jahre 1809 nicht oft genug wiederholen, bietet er doch das genaue Bild dessen, was die Poetik Hoffmanns ausmacht: »Ich denke mir mein Ich durch ein Vervielfältigungsglas – alle Gestalten, die sich um mich herumbewegen, sind Ichs, und ich ärgere mich über ihr Thun und Lassen etc.«[23] Die multiple Persönlichkeit, das Multividuum ist eine romantische Entdeckung oder Erfindung, die sich aber aus der Subjektzentriertheit der frühen Romantik erst entwickelte.

Fichte konnte noch von einer Identität des Ichs mit dem Nicht-Ich ausgehen und daraus einen in sich kohärenten Organismusgedanken ableiten. Dieser lässt sich beim frühen Schelling im *System des transcendentalen Idealismus* (1800) und in der Erstfassung der *Philosophie der Kunst* (1802/03) ebenso nachweisen wie in der ganzheitlichen Naturauffassung Goethes. Im idealen Kunstwerk hielten sich nach Schelling die physische und geistige Seite des Organismus die Waage. Einmal als organisches Ganzes erkannt, konnte ein Kunstwerk selbst Charakter und Persönlichkeit haben und diese seinerseits auch darstellen. Christian Gottfried Körner (1756–1831), der Freund Schillers, um den sich schließlich die Dresdner Romantik bildete, hat dies in seiner grundlegenden Schrift *Über Charakterdarstellung in der Musik* gezeigt, die Schiller 1795 in den *Horen* veröffentlichte. Sie sollte auch für die romantische Musikästhetik zunächst verbindlich bleiben.

Noch in E. T. A. Hoffmanns bahnbrechender Beethoven-Deutung lassen sich deutliche Spuren dieses musikalischen Charakterprinzips erkennen, wobei Hoffmann den Weg in Richtung einer Ästhetik der absoluten Musik wies.

Das Problem ›Identität‹ beschäftigte Romantiker der frühen und mittleren Phase in ganz Europa, wohingegen sich die Spätromantik mit diesem Themenkomplex weniger auseinandersetzte. Sucht man nach einem Kontrapunkt zum romantischen Multividuum, findet er sich in der These, die John Keats in einem seiner zahlreichen poetologischen Briefe vom Oktober 1818 formulierte:

> Ein Dichter ist das Unpoetischste von allen existierenden Dingen; denn er hat keine Identität – beständig versieht oder füllt er ein anderes Wesen mit etwas – Die Sonne, der Mond, das Meer, Männer und Frauen, Geschöpfe von Gefühlsregungen also, sie sind poetisch und verfügen damit über eine unwandelbare Eigenschaft – anders der Dichter; er verfügt über keine Identität [...]. Wenn er denn darüber nicht verfügt, und wenn ich ein solcher Dichter bin, wo wäre das Erstaunen darüber, wenn ich sagte, ich schreibe nicht mehr [...]. Es ist jämmerlich es einzugestehen, aber eine Tatsache, dass kein Wort, das ich je äußere, als eine Meinung gelten kann, die selbstverständlich meinem mit sich selbst identischen Wesen erwachsen ist – wie könnte dies auch sein, da ich keine solches Wesen habe? Wenn ich in einem Raum mit Menschen bin, dann beginnt mich die Identität eines jeden einzelnen so zu bedrücken, dass ich mir in kurzer Zeit wie ausgelöscht vorkomme [...].[24]

Die Quintessenz dieses Zitats lautet somit: Wissen über Poesie – Wissen *der* Poesie (= in der Poesie). Erstmals thematisierte die Romantik eigens den Text als ästhetischen Gegenstand, genauer und gleichzeitig umfassender gesagt: die Textualität von Kunst. ›Texte‹ waren für sie Naturerscheinungen ebenso wie Traumbilder, intellektuelle und ästhetische Gebilde, auch als Stücke der Phantasie. Sie verstand den Text als vielgestaltige Textur des Gedankens. Strukturen galten den Romantikern, den frühen zumal, als Muster in solchen Texturen. Wenn Goethe die Natur ein »Buch« nennt, das zwar

»unverstanden, doch nicht unverständlich« sei, dann findet dies in der Schelling verpflichteten Naturphilosophie von Gotthilf Heinrich Schubert (1780–1860), dem germanophilen Norweger Henrik Steffens (1773–1845) und dem jedoch stärker empirisch als naturphilosophisch arbeitenden Johann Wilhelm Ritter (1776–1810) durchaus seine Entsprechung.

Das Ideal einer vielgestaltigen Auffassung natürlicher, wissenschaftlicher und ästhetischer Erscheinungen verwirklichte der Naturforscher Lorenz Oken (1779–1851) in seiner Zeitschrift *Isis*, die er als »enzyklopädische Zeitung« verstand und die sich von 1817 bis 1848 fächerübergreifend und multiperspektivisch der Lesbarkeit *aller* Kulturbereiche im Sinne romantischer Universalkonzeptionen verschrieb.[25] Okens *Isis* kann daher als das Gründungsdokument dessen gelten, was ich als romantische Pluralektik bezeichne.

Ein Grundwiderspruch der romantischen Strömungen liegt in der Spannung zwischen ihrer europäischen Ausrichtung und ihrer gleichzeitigen Anfälligkeit für Nationalismus. In dieser Spannung wiederholte sich die Konstellation europäisch-universalistische Renaissance und nationalisierte Reformation – nur eben unter dem *einen* Vorzeichen einer spezifischen Gestimmtheit, der Poetisierung aller Erfahrungsbereiche.

Gleichzeitig regte sich unter Romantikern auch früh Unbehagen an ihrer eurozentristischen Haltung. Ein Versuch ihrer Überwindung bestand in einer Art Selbstorientalisierung. Als etwa Heinrich von Afterdingen[26] im nachgelassenen gleichnamigen Romanfragment von Novalis in der heimischen Natur ein berückendes Lied einer betörenden weiblichen Stimme »in gebrochner deutscher Aussprache« hört, gesungen von der arabischen Migrantin Zulima, lässt sie ihrem Lied eine veritable Kritik der Kreuzzüge folgen, die ihm zu denken gibt: »Wie ruhig hätten die Christen das heilige Grab besuchen können, ohne nöthig zu haben, einen fürchterlichen, unnützen Krieg anzufangen, der alles erbittert, unendliches Leid verbreitet, und auf immer das Morgenland von Europa getrennt hat.«[27] Europa habe sich am Orient vergriffen, folgert Heinrich, und das mit katastrophalen Folgen.

Noch weiter greift Friedrich Schlegel in seiner 1808 erschienen Studie *Über die Sprache und Weisheit der Indier*. Darin suchte er in

Anlehnung an William Jones' Arbeiten zum Sanskrit, die in Europa rasche Verbreitung fanden, nach Primworten analog zu den Primzahlen, wobei er irrtümlich glaubte, diesen sprachlichen Grundbestand im Sanskrit gefunden zu haben. Seine Befunde brachten ihn dazu, die sprachlich-kulturelle Dominanz der europäischen Sprachen entscheidend in Frage zu stellen. Man kann in Goethes freier Hafis-Nachdichtung im *Westöstlichen Diwan* durchaus Entsprechungen zu diesen Tendenzen sehen, wenn man etwa an die *Bhagavadgita*-Übersetzung ins Lateinische denkt, die August Wilhelm Schlegel 1823 vorlegte.

Unstrittig ist, dass sich die Mehrzahl der Romantiker, so regionalistisch ihr Kulturbewusstsein oft auch war, an weltliterarischen Zusammenhängen orientierte,[28] versinnbildlicht in Mythen und Märchen sowie vor allem im deutschen Sprachgebiet in kulturerschließenden Übersetzungen oder anderen Formen künstlerischer Aneignung, wenn nicht Anverwandlung. August Wilhelm Schlegel betrieb unter den Übersetzern wohl am wenigsten »Aneignungsgeschäfte«, verstand er sich doch primär als »Bote von Nation zu Nation«,[29] sprich: von Kultur zu Kultur. Damit wird dieser »Bote« zum Katalysator für kulturelle Synergien, wiederum im Sinne einer für die deutschsprachige Romantik so bezeichnenden symologischen oder sympoetischen Auffassung von Kulturentwicklung.

Ausklang mit Meistersängern à la E. T. A. Hoffmann

Im Erzählungszyklus *Die Serapions-Brüder*, der sich seinerseits dem Phänomen einer erzählend vorgeführten Programmatik verdankt,[30] findet sich unter anderem die Novelle »Der Kampf der Sänger«. Sie hat auch dadurch europäisches Format, dass sie aus einer erzählten Lektüre von Johann Christoph Wagenseils *Buch von der Meistersinger holdseliger Kunst* hervorgeht.[31] Wagenseil, ein frühneuzeitlicher Polyhistor, Rechtsgelehrter und Hebraist, zwischen Amsterdam und Orléans europäisch vernetzt, erweist sich Hoffmanns fiktivem Leser-Erzähler nicht nur als Gewährsmann für den Zugang zur Welt des Minnesangs; er erscheint ihm sogar mit Allongeperücke und in Kleidung, wie man sie Ende des 17. Jahrhunderts an Ratsherren kannte.

Die Lektüre versetzt den von Hoffmanns Erzähler Cyprian, einem der Serapions-Brüder, erfundenen Erzähler ins Träumen, was wiederum zu einer Traumerzählung führt, in die sich auch der Leser einträumen möge.

Den Auftakt bildet eine Zeitschwelle, der Übergang in den Frühling, das »Äquinoktium« mit tosendem Sturm sowie dessen Umkehr ins »harmonische Säuseln und Flüstern« einer trauminduzierten Idylle. Hörnerschall, Lauten- und Harfenklänge nebst »helltönenden Stimmen« setzen die Einstimmung in das vergegenwärtigte mittelalterliche Geschehen fort. Es handelt sich um den ›sym phonischen‹ Auftritt der »sechs hohen Meister des Gesanges«,[32] die jedoch auf der Wartburg durch ihren sängerischen Streit, der ins Persönliche umschlägt, für genügend Dissonanzen sorgen werden.

Uns braucht hier nur zu interessieren, dass Hoffmanns doppelte Erzähler, Cyprian und der Er-Erzähler der minnesängerischen Traumgeschichte, zusammen mit Wagenseils Vorlage die europäischen Dimensionen dieses Treffens betonen, sei es durch die Herkunft der Figuren oder durch Einflüsse – von der Schweiz bis Schottland, Ungarn und Siebenbürgen. Die Gestalt Heinrichs in Hoffmanns Erzählung ist eine Gegenfigur zu Novalis' Vorstellung von diesem Sänger; bei Hoffmann wirkt er erratisch, überspannt, dem Bösen nahe, Beeinflussungen offen; zuletzt findet er sich am Hofe des Herzogs von Österreich wieder. Überhaupt fällt auf, wie eindringlich in dieser Traumerzählung über das Problem des Einflusses gestritten wird, maßgeblich zwischen Klingsohr und »Wolfframb von Eschinbach«.[33] Klingsohr versteigt sich dabei ins Prahlerische: In Rom, Paris, Krakau, sogar »in den fernsten Morgenländern« habe er Studien betrieben, womit er Eschinbach abqualifizieren will, da dieser nur »in dem öden Schweizerlande gehauset« habe,[34] wogegen dieser sich mit dem Hinweis verwahrt, seiner sängerischen Ausbildung wegen »bis ins tiefe Schottland« vorgedrungen zu sein.

Diese Episode in den *Serapions-Brüdern* schließt mit ihrem abermaligen Gespräch darüber, was es mit narrativer Ästhetik auf sich habe, wie man wirkungsvoll erzählen solle und was daran ›romantisch‹ sei oder sein könne. Wiederum ist es die unmittelbare Reflexion auf das soeben Geschaffene, eben die Geschichte vom »Kampf der Sänger«, ein Reflektieren, das als ein romantisches Spezifikum

gelten darf. In diesem Fall beinhaltet es eine strukturell-poetologi-
sche Frage: ob nämlich die Lieder, von denen in der Erzählung die
Rede ist, im Text hätten erscheinen sollen. Entgegen der in der europäischen Erzählprosa der Romantik exzessiv geübten Gepflogenheit,
Gedichte *expressis verbis* in Erzählungen einzuschieben, bescheinigt
einer der Serapions-Brüder dem Erzähler Cyprian besonderes künstlerisches Vermögen, gerade weil er dies nicht getan, »sondern es der
Fantasie des Lesers« überlassen habe, »sich die Gesänge selbst zu
dichten.«[35]

Somit zählt auch hier die Kraft der Phantasie mehr als jede andere
Überlegung; sie entfaltet sich augenscheinlich wirkungsvoller im
überschaubaren Reich der Serapiontiker und ihrer Leser als im Unabsehbaren der Sphäre von Cyprians Klingsohr, auch wenn sie unbe-
streitbar ›europäisch‹ ist. Ob in der Enge von Wordsworths Goslar
oder im Eisenach der Minnesänger – romantische Literatur ist das aus
der Phantasie geborene Wort. Die Romantiker wollten Anstöße geben zur Selbsterweiterung und Selbstüberschreitung – im europäisch-
›orientalischen‹ Rahmen der Märchen und Mythen als real-imagi-
nierte Topographie einer – eben auch im Goethe'schen Sinne – »großen Konfession«, eines Bekenntnisses nämlich zur Vorstellungskraft
als dem kühnsten Wesenszug im Doch-so-Menschlichen.

Kapitel III
Romanhafte Romantik

Wie (sich) eine Epoche erzählt

Im Schatten des Roten Turms, in einem unscheinbaren Haus am Löbdergraben in Jena, richtete sich die deutsche Frühromantik ein – in engster Nachbarschaft zur Geburtsstätte des Idealismus, wie ihn die Philosophen Friedrich Wilhelm Joseph Schelling (1775–1854) und Johann Gottlieb Fichte mit seiner absoluten Ich-Zentriertheit entwickelten. Im Januar sollte der dreißigjährige Georg Friedrich Wilhelm Hegel (1770–1831) nach Jena kommen – man nennt es das Athen an der Saale, die große nach-platonische Geisteswelt im Kleinen –und noch im selben Jahr mit einer Schrift aufwarten, welche die *Differenz des Fichte'schen und Schelling'schen Systems der Philosophie* zu bestimmen versuchte. Damit empfahl sich Hegel sogleich auch als Vermittler zwischen den Denkfraktionen, zumal er anfangs etwas außerhalb wohnte, im Klippstein'schen Gartenhaus, was ihm für geistige Vermittlungen aus leichter Distanz eine ideale Perspektive bot – auch für Ausflüge in den Thüringer Wald mit seinen »Ausfluchtsort[en] für Romantik und Empfindsamkeit«.

Wieviel Einblicke in die konkreten Lebensverhältnisse verträgt eine Studie wie diese? Was sagt es zum Beispiel aus, wenn man weiß, dass Schelling, die Brüder Schlegel und Hegel in ihrer Jenaer Zeit dieselben Weinhändler wie Goethe hatten, die für ihren beträchtlichen Weinvorrat sorgten, die Gebrüder Ramann aus Erfurt nämlich? Sollte etwa der Wein aus dem Haus Ramann, der auch dem von Jena begeisterten englischen Besucher Henry Crabb Robinson eingeschenkt wurde, von dem das Wort von der »herrlichen Sonne der Jenaischen Welt« überliefert ist, eine nicht minder vermittelnde Rolle gespielt haben wie Hegels Differenzschrift?

Wie auch immer, zunächst hatte sich mit der Ankunft Dorothea Veits, der Geliebten Friedrich Schlegels, im Oktober 1799 das zunächst harmonische, dann zunehmend spannungsreiche Ensemble der jungen Größen eines gewandelten Kulturverständnisses vervollständigt, das die Weimarer Klassik – topographisch gesehen: nebenan – in Schach halten wollte. Eine Wohn- und Arbeitsgemeinschaft (beinahe) Gleichgesinnter entstand, zu der die Schlegel-Brüder, der junge Schleiermacher und Caroline Böhmer gehörten, die politisch verrufene Gattin August Wilhelm Schlegels, die im revolutionären Mainz mit Georg Forster (1754–1794) ein Verhältnis gehabt haben soll. 1793 war sie, unehelich schwanger, von den Schlegel-Brüdern aus der Festung befreit worden, in der man sie ob ihrer Verbindungen zu den Mainzer Revolutionären inhaftiert hatte. Zunächst wurde sie von Friedrich geliebt, 1796 ging sie aber mit August Wilhelm die Ehe ein. Nach der Scheidung 1803 heiratete sie schließlich ihren Geliebten Schelling.

Man lebte im Löbdergraben in irren Wirrungen. Am 11. November 1799 kam Novalis aus Weißenfels zu Besuch, den man liebte und beargwöhnte, auch wenn er Dorothea schnitt; offenbar hielt er sie für seinen herzwarmen Freund, Friedrich Schlegel, nicht für gut genug. Novalis hatte alles: ein abgeschlossenes Jura-Studium, ein Diplom der Freiberger Bergakademie und eine besoldete Stelle als Assessor bei der Salinendirektion in Weißenfels. Er dichtete wie in diesem Kreis niemand sonst und zehrte von seiner Liebe zu einem Wesen, das sehr jung verstorben war, Sophie von Kühn (1782–1797). Geistliche Lieder trug er vor und seinen Versuch *Die Christenheit oder Europa*.

Die Schlegels erwogen, ihn als Autor für ihre Zeitschrift *Athenäum* (1798–1800) anzuwerben, waren sich jedoch unschlüssig, was selten genug der Fall war. Sie konsultierten Goethe; er riet von einer Veröffentlichung ab; also unterblieb sie, denn noch wollte man es sich nicht mit dem Großen in Weimar verscherzen, zumal bekannt war, dass er den allseits bewunderten (und etwas gefürchteten) Schelling schätzte, den aufgehenden Stern am Philosophenhimmel, halb Romantiker, halb sogenannter Idealist. Novalis' Aufsatz wirkte zu christlich-mittelalterlich, zu abseitig, zu ausgefallen – und das selbst für frühromantische Geschmäcker. Das *Athenäum* brauchte Zuspruch, Zulauf, Abonnenten; an deren abnehmender Zahl scheiterte zuletzt dieses noble Projekt, wie auch Friedrich Schlegels späterer Versuch, von Paris aus eine neue programmatische Zeitschrift unter dem flammenden Titel *Europa* (mit oder ohne Ausrufungszeichen) zu lancieren.

Zwei Tage vor dem Gipfeltreffen der jungen Romantiker am Jenaer Löbdergraben, am 9. November 1799, hatte Napoleon Bonaparte das Direktorium gestürzt und sich zum *de facto* Diktator ausgerufen. Friedrich und Dorothea würden später in Paris erleben, wie das Tribunat in Paris – eine Art Senat von Napoleons Gnaden – seine Krönung zum erblichen Kaiser beschloss. An jenem denkwürdigen Tag, dem 18. Mai 1804, war Dorothea bereits als frisch verheiratete Schlegel nach ihrer protestantischen Taufe zugegen. Ihr Judentum hatte sie, die Tochter von Moses Mendelssohn, abgelegt. Die Konversion zum Katholizismus sollte vier Jahre später gemeinsam mit Friedrich erfolgen.

Da es am Löbdergraben zuzugehen begann wie in einer Mozart-Oper, *Così fan tutte* bietet sich als Vergleich an, aber kaum mehr Aussicht auf eine versöhnliche Lösung bestand, vor allem nach ihrer Entzweiung mit Caroline und August Wilhelm Schlegel, hatten sich Friedrich und Dorothea zu gehen entschlossen. Sie verließen Jena in Richtung Paris mit Umweg über Dresden und Leipzig, um sich dort neu zu orientieren. Man tauschte nunmehr nur zu gerne den Löbdergraben gegen die Rue de Clichy 19 am Montmartre ein.

Die Autorin Helmina von Chézy (1783–1856) wurde dort Dorotheas wichtigste Freundin, auch wenn sie ihre geliebte Karoline Paulus, die Frau eines Jenaer Theologen, der Goethe, Schiller, Wieland, Fichte und Herder freundschaftlich verbunden war, nicht ersetzen konnte. Die literarisch überaus produktiv werdende Chézy sollte später das Libretto zu Carl Maria von Webers (1786–1826) Oper *Euryanthe* und das Schauspiel *Rosamunde* verfassen, das dank Franz Schuberts (1797–1828) Bühnenmusik nicht in Vergessenheit geriet.

Ihnen allen ging es um das »Romantisieren« des Lebens durch Lebensart und Kunst, und das meinte: das Leben als einen Roman leben und im Roman das Leben spüren. Unter ›Romantisieren‹ verstanden die frühen Romantiker entsprechend das Poetisieren des Lebens, ein Erzählen des Lebens – und ein Erzählen von solchem Erzählen. Romane konnten diesen Vorgang dann befördern, wenn in ihnen, wie Novalis verlangte, »jedes Wort poëtisch« sei. Im Roman sah er übrigens eine »Aehnlichkeit mit einem englischen Garten«,[1] dessen nur leicht gezähmter Wildwuchs ein gelegentliches Ausufern über die Ränder nicht ausschließt. Unüberhörbar und verführerisch für die

Romantiker war der Gleichklang von ›Roman‹ und ›Romantik‹; sie erklärten ihn zum Grundbass ihres Erzählens.

Dafür hatte vor allem ein Philologe einen besonderen Sinn entwickelt, der aus Magdeburg stammende, im livländischen Dorpat (Tartu) lehrende Johann Karl Simon Morgenstern (1770–1852), dem wir den Begriff des Bildungsromans verdanken. Seine Literaturästhetik formulierte er erstmals in seinen 1816/17 gedruckten Vorlesungen *Über den Geist und Zusammenhang einer Reihe philosophischer Romane*, die das Prinzip erzählenden Denkens vorstellten. Was sich auf diese Weise ›bildete‹, fasste er wenige Jahre später als das Erzählen von Bildung, das er seinerseits als einen Bildungsakt begriff.[2] Morgenstern avancierte damit – beinahe im Verborgenen – zu einem der wichtigsten Stichwortgeber romantischer Literaturästhetik.

Dem Roman Vorrang einzuräumen bedeutete, einer Form den Vorzug zu geben, die sich als Teil einer progressiven Universalpoesie vom klassisch-antiken Formenrepertoire unterschied. Bei allem Bekenntnis zum ›Griechischen‹, etwa in den literaturtheoretischen Reflexionen des frühen Friedrich Schlegel, ging es den Romantikern bereits in der Anfangsphase der Epoche, die sich um 1800 als Moderne, ja Avantgarde verstand, um das Ausprägen von Eigenständigkeiten in den Künsten. Und in der Literatur bedeutete das, sich zum Roman als einem Organ des alle Sparten und Genres umfassenden ›Sympoetischen‹ zu bekennen – eine Entsprechung zu dem, was in der Musik der Romantik die Symphonie wurde.

Zwar wusste man vom antiken Roman – von Apuleius' *Metamorphosen oder Der goldene Esel* bis zu Longos' *Daphnis und Chloe* und Petronius' *Satyricon*,[3] aber ›modernes‹, also romantisches Erzählen hatte seine Vorbilder im 17. und 18. Jahrhundert – in Miguel de Cervantes' *Don Quichote*, in Laurence Sternes *Tristram Shandy*, Henry Fieldings *Tom Jones* sowie in Rousseaus *Emile oder Über die Erziehung* und *Julie oder Die neue Heloise*. Das Erzählverfahren in diesen Romanen und ihren Nachfolgern in der romantischen Kunstperiode charakterisiert eine »Gemischtheit aus synthetisch-plastischen und analytisch-kritischen Elementen«, verbunden mit einer zunehmend ironischen Haltung des Erzählers, wie Thomas Mann noch 1916 befand, der damit mittelbar dieser Art (romantischen) Erzählens seinen Dank abstattete.[4]

Zu dieser sich ausprägenden Romankultur in der Romantik gehörte von Anbeginn das Übersetzen. Dass ein Roman dadurch in mehreren Sprachen vorlag, unterstrich seinen prinzipiell multiplen Charakter:[5] Vielförmigkeit, Vielgestaltigkeit, ein durch die Phantasie vorangetriebenes, potentiell uferloses Weiterschreiben des Romans wie bei Jean Paul oder Wilhelm Heinse (1746–1803), etwa in seinem vor-romantischen Roman *Ardinghello und die glückseligen Inseln* (1787), sprachen für eine Art Selbstvervielfachung des novellistischen Schreibens. Durch Übersetzungen vermittelte gerade die Erzählprosa jeweilige kulturelle Eigenheiten, die sich in den betreffenden Romanen entfaltet fanden. Dass durch das romantische Übersetzungswesen europaweit gerade der Roman zu einem Medium des Kulturtransfers werden konnte, ist kein geringes romantisches Erbe.

In ausführlichen Notizen zu Goethe (1798) vermerkt Novalis vor allem Gedanken zum Verhältnis seiner Zeit zur Antike. Die Kenntnis der Antike stellt er in einen Zusammenhang mit der »Einsicht« in die Natur. Die Relikte des Altertums identifiziert er als »specifische Reitze zur Bildung der Antike« für eine aktuelle Aufgabe, denn die Antike müsse erst noch hervorgebracht werden. Bemerkenswerterweise steuert Novalis in diesen Notizen auf eine Kritik an Goethes *Wilhelm Meister* zu, den er einerseits den »Roman schlechtweg« nennt, um ihn andererseits als unpoetisch zu kritisieren, als einen »Candide, gerichtet gegen die Poesie«.[6]

Laut (früh-)romantischer Ästhetik bedeutet ›Roman‹ einen Raum für Reflexion, Übergänge, Verknüpfungen, gedanklich-sinnliches Experimentieren. Besonders das Changieren der Formen ereignet sich *im* Roman. Dabei kann dieses Changieren sowohl das Hinüberspielen von Drama in Prosa als auch ihre Umkehrung bedeuten. So sieht Lothario in Friedrich Schlegels *Gespräch über die Poesie* im Übergang von Poesie zur Philosophie (und umgekehrt) den Wesenskern einer reflektierenden Kunst, der sich auch in den Verschleifungen der Genres spiegelt. *Hamlet* etwa schwebt für ihn »unauflöslich im Übergang von der Novelle« zur Tragödie, also von Erzählung zum Drama, vermittelt durch Reflexion. Die Frage nach der sinnlichen Komponente im Kunstakt beantwortet Schlegel mit Hinweis auf Petrarca. In dessen »Gesängen«, den Kanzonen und Sonetten, habe »sein Gefühl die Sprache der Liebe gleichsam erfunden«. Genau mit dieser Bemerkung bezeichnet Schlegel den Moment des Versinnlichens von Sprache, der Sprache der Liebe und jener der Reflexion.

Im Roman kann dieser Vorgang zum Ereignis werden; im Fall von Friedrich Schlegels von Anbeginn umstrittenem Roman *Lucinde* (1799), der hier als Beispiel romantischer Erzählkunst genauer betrachtet werden soll, geschieht das in mehrfach gebrochener Form, die aber keineswegs der Struktur entbehrt. In Sachen ›Liebe in Prosa‹ erweist sich Novalis als noch genauer als Friedrich Schlegel, wenn er notiert: »Die Liebe hat von jeher Romane gespielt« – wohlgemerkt: Liebe spielt sich nicht in Romanen ab, sondern sie selbst agiert *als* Roman. Gefühle und Sinne werden in ihr romanhaft. Sein Zusatz »die Kunst zu lieben ist immer romantisch gewesen« meint dann nicht mehr die *Liebeskunst* Ovids, sondern ihre romanhaft sich gestaltende Gefühlshaftigkeit.

Experimentieren mit Sinnlichem, der Liebe und Gefühlsgrammatik zuliebe

Sie waren Erotiker, allemal, die frühen Romantiker. Ihr Verhältnis zu Natur und Kunst, zum anderen, ja, zu sich selbst, war entschieden sinnlicher Art. Erkenntnis und Traum, Sprache und Schweigen fanden sich gleichermaßen vom Eros inspiriert. Der Reiz, der Kitzel, das Knistern in den Zwischenbereichen sorgte für das besondere Etwas, das es erzählend zu entfalten galt.

Aber was heißt es in der europäischen Romantik, von der Liebe zu erzählen? Folgen wir Novalis, dann erzählt sich die Liebe selbst; sie wird und ist Roman. Stendhal als französischer Gefühlsrationalist sah dies etwas anders. Mit einer geradezu cartesianischen Lust am Definieren (»Ich suche Klarheit über diese Leidenschaft«) traf er in *De l'amour* (*Über die Liebe*, 1822) vier prinzipielle Unterscheidungen der Liebe: erstens die leidenschaftliche, zweitens die gepflegte oder galante, drittens die rein sinnliche Liebe und viertes eine solche »aus Eitelkeit«.[7] Ihn interessiert die »Entstehung der Liebe«, die »Kristallisation« der Empfindungen für den geliebten Menschen: »Ich bezeichne als Kristallisation die Tätigkeit des Geistes, in einem jeden Wesenszuge eines geliebten Menschen neue Vorzüge zu entdecken.«[8]

Solche Kristallisationen setzen Konstellationen voraus, sich bildende Beziehungen zum anderen, leidenschaftliche und subtile Gefühlsregungen, tiefe Blicke in die Augen des anderen, die Einverständnis signalisieren können, noch bevor ein Wort gefallen oder gewechselt ist. Stendhal definiert erzählend, erzählt episodisch; er fragt, ob man in bestimmten geographischen Regionen anders liebt als in der eigenen, und er erzählt vom Liebesverhalten in Schottland und Andalusien, in Umbrien und im Pariser Becken, anders in den Städten als auf dem Land. Edinburgh favorisiert er, weil die Stadt der »schmutzigen Macht des Goldes Widerstand« leiste, ein Ort der Liebe und »durch ihre einzigartig wildromantisch schöne Lage der vollendete Gegensatz zu London«.[9] Wenig hält er vom Liebesleben in England und warum? Ein Engländer habe ihm vor dem »Standbild eines Bischofs« dort bekannt: »In unserer Gesellschaft wagt sich niemand aus sich heraus, vor Furcht, sich bloßzustellen.«[10] Anders gesagt: Wahre Liebe braucht den Süden. Und in deutschen Landen? Dort lebe man von der »Einbildungskraft« und »erhitze sich beim Denken«.[11] Was das für das Lieben bedeutet, spricht Stendhal erst gar nicht aus. Deutlich besser schneidet die Schweiz ab, vermutlich, weil sie – auch geographisch – zwischen Nord und Süd vermittelt. Dieses Aufzählen der Liebesländer hat etwas von Leporellos Registerarie in Mozarts *Don Giovanni*, durch die wir von den ›Eroberungen‹ des Wüstlings in den jeweiligen Ländern erfahren. Daher verwundert es auch nicht, dass Stendhal seinen aus Exkursen bestehenden Diskurs über die Liebe in einem Vergleich von »Werther und Don Juan« gipfeln lässt, wobei er in einer an Heine erinnernden ironischen Tonlage resümiert: »Die Liebe bringt mehr Menschen ums Leben als die Langeweile.«[12]

Novellistische Konstellation und Kristallisation – das sind auch die Erzählprosa hervorbringenden Beziehungen zwischen Friedrich Schlegel und Dorothea Veit (literarisch verarbeitet in *Lucinde* bzw. *Florentin*), Benjamin Constant und Madame de Staël (*Adolphe* und *Corinne*) sowie George Sand und Frédéric Chopin (*Ein Winter auf Mallorca*). Dabei ist deutlich zwischen autobiographischer Sinnlichkeitsprosa und Fiktion zu unterscheiden. So hat Constant wiederholt emphatisch betont, dass sein Adolphe *nicht* er sei und die darin figurierende ältere Geliebte Elléonore *nicht* Mme de Staël. Der Protagonist Adolphe fragt nach der sinnlichen Wirkung von Täuschung und »Doppelsinnigkeiten« in Sprache und Gefühlsäußerungen. An seine Elléonore zu schreiben, bedeutet für ihn, sich in Zweideutigkeiten zu üben. Corinne hingegen ist die *poeta assoluta* ihrer Zeit, ein Quell weiblicher Kreativität, die aber ihrer Liebe zu Lord Nelvil geopfert wird.[13] Bei George Sand wiederum findet sich die Pointe, dass ihr erzählter Bericht in der Begegnung des Künstlers (Chopin) mit einem Mönch gipfelt, denn ohne Glauben sei »Kunst nicht mehr möglich« – wobei es sich bei diesem »Glauben« laut Erzählerin um einen solchen an die physisch-geistige Liebe handelt.[14]

Die genannten Romane drehen sich um Beziehungs- und Wechselverhältnisse, überhaupt um das Verstehen und Nicht-Verstehen des anderen im Verhältnis zwischen den Geschlechtern und um die Rolle der Sinnlichkeit in diesem erfüllten oder sinnentleerten Dialog zwischen Individuen. Sie wagen Selbstbehauptung durch Selbsterkenntnis im Wechsel mit Einsichten in die Motivation des jeweiligen Handelns. Ausgeprägt ist dabei die Einsamkeitserfahrung in Constants Adolphe, dessen briefliche Dialoge letztlich ins Leere gehen müssen, weil sie unlauter sind. Doch handelt es sich dabei immer auch um ›Dialoge‹ zwischen Herz und Verstand und damit um das Verhältnis von aufklärerischem Interesse und romantischer Sinnlichkeit. Friedrich Schlegels Wort vom »Wechselerweis« gehört ebenso in diesen Zusammenhang wie seine These, dass geistige und sinnliche Liebe, Platonismus und Lust solchermaßen intensiv im Dialog miteinander stehen und sogar eins werden.

Er führte dies in seinem fragmentarischen Roman *Lucinde* vor, den dann seine spätere Frau Dorothea Veit mit ihrem fragmentarischen Roman *Florentin* – um eine zentrale und sinnlich aufgeladene Dreierbeziehung erweitert – weiterführte.[15] Ihr Protagonist Florentin sieht sich gleichermaßen zu Juliane und Eduard hingezogen, vermag aber in diesem Wechselbezug keine sinnliche Erfüllung zu finden, was übrigens auch für die beiden anderen Charaktere gilt. Aus dem doppelten Wechselbezug ergibt sich kein »Wechselerweis« befriedigender Sinnlichkeit. Das Experiment mit Gefühlen und Anziehung bleibt in der Schwebe und droht so künstlich zu werden wie das »Prachtbett«, das als möglicher Ort dreisamer Vereinigung nur besichtigt wird: »Am Oberteil des Lagers sowohl, als zwischen den stolzen

Federbüschen, die auf den reich mit goldenen Quasten verzierten schweren seidenen Vorhängen prangten, breiteten sich mit großer Würde die Wappen, gleichsam der schwebenden, beinahe entkörperten Psyche erdrückend entgegen.« Vielsagend dann der Erzählerkommentar: »Wir wagen es nicht zu bestimmen, was dem Florentin für Bemerkungen eingefallen sein mögen, aber er lachte laut auf.«[16] Hätte es damals bereits das Wort ›Kitsch‹ gegeben, Florentins Gelächter hätte seinen begründenden Begriff gehabt.

Was nun diesen fragmentarischen Charakter beider Romane und des Fragmentarischen in der frühen Romantik überhaupt anbetrifft, so lässt sich argumentieren, dass er das fragmentierte Verhältnis des Ichs zu sich selbst spiegele.[17] Als Schlegel und Veit *Lucinde* bzw. *Florentin* schrieben, war freilich noch nicht absehbar, dass ihr erzählendes Ausloten des Sinnlichen dazu führen könnte, dass beide zur religiösen Konfession des Sinnlichen, dem Katholizismus, konvertieren würden. Werfen wir aber vor diesem Hintergrund einen etwas genaueren Blick auf Friedrich Schlegels *Lucinde*, weil dieser Roman gerade als Bruchstück die oben angesprochenen Phänomene exemplarisch erkennen lässt.

In seiner um 1811 entstandenen, aber erst postum veröffentlichten Skizze *Die Brüder Schlegel* konstatierte Karl August Varnhagen von Ense (1785–1858), »durch die Lucinde allein« seien »alle bisherigen sittlichen Vorstellungen erschüttert worden«.[18] Damals galten ihm die »Brüder Schlegel« noch »unstreitig« als ein »Paar echter Revolutionsmänner«. *Lucinde* konnte daher den Rang eines Dokuments der sinnlichen Revolution herkömmlicher Ethik beanspruchen.

Schlegels eben nur fragmentarischer Roman *Lucinde* – nur den ersten von vier geplanten Teilen hat er ausgeführt[19] – bietet narrative Expeditionen in das urromantische Reich des liebenden Empfindens, wobei seine dreizehn thematisch ausgewiesenen Abschnitte ihrerseits sinnlich-reflektierte Erfahrungen bezeichnen bzw. im Leser ermöglichen sollen. Abfolge oder Arrangement dieser sogenannten »Bekenntnisse eines Ungeschickten« werden insgesamt als Skizze zu einer Grammatik der Sinnlichkeit lesbar, die Doppel- oder Mehrdeutigkeiten einzelner Erfahrungen dekliniert und entsprechende Verhaltensweisen in diversen Zeitstufen konjugiert. Das beginnt mit der Selbstbezeichnung des Protagonisten Julius als »ungeschickt«, was

›linkisch‹ oder ›unbeholfen‹, aber auch einen Zustand des Nicht-Ge-schickt-Worden-Seins bedeuten kann. Er schreibt in niemandes Auf-trag; seine bloße Existenz ist Mission.

Etwas fehlt jedoch diesen Reflexionen des einmal als ein Ich, dann als ein Er auftretenden Erzählers: Distanz, Abstand zu sich selbst. Eher ließe sich von einer Unmittelbarkeit der Reflexion sprechen, ih-rer unbedingten Gegenwärtigkeit. Für Erinnerungen oder erinnern-des Reflektieren ist entgegen der Beteuerungen des Erzählers kein Platz. Um etwas kritischen Raum zu gewinnen, setzt Schlegel auf das Spiel mit sprachlichen Formen oder jähen Brüchen im Sprach-gefüge, auf das Spalten von Zusammenhängen oder auf thematisch nicht unbedingt begründete Absatzumbrüche mit oder ohne Spiegel-strich. Zentral für sein poetisches Verfahren ist dabei das »unbezwei-felte Verwirrungsrecht«, das der Ich-Erzähler Julius für sich in An-spruch nimmt. Dabei handelt es sich um einen Vorgriff auf die Struk-tur des im Roman Folgenden, nämlich um »zerstreute Blätter«. Geschrieben wurden sie, als Julius auf seine Lucinde wartete, mit der Feder der Geliebten und in dem Raum, in dem sie ihre intimste Nähe erlebten.[20]

In den *Fragmenten einer Sprache der Liebe*, einem Alphabet und einer Grammatik der Gefühle, nennt Roland Barthes die »Erwartung« den eigentlichen Liebeszustand der »Verzauberung«.[21] Bei Barthes ist dieser Zustand mit einer »Angstaufwallung« verbunden, der Furcht vor unerfüllter Erwartung. Es handelt sich um einen analogen Zu-stand zu dem, den Schlegels Julius durchlebt, mit dem entscheiden-den Unterschied jedoch, dass sein Warten neue Formen gebiert, und zwar eine »dithyrambische Fantasie über die schönste Situation«.[22] Barthes' Alphabetisierung der Gefühle lebt von Zitaten anstelle der Reflexion. Er setzt dabei auf die erotische Anziehungskraft des zitier-ten Wortes.

In diesem Stichwortarsenal von Barthes fehlt ein Eintrag zur Mu-sik. Ihn ersetzt ein Fragment zum »Nachklang«. Es beginnt mit den Worten: »Was in mir nachklingt, ist etwas, das ich ganz körperlich erlebe.«[23] Und es endet mit der Maxime, der Nachklang mache den Liebenden zu einem »auf ein ungeheures Hörorgan« reduzierten Zu-hörer – »so als ob das Gehör selbst sich verlautbarte: in mir spricht das Ohr«.[24] Gemeint ist damit: Was der oder die Geliebte äußert, wird im

Liebenden zum übermächtigen Nachklang mit dem Körper als Resonanzraum.

Schlegels *Lucinde* bezeugt demgegenüber den Doppelcharakter der Musikwirkung auf Julius. Ihre zuvor zitierte Abgründigkeit sieht sich zu dem Zeitpunkt aufgewogen, als er sich mit seiner Geliebten unmittelbar über Musik verständigt, genauer gesagt: über die von ihr hervorgebrachte Musik:

> Da er ihren Gesang vernahm, der sich rein und stark gebildet aus tiefer weicher Seele hob, da er ihn mit dem seinigen begleitete, und ihre Stimmen bald in Eins flossen, bald Fragen und Antworten der zartesten Empfindung wechselten, für die es keine Sprache gibt! Er konnte nicht widerstehn, er drückte einen schüchternen Kuß auf die frischen Lippen und die feurigen Augen.[25]

Die ätherische Entäußerung des Körpers im Gesang verwandelt sich im Nachklang in eine körperliche Reaktion. Dass es zu diesem »Nachklang« kommen konnte, verdankt sich einem harmonisch gestimmten Vorklang. Julius hat nämlich aus Lucindes Mund »seine innersten und eigensten Gedanken über den heiligen Zauber dieser romantischen Kunst« gehört. Entsprechend eingestimmt konnten dann auch ihre Stimmen »in Eins« fließen.

Das Ambivalente an der Musik ergibt sich ja gerade daraus, dass sie als Medium des Eigensten, Innersten wirkt und gleichzeitig das ganz andere darstellt. Diskurse über ihr Wesen, ihre Natur sind zwischen Liebenden möglich, und gleichzeitig hebt die Musik alles kritische Erörtern auf; es zerklingt in ihr, wenn man so will.

Es sagt sich leicht, zu leicht womöglich, dass die diversen Stücke der *Lucinde* nicht aufeinander bezogen seien; Bruchstücke seien sie bestenfalls oder gar Stückwerk. Und doch ist diesem fragmentarischen Roman eine innere Struktur nicht abzusprechen, eine Struktur von der Art, wie sie Alain Robbe-Grillet, der Pionier des *Nouveau Roman*, in seiner Prosa *Der wiederkehrende Spiegel* (1986) vorführen sollte oder wie Roland Barthes Lektüre versteht: als eine Wahrnehmung von Silhouetten, Schlangenlinien und Gesten durchdrungen vom »Geist des Buchstabens«. Wenn demnach in Friedrich Schlegels Romanfragment auf die »dithyrambische Fantasie« in Prosa, in der sich die Ausbildung des rein Menschlichen feierte, die »Charakteristik« einer Zweijährigen folgt, die »heitere Selbstzufriedenheit«[26] ausstrahlt, dann zeugt dieser Text ein Kind wie später in Philipp Otto Runges Bildallegorie »Der Morgen«. Der Name jener Zweijährigen, Wilhelmine, löst als weibliche Form von ›Wilhelm‹ die potentielle Doppelgeschlechtlichkeit des vollendet Menschlichen ein. Dadurch verjüngt sich in ihr die Mignon-Gestalt aus *Wilhelm Meister* als Inbegriff reiner Poesie. Schlegels Julius sieht in besagter Wilhelmine sogar die Verkörperung eines poetischen Prinzips:

> Die Blüten aller Dinge jeglicher Art flicht Poesie in einen leichten Kranz und so nennt und reimt auch Wilhelmine Gegenden, Zeiten, Begebenheiten, Personen, Spielwerke und Speisen, alles durch einander in romantischer Verwirrung, so viel Worte so viel Bilder; und das ohne alle Nebenbestimmungen und künstlichen Übergänge, die am Ende doch nur dem Verstande frommen und jeden kühneren Schwung der Fantasie hemmen. Für die ihrige ist alles in der Natur belebt und beseelt [...].[27]

Dieses Analogiebild sinnlicher Unmittelbarkeit ist der Ausgangspunkt für eine Art ästhetischer Verhaltenslehre, die Julius entwirft, nachdem er sie am Beispiel der kleinen Wilhelmine erlebt hat, als sie »zum erstenmal eine Puppe sah, fühlte und sogleich zu ihrem Mund führte«, als handelte es sich um – schöne – Nahrung:

> Die gesunde Wißbegierde wünscht ihren Gegenstand ganz zu fassen, bis in sein Innerstes zu durchdringen und zu zerbeißen. Das Betasten dagegen bleibt bei der äußerlichen Oberfläche allein stehn, und alles Begreifen gewährt eine unvollkommene nur mittelbare Erkenntnis.[28]

Das Begreifen der Puppe mit den Händen gleicht einem sinnlichen Akt mit einem leblosen Objekt. Und doch zeugt dieser Akt von liebender Erkenntnis und erkennender Liebe – als Essenzen einer ›Wissenschaft‹, die mit Fug nicht nur »fröhlich« genannt werden kann, sondern, wie dies im Roman nachfolgend geschieht, »liebend«. In der »liebenden Wissenschaft« verwirklicht sich ein forschend oder genauer: ergründend motiviertes Denken, das dem Erspüren eine analytische Wirkung zuspricht. Sie vermittelt ihre Befunde durch Sprachbilder, metaphorisch also, oder in Form von Allegorien.

Entsprechend setzt im Roman jetzt auch ein umfängliches allegorisches Erzählen ein, das von der »Charakteristik« einer Person, des Mädchens Wilhelmine, überlenkt zur Betrachtung eines bestimmten Charakterzuges, jenem der »Frechheit« nämlich.

Aus der »dithyrambischen Fantasie über die schönste Situation« ist nun die mehrfache Zeugung »mit der göttlichen Fantasie« geworden, deren schillerndstes Ergebnis ein »sinnlicher Jüngling« ist – buchstäblich ein Selbstdarsteller von androgyner Disposition, ein Maskenträger und Schönling, der das Freche verkörpert. Vor den Augen des Ich-Erzählers entsteht eine Phantasmagorie, ein Schwellenaugenblick, der Moment nämlich, als das Ich gewahrt, auf sich selbst verwiesen zu sein, um wirklich erkennen zu können – und zwar im Wechselspiel oder eben »Wechselerweis« von Innen- und Außenwelt. »Ich« und »Er« werden dabei austauschbar; denn wir lesen:

> Ein neuer Sinn schien mir aufgetan; ich entdeckte in mir eine reine Masse von mildem Licht. Ich kehrte in mich selbst zurück und in den neuen Sinn, dessen Wunder ich schaute. *Er sah so klar und bestimmt, wie ein geistig nach Innen gerichtetes Auge: dabei waren aber seine Wahrnehmungen innig und leise wie die des Gehörs, und so unmittelbar wie die des Gefühls* [Hervorh. d. Verf.]. Ich erkannte bald die Szene der äußern Welt wieder, aber reiner und verklärt, oben den blauen Mantel des Himmels, unten den grünen Teppich der reichen Erde, die bald von fröhlichen Gestalten wimmelte. Denn was ich nur im Innersten wünschte, lebte und drängte sich gleich hier [...].[29]

Wenn das Ich den Modus seiner sinnlichen Wahrnehmung beschreibt, geht es fließend in ein leicht distanzierendes Er über. War zuvor das Wort »Teppich« als Bezeichnung für Vorreden oder Prologe reserviert, die ihrerseits »schöne romantische Gemälde« sein können, wie der Erzähler der *Lucinde* eingangs bemerkt, so hat sich diese Teppichmetapher nun ins Innere des Wahrnehmenden verlagert. Dort können sich »innere Saturnalien« zutragen – bis zu einem regelrechten »elektrischen Schlag«, der diese innere Welt zerreißt. Es ist der Einbruch des Plötzlichen in Gestalt eines regelrechten Geistesblitzes und geflügelten, gleichsam geladenen Wortes: »Vernichten und Schaffen, Eins und Alles; und so schwebe der ewige Geist ewig auf dem ewigen Weltstrome der Zeit und des Lebens und nehme jede kühnere Welle wahr, ehe sie zerfließt.«

In diesen Passagen steckt viel Schiller'sche Poesie. Aus seinem Zauber der Freude, der wieder bindet, »was die Mode streng geteilt«, ist der buchstäbliche Zauber des Geistigen geworden, der sich wiederum versinnlicht im »Frauenlob«, das in Friedrich Schlegels *Lucinde* Julius vorträgt, an die »Allegorie der Frechheit« anschließend, wobei er wiederum bei Schillers Gedicht »Würde der Frauen« Anleihen macht, obwohl er die Form des Gedichts heftig kritisiert hatte. Seine Kritik an Schillers geschlechtsspezifischer Metrik (die Frauen betreffenden Strophen hat er in Daktylen, die Männern geltenden Verse in Trochäen verfasst) und an dessen vermeintlicher »Unvollendung« des Versbaus führte zur Entzweiung zwischen Schiller und Friedrich Schlegel,[30] obgleich die beiden Brüder Schlegel zunächst beide Mitarbeiter an Schillers *Horen* gewesen waren und August Wilhelm es auch blieb.

Zur Grammatik der Sinnlichkeit, die Schlegels Julius in seinen Fragmenten entwirft, gesellt sich nun eine »Rhetorik der Liebe«, in deren weiblicher Ausprägung »alle Vorurteile der Kultur und bürgerlichen Konventionen« überwindbar scheinen. Julius sieht im Weiblichen die Liebe *per se* enthalten, was zwar seinerseits ein ›Vorurteil‹ sein mag, im Text aber als Erfahrungssatz ausgegeben wird. Diese Erfahrung wiederum beschreibt Julius als Befindlichkeitsphänomen, das wiederum das Elektrisierende als emotionalen Wert apostrophiert und ihn zu einer bestimmten Form subtil sinnlicher Wahrnehmung in Beziehung setzt:

Es ist die Elektrizität des Gefühls, dabei aber im Innern ein stilles leises Lauschen, im Äußern eine gewisse klare Durchsichtigkeit, wie in den hellen Stellen der Malerei, die ein reizbares Auge so deutlich fühlt. Es ist eine wunderbare Mischung und Harmonie aller Sinne: so gibt es auch in der Musik ganz kunstlose, reine, tiefe Akzente, die das Ohr nicht zu hören, sondern wirklich zu trinken scheint, wenn das Gemüt nach Liebe durstet.[31]

Auch hier fällt der Hinweis auf Transparenz auf: die »gewisse klare Durchsichtigkeit«, die ja auch schon die Haut des Untiers auszeichnete. Von ihr geht jener spezifische Reiz aus, der auch jenen »Witz« nährt, von dem das Gelingen des »fantastischen Romans«, genannt »Weiblichkeit an sich«, abhängt. In ihm spricht sich aus, was Julius »Musik des Herzens« nennt, wobei er eine grundsätzliche Unzufriedenheit mit sich selbst artikuliert: Ihm ist es verwehrt, seine Liebesflamme »in Gesänge auszuhauchen«. Daher vertraut sich der »Magie der Schrift« an und den »stillen [Schrift-]Zügen das schöne Geheimnis«.[32] Dabei ist sich Julius durchaus der zweideutigen Wirkung der Musik bewusst. Da er sie nicht zu komponieren versteht, bleibt er fremden Kompositionen ausgeliefert. Der Erzähler weiß über ihn zu berichten: »Die wenigen Anwandlungen von Nüchternheit, die ihm noch übrig blieben, erstickte er in Musik, die für ihn ein gefährlicher, bodenloser Abgrund von Sehnsucht und Wehmut war, in den er sich gern und willig versinken sah.«[33]

Das Scheinen der Kunst – das wird später Hegels Ästhetik lehren – bedeutet vorrangig »die Unvollkommenheit eines noch nicht vollzogenen Denkens«.[34] In Schlegels *Lucinde* jedoch ist gerade das Scheinen das Bild des Vollkommenen, und entsprechend ist die optisch verstandene »Reflexion« das positiv gewertete Scheinen des Denkens, also seine sinnliche, sprich: lebensweltliche Seite. Julius malt gewissermaßen in sein Reflektieren hinein. Regelhaftigkeit kümmert ihn im Sinne der »schönen Verwirrung« nicht: »Die Formen [seines bildkünstlerischen Schaffens, d. Verf.] entsprechen vielleicht nicht immer den angenommenen Gesetzen einer künstlichen Schönheit.«[35] Diese seine Kunst ist sinnenwahr, ebenso wie sein Denken über Kunst und Liebe das Scheinen wahrt. Auch sein Leben wird ihm zum Kunstwerk. Der »große ernste Stil« und die »nur reizende Manier und flüchtige Laune« bringt es in seiner Kunst zu einem sinnlichen Zusammenspiel, von Liebe inspiriert. Kunst- und Liebesakt ist dabei – zumindest als Postulat – identisch.

Diese Grammatik der Sinnlichkeit gibt sich ihre eigene Struktur. Sie arbeitet mit Hieroglyphen, Allegorien und parataktischen Ansätzen, womit gemeint ist: Aussage um Aussage ist als gleichbedeutend, gleichrangig zu werten. Überdies arbeitet der Erzähler, der sich als ein Reflektor seines Selbst versteht, betont mit Vorverweisen. So führt er den Abschnitt »Metamorphosen« mit einer Reflexion ein, die dann im eigentlichen Themenfragment zur Verwandlung (nur noch) erzählerisch illustriert wird. Dieser Vorverweis lautet:

> Der Geist des Menschen ist sein eigner Proteus, verwandelt sich und will nicht Rede stehn vor sich selbst, wenn er sich greifen möchte. In jener tiefsten Mitte des Lebens treibt die schaffende Willkür ihr Zauberspiel. Da sind die Anfänge und Enden, wohin alle Fäden im Gewebe der geistigen Bildung sich verlieren. Nur was allmählig fortrückt in der Zeit und sich ausbreitet im Raume, nur was geschieht ist Gegenstand der Geschichte. Das Geheimnis einer augenblicklichen Entstehung oder Verwandlung kann man nur erraten und durch Allegorie erraten lassen.[36]

Verwandlung versteht Julius somit als Wesensmerkmal des Menschlichen, aber implizit in erster Linie als Selbstlegitimation und Begründung seiner sich von Bekenntnis zu Bekenntnis wandelnden Ansichten, deren einzige Konstante der Sinn des Sinnlichen ist. Er spricht von den »Metamorphosen des liebenden Gemüts« und damit von Verwandlungen, die durch Liebe motiviert, ja katalysiert werden.

Was aber besagt dieses soeben zitierte bekenntnishafte Wort über die Proteushaftigkeit des Menschen? Verbirgt sich darin das Strukturprinzip dieser novellenhaften »Bekenntnisse«, deren eigentlicher Gegenstand, Lucinde nämlich, ihnen den Titel verleiht?

Will der Geist des Menschen sich »greifen«, Macht über sich selbst gewinnen, dann kann dies nur gelingen, wenn er seine eigene Proteushaftigkeit begreift. Ihr liegt ein (ver-)webendes Schaffen zugrunde, das zu zaubern versteht, also durchaus mit Kunstgriffen arbeitet – um nicht zu sagen: mit Tricks. Das aber bedeutet: Die Wahrheit über das eigene Ich steht zur Disposition. Im »Gewebe der geistigen Bildung« gehört sie zu deren Muster. »Anfänge und Enden« lassen sich darin nicht mehr erkennen. Wirklich analysierbar ist dagegen nur das – laut Julius –, was sich im Zeit-Raum als Geschichte entwickelt, nicht aber das Geheimnisvolle in einer »augenblicklichen« Veränderung; sie ist hier nicht als ein zeitlich länger angelegter ›Wandel‹, sondern eher als schlagartige ›Verwandlung‹ zu verstehen.

In dieser fragmentarischen Grammatik eines frühromantischen Sinnlichkeitsethos, wie ihn Schlegels *Lucinde*-Prosa entfaltet, fehlt noch ein letzter Schlüsselbegriff, nämlich das, was Julius »das Unbestimmte« nennt. Es ist Kern seines Fragments zur »Reflexion« und versteht sich als logischer Widerpart zum »Bestimmten«. Seine ›Grammatik‹ besteht aus ironisch-ernsten Wortspielen in (schein-) definitorischer Absicht, aber in nahezu tautologischer Ausprägung. Wiederum setzt dieser Teil der »Reflexion« *augenblicklich* ein: »Das Denken hat die Eigenheit, daß es nächst sich selbst am liebsten über das denkt, worüber es ohne Ende denken kann.«[37] Diese Selbstreferentialität des Denkens wirkt auf den »gebildeten und sinnigen Menschen« zurück, dessen Leben folglich »ein stetes Bilden und Sinnen über das schöne Rätsel seiner Bestimmung« ist. Daraus ergibt sich eine geradezu (selbst-)parodistische Situation: Der Mensch bestimmt daher seine Bestimmung immer neu, »denn eben das ist seine ganze Bestimmung, bestimmt zu werden und zu bestimmen«. Was sich hier abzeichnet, ließe sich als Selbstüberlistung durch die Vernunft bezeichnen.

In der Grammatik der Sinnlichkeit – und sei sie auch noch so fragmentarisch – kann kein Vorwurf gravierender sein als der des »Widersinnigen«; aber er gehört konstitutiv zum erklärten Ideal der »schönen Verwirrung« und zum »bunten Ideal witziger Sinnlichkeit«, ja, der Widersinn bedingt beides sogar. Wie sollen wir damit umgehen?

Kehren wir nochmals zum Anfang des Romans zurück, zum ersten Brief, den Julius seiner Lucinde schreibt. Seine Einsamkeit – und damit Enthaltsamkeit – ist Voraussetzung dafür, dass er alles um sich in »Licht und Farbe« wahrnehmen kann. Sie lehrt ihn, die Welt in ihrer Schönheit neu zu erfassen und ihr reizvolle Konturen – mithin sinnlich erfahrbare Strukturen – abzugewinnen. Er verweigert sich aber analytischer Reflexion, oder zumindest redet er sich das ein. Für ihn zählt allein eine Art Panvitalismus, zu dem er auch den Tod rechnet. Er schließt nicht einmal aus, dass dieser auch nur eine Täuschung sein könne. Der wesentliche Punkt aber ist eine für alles Folgende bezeichnende Einschränkung:

[Daran dachte] ich eigentlich nicht sehr, wenigstens zum Gliedern und Zergliedern der Begriffe war ich nicht sonderlich gestimmt. Aber gern und tief verlor ich mich in alle die Vermischungen und Verschlingungen von Freude und Schmerz, aus denen die Würze des Lebens und die Blüte der Empfindung hervorgeht, die geistige Wollust wie die sinnliche Seligkeit.[38]

Das Besondere an Julius' Argumentation ist, dass er »geistige Wollust«, also auch die Lust am Denken und der Sinnlichkeit, aus emotionalen und physischen Zuständen (»Freude und Schmerz«) hervorgehen sieht. Aus den »Vermischungen und Verschlingungen« als den ihm gemäßen Formen der Interaktion und Assoziation werden in seinem Empfindungsdenken alsbald die »Verwirrung« von Dingen, die Julius für »romantisch« hält. Sie erbringt dann jenes »wundersame Gemisch von den verschiedensten Erinnerungen und Sehnsüchten«. Diese Vorstellung, alles mit allem in Beziehung setzen zu können, ohne dabei einem dialektischen Schematismus zu verfallen, habe ich andernorts »Pluralektik« genannt und als Wesensmerkmal der romantischen Denk- und Empfindungsgrammatik beschrieben.[39]

Schlegels Julius lebt und zeigt dieses pluralektische Versinnlichen geistiger Phänomene und das Vergeistigen sinnlicher Erfahrung, wobei die Eigenwertigkeit der jeweiligen Erfahrungen gewahrt bleibt. Im Prosaformenspiel von Schlegels *Lucinde*-Romanfragment führt sich dieses pluralektische Verfahren selbst vor. Es inszeniert sich nach eigenen Regeln und nach einer eigenen Darstellungsgrammatik als sinnliches Gedankenspiel mit einer Suggestivkraft, die den Leser zu einem Mitspieler werden lässt, ohne dass er dies in seiner lustvollen Leseverwirrung bemerkt oder bemerken möchte. Damit war Friedrich Schlegel in Ansätzen ein Simulacrum *avant la lettre* – im Sinne Barthes' – gelungen, ein Rekonstituieren des Liebesempfindens als wörtlichen Akt, der dieses Empfinden zur Einsichtnahme in sein Wesen aufspaltet: bei Barthes in kritischer, bei Schlegel in sympoetischer Absicht.

Was der Roman vermag – eine romantische Ambition

Durch den Roman (und das Lied) wurde die Romantik zu einem europäischen Ereignis. Früh lagen Vergleiche zwischen den Romanen der verschiedenen Nationalliteraturen nahe, auch wenn die Warnung im Raume stand: »Vergleichung ist ein gefährlicher Feind des Genusses.«[40] August Wilhelm Schlegel befindet bereits 1803, sechs Jahre, nachdem dieser Satz erschienen war:

> [Die] englischen Romanschreiber haben mit den deutschen das gemein, daß sie, wo sie nach dem Wunderbaren streben, die Szene gern ins südliche Europa, nach Italien oder Spanien, verlegen. Die Sucht nach dem Abenteuerlichen hat auch in England viel Liebhaberei für Spukgeschichten von alten Burgen u. dergl. hervorgebracht, wovor ein gewisser Sinn für das Schickliche die Franzosen bei ihrer Nüchternheit mehr bewahrt.[41]

So ist die »Sehnsucht nach Italien« denn auch ein Abschnitt (wenn auch der kürzeste) in den *Herzensergießungen eines kunstliebenden Klosterbruders* (1797) von Wilhelm Heinrich Wackenroder (1773–1798) und Ludwig Tieck. Es handelt sich dabei um den ersten kunstromantischen Roman, der zwar eine Genrebezeichnung verweigert, dafür aber die inhaltsbedingte Gefühlsform zum Titel erhebt: *Herzensergießungen* in kunstsakralem Zusammenhang. Emotionale Gedankenströme, freigesetzt durch Kunsterlebnisse, sind damit gemeint, aber eben keine kritischen Reflexionen. Briefe, lyrische Antworten auf Kunstwerke und essayistische Einschübe wechseln sich in diesen ›Ergießungen‹ miteinander ab. Ihr Zweck ist eine vergleichende Gegenüberstellung der Kunst Raffaels und Albrecht Dürers, wobei Leonardo da Vinci eine eigentümliche, aber entscheidend zukunftsweisende Zwischenstellung zugewiesen wird.

Die *Herzensergießungen* erschienen 1797 im Berliner Verlag von Johann Friedrich Unger, in Format und Druckbild identisch mit Goethes ein Jahr zuvor gleichfalls bei Unger erschienenem Roman *Wilhelm Meisters Lehrjahre*. In London veröffentlicht Matthew G. Lewis im selben Jahr seine rasch stilbildend werdende Schauerromanze *The Monk* (*Der Mönch*). Die Perspektiven sowohl bei Lewis als auch bei

Wackenroder/Tieck sind klösterlicher Art, wobei ›Mönch‹ und ›Klosterbruder‹ den Schritt über die Schwelle ihrer Klöster ins Weltliche wagen, wenngleich die *Herzensergießungen* das Sakrale in Form des Kunstreligiösen zu retten suchten.

Des Weiteren prägen die *Herzensergießungen* ein Verhaltensmuster, das für die Romantik insgesamt charakteristisch bleiben wird: Im Zusammenspiel der Kunstformen treten auch die Kulturen in ein Wechselverhältnis. Italienische Malerei und Musik treffen etwa auf deutschsprachige Prosa und Poesie, englische und schottische Romane oder Motive sowie literarisches Schaffen in den deutschen Regionen und in Frankreich durchwirken einander. Die Italiensehnsucht – ob in den *Herzensergießungen* oder im *Taugenichts* von Eichendorff, in Mary Shelleys Roman *Der letzte Mensch* (1826) ebenso wie in Edward Bulwer-Lyttons Katastrophenfiktion *Die letzten Tage von Pompeji* (1834) – gilt einer Kultur, mit der sich mehr oder minder klischeehaft heitere Leichtigkeit, sinnliche Erfüllung und Formvollendung – und sei es in den antiken Überresten – verbindet.

Im »Walpurgisnachtstraum«, einer Fusion aus Shakespeares *A Midsummer Night's Dream* und Harzgebirgsphantastik im Ersten Teil von Goethes *Faust*, kann sich darauf ein »Nordischer Künstler« einen Vers in eigener Sache machen:

Was ich ergreife, das ist heut
Fürwahr nur skizzenweise
Doch ich bereite mich bei Zeit
Zur italien'schen Reise.[42]

Im ›Norden‹ vermag er nur zu skizzieren, was er im ›Süden‹ glaubt vollenden zu können. Reisen bildet dann, wie auch der Klosterbruder erinnert, wenn sich das Gesehene in einen ein-bildet. Doch kann damit auch die ›Einbildung‹ verbunden sein, tatsächlich in Italien zu sein, und zwar bei der Anschauung italienischer Kunst außerhalb Italiens.

Die Literatur Italiens, das politisch vergleichbar zerrissen war wie Deutschland zu jener Zeit, bringt auf der Schwelle zur Romantik gleichfalls gespaltene, mit sich selbst hadernde Charaktere hervor. Ihr Musterfall heißt Jacobo Ortis, dessen »Letzte Briefe« sein Autor, Ugo

Foscolo (1778–1827), 1798 erstmals und dann 1802 in gültiger Form veröffentlichte. Gemeinhin gilt *Ultime lettere di Jacopo Ortis* als verspätete Antwort auf Goethes *Leiden des jungen Werther*, die Foscolo kannte; weitaus näher steht dieser Briefroman jedoch Hölderlins Roman *Hyperion*, mit dem Foscolo nicht vertraut gewesen sein dürfte.

Hyperion wie Ortis und nach ihnen Adolphe in Benjamin Constants (1767–1830) gleichnamiger »Anekdote« (1816) vereinsamen – und das selbst als Liebende, ja, sie vereinsamen *an* ihrer Liebe. Was sie bedrängt, ist neben Welt- und Liebesschmerz die Frage nach ihrem Verhältnis zur Mitwelt. Bei Hyperion mündet sie in seine erbarmungslose »Deutschen-Schelte«, denen er verfehlte Menschenbildung vorwirft.[43] Ortis behauptet: »Jeder Einzelne ist von Geburt an ein Feind der Gesellschaft, weil die Gesellschaft notwendig Feindin des Einzelnen ist.«[44] Demgegenüber glaubt Adolphe zu wissen: »Die Gesetze der Gesellschaft sind stärker als der Wille des einzelnen; die mächtigsten Gefühle zerbrechen an der Unabwendbarkeit der Umstände.«[45] In allen drei Fällen handelt es sich um eine Gesellschaft, die dabei ist, das Gemeinschaftliche in ihr zu leugnen. Es ist die Gegenwelt zum romantischen Salon, noch bevor er sich wirklich etabliert hat. Von allen drei Protagonisten lässt sich Constants Erzählfigur Adolphe das schwerwiegendste Vergehen gegen ›romantisches Empfinden‹ zuschulden kommen: Er hatte das Herz seiner Geliebten gebrochen, »das in seiner unermüdlichen Zärtlichkeit nicht aufgehört hatte, sich mir zu schenken«.[46]

Die Handlung dieser Romane spielt sich vor einer betont europäischen Kulisse ab: Ortis befindet sich in einem zerstrittenen Italien, das von europäischen Mächten (Habsburg und Frankreich) in Einflusssphären aufgeteilt ist (sein Autor, Foscolo, ist auf der griechischen Insel Zakinthos geboren und in Venedig aufgewachsen, wird nach England emigrieren, in Holland House, einem liberalen Elitezirkel, Anschluss finden und 1827 in Londons Stadtteil Turnham Green sterben). Hyperion, der zwischen deutscher und griechischer Kultursphäre changiert, verschreibt sich der Emanzipation der Griechen vom Osmanischen Reich – ganz wie nach ihm Lord Byron; und der französische Erzähler von *Adolphe* findet sein Material über die Titelfigur, die in Göttingen ihr Studium absolviert hat, im Gespräch mit einem Unbekannten in Neapel. Adolphe und seine Ellénore lesen anfangs englische Romane zusammen; es geht ihnen am besten, wenn sie sich fremden Sprachen widmen, die ihre Gedanken »verjüngen« und von jenen Wendungen »reinigen, die sie bald gemein, bald gekünstelt erscheinen lassen«.[47]

Das eigene Denken für sich in andere Sprachen zu übersetzen, ist ja laut Aussage in Clemens Brentanos *Godwi* (1801) ein romantisch-kathartisches Verfahren. Zudem wird dem »Übersetzer des Romantischen«, wie es im *Godwi* heißt, »die Gestalt der Darstellung« selbst ein Kunstwerk, das er übersetzen soll. Wer aber nur die Sprache wörtlich übersetzt, der erhält nur den »Gypsabdruck zu dem Marmor«,[48] also etwas Nicht-Authentisches, doppelt Lebloses.

Constant nannte seinen *Adolphe* selbst nicht Roman, sondern wie erwähnt eine bloße »Anekdote«, der Wortbedeutung nach eine bis dahin nicht oder nur gerüchteweise bekannte Geschichte. Das Gerücht und Gerede wurden im romantischen Roman ebenso literaturfähig wie die kühne metaphysische Spekulation, das Phantasieren bis ins Märchenhafte.

Vom ›Orient‹ glaubte man gelernt zu haben: Man (über-)lebt, solange man erzählt. Nichts blieb in der Prosa der Romantik lebendiger als die farbig schillernde Erzählwelt von *Tausendundeine Nacht*, die in den phantastischen Kosmos des Kunstmärchens einging. Er reichte von »Klingsohrs Märchen« im *Heinrich von Afterdingen* des Novalis über Wilhelm Hauffs *Karawane*-Märchen (1826) bis zur Märchenwelt des Dänen Hans Christian Andersen, ein Sonderfall, der nachher eigens zu betrachten sein wird. Das romantische Märchen sollte die Vorstellungskraft im Leser zum Blühen bringen und ihn über die grimme Wirklichkeit der restriktiven Welt der Restauration im nachnapoleonischen Europa hinwegheben.

Erzählen bildet – unser Vorstellungsvermögen und was noch? Die Romantiker fanden in erster Linie immer wieder neue Antworten auf die Frage, was Romantik sei. Als zum Beispiel in Clemens Brentanos *Godwi* – er nannte seine Prosadichtung bezeichnenderweise einen »verwilderten Roman« – die Wirrungen einen Höhepunkt erreicht haben, führen der Erzähler und seine Titelfigur Godwi »ein allgemeines Gespräch über das Romantische«, wobei es bei derlei Bestimmungsversuchen stets darauf anzukommen scheint, etwas bislang ›Unerhörtes‹, also ›Originelles‹ hervorzubringen. So verständigt man sich zunächst auf folgende Formel: »Alles, was zwischen unserm

Auge und einem entfernt zu Sehenden als Mittler steht, uns den entfernten Gegenstand nähert, ihm aber zugleich etwas von dem seinigen mitgiebt, ist romantisch.« Nun wäre Godwi nicht Godwi, wenn er dem nichts hinzuzufügen hätte. Er »setzte hinzu, das Romantische ist also ein Perspectiv oder vielmehr die Farbe des Glases und die Bestimmung des Gegenstandes durch die Form des Glases«. Daraufhin geht es um die Frage, ob das Romantische Gestalt habe oder ohne Form auskomme. Die Antwort darauf ist so paradox wie nur irgend möglich: »Das Ungestaltete hat freilich oft mehr Gestalt, als das gestaltete vertragen kann [...]. Gestalt aber nenne ich die richtige Begrenzung des Gedachten.« Und wiederum »setzt Godwi« etwas hinzu, die von der Frühromantik behauptete ›Unendlichkeit der Reflexion‹ bestätigend oder bereits parodierend: »[D]ie Gestalt selbst dürfe keine Gestalt haben, sondern sey nur das bestimmte Aufhören eines aus einem Punkte nach allen Seiten gleichmäßig hervordringenden Gedankens. Er sey nur ein Gedachtes in Stein, Ton, Farbe, Wort oder Gedanken.« Wiederum nach frühromantischer Art erfolgt nun eine erklärende elementar-›wissenschaftliche‹ Analogie, die das in Rede stehende Problem ironisch veranschaulichen soll:

Nehmen Sie eine Seifenblase an, denken Sie, der innere Raum derselben sey ihr Gedanke, so ist ihre Ausdehnung dann die Gestalt. Nun aber hat eine Seifenblase ein Moment in ihrer Ausdehnung, in dem ihre Erscheinung und die Ansicht derselben in vollkommner Harmonie stehen, ihre Form verhält sich dann zu dem Stoffe, zu ihrem innern Durchmesser nach allen Seiten, und zu dem Lichte so, daß sie einen schönen Blick von sich giebt. Alle Farben der Umgebung in ihr schimmern, und sie selbst steht nun auf dem letzten Punkte ihrer Vollendung. Nun reißt sie sich vom Strohhalme los, und schwebt durch die Luft. Sie war das, was ich unter der Gestalt verstehe, eine Begrenzung, welche nur die Idee fest hält, und von sich selbst nichts spricht. Alles andere ist Ungestalt, entweder zu viel, oder zu wenig.[49]

Im Instabilen der Seifenblase finden sich die ersten romantischen Überlegungen zur Bedeutung der Gestalt, die noch in der Ästhetik des 20. Jahrhunderts eine maßgebliche Rolle spielen werden. Am Ende des Kapitels erfolgt eine neuerliche Definition des Romantischen: Es sei selbst eine »Übersetzung« – von seelischen Zuständen in Kunstformen, die aber an Naturphänomenen – wie der Seifenblase – orientiert bleiben. Am Ende des Kapitels erhellt sich der dunkel gewordene Saal, in dem dieses Gespräch stattfindet; »es ergoß sich ein milder grüner Schein«. Die Folgerung aus diesem optischen Phänomen bleibt nicht aus: »Sehen Sie, wie romantisch, ganz nach ihrer Definition. Das grüne Glas ist das Medium der Sonne.«[50] Was zu beweisen war – aber eben durch die Verbindung des Mittlerinstruments, des grünen Glases – und der Natur, des Sonnenlichts: ›Romantisch‹ daran ist dann – die Wirkung dieses Zusammenspiels von Materie und Erscheinung.

Romantische Prosaisten – ein Quartett ›exemplarischer Sonderfälle‹: Novalis, E. T. A. Hoffmann, Hans Christian Andersen und Alexander S. Puschkin

Welch ein Feld, die romantische Prosa, die sich allein mit diesen vier Namen vermessen lässt. Dabei wären auch andere polare Gegensätze vorstellbar gewesen: Eichendorff und George Sand, Justinus Kerner und Lew N. Tolstoi mit seinen Erinnerungen an die in der russischen Romantik verlebte Kindheit und Jugend. Man könnte sich mit und durch die Prosa bis an den Rand der Romantik vorwagen, etwa bis zu Charlotte Brontës (1816–1855) sozialkritischem Roman *Shirley* (1849), der in (Nord-)Englands ›romantischer Zeit‹ handelt, während der von Napoleon verordneten Isolation vom europäischen Festland, und dessen erste Sätze lauten:

Wenn du, lieber Leser, […] glaubst, eine Art Romanze komme auf dich zu, so hast du dich gründlich getäuscht. Erwartest du Gefühl, Dichtung, Träumerei? Rechnest du mit Leidenschaft, Aufregung und Melodramatik? Dämpfe deine Erwartungen, schraube sie auf ein niederes Niveau zurück. Etwas Realistisches, Kühles und Gediegenes liegt vor dir, etwas so Unromantisches wie ein Montagmorgen, an dem alle, die zu tun haben, mit dem Bewußtsein erwachen, daß sie aufstehen und sich an ihre Arbeit machen müssen.[51]

Das erste Objekt, an das sich Tolstoi erinnert und das er mit europäischer Romantik in Verbindung bringt, ist ein englischer Flügel, auf dem seine Schwester »mit sichtlicher Anstrengung Etüden von [Muzio] Clementi« spielt, später wird die Mutter darauf Kompositionen ihres Lehrers, des Iren John Field, des ›Vaters der Nocturnes‹, und Beethovens »Sonate pathétique« zu Gehör bringen. Dabei fällt ihm etwas noch ›Romantischeres‹ ein: Er hatte nur blaue Farbe zur Hand und malte daher alles in Blau: Pferde, Hunde, Hasen, Knaben; dabei verwandelte er den blauen Hasen in einen blauen Strauch, schließlich in einen blauen Baum: Der kleine Tolstoi erscheint fast wie ein unwissentlicher Vorläufer des »Blauen Reiters«, wobei er sich fragt, ob er sich nicht an etwas erinnert, »was niemals gewesen war«?[52]

Und doch findet Tolstoi zu einem Bild, das zum Zeitpunkt der Niederschrift (1851/52) romantisches Empfinden evoziert und zugleich relativiert: »Versucht man, die Züge eines geliebten Wesens in seiner Vorstellungskraft erstehen zulassen, stehen so viele Erinnerungen an die Vergangenheit auf, daß man sie wie durch einen Tränenschleier hindurch nur undeutlich sieht. Das sind die Tränen der Phantasie.« Was dieses Ich jedoch von seiner Mutter in Erinnerung behalten hat, kann nicht verhindern, dass sich ihm ihre »Gesamterscheinung versagt«.[53]

(I) »Die Sterne schwangen sich«. Der Prosakosmos des Novalis

Den Erinnerungen mehr zu vertrauen als der zum Zeitpunkt der Niederschrift von *Kindheit* 24-jährige Tolstoi schien der 28-jährige Novalis, als er den ersten Teil seines Romans *Heinrich von Afterdingen* abgeschlossen hatte (1800). Der weise Klingsohr, eine Art Sarastro oder Gurnemanz, deren tiefe Bassstimme allein schon von Weisheit zeugt, verkündet darin, bevor er sein berühmtes Märchen erzählt: »Die Erinnerung ist der sicherste Grund der Liebe.« Ja, es muss *After*dingen heißen, und nicht, wie es sich eingebürgert hat, Ofterdingen, so angenehm einem die Vorstellung auch wäre, Novalis hätte mit diesem Titel sogar der Tübinger Romantik, in deren Sprengel der beschauliche Ort Ofterdingen liegt, bereits den Boden bereitet.[54] Aber zuletzt überzeugt doch die unumstößliche textphilologische Einsicht, dass

Ludwig Tieck als Herausgeber der Schriften seines Freundes Novalis diesem postum den von ihm gewählten Titel *Heinrich von Afterdingen* vorenthalten und in ein scheinbar appetitlicheres ›Ofterdingen‹ verwandelt hat.[55]

Das ist keine Bagatelle, die in einem eher überblickshaften Buch zur Romantik keinen Raum einnehmen dürfte, sondern ein sprechendes Beispiel für einen textkritisch sinnvollen Einspruch gegen ›gebräuchliche‹ Lesarten (es gibt dagegen bekanntlich genügend Fälle einer sinnfernen, sich dogmatisch verrennenden Textphilologie), zeitigt er doch erhebliche interpretatorische Folgen. Denn der von Novalis fragmentarisch aufgezeigte Bildungsgang seines Protagonisten führt ihn in eine Welt ›nach den Dingen‹ und deutet bereits auf Nachgedanken zu einer Welt fortschreitender materieller Verdinglichung. Allein schon deswegen sollten wir uns in unserer dingverliebten Zeit an *Afterdingen* gewöhnen.

Das Erzählen im Erzählen, wie Novalis es in Klingsohrs Märchen vorführt, kommt stellenweise auch einer Reflexion über das Erzählen gleich, die sich als eine »schöne Harmonie der Zeichen und Figuren« äußern kann und nie weit von Musik entfernt ist: »Zugleich ließ sich eine sanfte, aber tief bewegte Musik in der Luft hören, die von den im Saale sich wunderlich durcheinander schlingenden Sternen, und den übrigen sonderbaren Bewegungen zu entstehen schien.« Das betont ›Schöne‹ an dieser Darstellung ist gewissermaßen die angenehme Kehrseite der Reflexion über das Wesen des Romans, die Novalis nahezu gleichzeitig vornimmt. Aber lauschen wir zunächst der Fortsetzung dieses ›schönen‹ Spiels in Klingsohrs Märchen. Folgendes weiß er zu erzählen:

> Die Sterne schwangen sich, bald langsam bald schnell, in beständig veränderten Linien umher, und bildeten, nach dem Gange der Musik, die Figuren der Blätter auf das kunstreichste nach. Die Musik wechselte wie die Bilder auf dem Tische, unaufhörlich, und so wunderlich und hart auch die Übergänge nicht selten waren, so schien doch nur Ein einfaches Thema das Ganze zu verbinden.[56]

Was Novalis hier erzählend vorführt, sind »Elemente des Romantischen«, wie er in seinen *Fragmenten und Studien 1799/1800* notiert und ergänzt: »Die Gegenstände müssen, wie die Töne der Aeolsharfe daseyn, auf einmal, ohne Veranlassung – ohne ihr Instrument zu verrathen«[57] – eine Musik *nach* den Musik-Dingen, nämlich den herkömmlichen Instrumenten, ganz wie in der zitierten Passage aus Klingsohrs Märchen. In einem »ächt poëtischen Buche« müsse alles »so natürlich – und doch so wunderbar« sein. Und nochmals: »Ein Roman muß durch und durch Poësie seyn. Die Poësie ist nämlich, wie die Philosophie, eine harmonische Stimmung unsers Gemüths, wo sich alles verschönert, wo jedes Ding seine gehörige Ansicht – alles seine passende *Begleitung* und *Umgebung* findet.«[58]

Und doch kann es auch bei Novalis weder eine letztgültige oder in irgendeiner Weise verbindliche Definition für die Romantik noch für den Roman geben. Denn kaum hat man diese Bestimmung des ›poëtischen Romans‹ vernommen, lässt Novalis eine weitere, diese rein harmonisch gefasste Definition relativierende folgen: »Eigentliche romantische Prosa – höchst abwechselnd – wunderbar – sonderliche Wendungen – rasche Sprünge – durchaus dramatisch.«[59] Die damit verwandte Personalisierung des Romantischen liest sich bei Novalis dann so: »Die Persönlichkeit ist das romantische Element des Ichs.«[60] Nun kann man sich unter ›Persönlichkeit‹ etwas Gereiftes, Gebildetes vorstellen oder eben eine Vielzahl von Charaktereigenschaften, die »sonderlich« in Erscheinung treten können, in »raschem« Wechsel mit durchaus »dramatischer« Wirkung, wodurch sie selbst zu einem »Roman« werden.

Heinrich von Afterdingens Persönlichkeit bildet sich ausgelöst von den Erzählungen eines Fremden, wie bereits die ersten Sätze des Romans feststellen. In ihnen figuriert die sprichwörtlich gewordene »blaue Blume« als Emblem romantischer Sehnsucht. Traumhaftes Erleben, Empfindungssteigerung und fließende Übergänge zwischen Erzählen, innerem Monolog, Er und Ich sind die eigentlichen Hauptfigurationen des Romans: die Übergänge, die Zwischenwelten, das Zwielicht, »wenn die Nacht am Lichte und das Licht an der Nacht in höhere Schatten und Farben zerbricht«.[61] Heinrich sieht sich an der »Schwelle zur Ferne«, dort wo sich Vorahnung und »Erwartung« bilden. Auch die Gesamtkonzeption des Romans, sofern sie sich erkennen lässt, thematisiert den Übergang von »Erwartung« in »Erfüllung«, wobei gerade die »Erfüllung« Fragment blieb – wohl bleiben *musste*.

Novalis führt mit seinem Romanfragment ein symphonisches Erzählen vor, das ganze Klang- und Farbwelten sprachlich zu integrieren versteht. Und wie sich für Heinrich »mannichfaltige Zufälle zu seiner Bildung vereinigen«, verweben sich vielfältige Sinneseindrücke in diesem Erzählen, wobei die Reflexion im Vordergrund steht. Der Schlüsselsatz des Romans findet sich an seinem Anfang: »Sonst tanzte ich gern; jezt denke ich lieber nach der Musik.« Reflexion über Kunst scheint wichtiger als ihre Ausübung, das intellektuelle Sich-Leiten-Lassen durch ein sinnliches Medium und damit das Zusammenwirken von Erfahrung und Abstraktion. Nur an dieser Stelle findet sich ein Verweis auf den Tanz (zur Tanz-Metapher dann mehr im folgenden Kapitel), in diesem Fall als Erinnerung vorgetragen, als eine Bewegung, die ins Abstrahieren-Können führt – auch das ein Übergang. »Die abstracten Wörter«, notiert Novalis in jener Zeit, »sind die *Gasarten* unter den Wörtern – das Unsichtbare – die abstracten Kräfte«.[62] Sie sind ein treibendes Element, wobei ›die blaue Blume‹ wiederum in einem Zwischenbereich zu wachsen scheint – zwischen sinnlicher Konkretion und metaphorischer Abstraktheit.

Das Üben der Sinne gehört zu den Fähigkeiten, die der Meister den »Lehrlingen zu Saïs« in einem weiteren Romanfragment des Novalis vermitteln will. Von ihm sagt der Erzähler, dass er wirklich zu sprechen verstanden habe, und dass er es verstehe, »die Züge zu versammeln, die überall zerstreut sind«.[63] Dieses wahre Sprechen gilt ihm als »ein Accord aus des Weltalls Symphonie«.[64] Wiederum ist das Thema die ›Verdichtung‹ der Eindrücke: »In große bunte Bilder drängten sich die Wahrnehmungen seiner Sinne: er hörte, sah, tastete und dachte zugleich.«[65] Dagegen versteht sich der Ich-Erzähler, einer der »Lehrlinge«, mehr auf seine Innenwelt: »Mich führte alles in mich selbst zurück«,[66] womit er jedes Objekt seiner Außenwahrnehmung meint.

Diese Sinnesübungen verfolgen einen bestimmten Zweck in den *Lehrlingen zu Saïs*: sie sollen zum Erkunden der Natur befähigen, einem Hauptanliegen des Novalis wie der Romantik insgesamt. Die fortschreitende Aufspaltung des menschlichen Vermögens, die Spezialisierung und Arbeitsteilung beklagt der Erzähler zu Beginn des zweiten Abschnitts des *Lehrlinge*-Romans:

So hat sich auch nur allmählich unser Innres in so mannichfaltige
Kräfte zerspaltet, und mit fortdauernder Uebung wird auch diese
Zerspaltung zunehmen. Vielleicht ist es nur krankhafte Anlage
der späteren Menschen, wenn sie das Vermögen verlieren, diese
zerstreuten Farben ihres Geistes wieder zu mischen und nach Belieben den alten einfachen Naturstand herzustellen, oder neue,
mannigfaltige Verbindungen unter ihnen zu bewirken.[67]

Demzufolge wäre eben auch das ›Neue‹ durch diese Rückbesinnung
auf einen ›natürlichen Urzustand‹ generierbar, indem das zivilisato-
risch Zerspaltene in andere ungewohnte Konstellationen überführt
wird. Vor wissenschaftlichen Erklärungen, um die sich auch Novalis
bemühte, gab es die Mythen. Auch sie gelte es entweder wiederzu-
entdecken oder neu zu schaffen, zum Beispiel in Gestalt von Märchen. In den *Lehrlingen* ist es das Märchen von »Hyacinth und Rosen-
blüthchen«, in dem Tiere erzählen, Steine springen, Rosen schleichen
und der Efeu den Betrachter streichelt.

Im Spiel der Vorstellungen erweist sich die Natur dann als eine unabsehbare Versammlung von »weiten hallenden Sälen«, in denen sich
»in zahllosen Sprachen unter den tausendfaltigen Naturen« gesprächsweise die Phantasien vermehren und an Intensität potenzieren. In diesem assoziativen Phantasieren in und über die Natur erkennt man den
Hauptunterschied zu, sagen wir, Goethes Naturverständnis, der dieses
freie Spiel der Vorstellungskräfte in seinen Naturschilderungen oder
wissenschaftlichen Zugängen zur Natur ablehnte, so sehr gerade er die
Gefahr der »Zersplitterung« des menschlichen Vermögens beklagte.
Für ihn blieb die Anschauung der Naturphänomene und ihre exakte
Beschreibung der einzig angemessene Weg, das Natürliche zu erfassen.

In den erzählten Gesprächen der Lehrlinge unter meist stiller Anleitung ihres Lehrers versuchen diese zu bestimmen, was Natur sei.
Nicht dass sie sich der Gefahren einer rein phantasieorientierten Na-
turbetrachtung nicht bewusst wären. Einer der Lehrlinge greift die
Kritik an einer poetischen Wissenschaft der Natur unmittelbar auf,
wenn er sagt:

Man beschuldigt die Dichter der Übertreibung, und hält ihnen
ihre bildliche uneigentliche Sprache gleichsam nur zu gute, ja man

begnügt sich ohne tiefere Untersuchung, ihrer Fantasie jene wunderliche Natur zuzuschreiben, die manches sieht und hört, was andere nicht hören und sehen, und die in einem lieblichen Wahnsinn mit der wirklichen Welt nach ihrem Belieben schaltet und waltet; aber mir scheinen die Dichter noch bei weitem nicht genug zu übertreiben, nur dunkel den Zauber jener Sprache zu ahnden und mit der Fantasie nur so zu spielen, wie ein Kind mit dem Zauberstabe seines Vaters spielt. Sie wissen nicht, welche Kräfte ihnen unterthan sind, welche Welten ihnen gehorchen müssen. Ist es denn nicht wahr, daß Steine und Wälder der Musik gehorchen und, von ihr gezähmt, sich jedem Willen wie Hausthiere fügen?[68]

Was aber geschieht, wenn diese ›Musik‹, die dem Dichter sprachlich zu Gebote steht, gerade die ›Zähmung‹ zunichtemacht und ungebändigte Kräfte in den Dingen freisetzt, wenn die ›Übertreibung‹ zum Kult wird und in übersteigerten ›Enthusiasmus‹ mündet? Dann befinden wir uns in der Welt des E. T. A. Hoffmann, des europäisch und weltweit einflussreichsten deutschsprachigen Romantikers. Sein Erzählen bemüht sich nicht mehr um die Natur der Blumen und Wälder. Ihn interessierte die innere Natur der Selbsterfahrung und des Absonderlichen. Was als ›natürlich‹ gelten kann, gewann durch sein Erzählen eine neue Dimension.

(II) »Wie aus dem Spiegel gestohlen«. Zur Prosa des ›Enthusiasmus‹ bei E. T. A. Hoffmanns Die Abentheuer der Sylvester-Nacht

Wenn es darauf ankommt, bei einem Schriftsteller oder einer ganzen Kulturperiode das *eine* Vorzugswort zu identifizieren, um darin einen Schlüssel zum jeweiligen Werk oder Zeitgeist zu haben, wie der bedeutende französische Literaturkritiker jener Zeit, Charles-Augustin Sainte-Beuve forderte,[69] dann dürfte für E. T. A. Hoffmann das Wort ›Spaltung‹ an oberster Stelle stehen und für seine Zeit der ›Schatten‹. Auch ›Grenze‹ dürfte in Frage kommen, ›Enthusiasmus‹ und ›Zerrissenheit‹. Und irgendwann dämmert es einem, dass diese Worte ein Mosaik bilden, ein Zeitwortbild, weil sie alle, so verschieden sie auch sind, zusammengehören und aufeinander angewiesen sind, um ihren Sinn und ihre Bedeutung ganz entfalten zu können.

Identitätskrise, Destabilisierung des Ichs, Abspaltungen vom Ich bis hin zur Entpersonalisierung durch Selbstverdopplung, das Doppelgänger-Syndrom, der Verlust des eigenen Spiegelbildes – das sind Themen, die sich in den Erzählungen E. T. A. Hoffmanns bündeln. Dass damit der neben Heine weltweit bekannteste deutsche Romantiker entscheidend an einem frühen Grundprinzip der Romantik, der von Fichte inspirierten Selbstbehauptung des Ichs, rüttelt,[70] gehört zu jenen Paradoxa, an denen die Romantik, wie gesehen, überreich ist. Selbstsetzung und Selbstspaltung konkurrieren im romantischen Bewusstsein miteinander. Hoffmanns schizoider Klosterbruder Medardus reflektiert diesen Zustand so: »Ich bin das, was ich scheine, und scheine das nicht, was ich bin, mir selbst ein unerklärlich Rätsel, bin ich entzweit mit meinem Ich!«[71]

Novalis hatte in seinem Bildungsverständnis, das er auf seinen Protagonisten Heinrich von Afterdingen übertrug, die Stabilisierung des Ichs durch Erfahrung vorgesehen. Bildung war ihm in erster Linie Identitätsbildung durch das Durcharbeiten von Wissen *und* Empfindungen. Daraus wurde bei Hoffmann eine zunehmende Identitätsauflösung, die letztlich zum Verschwinden des Ichs führen musste. Doch kann eine solchermaßen radikale Umdeutung des frühromantischen Ich-Bewusstseins nur – ein weiteres Paradox – durch eine selbstsichere Autorenpersönlichkeit erfolgen, die Hoffmann zweifelsohne war. Denn allein ein ausgeprägter Charakter vermag es, von seiner eigenen Dekonstruktion, wenn auch auf Protagonisten verteilt, überzeugend zu erzählen.

Gewiss hatte sich Hoffmann damit »weit von den Originalitätsvorstellungen der Frühromantik« entfernt.[72] Doch seine Art der ›Originalität‹ bestand im Erzählansatz, der durchaus Vorbilder hatte (im Fall des Phantasiestücks *Die Abentheuer der Sylvester-Nacht* war es Adalbert von Chamissos Erzählung *Peter Schlemihls wundersame Geschichte*, 1813) und mit dem Hoffmann das Modellhafte des Erzählens eigens thematisierte, etwa durch seine poetologische Anwendung der »Manier« des Graphikers Jaques Callot, dessen Kunst von der Naturnachahmung Abstand nahm.[73] Die poetologisch-programmatische Vorrede von Jean Paul zur ersten Ausgabe der *Fantasiestücke*

(1814)[74] findet erst im abschließenden vierten Band ein Gegenstück, aber keine im eigentlichen Sinn poetologische Entsprechung.

Das knappe »Vorwort des [fiktiven] Herausgebers« zu den vierteiligen *Abentheuern* ließe sich als psycho-poetisch bezeichnen. Denn es spricht von der möglichen psychologischen Wirkung dieser vermeintlichen Tagebuchseiten auf den Leser, bedingt durch folgende Voraussetzung: »Der reisende Enthusiast, aus dessen Tagebuch abermals ein Callotsches Fantasiestück mitgeteilt wird, trennt offenbar sein inneres Leben so wenig von dem äußern, daß man beider Grenzlinie kaum zu unterscheiden vermag.« Für den Leser kann das bedeuten, dass er unmerklich über diese kaum noch erkennbare Grenze gelockt und gezogen wird, warnt der Herausgeber, wobei die »seltsamen Gestalten« der nun folgenden »Abentheuer« in des Lesers »äußeres Leben« eintreten können, »und mit dir auf Du und Du umgehen […] wie alte Bekannte«.[75] Im Leser könne es dabei zu »kleinen Fieberschauern« kommen, nicht aber zu wirklichem »Enthusiasmus«, der dem reisenden Tagebuchschreiber vorbehalten bleibt. Das bedeutet auch, dass im Leser die Grenze zwischen innerem und äußerem Leben, die sich im »Enthusiasten« verwischt hat, bestehen bleibt, offenbar der Grund dafür, dass er es nicht zu wirklichem Enthusiasmus bringen kann; eine letzte kritische Reserve bleibt dem Leser demnach.

Zunächst fällt ein kompositorisches Ungleichgewicht auf: Der vierte Teil der *Abentheuer* ist so umfangreich wie die Summe der ersten drei. Diese bilden Etappen auf dem Weg in eine allegorische Erzählung vom »verlorenen Spiegelbilde«, einer Erzählung in der Erzählung, gewissermaßen als Ersatz für ein Märchen. Es ist die Geschichte, die ein mysteriöser »Kleiner« im Gastzimmer des Enthusiasten aufgeschrieben hat. Er hatte sich auf unlautere Weise dorthin Eingang verschafft und scheint sein ›Vergehen‹ durch diese allegorische Geschichte sühnen, seine Lebensnot auf diese Weise dem Enthusiasten verständlich machen zu wollen. Der Enthusiast gibt diese Novelle seinem Freund, dem Justizrat mit, nachdem ihr Verfasser spurlos verschwunden ist.[76] Um nun einen Einblick in die erzählerische Verfahrensweise Hoffmanns zu erhalten, bedarf es einer genaueren Untersuchung dieses in vielerlei Hinsicht exemplarischen Textes.

Was die vier vor allem räumlich deutlich unterschiedenen Phasen dieses achten der *Fantasiestücke* gemeinsam haben: Das eigentliche »Abentheuer« ist das Phantasieren selbst. Das erste Abenteuer besteht in der Wiederbegegnung des Ich-Erzählers mit seiner früheren Geliebten Julia im Salon des befreundeten Justizrats anlässlich der dortigen Silvesterfeier; er besteht dieses Abenteuer schlecht, da er seine Empfindungen kaum zu kontrollieren weiß. Vielmehr steigert sich sein ›Enthusiasmus‹ ins Uferlose, weil er Julias Zeichen falsch liest. Schon hier ist fraglich, ob Julias einziger verbindliche Zuneigung ausdrückender Satz (»Ich wollte du säßest am Flügel und sängest milder von vergangener Lust und Hoffnung!«) nicht lediglich seiner Einbildung entstammt.

Das Ich und Julia lauschen, scheinbar einträchtig beisammen sitzend, dem Spiel eines stadtbekannten Klaviervirtuosen, der den *Andante-con-moto*-Satz aus Mozarts Sinfonie in Es-Dur (KV 543) spielt, ein Stück, das aus zwei emotional verschiedenen Teilen besteht: Auf einen tentativen, betont zärtlichen Teil folgt ein Umschlag von geballter Konzentration und Intensität, ein gefühlvolles Schwelgen intonierend, das aber mit nichts auf jene Ernüchterung vorbereitet, die unmittelbar darauf dem Erzähler-Ich widerfährt: »In dem Augenblick schwankte eine tölpisch spinnenbeinige Figur mit herausstehenden Froschaugen herein und rief recht widrig kreischend und dämisch lachend« – nach seiner Frau Julia, woraufhin sich auch ihre Stimme schlagartig verändert und »fremd« klingt. Auf diese schrillstmögliche Dissonanz hin, die seinen ›Enthusiasmus‹ frustriert, flieht er die Silvester-Gesellschaft: »Hinaus – hinaus rannte ich in die stürmische Nacht. – «[77]

Das zweite Abenteuer führt das erzählende Ich in einen Wirtshauskeller in Berlins Jägerstraße am Gendarmenmarkt und erzeugt damit einen weiteren scharfen Kontrast: vom eleganten Salon in den Vorhof des Unterirdischen, um nicht zu sagen der Unterwelt. Neben den lokalpatriotisch veranlagten Wirtsleuten trifft der Erzähler auf zwei Charaktere, die unterschiedlicher nicht sein könnten (»der Große und der Kleine«). Was sie auf prekäre Weise verbindet, ist, wie sich herausstellt, ein Defizit: Dem »Kleinen«, der zwei Gesichter hat, fehlt sein Spiegelbild, der »Große« hat keinen Schatten. Der Erzähler wiederum hat seinen Hut und Mantel zurückgelassen, was er allegorisch zu erklären versucht: »[W]ieviel Haken hat der Teufel überall für uns eingeschlagen, in Zimmerwänden, Lauben, Rosenhecken, woran vorbeistreifend wir etwas von unserem teuern Selbst hängen lassen.«[78]

Dieser Wirtshauskeller erweist sich als Schauplatz eines Diskurses über Identität. Das faltenreiche Gewand des »Kleinen« führt zu einer optischen Täuschung: im »Schein des Lichts« wirkt es, »als führen viele Gestalten aus- und ineinander«.[79] Zum Erratischen dieser Erscheinungen gehört der rasche Wechsel von »Hinaus« und »Herein«, vom Die-Treppe-Hinaufwerfen und dem Nicht-mehr-in-den-Keller-Zurückkönnen, der diese Kellerszene bestimmt.

Wie nun lässt sich eine solche (scheinbar) multiple Persönlichkeit wie dieser »Kleine« fassen? Etwa durch ein Gespräch über Bilder, um Ansichten vom Menschen? So rufen sich die drei ein bestimmtes Porträt in Erinnerung. »Zum Sprechen ähnlich, und doch kein Porträt, sondern ein *Bild*«, kommentiert der »Große«. Darauf der Erzähler zur maßlosen Irritation des »Kleinen«, der unter Spiegelfurcht oder Spiegelscham leidet, weil sein Spiegelbild dem Teufel gehört: »›Es ist so ganz wahr‹, sprach ich, ›man möchte sagen wie aus dem Spiegel gestohlen.‹« Den »Kleinen« empört die Aussage des Erzählers, weil er dessen Behauptung, ein Bild lasse sich aus dem Spiegel entwenden, unmittelbar auf sich bezieht.

Das dritte Abenteuer hat der Erzähler in seinem Gastzimmer zu bestehen, der einzige Hinweis darauf, dass er selbst ein Reisender ist. Dorthin zurückgekehrt, überrascht ihn der »Kleine«, dem der Portier »aus Versehen« dasselbe Zimmer angewiesen hatte wie dem Erzähler; so liegt nun dieser – zunächst unbemerkt – schlafend im Bett des Erzählers. Während der Erzähler im Spiegel seine Julia zu erkennen scheint, dagegen sich selbst nur entstellt sieht, ruft der »Kleine« im Schlaf nach einer Giulietta.

Der halbherzig an den »Kleinen« gerichteten, ihn weckenden Aufforderung des Erzählers, das Zimmer zu überlassen, leistet dieser keine Folge. Er versucht, sich zu rechtfertigen, verweist auf sein seltsames Betragen im Wirtskeller und räumt ein, dass ihn »zuweilen ein toller Spuk«, ein Wahn befange. Man könnte von einer negativen Entsprechung zum Enthusiasmus des Reisenden sprechen. Nun sieht der Erzähler mit eigenen Augen, dass diese mysteriöse Gestalt mit ihrem mal jungen, mal greisenhaften Gesicht ohne Spiegelbild ist.

Daraufhin fällt der »Kleine« wieder in einen Tiefschlaf, der sich »narkotisch« auf den Ich-Erzähler überträgt. Er träumt von Julia, wiederum im Salon des Justizrats, wobei der »Kleine« ihn darauf hinweist, dass sie wie eine Gemäldefigur von Breughel, Callot oder Rembrandt aussehe,[80] »wie von höllischen Untieren umgeben«. Ein Detail ist auffallend: Im Traum trägt auch Julia ein »faltenreiches Gewand«, so wie der »Kleine«, als er den Wirtskeller betrat. Die Falte – nach dem Philosophen Gilles Deleuze ein barockes Erbe[81] – symbolisiert die Vervielfachung und Entfaltung eines Phänomens. Auch Giuliettas Gewand – zumindest seine Ärmel – wird durch »reiche breite Falten« auffallen.[82]

Der Traum des Erzählers bezeichnet einen weiteren Extremzustand wie schon die Eingangsszene im Salon des Justizrates. Zudem ist die Silvesternacht eine zeitliche Schwellensituation, sie erscheint »als ein Nicht-mehr und Noch-nicht, als eine Zwischenphase, in der vergangene Erlebnisse und romantische Zukunftsträume mental gleichermaßen präsent sind; sie entwerten die Gegenwart und führen zur Desorientierung«.[83] Gehört zu dieser »Desorientierung«, dass der Erzähler, als er kurzzeitig aufwacht, den »Kleinen« »emsig schreibend« sieht? Oder war dieser überraschende Anblick *noch oder schon* Teil seines Traums? Der daraufhin einsetzende Traum verdichtet sich rasch zu dem besagten Alp: Er, Julia quasi als Kunstfigur und der Kleine im Salon des Justizrats. Als nun der Erzähler aus seinem Alptraum erwacht, findet er jenes »frisch beschriebene Blatt« vor, das der inzwischen verschwundene »Kleine« hinterlassen hat.

Das vierte Abenteuer besteht in des Reisenden Lektüre dieser zurückgelassenen Geschichte. Ihre Pointe ist, dass der spiegelbildlose »Kleine« schreibend gleichsam seinen Spiegel wiederhergestellt hat, indem er davon erzählen konnte, wie er – jetzt in Gestalt des bildenden und gleichfalls (ins Sehnsuchtsland Italien) reisenden Künstlers Erasmus Spikher – der bild-schönen Giulietta zuliebe dem Teufel namens Dapertutto sein Spiegelbild überließ. Erst als Giulietta fordert, auch seine im Norddeutschen zurückgelassene Familie dem Teufel buchstäblich zu überschreiben, ruft ihn im letzten Augenblick die ihrerseits gespenstische plötzliche Gegenwart seiner Frau zur Besinnung. Doch auch sie will mit ihrem dauerhaft spiegelbildlosen Ehegatten nichts mehr zu tun haben und verstößt ihn.

Als einem mehrfach Verlassenen blieb ihm nichts anderes übrig, als wiederum seine Familie zu verlassen und »in die weite Welt« zu irren. Unterwegs »traf er einmal auf einen gewissen Peter Schlemihl, der hatte seinen Schlagschatten verkauft, beide wollten Compagnie gehen, so daß Erasmus Spikher den nötigen Schlagschatten werfen, Peter Schlemihl dagegen das gehörige Spiegelbild reflektieren sollte, es wurde aber nichts daraus«.[84] Noch lakonischer der letzte Satz, den der »Kleine« dem reisenden Enthusiasten hinterlassen hat, nämlich mit einem allein gestellten, absoluten Halbsatz: »Ende der Geschichte vom verlornen Spiegelbilde.«

Das letzte Wort hat jedoch der Reisende, der seinen ›Enthusiasmus‹ durch die Lektüre des spiegelbildhaft angelegten Textes zurückgewonnen hat – das aber in Form einer wiederum wahnhaft übersteigerten Selbsterkenntnis. Er fragt sich, was ihn jetzt aus *seinem* Spiegelbild anschaut. Die Antwort gibt er in einem verwirrten *staccato* selbst: »Bin ich es auch wirklich? – O Julia – Giulietta – Himmelsbild – Höllengeist.«[85] Es ist eine Antwort, die er explizit »Theodor Amadäus Hoffmann!« gibt, seinem Urheber, dem er sich offenbar rechenschaftspflichtig fühlt. Er gesteht seinem Autor, dass er das Geschrieben-Gesehene tatsächlich für »wirklich« halte; dass er wie Erasmus alias »der Kleine« eine von Rembrandt oder Callot geschaffene Kunstfigur ins Leben geliebt habe. Mehr noch: Er bittet den Autor Hoffmann um Vergebung für diese in ihm wachsende Überzeugung, dass diese »Abentheuer« Wirklichkeit seien. Es ist ein Fall romantischer Fiktionsbeglaubigung, der hier vorliegt. Indem der Enthusiast »Hoffmann« in seinem »Postskript« anredet, fiktionalisiert er ihn, so wie er gleichzeitig die Fiktion für real erklärt.

Mit E. T. A. Hoffmann, dieses Beispiel illustriert es hinreichend, hat die romantische Erzählung das Höchstmaß ihrer Komplexität erreicht – in ihrer genau kontrollierten Struktur, aber auch in ihrer sinnlich-gespenstischen Unmittelbarkeit. Ihr schierer Anspielungsreichtum und ihre – selbst in ihren Auswüchsen ins Phantastische – mit Bedacht komponierte Vielschichtigkeit lassen dieses Erzählen zu einer perspektivisch angelegten Symprosa werden. Es ist eine Phantastik, die eben nicht wie bei Ludwig Tieck zu einer *Reise ins Blaue* führt (auch wenn Tieck zugab, dass »selbst die schönste Gegend« Gespenster habe[86]) oder sich wie bei Justinus Kerner mit der Beschreibung von Reiseschatten begnügt.

An der Jahreswende 1828/29 ereignet sich in Kopenhagen ein Hoffmanns Geschichte nicht unverwandtes ›Abentheuer in der Sylvester-
Nacht‹. In *Peer im Glück* weiß der Ich-Erzähler des angehenden Abi-
turienten Hans Christian Andersen, der eine Tanz- und Gesangs-
schule am Königlichen Theater sowie die »Gelehrte Schule« besucht
hatte, zu berichten:

> Am Silvesterabend des Jahres 1828 saß ich ganz allein in meiner
> kleinen Kammer und schaute über die schneebedeckten Dächer
> aller benachbarten Häuser; da fuhr der böse Geist in mich, den
> man Satan nennt, und blies mir den sündigen Gedanken ein,
> Schriftsteller zu werden.[87]

Diese teuflische ›Verführung‹ wurde dann für den Protagonisten zu
einer Schuld, die er fortan durch das Dichten glaubte abbüßen zu
müssen, als so produktiv und einträglich sich dieses dichterische
Schaffen auch erweisen sollte. Man erahnt bereits den künftigen Leser des Philosophen Søren Kierkegaard (1813–1855) und dessen Abhandlung über die Angst. Noch in Andersens letztem veröffentlichtem Text, der Erzählung *Tante Zahnweh*, werden jene mit infernalischem Zahnweh bestraft, die es nicht unterlassen können, »Dichter«
zu sein.

Ein Leser Hoffmanns dürfte Andersen zu diesem Zeitpunkt bereits gewesen sein. Denn sein Erzähler-Ich verfügt über alle nötigen
Eigenschaften, um zu einem »reisenden Enthusiasten« werden zu
können. Ohnedies reisten wenige Dichter in der romantischen Kunstperiode ausgiebiger als Dänemarks bald profiliertester Fabulier- und
Märchenkünstler Hans Christian Andersen. Das Bereisen Europas
wurde früh zu einem Bestandteil seines Selbstverständnisses; die
Verbindungen, die er dabei knüpfte, bilden ein *Who is Who* seiner
Zeit. Dieser von zahllosen Ängsten und kaum kontrollierbarer
Ruhmsucht geplagte Schriftsteller erwies sich als ein »reisender Enthusiast«, blieb dabei jedoch selten frei von Depressionen und Min-
derwertigkeitskomplexen aufgrund seines Aussehens – nicht nur
Friedrich Hebbel nannte ihn eine »lange, schlotterige, lemurenhaft-

eingeknickte Gestalt mit einem ausnehmend häßlichen Gesicht«.[88] Zu seinem Lebensverständnis gehörte, dass er sich als »scheintot« bezeichnete, und zwar auf Zetteln, die er allabendlich auf seinem Nachttisch zu deponieren pflegte.[89] Entweder glaubte er, das Leben eines Scheintoten zu führen, oder er hatte Furcht davor, eines Tages bei noch lebendigem Leibe begraben zu werden.

Leben bedeutete für Andersen Reisen. Und wenn es Dinge aus diesem Leben gibt, die mehr über ihn sagen als alles andere, dann ist es sein Reisegepäck, das heute im Andersen-Haus in Odense zu bewundern ist. Man glaubt, diese ›Reisedinge‹ würden in jedem Augenblick zu erzählen anfangen, vor allem jenes Notseil, das er immer mit sich führte, damit er sich bei einem etwa ausbrechenden Feuer abseilen könne, falls er in einem hochgelegenen Gastzimmer zu logieren hätte. Wie auch immer, seine diaristisch konzipierte Reiseprosa gehört fraglos zum Wertvollsten, was dieses Genre im 19. Jahrhundert zu bieten hat.

Andersen kannte auch ein Reisen um des Reisens willen, eher ziellos vagabundierend, wie etwa im Juni 1852, als er wieder einmal gen Süden bis Mailand zog, um dann jäh, ohne erkennbaren Grund, umzukehren. Andersen, der zeitlebens die Enge von Odense in seinem Gepäck mitführte, erprobte auf solchen Ausflügen seine Freiheit; oft schien er mit seiner eigenen Phantasie um die Wette zu reisen.

Die feine Gesellschaft riss sich bald europaweit um diesen Märchenerzähler. Und seit seiner ersten Auslandsreise im Jahre 1831, die ihn in den Harz und in die Sächsische Schweiz geführt hatte, begann »die Welt« für ihn zum »Heim« zu werden, wie er sein von nun an beständiges Wanderleben charakterisierte. Er brachte es auf dreißig ausgedehnte Auslandsreisen, die er als Bildungsveranstaltung und Jungbrunnen nutzte.

In mancher Hinsicht hatte er sich dieses Reisen buchstäblich *vorgeschrieben* mittels einer Phantasiereise, was wörtlich zu verstehen ist als eine Reise der Phantasie unter dem Titel *Fußreise von Holmens Kanal zur Ostspitze von Amager in den Jahren 1828 und 1829*. Man könnte diese Erzählung eine romantische Kapriole in Prosa nennen, bestehend aus vierzehn kurzen Kapiteln (Kürze gewann für Andersen zunehmend an Bedeutung, denn sie ermöglichte ein konzentriertes Erzählen, das dem Mäandern widerstand), von denen das letzte »nichts enthält« – außer Interpunktionszeichen, zu denen sich der Leser sein Teil denken soll.

Das Ich des Protagonisten hat neben der Silvester-Mitternachts-stunde der ›Empfängnis‹ des Dichter-Seins als Labsal die Hoff-mann'schen *Elixiere des Teufels* in sich; es wird zum Schriftsteller, indem es über das Schreiben erzählt. Wer schreibend ›geht‹, kann nur in – phantasievollen, aber in sich schlüssigen – Exkursen weiterkom-men. Und so lassen sich die Kapitel oder Bewegungsphasen dieser Prosa auch als eine Abfolge von Exkursen auf dem Weg ins Leere auf-fassen.

Die erste wichtige, aber nicht wirklich richtungweisende Begeg-nung hat dieses Ich mit der »lyrischen Muse«, die der Erzähler als »mißhandelt« vorstellt: »Lieder will man von mir erpressen, aber dar-aus werden nur Schmerzensschreie.« Aus der ›Fußreise‹ wird jedoch bald eine beschleunigte Reise durch die Zeit. Das Ich, das sich als »bunt« erkennt, als schillernd und mehrwertig, befindet sich im Zeit-raffer oder in einer Art Zeitmaschine *avant la lettre*. Es altert um 300 Jahre in einer Minute und erfährt dabei den Kulturbetrieb nur umso intensiver als parodistisches Spiel. Im Jahr 2128 angekommen, sieht dieses Ich ein Plakat, das eine neue Oper ankündigt, bereits versehen mit einer »regelrechten Rezension«, die »ja vor der Aufführung ge-schrieben sein« musste. »Aber, dachte ich, das sind Fortschritte in der Kultur.«

Was Andersen in diesem dritten Kapitel zum Thema »Einst und Jetzt« entwirft, scheint das ›magische Theater‹ in Hermann Hesses *Steppenwolf* (1927) vorwegzunehmen. Es ist eine Bühne, die kaleido-skopartig »alle Theatereffekte des neunzehnten Jahrhunderts« bietet. Auch Jules Vernes Utopismus glaubt man in diesem Text bereits vor sich zu haben, wenngleich in ironischer Brechung. Diese Bühne er-möglicht gleichsam eine Reise innerhalb der Reise, wofür allein schon die Vorstellung von einem Luft-Dampfschiff sorgt. Mag man dabei auch an Jean Pauls Luftschiffer Gozzi denken. Die Blickrichtung die-ser Prosa ist aufs große Unbekannte gerichtet, wenn auch (noch) flan-kiert von den Büsten und Werken bedeutender Künstler, von dem Bildhauer Bertel Thorvaldsen (1770–1844) bis zu dem Dichter Ludvig Holberg (1684–1754).

Andersens *Fußreise* führt zu einem phantasiereichen Experimentieren mit zeitlichen und räumlichen Entfernungen. Dahinter verbirgt sich ein weiteres Anliegen des jungen Andersen: Er will die literarischen Traditionen buchstäblich Revue passieren lassen. Dies geschieht auf der Kopenhagen vorgelagerten Insel Amager im achten Kapitel, nachdem der Erzähler befunden hat, dass der Tand der Vergangenheit nichts mehr wert sei: »Falsche Brüste und orthodoxes Christentum, Luxusartikel und unerlaubte Lotterielose« – allesamt Symbole für eine ›falsche‹, nicht authentische Kunst. Dieser junge Schriftsteller, es spricht aus jeder Zeile, will die Welt erfassen, durch Räume greifen, sich Weite erschreiben. Weite und Vielfalt werden zu einem trancehaft erlebten Parforce-Ritt:

> Bald kam es mir vor, als promenierte ich an der finnischen Bucht oder wäre auf dem arkadischen Nowaja Semlja; bald glaubte ich durch die Wüste Gobi zu wandern, um dem Dalai Lama eine Teevisite abzustatten, oder durch die Sahara, um die Quellen des Nigers zu finden. – Jetzt folgte ich der heiligen Karawane nach Mekka, und jetzt stand ich unter den Eskimos an der Hudson-Bay.[90]

Dann wieder erfolgen Gefühlsumschwünge, die jedoch ihr literarisches Kleid behalten: »Ich sah auch meine eigenen Gefühle als kleine ›Werther‹ in elegischen Gewändern hinausflattern.« Masken, poetische Papierkronen und anderes formieren sich zu einer bizarren Phantasmagorie, in der von Voltaire bis Hugo Grotius, von Tibull bis Kotzebue jeder auftreten könnte, der Rang und Namen hat. Am Ende erweist sich die kurze und doch mit langem Atem durch ungeahnte geographische und geistige Räume ausgeweitete Reise auf die flache Amagerinsel als die Angelegenheit einer einzigen Neujahrsnacht – ein Fall von Silvesterzauber eben.

»Unsere Zeit ist die Zeit des Märchens«, schrieb Andersen in seiner anlässlich der Pariser Weltausstellung des Jahres 1867 entstandenen Geschichte *Die Dryade*. Damit meinte er aber gerade keine Zauberei, sondern die durch die Technik zur Wirklichkeit gewordene Phantasie. Das ›Märchen‹ gehörte für ihn inzwischen zur Wirklichkeit. Angesichts der Distanzen mühelos überwindenden Eisenbahn etwa wurde Andersen zum entschiedenen Kulturoptimisten, was jedoch der Pflege seiner sonstigen Melancholie keinen Abbruch tat. Überhaupt geht man nicht fehl, wenn man bei Andersen ein eigentümlich fruchtbares Wechselspiel von Zuversicht und Resignation, Lebensfreude und Todesangst am Werke sieht. Wenngleich Andersen weder über jenen systematisch-mathematischen Charakter eines Charles L. Dodgson (alias Lewis Carroll) verfügte noch über den Sammeleifer des Philologen wie die Gebrüder Grimm, so belegen seine Tagebücher und literarischen Texte, dass er einen Hauptzug seiner Zeit sehr genau erkannt hatte: Das konkrete Wissen (über Natur und Mensch) wurde zur Grundlage phantasievoller Erzählung.

Von seinen Zeitgenossen – namentlich von Charles Dickens, den er so bewunderte – unterschied sich Andersen jedoch dadurch, dass er die (soziale) ›Realität‹ nur als eine literarische Variante der Phantasie gelten lassen mochte (»Es tut nichts, daß man im Ententeich geboren ist, wenn man nur in einem Schwanenei gelegen hat.«). So bedrückend die erste Phase seiner Sozialisation verlaufen und so kläglich er auch später in Kopenhagen bei seinem Versuch gescheitert war, sich als Schauspieler zu etablieren, es war ihm gelungen, sich aus dem Schatten seiner Anfänge heraus zu erzählen. Dass dies aber immer wieder neue Anläufe erforderte, belegt noch sein letzter, dem Komponistenfreund Niels W. Gade gewidmeter Roman *Lykke Peer* (*Der Glücks-Peter*, 1870). Es fügt sich, dass der Name des Freundes, zu deutsch ›Straße‹, für diesen Entwicklungsroman symbolische Funktion hat und schon im ersten Satz aufgegriffen wird: »In der vornehmsten Straße stand ein prächtiges altväterisches Handelshaus [...]«[91]

Heute sind Andersens Romane zu wenig bekannt; gleiches gilt für seine Reisebeschreibungen, etwa für *Eines Dichters Bazar* (1842), das gelungenere, wirklichkeitsgesättigte Gegenstück zu Alphonse de Lamartines (1790–1861) *Voyage en Orient* (*Reise in den Orient*), aber auch seine erstmalige literarische Erschließung Schwedens (*In Schweden*, 1851). Von den Romanen seien nur *O. T.* (1836) genannt, der erstmals bloße Initialen titelfähig machte (sie stehen für ›Otto Thostrup‹ und den Ort von dessen Geburt, das Odenser Zuchthaus, *Tugthus* im Dänischen!), und *Nur ein Spielmann* (1837), die Geschichte eines hochmusikalischen Schneidersohnes, der aufgrund seines mangelnden Durchsetzungsvermögens als Künstler und Mensch scheitert. Ganz anders ergeht es Peer, dem Glücklichen.

Eine Idylle in Prosa? Dafür wirkt sie zu straff erzählt. Ein Rührstück als Künstlernovelle? Auch nicht. Zu klar, zu konturenscharf skizzieren diese Sätze ihren Gegenstand. Das Thema der großen Novelle, eine Art Schlusskadenz in Andersens Werk, ist die Musik und die Leidenschaft zu ihr. Beschrieben wird das Werden eines jungen Künstlers, der sich im Ballett versucht, dort aber als ein ›Zerrissener‹ verspottet wird, dann im Gesang, bis der Stimmbruch für ihn zu einer ersten krisenhaften Erfahrung wird. »Üb dich in der Musik, aber halt den Mund«, rät ihm daraufhin der Gesangmeister. Die Zeit des Stimmbruchs erweist sich für Peer als die Zeit seiner Initiation in die ›eigentliche‹ Kunst: »Inwendig in ihm sang und klang es; er schrieb in Noten ganze Melodien, Lieder ohne Worte. Schließlich schrieb er Worte« – eine Anspielung auf Felix Mendelssohn Bartholdys (1809– 1847) Klavierstücke und zugleich eine Entsprechung, wenn man so will, zu Andersens 1839 veröffentlichtem Text *Bilderbuch ohne Bilder*. Es ist auch ein Beispiel für den romantischen Zug, das Fehlende zum Thema zu erklären und dadurch eine größere Intensität des tatsächlich Gesagten, Komponierten oder (mit Worten) Gemalten zu suggerieren.

Das Besondere dieser Künstlernovelle liegt nun darin, dass Peer sich zum ›Gesamtkünstler‹ im Sinne Richard Wagners entwickelt, da er als Sänger, Schauspieler, Komponist und Dichter zu schaffen versteht. Er verschreibt sich der sogenannten »Zukunftsmusik«, obgleich das, was er an »Klangfluten« hervorbringt, eher Christoph Willibald Gluck (1714–1787) und Mozart verpflichtet zu sein scheint. Man könnte aber auch sagen, dass diese Kunst Peers einer vom (Wagnerischen) Mythos entlasteten Vorstellung eines Gesamtkunstwerks entspreche, die das ›Nordische‹ meidet und sich stattdessen in kulturmotivischer Erweiterung des ›orientalischen‹ »Bazars« bedient und den Aladdin-Stoff musikdramatisch aufarbeitet. Dass Peer im Augenblick des Triumphs an Herzversagen stirbt, ist eine romantisch-ironische Pointe, die aufgesetzt erscheinen mag, als Verweigerung des Liebestodes oder schlicht als Glücksfall. Denn es bleibt Peer erspart, sich neu beweisen und etwas noch Zukünftigeres im Schatten seiner Aladdin-Oper schaffen zu müssen.

Was das Hoffmann'sche Leitmotiv des Schattens angeht, lieferte Andersen das Beispiel einer phantasievirtuosen Prosa, die mit Chamissos Vorlage des *Peter Schlemihl* und vermutlich auch in Kenntnis der Hoffmann'schen *Abentheuer der Sylvester-Nacht* souverän spielt und dadurch dem Stoff eigenständige Wendungen abgewinnt. Wieder befinden wir uns im Jahr 1847, dem Erscheinungsjahr der Märchennovelle *Der Schatten*; sie scheint in der brütenden Hitze Neapels, die ja auch die Ausgangsatmosphäre der Geschichte prägt, in einem Zug entstanden zu sein, wie das Tagebuch vermerkt: »Dienstag, 9. Juni 1846. Am Abend die Geschichte von meinem Schatten geschrieben.«[92] Auffällig ist die Identifizierung des Schatten-Motivs mit dem Autor selbst: Es handelt sich um ›seinen‹ Schatten, der in Rede steht. Andersen gelang mit dieser Märchennovelle eine Bündelung von Motiven, die allegorisch die romantische Identitätsproblematik erneut, aber auf unerhörte Weise – durch eine Art Visualisierungsprosa – zusammenfassen. Der Schatten wirft sich zum Herrn über einen Gelehrten auf, der ihn ursprünglich geworfen hatte. Dieser vielwissende Gelehrte, dessen Schatten zunächst in der Gluthitze des Südens auszutrocknen droht, muss erleben, wie er zum Schatten seines einstigen Schattens degradiert wird.

Andersens Märchennovelle gliedert sich in eine Reihe von thematischen Schattenwürfen, die es aufzufangen lohnt. Da ist zunächst der Schattenwurf auf das der Wohnung des »gelehrten Mannes« gegenüberliegende Haus, durch den dieser Schatten sich von seinem Werfer trennt und im »Nachbarhaus« verbleibt. Der Gelehrte bemerkt den Verlust und erinnert sich »einer Geschichte von einem Mann ohne Schatten« – eben *Peter Schlemihl*. Damit sein Schattenverlust nicht wie eine bloße »Nachahmung« dieser Geschichte wirkt, beschließt er, nicht darüber zu sprechen. Zu seinem Glück »wächst ihm aus seinen Beinen ein neuer Schatten«, mit dem er in seine nördliche Heimsphäre zurückreisen kann.

Der zweite Schattenwurf besteht in der Wiederkehr des ursprünglichen Schattens. Er berichtet seinem früheren Werfer, dem Gelehrten, von seinen Erlebnissen im Nachbarhaus, das sich als das »Haus der Poesie« herausstellte. In dessen »Vorzimmer« war er verblieben, aus dessen »Zwielicht« heraus er die Wohnung der Poesie ausspähen konnte und damit auch ihre Geheimnisse: »[I]ch sah alles, und ich weiß alles! Ich bin am Hof der Poesie gewesen, im Vorzimmer.«[93] An einem Ort des Davor erschloss sich diesem Schatten das

Geheimnis der Poesie.[94] Nun ist es der Schatten, der ein Licht auf die ›Lebensweise‹ der Poesie wirft; er erkennt dort im Vorgriff auf die eigentliche poetische Produktion seine »Verwandtschaft« mit ihr.

Der nächste Schattenwurf ist wörtlich zu verstehen. Der Schatten wirft sich auf seinen ehemaligen Herren und verweist diesen seinerseits auf ein Schattendasein: Er wird zum schattenhaften Reisebegleiter seines Schattens. Doch macht ihn diese Rolle krank; er führt nun tatsächlich ein Schattendasein, verkümmert und wird buchstäblich zum Schatten seiner Selbst, wohingegen sein früherer Schatten zum als »Herr« verkleideten Quasi-Menschen aufsteigt.

Im finalen Schattenwurf gelingt es dem elegant auftretenden, federleicht tanzenden Schattenherrn, eine Prinzessin für sich zu gewinnen, der er einreden kann, dass sein Schatten, der verkümmerte Gelehrte, nur behaupte, ein Mensch zu sein. Dies erklärt der Schattenbräutigam der Königstochter als Zeichen eines gefährlichen Wahnsinns, dem sein ›Schatten‹ erlegen sei. Die Prinzessin ordnet umgehend die Inhaftierung und Hinrichtung dieses scheinbar widerspenstigen Schattens ihres Bräutigams an, der während der Hochzeitsfeierlichkeiten im Dunkel des königlichen Kerkers einsitzen muss.

Wie bei jedem geglückten Märchen gibt es zumindest ein Detail der Handlung, das im Unklaren verbleibt: Hier ist es die Frage, was mit dem überlangen Schatten geschehen ist, der dem »gelehrten Mann« und seinen Beinen noch unter südlicher Sonne entwachsen war. Märchen haben ja durchaus die Eigenschaft, dass sie zum Weiterspinnen der Geschichte, zum Neu- oder Umerzählen anregen, was einer Vorwegnahme des Weiterschreibens im Netz unter digitalen Vorzeichen zumindest verwandt ist.

(IV) Im Echo »romantischer Phantasien«: Alexander S. Puschkin als Erzähler

Puschkin ist ein Weltgenie; ich kenne keinen Dichter, dessen Schaffen eine ähnliche Breite und Vielfalt aufzuweisen hätte. Wie ein Zauberer hat er die russische Literatur mit einemmal europäisch gemacht, er hat sie errichtet wie einen Zauberpalast. [...] Würde Europa das Genie Puschkins kennen – wir erschienen ihm nicht als die Träumer und Wilden, für die es uns gewöhnlich hält.[95]

Diese Worte des 1905 verstorbenen Fabrikanten, Kunstmäzens, Theaterdirektors und *homme de lettres* Sawwa T. Morosow überliefert der Schriftsteller Maxim Gorki in einem Essay zum 20. Todestag dieses frühen Fürsprechers der russischen Moderne. Gorki, der sich selbst in späteren Jahren mit dem Vorwurf auseinanderzusetzen hatte, ›romantischen Idealismus‹ in seiner Literatur zu betreiben, plädierte in seiner Selbstdarstellung *Wie ich schreibe* (1928) dafür, Romantik und Realismus als miteinander verschränkte Stilrichtungen anzusehen. Für die Romantik selbst entwarf er eine Art Differenzierungsmodell:

> In der Romantik [selbst] muß man zwei ganz verschiedene Richtungen unterscheiden: Die passive Romantik versucht, den Menschen entweder mit der Wirklichkeit zu versöhnen, indem sie diese mit schönen Farben ausschmückt, oder aber ihn von der Wirklichkeit abzulenken und zu einem fruchtlosen Versenken in sein eigenes Innenleben, zu Gedanken über ›die verhängnisvollen Rätsel des Lebens‹, über die Liebe, über den Tod hinzuführen, zu Rätseln, die nicht durch Spekulation und Betrachtung, sondern nur durch die Wissenschaft gelöst werden können. Die aktive Romantik dagegen ist bestrebt, den Lebenswillen des Menschen zu stärken, ihn zur Rebellion gegen die Wirklichkeit und gegen jeden Druck durch die Wirklichkeit aufzurütteln.[96]

Differenzierungen dieser Art sind hilfreiche Klärungen, führen aber auch zu Schematisierungen, die letztlich den Kern dessen, was das ›Romantische‹ war, verfehlen. Zumindest stand die Mehrzahl der Romantiker – auch der russischen – eher *zwischen* einer im Wortsinne Gorkis »passiven« und einer »aktiven« Romantik, war es ihnen doch darum zu tun, die ›Wissenschaft‹ zu poetisieren und den Wirklichkeitsbegriff an sich zu relativieren, wenn nicht aufzulösen. Hinzu kommt, dass im Bereich der Prosa eine der von ihnen bevorzugten Formen gerade diesen Zwischenbereich ›ausfüllte‹, nämlich das Märchen.

Anders als in den literarischen Kulturen Frankreichs und Englands konkurrierten in Russland wie in Deutschland und Dänemark novellistische Prosa und Märchen miteinander; bei manchen Autoren gingen sie ineinander über. Üblich ist, zwischen Volks- und Kunstmärchen zu unterscheiden, wobei gerade in der russischen Tradition die Grenzen fließend sind. So stellte Alexander N. Afanassjew (1826–1871) einer umfangreichen Sammlung russischer, nach dem Vorbild der *Kinder- und Hausmärchen* der Brüder Grimm (1812) aufgearbeiteter Volksmärchen (erschienen 1855–63) einen *poetischen* kunstvollen Prolog Alexander S. Puschkins (1799–1837) voran, in dem ein Kater Märchen erzählt:

Am Meeresstrand an stiller Stätte
Steht eine Eiche knorrig, krumm;
Ein Kater streicht an goldner Kette
Beständig um den Baum herum.
Er geht nach rechts – erzählt ein Märchen,
Nach links – und singt ein altes Lied.[97]

Bei dieser literarischen Form glaubte der nicht-russische Leser, auf ›genuin Russisches‹ zu stoßen, doch ist die Ironie schwer überhörbar, wenn Puschkin eben einen Kater – vielleicht den an die Ufer der Newa ausgewanderten Kater Murr Hoffmanns – und keine russische Babuschka Märchen erzählen lässt.

Zur russischen Romantik gehört der von Kritikern wie Pjotr J. Tschaadajew und Wissarion G. Belinskij beklagte Mangel an ›wirklicher russischer Literatur‹. Kaum ein Erzähltext aus dieser Zeit, der nicht beklagte, dass sich russische Leser und vor allem Leserinnen mit Übersetzungen aus dem Französischen, Deutschen oder Englischen oder – je nach sozialer Bildungsschicht – mit den Originaltexten aus jenen Sprachen begnügen müssten. Doch gewann die Troika der russischen Romantik, bestehend aus Alexander S. Puschkin, Michail J. Lermontow und Nikolaj W. Gogol (1809–1852) verhältnismäßig rasch an Boden. Die beiden auch im Musikleben sowie in der bildenden Kunst dominierenden Hauptrichtungen der russischen Kultur des 19. Jahrhunderts, die ›Westophilie‹ und die ›Slawophilie‹, haben darin ihren Ausgangspunkt.

Puschkins Erzählungen erwiesen sich als eine Art Gründungs-dokument für die moderne russische Prosa; ihnen eignet eine be-zeichnende Mischung aus wirklichkeitsbewusstem Ansatz, phan-tasievollen bis phantastischen Wendungen in der Handlung und märchenhaft-träumerischen Passagen. Diese Erzählungen fächern romantische Stimmungen auf und durchsetzen sie mit ›realistischen‹ Elementen. Ihr atmosphärisch kontrastives Erzählen sollte für die »heilige russische Literatur« kennzeichnend bleiben, um Thomas Manns Formulierung zu gebrauchen, die jedoch auf Autoren bezogen war, die bereits jenseits der Romantik lagen, aber noch in ihr wurzel-ten, wie z. B. Iwan A. Gontscharow (1812–1891) und Iwan S. Turgen-jew (1818–1883), Fjodor M. Dostojewskij (1821–1881) und Lew N. Tolstoi (1828–1910). Seinen ersten Roman mit dem schlichten, aber programmatischen Titel *Eine alltägliche Geschichte* (wie so vieles in unserem Buch Besprochene im Schwellenjahr 1847 erschienen!) widmete Gontscharow eben diesem Kontrast, verkörpert durch den ›romantischen‹ Dichter, Alexander Adujew, und seinen Onkel, den pragmatisch und betont nüchtern veranlagten Pjotr Adujew, der durch seinen Sarkasmus die ›Wirklichkeitsfremdheit‹ seines Neffen ›kurieren‹ will. In Turgenjews Roman *Väter und Söhne* (1861) sollten sich dann die Verhältnisse umkehren: Die junge Generation, vertre-ten durch den ›Nihilisten‹ Jewgeni Barasow und seinen ihn bewun-dernden Freund, Arkadi Kirsanow, lehnt die nostalgisch verklärte Welt der ›Väter‹ ab, in der die Romantik einst zu Hause war.

Auffallend bei Puschkin ist, wie seine Erzähler das Wort ›roman-tisch‹ einsetzen, um damit eine Stimmung zu evozieren, von der sie sich sogleich wieder ironisch distanzieren. Seine Erzählungen und Romane – und keineswegs nur die bekanntesten: *Pique-Dame* (1834), *Die Hauptmannstochter* (1836) und *Der Postmeister* (1831) – verfügen über eine ganze Palette an situativen Verwendungsmöglichkeiten des ›Romantischen‹, von den »romantischen Phantasien« der Marja Gaw-rilowna in *Der Schneesturm* (1831), den romantischen Anwandlungen des halb zu einem Franz Moor, halb zu einem Michael Kohlhaas mu-tierenden Wladimir Dubrowskij in der gleichnamigen Geschichte bis hin zu ironischen Kommentaren wie in der Erzählung *Kirdshali* (1834): »Die Obrigkeit, die ja nicht verpflichtet ist, einen Räuber vom romantischen Standpunkt aus zu beurteilen [...].«[98]

In diesem Zusammenhang sind weniger die vergleichsweise schlicht gebauten Handlungen dieser Erzählungen von Interesse als vielmehr die Hinweise auf »interkulturelle« Phänomene. Beispielsweise erhält Lisaweta Iwanowna, die Kammerzofe der Gräfin in *Pique-Dame*, deren Namen Thomas Mann für die russische Gewissenserforscherin seines Tonio Kröger übernehmen wird, von ihrem deutschstämmigen Verehrer Hermann einen Liebesbrief, der »Wort für Wort einem deutschen Roman entnommen war«.[99] Marja Kirilowna wiederum steht ganz »unter dem Zauber der Schauerromane der Radcliffe«[100] und sieht deswegen in Dubrowskij sogleich einen »Romantischen Helden«. Gemeint ist die novellistische Schauerwelt der Ann Radcliffe (1764–1823), die mit Horace Walpole (1717–1797) das Genre der ›Gothic Novel‹ begründete und mit einem bis dahin unvergleichlichen Erfolg das Übernatürliche popularisierend ›kultivierte‹. Von Jane Austen (1775–1817) wurde sie in *Northanger Abbey*, deren erstem, aber erst 1817 postum veröffentlichtem Roman, persifliert.[101]

In Puschkins knapper Charakterstudie *Roslawlew. Aus den unveröffentlichten Aufzeichnungen einer Dame* (1831) liest sich die Protagonistin, eine Prinzessin Rosalie, »sehr viel und völlig wahllos« durch die Bibliothek ihres Vaters, in der sich nur französische Literatur befindet, woraufhin sie erst wieder lernen muss, auf Russisch zu denken. In ihren Kreisen galt bis zur Invasion Napoleons »Patriotismus als Pedanterie«.[102] Diese Prosaskizze gipfelt in ihrer Begegnung mit Madame de Staël bei einem Moskauer Empfang für die Autorin der *Corinne*, die Gegnerin Napoleons und Freundin Chateaubriands, Byrons und August Wilhelm Schlegels. Die feine Gesellschaft Moskaus erhascht, wie die Erzählerin satirisch berichtet, von Madame »einen Witz und konnte ihn nun schleunigst in der ganzen Stadt verbreiten«.[103]

Puschkin bewegte sich erzählend auf das zu, was man »Schauerroman« nennt, etwa in der kurzen Erzählung *Der Sargschreiner* (1831). Sie berichtet von einem Zechgelage mit deutschen Handwerkern, die den Schreiner Adrian Prochnow dazu animieren, ein Fest für seine besten Kunden, die Toten, zu geben, das dieser dann auch ausrichtet – jedoch im Traum während seines berauschten Schlafs. Zwar wirkt die Szene nekrophil makaber; über einen der toten Gäste erfahren wir: »Mit einem einnehmenden Lächeln blickte sein Schädel zu dem Sargschreiner auf. An dem Gerippe hafteten noch einige Fetzen von hellgrünem und rotem Stoff und von fadenscheiniger Leinwand, während die Beinknochen in den hohen Reitstiefeln klapperten wie die Mörserkeulen in einem Mörser.«[104] Aber mehr Ausschmückung sucht man bei Puschkin vergebens. Seine Anspielungen an die allseits beliebte Schauerromantik bleiben kontrolliert; seine Erzählungen brechen lieber etwas unvermittelt ab, als dass sie ausschweifen. Das ausführliche Schildern war Puschkins Sache nicht. Auf seine konzentrierte Art legte aber auch er eine erzählte Poetologie vor, wie es die romantische Tradition bereits zu dieser Zeit gebot, und zwar unter dem Titel *Ägyptische Nächte*, einer der wenigen Erzähltexte Puschkins, die nicht mit einem Personennamen betitelt sind.

Es handelt sich um die Geschichte eines Dichters wider Willen namens Tscharskij, der das »Pech hatte, Gedichte zu schreiben, die auch gedruckt wurden«.[105] Er versucht alles, um den Klischeevorstellungen vom Dichterleben zu entkommen: »Er mied die Gesellschaft seiner Berufsgenossen und zog ihnen sogar die stumpfsinnigsten Vertreter der großen Welt vor. Seine Art der Unterhaltung war die banalste, die man sich vorstellen kann, und niemals kam er auf die Literatur zu sprechen.«[106] Und dennoch kann er sich seiner »dichterischen Leidenschaft« nicht erwehren. Mag er sich auch von der Vorstellung der genialen Inspiration distanzieren, »eines Morgens« überkommt ihn doch wieder das Vermögen, das »vor seinem geistigen Auge« Aufscheinende in formvollendete Gedichte zu fassen, was ihn in einen Zustand »tief beglückender Selbstvergessenheit« versetzt.[107]

Genau in diesem Augenblick stört ihn die Ankunft eines Fremden, der sich als ein italienischer Improvisator herausstellt, der aus dem Stegreif ihm genannte Themen dichterisch umzusetzen versteht. Aus dem Dichter Tscharskij, den der Fremde für sich einspannen will, um von dessen gesellschaftlichen Beziehungen zu profitieren, wird nun kurzzeitig der Impresario des Improvisators. Poetisches Können will vermittelt werden, und so verschafft ihm Tscharskij einen Auftritt im Saal eines fürstlichen Palais in Sankt Petersburg.

Dort, zunächst musikalisch vorspielhaft eingeleitet von der beschwingenden *Tancredi*-Ouvertüre Rossinis, gelingt dem Italiener eine vollendete Stegreif-Improvisation zu einem Thema, das ihm von einem »häßlichen jungen Mädchen« gestellt wurde: *Cleopatra e si suoi amanti* (›Kleopatra und ihre Liebhaber‹). Er führt sie in sieben Strophen aus, die anzüglicher nicht sein könnten. Und genau damit endet die Kurzerzählung – kommentarlos. Das letzte Wort hat somit die kunstfertige Improvisation, die über die lange und atmosphärisch sorgfältig vorbereiteten Dichtungen Tscharskijs, von denen wir keine Kostprobe erhalten, triumphiert. Die Musik ist in der Geschichte jedoch rein supplementär; sie »hört auf«, wenn der Improvisator beginnt. Seine Kunstfertigkeit – halb Minnesangparodie ohne angebetete ›hohe Frau‹, halb eine Entsprechung zur rapperhaften Slam Poetry von heute – steht in der Gunst des staunenden Publikums über der ›wahren‹ Dichtung, bestätigt aber auch des Improvisators Wort: »Jedes Talent ist ein Rätsel.«[108]

Was aber ist daran noch ›romantisch‹? Die Reflexion über das Wesen des Künstlerischen an sich. Die Intensität der Sinnlichkeit, die der Improvisator in seinem Spontangedicht an den Tag legt und die an jene in Friedrich Schlegels *Lucinde* zumindest erinnert. Und überhaupt die Thematisierung der Künstlerproblematik, wobei ihr die kühne These zugrunde liegt, die der Improvisator vorträgt: Nur er könne die »Schnelligkeit der Eindrücke, diese enge Verknüpfung zwischen eigener Eingebung und fremdem Willen begreifen«.[109] Die spontan sich einstellende oder evozierte Stimmigkeit von Innen und Außen, ebenso wie die Kontrastierung von Eigenem und Fremdem – und damit auch von heimischem Dichter (Tscharskij) und unverhofft auftauchendem Außenseiter, der aber zum Günstling der Gesellschaft wird –, dieses Zusammenwirken von heterogenen Erfahrungen und Begebenheiten erzeugt Kunst. Damit räumt der Erzähler jedoch gleichfalls ein, dass Kunst ohne Improvisation nicht denkbar sei. Noch im größten Kunstwerk verbergen oder zeigen sich Spuren des Improvisierten oder ungeschützt Gewagten.

Dieses Kapitel schließt mit dem Hinweis auf eine Kunstprosa, die in vielerlei Hinsicht zusammenfasst, was ich zum Romanhaften in der Romantik – bei allen ihren kulturbedingt zeitlich verlagerten Phasen – bislang ausgeführt habe, wobei es diesem noch einen weiteren markanten Akzent verleiht. Denn mit Nikolaj W. Gogol nahm das russisch-romantische Erzählen eine Wendung zum Dinglichen. Genauer gesagt: Die Dinge wurden zu Akteuren und damit Handlungsträgern, sei es »die Nase«, »die Kalesche« oder »der Mantel«. Dinge haben in der Prosa Gogols die Eigenschaft, den Verlauf des Geschehens an die Grenzen zum Wahnsinn zu drängen, ein Verlauf, der im *Tagebuch eines Wahnsinnigen* ausdrücklich protokolliert wird. Die in dieser Hinsicht exemplarische Erzählung ist *Der Mantel* (1842), aus dem – nach Fjodor M. Dostojewskijs bekanntem Wort – die auf Gogol folgende Schriftstellergeneration »herausgeschlüpft« sei.[110]

Gogol führt ein Erzählen vor, das sein Erzähler durch kritische Kommentare selbst immer wieder unterläuft, etwa wenn er sagt: »Im Departement für … aber es ist besser, *nicht* zu sagen, in welchem Departement.« Das Verdinglichungsphänomen in diesem Erzählen beginnt bereits mit dem Namen der Hauptperson: »Der Familienname dieses Beamten war Gamáschkin. Schon an dem Namen allein kann man erkennen, daß die Familie irgendeinmal aus einer Gamasche entstanden war.«[111] Bizarre Folgerichtigkeiten prägen die Erzählung, was auch für die Namensgebung des Protagonisten zutrifft, der auf Akakij Akakjewitsch getauft wird, wobei »das Kindchen« beim Taufakt zu weinen anfängt und das »mit einer solchen Grimasse, als ob es vorausgeahnt hätte, daß [er] einmal Titulärrat sein würde«[112] – ein inhaltsleerer Titel für eine inhaltsleere Aufgabe: Abschreiber in Staatsdiensten. Diese tragikomische Figur, ein Einsamer inmitten der Metropole Sankt Petersburg, richtet alles in ihrem Leben darauf aus, sich einen neuen Mantel schneidern lassen zu können: »[E]r hatte sogar schon vorzüglich gelernt, seine Abende durchzuhungern; aber dafür nährte er sich im Geiste, indem er in seinen Gedanken die ewige Idee vom zukünftigen Mantel herumtrug.«[113]

Diese fixe Idee wird zu seinem Lebenspartner, bis sie dann schließlich Wirklichkeit wird. Akakij bleibt nicht lange Zeit, um sich seines neuen Prachtstücks zu erfreuen; er wird nachts auf dem Nachhauseweg von einer Gesellschaft, mit der sein Büro den neuen Mantel mit ihm feiern wollte, überfallen und seines Mantels, der zu einem zweiten Ich geworden war, beraubt. Die Polizeibehörde nimmt den Mantelraub nicht ernst. Ein im Amt nur unter der Bezeichnung »wichtige Persönlichkeit« bekannter höherer Beamter hält den Fall nicht für wichtig genug, sich damit zu beschäftigen. Akakij überlebt diesen Verlust und diese Missachtung nicht; er erliegt einer Grippe, die er sich mantellos in der Kälte seiner Stadt zugezogen hat.

Aus diesem sich selbst immer wieder unterlaufenden Erzählansatz ergibt sich zuletzt eine Wendung ins Irreale, die an E. T. A. Hoffmann und Edgar Allan Poe erinnert:

> Aber wer hätte sich vorstellen können, daß es hier mit Akakij Akakjewitsch noch gar nicht aus ist; daß es ihm beschieden war, noch einige Tage nach seinem Tode lärmend zu verbringen – gleichsam als Entschädigung für ein von niemandem bemerktes Leben? Aber es kam wirklich so, und unsere arme Erzählung nimmt hier ganz unerwartet einen phantastischen Schluß.[114]

Der Geist Akakijs rächt sich nun an allen Mantelträgern der Stadt, er reißt sie ihnen von den Schultern »ohne Ansehen von Rang und Titel«, bis er schließlich der »wichtigen Persönlichkeit« erscheint und auch ihr den Mantel nimmt. Damit begnügt sich dann der zum Gespenst gewordene Akakij und verschwindet für immer. Das eigentliche ›Gespenst‹ aber ist der Mantel selbst, die Heimsuchung des Menschen durch seine Statussymbole.

Kapitel IV
Lyrische Weltbezüge
oder: »Schläft ein Lied in allen Dingen«

›Weltbezüge‹ setzen eine bestimmte Weltsicht voraus. Umgekehrt gilt auch: Durch verschiedenste Bezüge zur Welt generiert sich Weltdeutung. Beides, Weltbezüge und Weltdeutung, sind in der Romantik nicht nur allgemein ›ästhetische‹, sondern entschieden poetische Phänomene. Mit dem spezifisch Poetisch-Lyrischen nun verbinden sich nicht nur Vorstellungen vom Gedicht in seinen verschiedenen Ausprägungen, sondern auch ein besonderes Empfinden, eine Grundstimmung, die als ein hauptsächliches Wesensmerkmal der Romantik jedoch ebenso schwer zu bestimmen ist wie das Romantische selbst.[1] Ausgangspunkt dieser Weltaneignung ist für den Dichter jedoch oft das Bedürfnis, einen Dialog mit der Natur zu beginnen. Durch die Blumen zu sprechen und die Blumen zu Wort kommen zu lassen, dieses genuin romantische Bestreben rechtfertigt die Behauptung, die Lyrik jener Zeit habe eine Art Ökopoetik *avant la lettre* hervorgebracht.

Wir können diese poetische Weltaneignung gerade im Bereich der Lyrik wörtlich verstehen, denn sie vollzieht sich durch lyrische Formen, etwa durch die Übernahme des spanischen Romanzenverses mit seiner Vorliebe für Assonanzen und *dem* spanischen Versmaß des ›Goldenen Zeitalters‹, dem vierhebigen Trochäus. Dem Italienischen verdanken romantische Dichter die Vorliebe für das Sonett. Die eigenständige Leistung romantischer Lyrik besteht dann in der Auflösung der strophischen Form zugunsten einer fließenden Rhythmik und einer Klangwelt, die in ihrem betonten Vokalismus und der mit ihm assoziierten Farbgebung die symbolistische Lyrik vorwegnimmt. August Wilhelm Schlegel entwickelte daraus geradezu eine lyrische Farbenlehre oder »Vokalfarbenleiter«, wie sie sich in seinen Betrachtungen über Metrik findet: »a ist ›roth‹ oder lichterhell‹, und sein Ausdrucksgehalt ist ›Jugend, Freude, Glanz‹; o ist ›purpurn, es hat viel Adel und Würde‹; ü ist ›violett‹, äußert sich zur ›sanften Klage‹, u ist ›dunkelblau. Trauer, melancholische Ruhe‹, e ist ›grau …‹, ›ä könnte man gelb nennen‹, ›ö spielt ins bräunliche‹.«[2] Wohl erst in der Lyrik

Georg Trakls kommt diese poetische Farbgebung unverstellt zur Geltung.

Doch zunächst einmal wollen wir wieder *erzählen*: nämlich fallweise die Geschichte des romantischen Gedichts, quer durch die nationalen Kulturen. Denn das Gedicht ist eine bewegliche Sprachform, die ihrerseits das lesende Gemüt in Bewegung zu versetzen versteht. Das Gedicht, in dem das Fluidum des Lyrischen wirkt, gehört ursächlich zu jenem Prozess des Poetisierens, dem sich die Frühromantik als ›geistige Lebensform‹ unterziehen wollte.

Heine hat erklärt, wie und wann es mit der romantischen Lyrik zu Ende ging: »In der Zeit der Romantiker liebte man in der Blume nur den Duft – in unserer Zeit liebt man in ihr die keimende Frucht – Neigung zum Praktischen, zur Prosa – zum Hausbackenen –.«[3] Eine ausgesprochen zweideutige Wertung: Zum einen formuliert er ein Lob der Konkretheit am Ende der romantisch-lyrischen Kunstperiode, zum anderen das negative Werturteil, mit der »Prosa« habe das Einfältige, Gefühlsunbetonte Einzug in die (spießbürgerlich-krähwinklige) Kultur gehalten.

Wo aber nun beginnt diese Geschichte des romantischen Gedichts? Sie schwankt zwischen heiterer Wandererphantasie und melancholischem Liebesleid, Weltschmerz (»Ich bin der Welt abhanden gekommen«) und Naturverklärung, Mondgesang und Blumenmelodien. Und doch gilt schon früh:

> Der Sänger geht auf rauhen Pfaden,
> Zerreißt in Dornen sein Gewand
>   (Novalis)[4]

Gegen dieses Zerreißen wappnet die Dichter, von Novalis über Clemens Brentano bis zu Annette von Droste-Hülshoff, – scheinbar – das »geistliche Lied«. Es evoziert eine Religiosität und Glaubenstiefe, die sich der romantische Dichter immer wieder neu beglaubigt – oder soll man sagen: mit allen Mitteln seiner stilistischen Kunst beschwört, gar: herbeiredet.

Nie ist in der Lyrik der Romantiker die Anspielung auf das Dämonische weit, auf Natur- oder Elementargeister, ob in beschwörender oder parodistischer Absicht.

Hat der Teufel sich verschworen
Gegen uns, führt uns im Kreis,
Haben uns im Schnee verloren,
Daß ich keinen Ausgang weiß.

Puschkins Verse evozieren in sinnlicher Unmittelbarkeit eine dämonische Stimmung, in der sich der Unterschied zwischen einem »Hochzeitsreigen« und einem »Totenfest« verwischt. Bemerkenswert ist die Karriere des ›Dämonischen‹: Was bei Puschkin noch Gedicht war, kann in Dostojewskijs Roman *Die Dämonen* (1871/72) allenfalls ein Motto abgeben; denn darin ist für Gedichte kein Platz mehr. Der Erzähler *berichtet* darin lediglich von einem Gedicht des ›dämonischen‹ Protagonisten Werchowenskij; der Leser bekommt es aber nicht mehr zu Gesicht.[5]

Wie steht es nun mit unserer Erzählung vom romantischen Gedicht, die Umwege in die theoretische Reflexion nicht scheuen darf, weil sie wie jede romantische Kunstproduktion geradezu wesensmäßig zum Gedicht gehört? Lehnen wir uns weit aus dem Fenster, dem unter romantischen Malern, wie noch zu zeigen sein wird, ja so beliebten Motiv des romantischen Kunstgebäudes, und wagen die These: Diese Geschichte beginnt mit Goethes ›dämonischem‹ »Erlkönig« (1782) und jenem magischen »Wer reitet so spät durch Nacht und Wind«-Rhythmus, der mitten in die Romantik führt. Ursprünglich war der »Erlkönig« eine dänische Ballade, von Herder übersetzt, von Goethe verewigt, von Franz Schubert als sein op. 1 vertont (1815), aber erst sechs Jahre später nach vier Umarbeitungen veröffentlicht. Der »Erlkönig« durchzieht die Romantik, er reitet musikalisch durch sie hindurch – neben Schubert hat ihn Louis Spohr vertont, bevor er wieder in die dänische Musikkultur zurückkehrte, zu Niels Gade und seiner *Erlkönig-Cantate* (1854). Und Moritz von Schwind sollte die bildmotivische Nachreichung einer Romantik gelingen, die sich zu diesem Zeitpunkt selbst gespenstisch geworden war (s. Abb. 4).

Keine literarische Epoche hatte mehr Sinn für den Zusammenhang von Lyrik und Prosa als die Romantik, und kaum einer ihrer Romane kommt ohne lyrische Einsprengsel aus, die sich in manchen Fällen als regelrechte Konstruktionspfeiler in den Erzählungen erwiesen, um die herum sich Geschehensmomente gruppieren oder von denen neue Impulse ausgingen. Dabei lässt sich meist schwer entscheiden, ob ihre Prosa aus dem Geist des Lyrischen entstand oder ob es zu einer Wiedergeburt des Lyrischen aus dem Geist der Prosa kam. Zumindest lässt sich ein dynamisches Wechselverhältnis zwischen beiden feststellen, das jedoch – kulturspezifisch gesehen – in der französisch- und englischsprachigen Literatur weniger ausgeprägt war, dafür umso intensiver im deutschen Sprachraum sowie in der dänischen und russischen Literatur.

Romantische Poesie und Prosa im Wechsel

Im zur Rezitation oder Gesang animierenden Gedicht erkannten Romantiker ein Mittel, mit dem sie ihre Prosa performativ-theatralisch beleben konnten. Zudem bot sich im Wechselspiel beider Textgattungen die Chance, die ganzen Möglichkeiten des sprachlich-poetischen Ausdrucks auszureizen.

Die Lyrik verlieh der Prosa eine märchenhaft-ätherische Note und nahm ihr damit ein wenig von ihrer Schwere, während die Einbindung des Gedichts in einen prosaischen Zusammenhang den (fiktiven) Wirklichkeitsbezug lyrischer Höhenflüge gewährleistete. Die beiden bedeutenden deutschen Autoren, die diese Art der poetischen Sprachkomposition ablehnten, hießen E. T. A. Hoffmann und Jean Paul, sie setzten – dem Gedicht eher fernstehend – lieber auf die Vielfalt der reinen Prosa.

Gedichte in Erzählungen und Romanen konnten aber auch später – zumeist ohne Sinnverlust – in Gedichtsammlungen eingehen, die nicht mehr den Ursprung oder das ursprüngliche Umfeld des jeweiligen Gedichts erkennen ließen. Waren die lyrischen Einlassungen in den *Herzensergießungen* von Wackenroder und Tieck noch verhältnismäßig verhalten, wurden sie bereits in Tiecks Roman *Franz Sternbalds Wanderungen* und in Brentanos *Godwi* konstitutiver Bestandteil der poetischen Konzeption. Und daran sollte sich bis in die spätromantische Kunstprosa eines Eichendorff nichts ändern.

Obwohl Jean Paul in seiner Erzählprosa Gedichte eher mied, reflektierte und wertete er den generischen Zusammenhang beider Gattungen in seiner *Vorschule der Ästhetik*, und zwar im darin enthaltenen »Fragment über die deutsche Sprache«: »Überhaupt bildet und nährt die Prose ihre Sprachkraft an der Poesie; denn diese muß immer mit neuen Federn steigen, wenn die alten, die ihren Flügeln ausfallen, die Prose zum Schreiben nimmt. Wie diese aus Dichtkunst entstand, so wächst sie auch an ihr.«[6]

Nirgends aber findet sich der vielschichtige Zusammenhang zwischen »prosaischem Bewußtsein« und lyrischem Vermögen eingehender und differenzierter untersucht als im dritten, der »Poesie« gewidmeten Teil von Hegels *Ästhetik*.[7] Vieles verdankt sie Jean Pauls *Vorschule der Ästhetik*, wenngleich sie nicht deren ironischen Ton aufnimmt. Überhaupt fällt das ausgesprochen gute Verhältnis auf, das Hegel und Jean Paul zueinander pflegten.[8] So war es der 1816 nach Heidelberg berufene Hegel, der ein Jahr später die Ehrenpromotion des Schriftstellers an der Ruperto Carola durchsetzte, um ein Zeichen für die moderne Literatur zu setzen. Gleichwohl sollten Hegels zwischen 1816 und 1818 in Heidelberg, nach 1820/21 und in größeren Abständen bis 1828/29 gehaltenen Vorlesungen zur Kunst und Ästhetik nicht als Beitrag zu einer romantischen Theorie der Kunst verstanden werden, sondern als Teil seiner Systematisierung des Geistigen in dessen künstlerischen Veranschaulichungsformen. Allerdings umfasst der Zeitraum von ihrer Entstehung bis hin zu ihrer postumen Herausgabe durch Hegels Schüler Heinrich Gustav Hotho (1835) die Hauptphase der Romantik. Dass Hegels *Ästhetik* inzwischen sogar als eine umfassende »Theorie der Moderne« lesbar geworden ist,[9] belegt mittelbar auch den Aussagewert dieser den geistigen Verhältnissen der Romantik entwachsenen Überlegungen zu einer organisch konzipierten Kunsttheorie und Entwicklungen in den Künsten, die bis in die Postmoderne reichen.

Eingangs setzt sich Hegel mit der Unterscheidung von »poetischer und prosaischer Vorstellung« auseinander, wobei er die Poesie neben der Malerei und Musik als die »romantischen Künste« schlechthin bezeichnet. (9)[10] Poesie habe begonnen, »als der Mensch es unternahm, *sich* auszusprechen«. (25) Hegel nennt sie »älter als das kunstreich ausgebildete prosaische Sprechen. Sie ist das ursprüngliche Vorstellen des Wahren, ein Wissen, welches das Allgemeine noch nicht von seiner lebendigen Existenz im einzelnen trennt.« (24) Im Gedicht nun findet dieses Poetische seine Form.

Zum lyrischen Erleben (in) der Romantik gibt der Poesie-Teil von Hegels Ästhetik – recht eigentlich seine ›Poetik‹ – zwei weitere entscheidende Hinweise: Zum einen steht dort die These, dass sich die »romantische Phantasie« gern metaphorisch ausdrücke, was zur »dichtenden Subjektivität« gehöre (55/64); zum anderen heißt es, dass das Poetische erst dann im engeren Sinn dichterisch werde, »wenn es sich zu Worten wirklich verkörpert und ausrundet«. (67/68) Die poetisch-musikalische Stimmung allein genüge nicht; ihre Bewährungsprobe erfolge in der sprachkünstlerischen Konkretion. Dabei betont Hegel wiederholt, wie schwer es sei, die »Grenzlinie, an welcher die Poesie aufhört und das Prosaische beginnt«, zu ziehen. (68) Erst nach diesen klärenden Vorarbeiten widmet sich Hegel dann den ästhetischen Problemen der »Versifikation« und des Reimens.

Das lyrisch durchwirkte Zusammenspiel der poetischen Gattungen zeigt eine viel zu selten beachtete Sprachkomposition, die mit den von Hegel benannten »Grenzlinien« zwischen Lyrik, erzählter und szenisch-dramatischer Prosa nach romantisch-synästhetischer Manier zu spielen versteht: Justinus Kerners Dichtung *Die Reiseschatten* (1811) mit dem Untertitel »Von dem Schattenspieler Luchs«[11] handelt von einer poetischen Figur, die ihren Schatten nicht verkauft oder ihm sich zu verselbständigen erlaubt, sondern für ihre Kunst einsetzt. Diese Dichtung besteht aus zwölf »Schattenreihen«, die wiederum unterteilt sind in diverse »Vorstellungen«, womit die Auftritte des Schattenspielers ebenso gemeint sind wie die Imagination des als Zuschauer fungierenden Lesers. Denn wirklich ›aufführen‹ lassen sich diese Szenen nur auf den Buchseiten.

Für die musikalische Untermalung sorgte Kerner, ein Virtuose auf der sogenannten Maultrommel, selber. Sein Schattenspieler versteht sich gleichfalls auf dieses minimalistische Instrument mit seiner großen Wirkung. Kerner selbst vermochte es schon früh so einzusetzen, dass ruhelose geistig Kranke sich besänftigen ließen. Überdies beobachtete er die Reaktion von Kleintieren auf diese Art von Tönen im Zusammenhang mit seiner Dissertation über die Funktionsweise des Gehörs – Kerner begegnet uns als ein analytisch gestimmter Orpheus, der mit dem Klang der einsaitigen Maultrommel, deren Resonanzraum die Mundhöhle ist, Lebewesen zu zähmen verstand. In der Sprache seines Schattenspielers verwandelt sich der in Töne ausströmende Schmerz des Kleinkünstlers in Laute, die »feurigen Kreisen und Linien« gleichen und sich in landschaftliche Formationen umsetzen.

Der Schattenspieler reist umher wie Kerner, wobei nur die Umrisse Nürnbergs – das Wackenroder und Tieck ebenfalls erwähnen – deutlich erkennbar werden. Kerners Reisejahr 1809 führte ihn nach Hamburg, dann über Braunschweig, Meiningen, Gotha, Augsburg, München bis Wien, wo er mit Dorothea und Friedrich Schlegel zusammentraf. Zudem begegnete der Mundtrommelspieler und Gehörspezialist – Beethoven.

Seinem Schattenspieler-Ich gesellt Kerner zeitweise einen »Chemikus, den wahnsinnigen Dichter Holder [eine Anspielung auf Hölderlin], einen Pfarrer und Schreiner« bei: Wissenschaft, Handwerk, Poesie und Geistlichkeit brechen gemeinsam gen Norden auf, weil dorthin die Magnetnadel weist und sie sich von dort »Nieerhörtes« erhoffen. Der Chemikus ergeht sich in Darlegungen über »die Möglichkeit einer Selbstentzündung« (16), was wörtlich und im übertragenen Sinne zu verstehen ist. Kerners Freund, Ludwig Uhland, mit Gustav Schwab der führende Kopf der ›Tübinger Romantik‹, sollte das in einem Brief vom 6. März 1807 an Leo von Seckendorf zum Ausdruck bringen: »Sollte der Dichter alles darstellen dürfen, nur sich nicht?«[12]

Die schwäbischen Romantiker taten sich mit der Beantwortung dieser Frage schwerer als ihre Zeitgenossen andernorts. Uhland wich ihr aus, indem er 1810 mitten in den napoleonischen Wirren für fast ein Jahr nach Paris ging, um dort in der Bibliothèque Nationale die mittelalterlichen Quellen des Lyrischen – und des lyrischen Ichs – zu studieren, was noch zehn Jahre später Früchte tragen sollte, und zwar in seiner bald legendären Biographie Walthers von der Vogelweide. Wie August Wilhelm Schlegel praktizierte auch Uhland den Literaturvergleich. An Kerner schreibt er aus Paris am 15. Juni 1810:

> Zur vollständigen Kenntniß der Poesie des Mittelalters überhaupt und auch der teutschen insbesondere gehört durchaus das Studium der Manuscripte der hiesigen Bibliothek [...] Es ist ein, soviel ich weiß, noch sehr unbearbeitetes Feld: die Vergleichung der teutschen Gedichte, die aus dem Französischen bearbeitet sind,

mit ihren Originalen, Vergleichung der Minnelieder mit den Liedern der Provenzalen; zu sehen, was von Poesie schon in den Originalen lag, was durch teutschen Geist hinzukam.[13]

Reisende blieben die Romantiker alle – im physischen wie geistigen Sinne, unterwegs auf der Suche nach Ursprüngen in den Archiven des Poetischen, ob in Gestalt der mittelalterlichen Epen oder Sagen und Mythen. Uhland erforschte den Mythos von »Thôr nach nordischen Quellen«, wohingegen Kerner mehr die Träume interessierten, aus denen Lieder werden, wie es in den *Reiseschatten* heißt. (170) Lieder sind es, die auch dann nur das Unterwegs kennen, wenn sie von ›Heimat‹ sprechen, wie in Kerners Gedicht »Wanderer«:

Die Straßen, die ich gehe,
Sooft ich um mich sehe,
Sie bleiben fremd doch mir.
Herberg, wo ich möcht weilen,
Ich kann sie nicht ereilen,
Weit, weit ist sie von hier.

So fremd mir anzuschauen
Sind diese Städt' und Auen.
Die Burgen stumm und tot;
Doch fern Gebirge ragen,
Die meine Heimat tragen:
Ein ewig Morgenrot.[14]

Fremdheitserfahrung prägt selbst die Sehnsucht nach dem Heimatlichen, dem Grundwort dieses Empfindens entsprechend, das einer existentiellen Parole gleicht, nämlich Wilhelm Müllers Zeile im Zyklus der *Winterreise*:

Fremd bin ich eingezogen,
Fremd zieh ich wieder aus.

Wie instabil dieses (lyrische) Ich – bei allem Willen zur Selbstentäußerung und Selbstdarstellung – blieb, führen die ›Spiele‹ in Kerners

Reiseschatten vor, versinnbildlicht durch die mehrfache Selbstzerteilung eines Hofzwerges im »Nachspiel der ersten Schattenreihe« und die märchenhafte Erscheinung eines Dichters namens Blumenstengel in einem weiteren »Schattenspiel«, der sich für eine Blume hält und in einen Topf gepflanzt wird, aber über seine unverständige Mitwelt klagt:

Weh! O weh! Daß ihr nicht fühlen
Könnet, was wir Blumen fühlen!
Unbeschreiblich Hoffen, Sehnen,
Breitet aus die zarten Zweige
Blauen Äther zu umfangen,
Leiden, fühlen, sinnig blicken,
Duften, blühen, stummes Singen –
Doch ihr versteht nichts von all den Dingen. (59)

Es vollzieht sich eine regelrechte Ökologisierung des poetischen Bewusstseins, ja eine Botanisierung, so dass es nicht mehr unterscheiden will zwischen Blütenduft und Sehnsucht. Der Dichter sieht die ›blaue Blume‹ nicht nur vor seinem geistigen Auge, er ist zu einer solchen geworden und untersucht ihre Wurzeln, die eben bis ins Mittelalter reichen. David Friedrich Strauss urteilt treffend, wenn er in seinem zweiten Versuch über Kerner (1862) schreibt: »[D]ie Romantik suchte das Bewußtsein der Gegenwart in die Dämmerung der Vorzeit und zu ihren unausgebildeten Formen zurückzuführen, oft auch beides, den altertümlichen Stoff und das moderne Bewußtsein, in wesenlosem Humorspiele zu verflüchtigen.«

Dieser ›Humor‹ zeigt sich gerade in den *Reiseschatten* besonders spielerisch bzw. verspielt. Nach der »Totengräber«-Darbietung mit der zitierten Blumenstengelpassage vermerkt der Schattenspieler, dass im Umkreis von zwei Stunden »kein Mann von Geschmack mehr zu schmecken« gewesen sei. Daraufhin stellt die Natur ihre humorvolle Seite unter Beweis: »Darüber war der Mond außerordentlich vergnügt; er kam eigentlich näher herab, und ward daher größer, auch die Nachtigallen, so sich vor den kritisierenden Zeitungsschreibern und Korrespondenten seit einigen Tagen schüchtern versteckt hielten, kamen ans Mondlicht, und fingen alsbald ihre Volkslieder wieder

zu singen an.« (78) Selbst das Volkslied, das seit Herder einen entscheidenden Beitrag zur nationalkulturellen Identität leistet, gibt sich
an die Natur zurück.

»Ich will singen, dass ich froh werde wie ein Lied«, bekundet Euse-
bio in Brentanos Roman *Godwi* (1801), woraufhin es zu einem Wech-
selgesang zwischen kindlich Liebenden kommt:

> Von Trauer frei
> Ist nicht sein Herz;
> Schmerz, Schmerz,
> Ganz tiefer Schmerz
> Ist selbst sein Scherz.
> [...]
> Im Mondenschein,
> Ganz allein
> Will sie bey mir seyn.
> Fürchte mich nicht,
> Ihr Gesicht
> Ist Tageslicht.[15]

Es ist, als sprächen sich die Sprache und mit ihr das Gefühl in diesen
lyrischen Sequenzen frei. Sie schälen sich aus der Prosa, doch lassen
sie sich wieder von ihr umhüllen. Dadurch färbt sich die Prosa lyrisch
ein, und die Lyrik scheint sich der Prosa anzuverwandeln, wobei der
bestimmte Eindruck entsteht, die Sprache spiele mit sich selbst und
ihren verschiedenen Formen, ja, als spiele sie diese Formen durch,
des spielereibedingten Sinnverlustes nicht achtend.

Vor allem Ludwig Tieck bemüht sich in seiner Lyrik um die Annäherung der Sprache an den Naturlaut. Seine Grundfrage lautet: »Können wir denn die Natur wirklich so schildern, wie sie ist?« Die Antwort darauf enthält die Essenz seiner Poetik: »Jedes Auge muß sie in
einem gewissen Zusammenhang mit dem Herzen sehen, oder es
sieht nichts, wenigstens nichts, was uns, in Versen wieder aufgezählt,
gefallen könnte.« Dieser Herzblick auf die Natur bringt im idealen,
künstlerisch glückenden Fall eine Sprache hervor, durch die Tiecks
folgende Frage zu einer im doppelten Sinn rhetorischen wird: »Wird
nicht jeder poetische Mensch in eine Stimmung versetzt, in der ihm

Bäume und Blumen wie belebte und befreundete Wesen erscheinen, und ist dieses nicht das Interesse, das wir an der Natur nehmen?«[16] Ausdruck dieses »Interesses« des wörtlich ›zwischen‹ Natur und Ästhetik stehenden Menschen ist in diesem Fall das Gedicht.

Wenn die Aufgabe darin besteht, vom Gedicht in der Romantik zu ›erzählen‹, dann geschieht dies hier als Teil der Kunstprosa – eben mit Blick auf Tiecks wesentlichen Beitrag zum lyrischen Selbstverständnis in der literarischen Kunst dieser Zeit. Ein letztlich belangloser Stoff umgibt in seinem Werk jene Stellen, die ein Überspringen ins Lyrische unausweichlich machen. Das zwangsläufige Lyrischwerden der Prosa scheint das Geheimnis von Tiecks Schaffen zu sein. (Um dieses Phänomen an einem Gegensatz zu illustrieren: Bei E. T. A. Hoffmann z. B. überwiegen eher erzählenswerte Inhalte, die lyrische Einwürfe eben nicht unausweichlich erfordern.)

Greifen wir ein Beispiel aus Tiecks Roman *Franz Sternbalds Wanderungen* (1798) heraus, das diesen scheinbar zwangsläufigen Weg zum Gedicht belegt. Es handelt sich um eine erzählte Gesprächsszene zwischen Franz Sternbald und Rudolf Florestan, in der Letzterer auf verschiedene Musikinstrumente zu sprechen kommt. Dabei trägt er Gedichte vor bzw. »singt Lieder«, die das Unmögliche leisten sollen, nämlich »den Charakter etlicher Instrumente auszudrücken«.[17] Der Klang und die Melodie der Schalmei, des Posthorns und des Waldhorns sowie das Lied des Alphorns werden in den jeweiligen Gedichten ›imitiert‹ und kommentiert. Der »Schalmeiklang« etwa präsentiert sich so:

> Himmelblau,
> Hellbegrünte Frühlingsau,
> Lerchenlieder,
> Zur Erde nieder.
> Frisches Blut,
> Zur Liebe Mut;
> Beim Gesang
> Hüpfende Schäfchen auf Bergeshang.[18]

Sternbald hört »eine gewisse kindliche Sprache« aus diesem Gedicht heraus, die er tatsächlich mit der Schalmei assoziiert, wobei am Ende des Gedichts »Posthornschall« sich eben dieser »Schall« verliert, indem er abbricht, »und man hört den unmelodischen Wagen rasseln«. Das Gedicht selbst aber endet mit einer doppelten Wiederholung des letzten Wortes: »Leiden«. Vorgeführt wird darin ein assoziatives ›Verstehen‹ des (scheinbar) Dargestellten, wobei Sternbald, durch die Instrumentengedichte seines Begleiters angeregt, unterwegs »in einem Dorfe vor Antwerpen« innehält und ein Dialoggedicht verfasst: »Der Dichter und die Stimme«. Als ein bildender Künstler versetzt er sich in die Lage eines lyrischen Dichters, der einen Dialog mit seiner inneren Stimme namens ›Erinnerung‹ über das Wesen des Schaffensprozesses führt. Es ist, als ob sich in diesem lyrischen Wortwechsel die Erzählprosa des Gedichts konserviert, aus dem sie hervorgegangen zu sein scheint.

Unterwegs zum »Zauberwort«

Dieses Dichter-Ich in Franz Sternbald – einem bildenden Künstler, der ›bald zu einem Stern werden will‹ – stellt sich vor, wie es wäre, in »Harfentönen« oder im »Waldhornsklang«, in der »Flötenwollust« und in »Zaubermelodien« *heimisch* werden zu können, also in den musikalischen Formen, die ihm sein Freund zuvor nachgedichtet hat.[19] Allein diese Vorstellung macht ihn zu einem synästhetischen Künstler vermittels der Lyrik. Und eben das will romantische Poesie sein: eine Vereinigungskunst, eine Sprachwelt, die alle Künste in sich aufnimmt und in ein stimmiges Verhältnis zueinander setzt.

Dazu gehört aber auch der Selbstzweifel des Künstlers, ob das überhaupt erreichbar sei. »Der junge Dichter« in Eduard Mörikes (1804–1875) gleichnamigem Gedicht (1838) weiß davon buchstäblich ein Lied zu singen; es gilt einem grundsätzlichen inneren Übersetzungsproblem:

Doch, wenn mir das tief Empfundne
Nicht alsbald so rein und völlig,
Wie es in der Seele lebte,
In des Dichters zweite Seele,
Den Gesang, hinüberspielte,

Wenn ich nur mit stumpfem Finger
Ungelenk die Saiten rührte –
Ach, wie oft wollt ich verzweifeln,
Daß ich stets ein Schüler bleibe![20]

Diese Strophe über drohendes Scheitern im Künstlerischen und über die Gefahr, nur Mittelmäßiges, Nachempfundenes, eben Schülerhaftes zuwege bringen zu können, schlägt einen prosahaften Ton an. Wenn die Übertragung des ›Empfundenen‹ in ein künstlerisches Medium misslingt – das Musikalische und Dichterische stehen hier wie so oft im romantischen Dichten füreinander ein –, löst sich auch die poetische Form auf. Was dagegen gelingen muss, benennt die bündigste, konzentrierteste Aussage zur romantischen Poetologie: Joseph von Eichendorffs Vierzeiler »Wünschelrute«:

Schläft ein Lied in allen Dingen,
Die da träumen fort und fort,
Und die Welt hebt an zu singen,
Triffst du nur das Zauberwort.[21]

Den Zauber im Romantischen sah Ricarda Huch »aus der Wechselwirkung zwischen dem Bewußten und Unbewußten« entspringen.[22] Eichendorff geht es aber genauer um das eine Wort, das das in den Dingen verborgene Lied zu wecken vermag. Aus diesen Liedern in den Dingen setzt sich dann der Weltgesang zusammen. Nicht die Verdinglichung beklagt das Gedicht, vielmehr fordert und fördert es die Poetisierung des Dings; noch genauer gesagt will es ihre Poetisierung (und Musikalisierung) bewusst machen. Das »Anheben« des Gesangs bedeutet eben auch, dass die lyrische Qualität der Dinge ins Bewusstsein gehoben wird. Zu erreichen ist das aber nur durch eine ›zaubrische‹ Qualität der Sprache, die diesem verborgen schlummernden Lyrischen entspricht. Nicht jedes beliebige Wort vermag das. Der Dichter muss sich mit einer »Wünschelrute« ausstatten, um darauf zu stoßen – nicht auf eine Wasserader im Untergrund, sondern auf eine Sinn und Sang bergende Sprache.

Auf diskrete Art ist dieser Vierzeiler Eichendorffs zukunftsgerichtet; emphatischer noch klingt das, was Droste-Hülshoff über ihre

Gedichte zu sagen wusste, die auf der Gewissheit beruhen, das »Zauberwort« getroffen zu haben:

Meine Lieder werden leben,
Wenn ich längst entschwand,
Mancher wird vor ihnen beben,
Der gleich mir empfand.
Ob ein andrer sie gegeben,
Oder meine Hand!
Sieh, die Lieder durften leben,
Aber ich entschwand![23]

Droste-Hülshoff hat aber auch immer wieder den Ton charakterisiert, in dem diese ihre Lieder »leben«, beispielsweise in der Widmung zu ihrem enigmatischen Epos »Das Vermächtnis des Arztes« an ihre Freundin Sybille Mertens:

Nicht wie in vergangner Tage heitres Singen, –
Der Ton, den ich in frischer Jugend fand,
Nein, anders muß das düstre Lied erklingen,
Das schauernd sich dem kranken Haupt entwand.[24]

Hier ist es kein ›Ding‹, in dem ein Lied darauf wartet, vom »Zauberwort« des Dichters zum Singen erweckt zu werden. Das »düstre Lied« in Drostes Dichtung entspricht eher einer Kopfgeburt.

Ins Zwielicht, die optische Entsprechung zum Zweideutigen, sind zahlreiche Gedichte Droste-Hülshoffs getaucht.[25] Eigens als eine Grundstimmung der späten Romantik thematisiert hat es Eichendorff. Nicht erst durch die Vertonung des Gedichts »Zwielicht« durch Robert Schumann (im *Liederkreis* op. 39, Nr. 10) hat es eine für die Zeit klang-ikonische Bedeutung gewonnen. Bereits seine erste Strophe vermittelt den Eindruck eines prekären Schwebezustands:

Dämmrung will die Flügel spreiten,
Schaurig rühren sich die Bäume,
Wolken zieh'n wie schwere Träume –
Was will dieses Grau'n bedeuten?[26]

So zeigt sich gerade in der Lyrik der späten Romantik ein eigentümliches Gleichgewicht von nostalgisch eingefärbter Erinnerung und Vorahnung, von einem ›Zurück in die Geschichte‹ und Zukunftsverweisen. Wiederum war es Mörike, der für den Zukunftsverweis eine scheinbar ›unschuldige‹ Naturmetapher fand, die sich freilich auf den zweiten Blick als unzweideutig erotisch aufgeladen erweist, und zwar in seinem Gedicht »Liebesvorzeichen«, dessen erste zwei Strophen lauten:

Ich stand am Morgen jüngst im Garten
Vor dem Granatbaum sinnend still;
Mir war, als müßt ich gleich erwarten,
Ob er die Knospe sprengen will.

Sie aber schien es nicht zu wissen,
Wie mächtig ihr die Fülle schwoll,
Und daß sie in den Feuerküssen
Des goldnen Tages brennen soll.[27]

Im Aufkeimen der Leidenschaft, vorgezeichnet durch eine genau umrissene Naturerfahrung, bleibt trotz der aufplatzenden Liebesknospe die poetische Form mit ihrer betont schlichten Reimstruktur gewahrt. Gerade durch diese Spannung zwischen Form und Gehalt gewinnt dieses Gedicht aber seinen sinnlichen Reiz. Denn die romantische Poesie zeichnet sich durch Sinnverschmelzung aus, ein Phänomen, das auch in Eichendorffs »Nachtblume« auftritt:

Nacht ist wie ein stilles Meer,
Lust und Leid und Liebesklagen
Kommen so verworren her
In dem linden Wellenschlagen.[28]

Die Alliterationen mit L verleihen der Strophe etwas Lallendes, das sich mit den »Wellen« verbindet und in ihnen aufgeht; und dennoch bleiben die einzelnen Worte durch ihre rhythmische Akzentuierung trennscharf. Die Bedeutungsebenen verschleifen sich, nicht aber die Sprache selbst.

oben:
Abb. 1: Josef Danhauser, »Liszt am Flügel« (1840). Alte National-galerie zu Berlin

links:
Abb. 2: Kupferstich aus François-René de Chateaubriands Auto-biographie *Mémoirs d'outre-tombe* (1848–50)

Abb. 3: Arnold Böcklin, »Die Toteninsel« (Anfang der 1880er Jahre)

Abb. 4: Moritz von Schwind, »Erlkönig« (1860), Alte Pinakothek München

Abb. 5: Thomas McLean, »Living Made Easy: Prescription for Scolding Wives« (1830).
Science Museum Group Collection, London

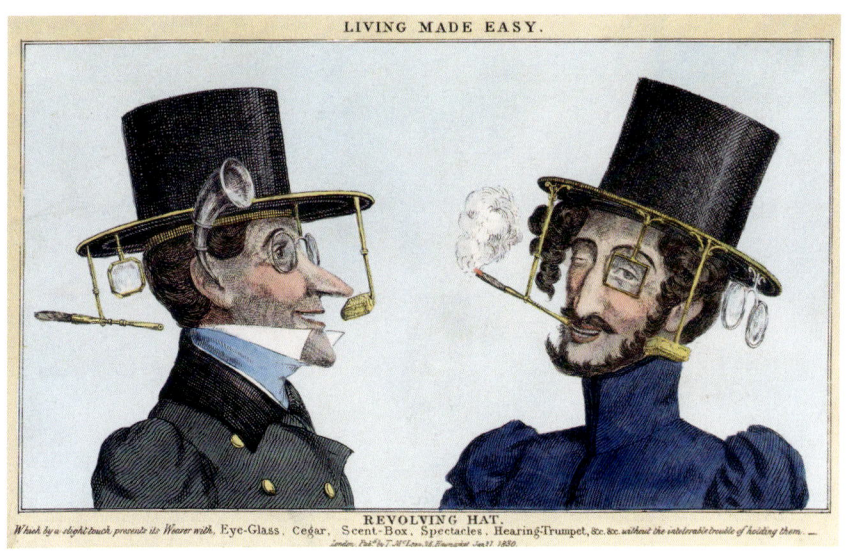

Abb. 6: Thomas McLean, »Living Made Easy: Revolving Hat« (1830).
Science Museum Group Collection, London

Abb. 7: William Turner, »Tintern Abbey«, 1794

Abb. 8: Caspar David Friedrich, »Abtei im Eichenwald«, 1809–10

Abb. 9: Joseph Michael Gandy, »The Bank of England as Ruin«, 1830

oben:
Abb. 10: Johan Clausen Dahl, »Blick auf Dresden bei Vollmondschein«, 1839

links:
Abb. 11: Erste Partiturseite aus Hector Berlioz, *Symphonie fantastique*, op. 14, 1830

links:
Abb. 12: Eugène Delacroix, »Paganini«, 1831

unten:
Abb. 13: Tizian, »Bacchus und Ariadne«

oben:
Abb. 14: Friedrich Over-
beck, »Der Triumph der
Religion in den Künsten«,
1831–40

links:
Abb. 15: Caspar David
Friedrichs Gemälde
»Wanderer am Gestade
des Meeres« oder: »Mönch
am Meer« (Ausschnitt)

Die Lyrik des Späten am Rande der »Kunstperiode«

Unter den sogenannten spätromantischen Dichtern hat nur Eichendorff das Lebensgefühl eines »spät« oder »zu spät« Gekommenen reflektiert.[29] Überträgt man dieses Gefühl auf seine Lyrik, dann entsteht der Eindruck, dieser Ton des Späten habe sich in ihm früh gebildet und daher nicht weiterentwickelt. Ähnliches ließe sich in der literarischen Moderne über die Lyrik Georg Trakls sagen. Gewöhnlich ist das Urteil, ein Werk verfüge über wenig stilistische Entwicklung, vernichtend gemeint, keinesfalls gilt das aber für Eichendorff (und Trakl). Im Gegenteil, dieses Späte verweist auf Reife und Widerstand gegen einen blinden Fortschrittsglauben. In diesem vermeintlich ›Statischen‹ der Form konnte Eichendorff höchst ›moderne‹ Erfahrungen thematisieren, wie Theodor W. Adorno in seinem Essay *Zum Gedächtnis Eichendorffs* (1957) gezeigt hat: Es geht um Heimweh statt Heimat, die Selbstauslöschung des Subjekts und um Orientierungslosigkeit selbst in der von »Bächlein« durchrauschten Waldeinsamkeit: »Ich weiß nicht, wo ich bin«, schreibt Eichendorff in »In der Fremde«.[30]

Es soll hier keineswegs der Eindruck entstehen, es habe eitle Harmonie geherrscht in den Kreisen der romantischen Dichter; man denke allein an die Entzweiung der Schlegel-Brüder. Für öffentlichen Zündstoff und publizistisch ausgetragene schroffe Dissonanzen sorgte vor allem Heinrich Heine, dessen Gedichte und Abhandlungen, namentlich *Die romantische Schule* (1835), spaltenden Charakter hatten. Das zeigt sich beispielsweise in der Art, wie eines der neben Johann Friedrich Cottas *Morgenblatt für gebildete Stände* (1807–65) wichtigsten Organe für die deutschsprachige Lyrik, der von Adalbert von Chamisso und Gustav Schwab seit 1833 herausgegebene *Deutsche Musenalmanach,* zwei Jahre nach Heines Provokation mit ihm umging.

Der Berliner Verleger des Almanachs, der Heine-Verehrer Karl Reimer, hatte Heine ohne Absprache mit den Herausgebern aufgefordert, eine Porträtzeichnung für das Frontispiz dieser Ausgabe von 1837 einzureichen; er erhoffte sich des Weiteren umsatzfördernde Gedichte von Heine für den Almanach. Heine lieferte die Zeichnung, nicht aber Gedichte, deren spätere Lieferung er in Aussicht stellte. Daraufhin zog Schwab seine Mitherausgeberschaft für diesen Band zurück, und die schwäbischen Romantiker um Uhland, Kerner, Carl Mayer und Ludwig Amandus Bauer, sonst fleißige Beiträger zum Almanach, verweigerten dieser Ausgabe ihre Texte. Joseph von Eichendorff füllte diese für Chamisso peinliche Lücke mit zwölf Gedichten, darunter »Meeresstille«, »Der Einsiedler« und »Die stille Gemeinde«. Skurril genug, dass Chamissos im Grunde konservativer *Musenalmanach* mit diesem Frontispiz ausgerechnet das *enfant terrible* der Romantik zu ehren schien, nämlich Heine, der nie mit diesem Organ in Verbindung gestanden und dessen maßgebliche Beiträger in seiner *Romantischen Schule* verhöhnt hatte.

So wie E. T. A. Hoffmann gemeinsam mit Sir Walter Scott und Victor Hugo zum europäischen Phänomen unter den Erzählern der Romantik geworden war, wurde Heine es unter den Lyrikern – ähnlich wie Lord Byron, Théophile Gautier (1811–1872) und der polnische Nationaldichter Adam Mickiewicz (1798–1855). Doch unter den Genannten wurde nur Heine zum bedeutenden Polemiker gegen seine eigene Stilrichtung. Er trieb die Poetisierung der Kritik, die romantische Ironie und den Empfindungskult als romantischer Anti-Romantiker auf die Spitze. Heine polarisierte und lästerte nach Lust und launischer innerer Notwendigkeit.

In der ersten Person Singular ließ er Gott pessimistisch über seine Schöpfung räsonieren und sie karikieren. Seine betont blasphemischen »Schöpfungslieder«, Teil der Sammlung *Neue Gedichte* (1844), bieten auch selbstironische Einblicke in sein eigenes Selbstverständnis als Schaffender:

Das Schaffen selbst ist eitel Bewegung,
Das stümpert sich leicht in kurzer Frist;
Jedoch der Plan, die Überlegung,
Das erst zeigt wer ein Künstler ist.

Oder:

Der Stoff, das Material des Gedichts,
das saugt sich nicht aus dem Finger;
Kein Gott erschafft die Welt aus dem Nichts,
So wenig wie irdische Singer.

Und er beschließt den Schöpfungsreigen mit der Vorstellung, dass Gott ›krank‹ gewesen sei und die Schöpfung nur aus therapeutischen Gründen in Gang gesetzt habe:

> Erschaffend konnte ich genesen,
> Erschaffend wurde ich gesund.[31]

Doch auch in den *Neuen Gedichten* setzt sich Heine mit romantischen ›Urstoffen‹ auseinander, etwa der Melancholie eines Byron, entfaltet in dessen epischer Dichtung *Childe Harold* (1812–18). Diesem Protagonisten widmet Heine ein Epitaph, das auch für Byron gelten soll:

> Childe Harold
>
> Eine starke, schwarze Barke
> Segelt trauervoll dahin.
> Die vermummten und verstummten
> Leichenhüter sitzen drin.
>
> Toter Dichter, stille liegt er,
> Mit entblößtem Angesicht;
> Seine blauen Augen schauen
> Immer noch zum Himmelslicht.
>
> Aus der Tiefe klingt's, als riefe
> Eine kranke Nixenbraut,
> Und die Wellen, sie zerschellen
> An dem Kahn, wie Klagelaut.[32]

Wie so oft bei Heine fällt es nicht leicht, zwischen ernst gemeinter – auch selbstreferentieller – Melancholie und Ironie zu unterscheiden. Dass die »vermummten und verstummten / Leichenhüter« vor dem toten Dichter genannt werden, dürfte als ironische Anspielung gemeint sein, wie überhaupt diese drei knappen Vierzeiler im Vergleich zu Byrons vierteiligem Epos parodistisch wirken, aber es scheint doch, dass dieses poetische Konzentrat genuine Betroffenheit spiegeln soll – als Erinnerung an das, was die Romantik gewesen ist, oder auch als Erinnerung an Transzendierendes (»Himmelslicht«).

Zur Lyrik als Gattung notierte Heine, sie bestehe aus »Ahnung und Erinnerung«, wobei bereits bei (er meinte wohl August Wilhelm) Schlegel und Byron der Reim oftmals ins Komische überspiele. Gedichte müssten liedhaft sein, um »ursprünglich« genannt werden zu können. Und weiter:

> Unsre Lyrik ist ein Produkt des Spiritualismus, obgleich der Stoff sensualistisch –: die Sehnsucht des isolierten Geistes nach Verschmelzung mit der Erscheinungswelt: to mingle with nature – Mit dem Sieg des Sensualismus muß diese Lyrik aufhören, es entsteht Sehnsucht nach dem Geist: Sentimentalität, die immer dünner verdämmert, nihilistische Pimperlichkeit, hohler Phrasennebel, Mittelstation zwischen Gewesen und werden: Tendenz.[33]

Mit Heine wäre in Abwandlung von Eichendorffs berühmter Zeile zu fragen, was es sei, das im Lied schläft? Was setzt sich frei in ihm, wenn es ›gesungen‹ wird? Ein kritisches Potential?

Sofern mit »unsere Lyrik« nicht nur die deutschsprachige Poesie gemeint war, sondern die romantische Dichtung in Europa schlechthin, traf Heine mit seiner Beschreibung einmal mehr etwas Essentielles. Die Sehnsucht nach (Selbst-)Transzendierung, nach spiritueller Verlebendigung des Toten ist bereits präsent gewesen in den *Hymnen an die Nacht* des Novalis; sie lebt in Byrons melancholischen ›Helden‹, sei es sein *Manfred* oder *Childe Harold*, ebenso wie in Mickiewiczs Gedicht »Romantik« (1822).

Letzteres handelt von einer jungen Frau, die mit ihrem toten Geliebten ›verkehren‹ will, eine Sehnsucht, die das sie beobachtende lyrische Ich nicht ohne Ironie wiedergibt:

> »Bist du's Geliebter, zur Nacht?
> Kommst du aus dem Grabesloch?
> Sei vorsichtig, leise, gib acht,
> Sonst hört es die Stiefmutter noch!«[34]

Das Gewitzte an diesem Gedicht ist, dass es diese Seite der »Romantik« zwar thematisiert, aber zugleich karikierend relativiert:

Ach was! Bist kein Lebewesen!
Dein Tod ist schon längst gewesen!
Kommst du als Geist, mich zu bangen?
Geliebter, tu mir kein Leid.[35]

Diese Romantikerin schwankt zwischen Nekromanie und Verängstigung, sinnlichem Verlangen und dem Wunsch nach spiritueller Befriedigung.

Wie politisch ist das romantische Gedicht?

Die nicht nur poetische Frage stellt sich freilich: Wie soll ein Mensch zu seiner Selbstbestimmung finden, wenn er im Bannkreis des Toten verharrt? Um noch einmal den zu Anfang dieses Kapitels verwendeten Begriff der Weltaneignung zu bemühen: Sie vollzog sich in der Romantik, wie gesehen, durchaus poetisch, nicht selten aber mit dezidiert politischen Implikationen, wenn wir an die Griechen- und Polenlieder denken.[36] Der Aufstand der Griechen gegen die Osmanen 1821 beflügelte die lyrische Phantasie zahlreicher Romantiker, stofflich angereichert durch die Studie von Claude Raffenel, der im französischen Konsulat in Smyrna tätig war. Der erste Band seiner *Histoire des Événements de la Grèce* (ɩGeschichte der Ereignisse in Griechenlandɩ) erschien bereits 1822 und sorgte europaweit für Aufsehen.[37]

Es waren die Poeten der Zeit, die den Aufständischen in Hellas lyrisch propagandistisch zu Hilfe kommen wollten, nicht die konservativen Regierungen der Restaurationszeit. Diese fürchteten – nicht zu Unrecht –, dass ein neuerlicher nationalistischer Schub von dieser Emanzipationsbewegung ausgehen könnte. Dergleichen hatte man in den deutschen Staaten mit aller Mühe vorerst unterdrücken können. Zur lyrischen Weltsicht der Zeit gehörte, dass sie ihre Epoche, die Romantik, unter nationalen Vorzeichen zu sehen begann – ob 1821–24 durch die Ereignisse in Griechenland oder 1830 durch das Ge-

schehen in Polen. Heines zweischneidiges Wort, die Literaturgeschichte sei »die große Morgue, wo jeder seine Toten aufsucht, die er
liebt oder womit er verwandt ist«,[38] ließe sich demnach in der Restaurationszeit (1815–48) auch auf die politische Geschichte übertragen:
Der Umgang mit vergangener Größe durch die Beschäftigung mit
Texten früherer Autoren kompensierte das Unvermögen, sich poli-
tisch-demokratisch zu artikulieren, mit dem Ziel, sich von der Adels-
herrschaft zu emanzipieren. Jenes Bedürfnis zeugte jedoch von einer
Perspektive, die sich langfristig als gefährlich verengt erweisen sollte.
Damit einher ging ein erheblicher Verlust an politischer Phantasie, da
diese demokratischen Emanzipationsprozesse rein national(istisch)
gedacht und versucht wurden.

In den »Polenliedern«, die jene zum griechischen Freiheitskampf
gegen die Osmanen ablösten, fand dieses Phänomen beredten Ausdruck. Georg Herwegh (1817–1875) stellt im März 1846 »Polens Sache«
der »Deutschen Sache« in einem elfstrophigen Gedicht dieses Titels
gleich und fragt, die monarchische Macht als Fiktion entlarvend:

> Ist Königswort solch Zauberwort,
> Daß es kann Tag in Nacht verkehren?
> Sind Herz und Hirn bei uns verdorrt?
> Und läßt Vernunft sich so entehren?[39]

Das »Zauberwort« ist jetzt – anders als bei Eichendorff – negativ aufgeladen; angebracht scheint dagegen ein rationales Vorgehen, das jedoch mit der Mobilisierung nationaler Emotionen – damals auch gerade vermittels der Lyrik – nur schwer zu vereinbaren ist.

Uhland feierte 1833 im Nachhall der gescheiterten Revolution in
Polen von 1830 ihren poetischsten Sprecher, eben Mickiewicz, in einem gleichnamigen Gedicht. Ihm legt der politisch aktive Uhland
den gerade in Deutschland sprichwörtlich gewordenen Vers eines unbekannten Verfassers in den Mund: »Noch ist Polen nicht verloren.«
Vermutlich ging Uhland davon aus, dass Mickiewicz wirklich der Urheber dieser Zeile sei. Bezeichnend für den Ton dieser politischen
Lyrik eines selbst hochpolitischen schwäbischen Romantikers ist die
Schlussstrophe:

Mitten in der stillen Feier
Wird ein Saitengriff getan;
Ha! Wie schwillet diese Leier
Voller stets und mächt'ger an!
Leben schaffen solche Geister,
Dann wird Totes neu geboren;
Ja! Mir bürgt des Liedes Meister:
»Noch ist Polen nicht verloren!«[40]

Bemerkenswert ist abermals der Verweis auf das Tote, das durch die poetische Kunst wieder zum Leben zu erwecken sei. Die Geschichte als »Morgue« bzw. Leichenschauhaus im Sinne Heines birgt zugleich ein Reservoir – nicht an Gespenstern, sondern an geistigen Kräften, die es neu zu aktivieren gilt. Die 1830 gescheiterte Selbstbefreiung Polens von seinen Besatzern Russland, Preußen und Habsburg hat in Uhlands Gedicht zunächst zu einer Lähmung geführt:

Und wir horchen und wir lauschen,
Stille waltet um und um,
Nur die trägen Wellen rauschen,
Und das weite Feld ist stumm.

Was man hört, sind »dumpfe Trauertöne« und der »Sterbenden Gestöhne«. Aber allein der Name Mickiewicz und die Kraft seiner Poesie bewirken dann den Umschwung, den Griff in die Saiten.

Ist das noch die Leier des göttlichen Stifters der Lyrik Apollo? Oder zeichnet sich hier eine zunehmend propagandistisch instrumentalisierte Kunst ab? Uhlands Mickiewicz-Gedicht jedenfalls versucht die Balance zu halten zwischen emotiver und politischer Aussage. Ein weiteres Beispiel für eine betont ausgewogene politische Lyrik in der Romantik lieferte Alphonse de Lamartine, der im Gegenzug zu den nationalistischen Rheinliedern von Ernst Moritz Arndt bis Nikolaus Becker 1841 mit einer »Marseillaise des Friedens« aufwartete. Sie erklärte den Rhein zu einem Frankreich und Deutschland verbindenden Fluss, einer fließenden Brücke zwischen beiden Kulturen.[41] Überhaupt fällt die frühe Präsenz Lamartines in der deutschen Romantik auf, vor allem befördert durch Gustav Schwab und seine bemerkenswerten Übertragungen ausgewählter Gedichte *des* französischen Romantikers unter den Lyrikern.[42] Nehmen wir ein Beispiel für Schwabs Übersetzungskunst, Lamartines Gedicht »Adieux à la Poésie« (»Abschied von der Poesie«), das sich auch als kulturpolitische Aussage lesen lässt im Sinne von: Die Zeit der Empfindsamkeit ist vorüber; die Poesie scheint wirkungslos geworden. Politische Repressionen haben Dichter und Leier verstummen lassen. In Schwabs Übertragung heißt es:

> Es giebt ein Stündlein für das Schweigen,
> Wo nichts die Einsamkeit durchhallt,
> Die Hoffnung selber schläft, es beugen
> Die Weste keinen von den Zweigen
> Im regungslosen Schattenwald.

> Es giebt ein Alter, wo das Leben
> Der Leyer will entschlummern auch,
> Die Töne, die sie sonst durchbeben,
> Den Wahnsinn, fühlt die Brust verschweben,
> Der Dichtung wohllautsvollen Hauch.

> Der Vogel, welcher schlägt im Hage,
> Er singt nicht immer auf der Flur,
> Er sucht den Schatten am Mittage,
> Entzückt mit seiner holden Klage
> Den Morgen und den Abend nur.[43]

Es ist, als stehe das (öffentliche) Leben still. Die Kunst, die natürliche wie auch die dichterische, schweigt. Die Anspielungen auf die Natur meinen immer auch die soziale Natur, das gesellschaftliche Sein im Verhältnis zum individuellen Bewusstsein. Es ist nicht mehr die Stunde des Vogels, des Dichters, sondern jene des Bocksgottes Pan, der weiß, dass er nichts (mehr) ausrichten, nichts mehr kreativ bewirken kann.

Welch politisch-lyrischer Radikalismus unter Romantikern vorkommen kann, zeigt sich am pointiertesten in Gedichten Percy B. Shelleys – trotz der hier bereits geäußerten Vorbehalte vor allem gegenüber seiner Dichtung *The Masque of Anarchy* mit ihrer räumlichen und inhaltlichen Distanz zur politischen Wirklichkeit. Das schmälert jedoch die poetische Leistung dieses Gedichts nicht, wie schon die ersten Zeilen belegen:

> Als ich lag und schlief am Mittelmeer,
> da riefs mich auf – von England her,
> wies mir den Weg und dem Gedicht;
> eröffnete mir weite Sicht.

> Unterwegs traf ich den Mord –
> sah aus wie Castlereagh – aufs Wort –
> aalglatt und zugleich durchtrieben.[44]

Lord Castlereagh (1769–1822), der Oberreaktionär unter den damaligen Tories, seines Zeichens Außen- und Kriegsminister, wurde zur Hauptzielscheibe von Shelleys poetischer Polemik, die in einem Gedicht (»England 1819«) zur bezeichnenden Wortneuschöpfung *liberticide*, Freiheitsmord, fand. Shelleys politische Gedichte, mit Sicherheitsabstand zu England in Italien und der Schweiz verfasst, sollten Fanale sein – und das selbst dann, wenn er eine »Hymn to Intellectual Beauty« (›Hymne an die geistige Schönheit‹) verfasste, die Erhabenheit des Mont Blanc oder die wilde Romantik des Gebirges in seinen »Lines Written in the Vale of Chamouni« (›Verse, geschrieben im Tal von Chamonix‹) beschrieb. Selbst dort haben es ihm die »verwegenen Gedanken« angetan, der »Wagemut«. Wie die Zeitgeschichte kommt ihm auch die Natur durchtost vor, aufgewühlt, und doch bleibt sein lyrisch-politisches Ich an den großen Zusammenhängen interessiert, wenn es fragt:

> Was ist sie, die Instanz,
> die unablässig Austausch unterhält
> mit dem All-Einen Wesen dieser Welt?[45]

Denn dieses »All-Eine« der Dinge und Verhältnisse enthält auch das Politische, wobei Shelley 1816 in einem Gedicht dafür plädiert, das Unbeständige als ein Lebensgesetz in allen Bereichen des Daseins anzuerkennen. *Mutability*, das Wechselhafte, der »Unbestand« ist das Beständige, auch das ist ein poetisch-›politisches‹ Bekenntnis, besagt es doch, dass wir mit nichts fest rechnen können, nicht einmal mit unseren Überzeugungen: »Was gestern war, wird niemals sein wie morgen« und: »ein Einfall trübt den Tag, / und ob wir fühlen, denken, Urteil fällen«, wir sind: »Wolkenschleier vor dem Mond«.[46] Man muss bis zur Rede »Vor Sonnen-Aufgang« in Friedrich Nietzsches *Also sprach Zarathustra* vordringen, um zu erfassen, dass erst der Zustand der Wolkenlosigkeit ein »reines« Urteil ermöglichen würde.[47] Sein Zarathustra will sich nicht mit dem Wechselhaften zufrieden geben, auch wenn ihm zuletzt wenig anderes übrig bleibt.

Aber Shelley hatte erkannt, dass diese Bilder des »Unbestands« ehrlicher sind. Das romantische Ich hat bei Shelley trotz politischen Aufbegehrens seine Konturenschärfe und Durchsetzungskraft eingebüßt. Seine Subjektivität sieht sich am Rande der Auflösung; daher rühren sein Loblied auf die »Wolke« und sein Bekenntnis zum (West-)Wind in der gleichnamigen Ode (1819). Dieses Ich fragt sich, was es im poetisch-sozialen Verbund mit anderen denn in Wirklichkeit sei. Die Antwort lautet: Wir sind

> wie verstimmte Leiern, deren Saiten
> auf jeden Windstoß anders respondieren,
> verführbar wie sie sind, mit keinem zweiten
> Akkord auf den verklungnen reagieren.[48]

Das Gedicht als Windharfe oder als Nest

Alles Wunderbare sei poetisch, urteilt Jean Paul in seiner *Vorschule der Ästhetik*. Die Einsicht, dass Polen nicht verloren sei, grenzte angesichts der damaligen Verhältnisse gleichfalls ans Wunderbare und konnte damit aus Sicht deutscher Romantiker gleichfalls ›poetisch‹ sein. Die Lyra, von Uhland als poetisch-politischer Schwellkörper vorgeführt, hatte auch bei Jean Paul einen motivischen Eigenwert als dingliches Symbol für das Lyrische überhaupt und als Emblem einer Ursprungskunst.[49] Ob als Maultrommel bei Kerner oder als Lyra, Leier oder Äolsharfe bei Mörike, Shelley und Coleridge, diese Saiteninstrumente gewannen in der romantischen Lyrik eine besondere motivische Bedeutung. Zähmte Orpheus mit seiner Leier noch wilde Tiere, sah Uhland den Gesang der Leier Tote erwecken (und damit den Tod ›zähmen‹). Coleridge wiederum hörte auf den Saiten der von ihm als »organisch« bezeichneten Äolsharfe »Musik schlummern«, geweckt von einem Windhauch, einer »geistigen Brise«, die sein Ich mit der Seelenmelodie der Geliebten gleichsetzt.[50] Was dadurch ausgelöst wird, nennt dieses poetische Ich Coleridges »ein Licht im Klang, eine klanggleiche Kraft im Licht«.[51] In Mörikes rhapsodischem Gedicht »An eine Äolsharfe« (1837), das auch ein nachgeholter Epitaph für seinen 1824 verstorbenen Bruder ist – es gehört zu den bedeutendsten Zeugnissen seines lyrischen Vermögens und der spätromantischen Lyrik überhaupt –, ist es zuletzt ein geradezu dissonanter Windstoß, der verstört und fasziniert:

Angelehnt an die Efeuwand
Dieser alten Terrasse,
Du, einer luftgebornen Muse
Geheimnisvolles Saitenspiel,
Fang an,
Fange wieder an
Deine melodische Klage!

Ihr kommet, Winde, fern herüber,
Ach, von des Knaben,
Der mir so lieb war,
Frisch grünendem Hügel.
Und Frühlingsblüten unterwegs streifend,
Übersättigt mit Wohlgerüchen,
Wie süß bedrängt ihr dies Herz!
Und säuselt her in die Saiten,
Angezogen von wohllautender Wehmut,
Wachsend im Zug meiner Sehnsucht,
Und hinsterbend wieder.

Aber auf einmal,
Wie der Wind heftiger herstößt,

Ein holder Schrei der Harfe
Wiederholt, mir zu süßem Erschrecken,
Meiner Seele plötzliche Regung;
Und hier – die volle Rose streut, geschüttelt,
All ihre Blätter vor meine Füße![52]

Dieses Anfangen-Können, das die erste Strophe beschwört, diese
Anrufung des zum Du gewordenen elegischen »Saitenspiels« soll
zwischen dem ›alten‹ Ort des erhofft klangvollen Geschehens und
dem Künftigen vermitteln. Diese Beschwörung hallt noch im Gedicht »Naturtheater« von Georg Trakl nach:

Ich steh' vor einer grünen Bühne!
Fang an, fang wieder an, du Spiel
Verlorner Tage, ohn' Schuld und Sühne,
Gespensterhaft nur, fremd und kühl![53]

Zwar ist bei Trakl nicht explizit von einer Windharfe die Rede, aber
die »schlanke Pforte« des Anfangs kann auch auf eine Leier hindeuten,
durch die in diesem Fall das Ich des Gedichts tritt, vom verwehenden
»leisen Hauch der Worte« begleitet. Deutlicher prägt der Klagemodus
das Gedicht, dem elegischen Ton der zweiten und dritten Strophe
Mörikes durchaus verwandt.

Bei Trakl findet sich dagegen das Plötzliche aus Mörikes Schlussstrophe nicht. Stattdessen erinnert der »holde Schrei der Harfe« kontrastie-
rend an den mänadisch konnotierten »wilden Geiers Schrei« in Droste-
Hülshoffs Gedicht »Lebt wohl«, der »in mir die wilde Muse« weckt.[54]
Bei Mörike gewinnt man den Eindruck, als sei das Gedicht selbst zur
Äolsharfe geworden, als ließe es sich an die Wand der Tradition anleh-
nen, damit es zu tönen beginnt – je nachdem, woher der Wind weht.

Im näheren zeitlichen und räumlichen Umfeld von Mörikes Gedicht wäre in erster Linie noch Justinus Kerner mit seinem Gedicht
»Die Äolsharfe in der Ruine« zu nennen, der ja auch selbst nicht nur
mit der Mundtrommel, sondern auch mit Windharfen experimen-
tiert hatte.[55] In Kerners Gedicht verbinden sich, wie der Titel bereits
andeutet – ein Sonderfall in der romantischen Windharfen-Poesie –,
Verfallssymptome und Naturlaut miteinander:

In des Turms zerfallner Mauer
Tönet bei der Lüfte Gleiten
Mit bald halb zerrißnen Saiten
Eine Harfe noch voll Trauer.

In zerfallner Körperhülle
Sitzt ein Herz, noch halb besaitet,
Oft ihm noch ein Lied entgleitet
Schmerzreich in der Nächte Stille.[56]

Durch dieses Verfallsszenarium verstärkt sich noch die bei allen Windharfen-Gedichten nachweisbare elegische Stimmung. Die Äolsharfe droht selbst zum Relikt zu werden, zur Instrumentruine; ihr »Herz« besteht aus dem Klang, der ihr angesichts ihres Zustands auf eher wundersame Weise noch »entgleitet« – für wie lange noch, bleibt offen. Das kontrastiert deutlich mit jener Windharfen-Analogie, die Jean Paul in seiner betont ironischen *Vorschule der Ästhetik* aufgestellt hatte: »Nur das einseitige Talent gibt wie eine Klaviersaite unter dem Hammerschlage einen Ton; aber das Genie gleicht einer Windharfen-Saite; eine und dieselbe spielt sich selbst zu mannigfachem Tönen vor dem mannigfachen Anwehen.«[57] Kerners Gedicht kennt von solcher ›Genialität‹ nichts mehr. Es bleibt auf die verfallende Materialität der Windharfe beschränkt, die sich in der gestundeten Zukunft des »Liedes« nur noch sporadisch transzendieren kann.

Der entscheidende Kontrast in Kerners Gedicht selbst ist der zwischen dem Lied, das dem scheinorganischen »Herz« schmerzensreich »entgleitet«, und »der Nächte Stille«, die es neutralisiert und auflöst. Damit ist jene Atmosphäre benannt, die zu den grundromantischen Motiven schlechthin gehört und eine gesonderte Betrachtung nahelegt: die Nacht.

Was wäre ein Blick auf die romantische Lyrik in Europa ohne einen Verweis auf John Clare (1793–1864), den Barden und »armen Mann« aus Northamptonshire, den intimen Kenner der Natur aus der Sicht des Landarbeiters, der orientierungslos wurde und die letzten dreißig Jahre seines Lebens manisch-depressiv in Irrenanstalten verbrachte. Die verstärkt ökologische Sicht auf die Romantik findet in Clare, der keine Naturverklärung, dafür aber Klarheit über die Natur suchte, zu Recht einen ihrer Favoriten.[58] Nicht die große Geste prägt seine Gedichte, kein Pathos übertönt den Laut des Natürlichen; bei Clare zählt die »kleinräumige Naturwelt«.[59] So ist es kein Zufall, dass Clare immer wieder das Vogelnest in seinen Gedichten thematisiert, die Erfahrung von etwas Geborgenheit vor dem unvermeidlichen Flüggewerden.

Nicht dass die Zeitgenossen ihn übersehen hätten. Sein erster Gedichtband *Poems Descriptive of Rural Life and Scenery* (›Gedichte, ländliches Leben und Treiben beschreibend‹, 1820) brachte es immerhin auf (damals – und heute – unerhörte) 4000 verkaufte Exemplare.[60] Er kannte William Hazlitt, verkehrte mit Coleridge und de Quincey, betrauerte den Verlust von John Keats und parodierte Byron. Vor allem aber schuf er eine Naturpoetik, die er wohl zwischen 1824 und 1832 in dreizehn schlichten Vierzeilern niederlegte, die vom Immergrünen der Sprache ausging und von einer Dichtung, die in Naturbildern Gedanken ausdrückt:

> Die wilde Blume unter des Hirten Fuß
> Blickt auf und lässt vor Freud ihn singen laut[61]

Die Musik der Natur prägt Rhythmik und Sprachklang dieser Dichtung:

> Der Dichter im Spiel seiner Phantasie
> Vernimmt sie hocherfreut
> Als seltsam schöne Melodie
> Als Gedicht den Wäldern geweiht,
>
> Als Harfenspiel, in dem wiederklang
> Der Winde Musik,
> Oft hört der Dichter im Gesang
> Wenn Schönes erfüllt ihn mit Glück.[62]

Lyrisches Ausgreifen polarer Gegensätze:
Karoline von Günderrode und Friedrich Rückert

Ihr Leben währte ganze 26 Jahre, ehe sie es sich 1806 selbst nahm. Die Zeitgenossen – bis auf wenige, jedoch berühmte Ausnahmen – vergaßen sie als Person, bevor sie ihres Werks gedenken konnten.

Er brachte es auf 78 Lebensjahre und starb in der Abgeschiedenheit seines kleinen thüringischen Landguts, das jedoch kein Abseits war; denn man ehrte ihn, etwas zu überschwänglich, als den zweiten Goethe. Beide repräsentieren sie, Lyriker durch und durch, einen eigenwilligen Beitrag zur Früh- wie zur Spätromantik und verweisen in ihrem Werk, schmal das eine, in seiner Fülle überbordend das andere, auf Möglichkeiten eines kulturübergreifenden Dichtens. Dabei ist umstritten geblieben, ob beide ›wirklich‹ der Romantik zuzuordnen seien.[63]

Beiden war zuweilen nach Flucht zumute; beide erschlossen sich poetische Phantasiewelten; am ›Orient‹ orientierten sich beide: sie, Karoline von Günderrode (1780–1806), träumend, bis sie schließlich aus dem Leben floh; er, Friedrich Rückert (1788–1866), vielsprachig-philologisch, aber nicht minder phantasievoll. Sie, die immer anzukommen versuchte, und er, der schon bald Arrivierte, der immer wieder bei aller professoralen Gelehrsamkeit, meist insgeheim, Absprünge ins Unbekannte suchte – sie bilden vom Charakter und ihrer Lebenssituation her polare Gegensätze, weisen aber doch bei aller Verschiedenheit markante Gemeinsamkeiten auf: In erster Linie ist das ihr Wille zur »Weltpoesie«, die Rückert mit »Weltversöhnung« gleichsetzte und Günderrode mit Selbsterweiterung, ja, Transzendierung ihres, wie sie sich ausdrückte, »pygmäischen Zeitalters« mit seinem »pygmäischen Geschlecht«.[64] Wusste sie sich auf dem Wege vom Dichten in eine mythologische und philosophische Gelehrsamkeit, wurde er vom Gelehrten immer wieder zum Dichter, wobei Rückert selbst eher das ›romantische‹ Wechselverhältnis zwischen beidem betonte:

Ich denke nie ohne zu dichten
Und dichte nie ohne zu denken.[65]

Fünfundzwanzigjährig wollte Rückert in den Libanon auswandern, weil er sich für einen Pilger hielt. Wenig erwartete er noch von den deutschen Provinzen, obwohl er ihnen hochpatriotische, von den sogenannten Befreiungskriegen gegen Napoleon inspirierte Lieder (*Deutsche Gedichte*, 1814) geschenkt hatte, die mehr als seine späteren poetischen Leistungen zu seiner nicht geringen Beschämung noch lange seinen Ruf als Dichter prägen sollten. Als »Wandersmann« verstand er sich, wenn auch nicht als ›cherubinischer‹, denn schon früh hatte ihn das Gefühl des Fremdseins in der Welt überwältigt:

Ein Fremdling war ich und ein Fremdling bin
Ich, und ein Fremdling geh ich hin.[66]

Doch die Etablierung folgte auf dem Fuße – als Gelehrter und Orientalist mit Lehrstuhl in Erlangen, ab 1841 für sieben Jahre in Berlin, woraufhin er bis zu seinem Tod als Kleingutsherr bei Coburg lebte.

Günderrode war ein Stiftsfräulein aus verarmtem Adel, sie kannte lediglich das Umland von Frankfurt am Main; bis Heidelberg im Süden und Marburg im Norden, nach Butzbach bei Gießen und zuletzt Winkel am Rhein war sie gereist. Dennoch reflektierte sie in ihrem Notizbuch seitenweise über das »Prinzip des Universums« und erforschte – gemeinsam mit Friedrich Creuzer – die Mythologien. Die Liebe – sei es zu Clemens Brentano, Friedrich von Savigny oder Friedrich Creuzer, zu Bettine von Arnim oder Lisette Nees von Esenbeck –, die Liebe war ihr Dauerzustand. Für Rückert dagegen bedeutete ›Liebe‹ eine biographisch umreißbare Phase, die über zwei Beziehungen zu »Agnes«, früh verstorben, und »Amaryllis« (*vulgo* Marie Elisabeth Geuß, die in seinen Augen zu einer arkadischen Schäferin wurde) schließlich zur Verheiratung mit Luise Wiethaus-Fischer führte. Daraus entstanden drei Gedichtsammlungen, eben der *Agnes*, der *Amaryllis* und dem *Liebesfrühling* gewidmet, der noch sechs Jahre nach seinem Tod in achter Auflage neu erschien.

Wen kannte Rückert nicht? Das Inventar seines Freundes- und Bekanntenkreises liest sich wie ein *Who is Who* der deutschen Romantik: Gustav Schwab, Friedrich de La Motte Fouqué (1777–1843), Jean Paul, Carl Maria von Weber, Ludwig Uhland, in Italien trifft er auf Wilhelm Müller, verkehrt in Rom (1817/18) in der deutschen

Künstlerkolonie mit Peter von Cornelius, Johann Friedrich Overbeck, Joseph Anton Koch, Barthold Georg Niebuhr, Henriette Herz und Dorothea Schlegel; in Wien (1818/19) mit Franz Grillparzer (1791–1872) und Friedrich Schlegel, vor allem aber mit dem Orientalisten Joseph von Hammer-Purgstall (1774–1856). Erst 1829 lernte er Clemens Brentano kennen, am Rhein … Ob ihm dieser von ›seiner‹ einstigen Karoline erzählt hat? Die Nachricht vom Freitod der acht Jahre älteren Günderrode dürfte den Heidelberger Studenten Rückert 1806 ebenso erreicht haben wie Heinrich von Kleist, dem sie 1803/04 eventuell begegnet war.

Bei Rückert führte alles Erlebte zu Gedichtsammlungen, den *Italienischen Gedichten* (1818) und den *Östlichen Rosen* (1819), zuletzt einem *Poetischen Tagebuch*, aber auch der *Weisheit des Brahmanen* (1836–39). Der im Gespräch Wortkarge schrieb und schrieb – zwischen 1833 und 1834 die *Kindertodtenlieder*, die aus häuslichem Leid hervorgegangen waren. Schubert, Schumann und vor allem Gustav Mahler setzten sich mit seinem ›Liedgut‹ auseinander. Besonders Mahlers Bearbeitung der *Kindertodtenlieder* prägt bis heute die Vorstellung, die wir von Rückert haben.[67]

Und Karoline von Günderrode? Die auf verschwiegene Art brieflich Redselige, von Freunden zu einem »Günderrödchen« verniedlicht oder mit dem seltsam abweisenden weiblichen Artikel »*die* Günderrode« mehr bezichtigt als bezeichnet, veröffentlichte zwei Lyriksammlungen, die erste unter dem rasch durchschauten Pseudonym Tian mit dem Titel *Gedichte und Phantasien* (1804), sowie die *Poetischen Fragmente* (1805). Mag, wie gesagt, sein, dass sie und Kleist einander begegneten, Hölderlin auch, im Frühjahr 1797, am Frankfurter Roßmarkt zum Beispiel, mit dessen Freund Hegel, beide Hauslehrer in der Nähe ihres Cronstetten-Stifts, mit Hölderlins Diotima auch, Suzette Gontard; denn im Sprengel um das Stift waren sie gewissermaßen Nachbarinnen.[68] Unübersehbar ist der dichterische Einfluss der Sprache Hölderlins auf die Lyrik Günderrodes. Bettine von Arnim, in vielerlei Hinsicht die Erfinderin der ›Docufiction‹ in der deutschsprachigen Literatur, hat in ihrem literarischen Denkmal für die geliebte Freundin, der Brief- und Textsammlung *Die Günderode* (1840), diese vertrauliche Bekanntschaft Karolines mit Hölderlin als gegeben dargestellt.[69]

Bettine belegt ihre Behauptung mit einem Zitat aus dem lyrischen Dialog Günderrodes »Wandel und Treue«:

> Und Du Günderode so adelig wie Du bist in Deinen poetischen Schwingungen! Klirrt da nicht die Sehne des Bogens des Dichtergottes? Und lässet die Schauer uns fühlen auch in diesen leisen träumentappenden Liedern: –
> Drum laß mich wie mich der Moment geboren
> In ewgen Kreisen drehen sich die Horen,
> Die Sterne wandeln ohne festen Stand.
> Sagst Du nicht dasselbe hier? Klingt nicht so der Widerhall aus der Öde in Hölderlins Seele. –[70]

»Wahnsinn, merk ich, nennt man das was keinen Widerhall hat im Geist der andern, aber in mir hat dies alles Widerhall, und ich fühle in noch tieferen Tiefen des Geistes, Antwort darauf hallen, als bloß im Begriff«, schreibt Bettine weiter über Hölderlin in diesem fiktiven Brief an Karoline.[71] Eine bemerkenswerte ›Definition‹, die umgekehrt besagt: In diesem späten Schaffen des Dichters war kein wie auch immer geartter ›Wahnsinn‹ am Werk. Hölderlins Sophokles-Übersetzungen nennen die Briefe Bettines ausdrücklich, woraufhin sie Strophen ihrer Freundin zitiert, die noch unmittelbarer mit der Diktion Hölderlins in Einklang stehen:

> Weh! Weh! Weh! Weh!
> Ach! Wohin auf Erden?
> Io! Dämon! Wo weißest du hin?
> Io! Nachtwolke mein! Du furchtbare,
> Umwogend, unbezähmt, unüberwältigt!
> O mir! Wie fährt in mich
> Mit diesen Stacheln
> Ein Treiben der Übel![72]

Das Besondere an Günderrode ist nun, dass sie als Romantikerin beinahe der ersten Stunde keineswegs nur der Emphase oder Ekstase gegenüber offen war und nicht allein sinnliche Geistigkeit auf sich wirken ließ, sondern mit einem Gedicht auch eine Brücke zwischen Aufklärung und romantischem Empfinden zu schlagen verstand. Nach ihren Kant-Studien dichtet sie unter dem Titel »Vorzeit, und neue Zeit« folgende unüberhörbar aufklärungskritische Strophen:

Ein schmaler rauer Pfad schien sonst die Erde,
Und auf den Bergen glänzt der Himmel über ihr,
Ein Abgrund ihr zur Seite war die Hölle,
Und Pfade führten in den Himmel und zur Hölle.

Doch alles ist ganz anders nun geworden,
Der Himmel ist gestürzt, der Abgrund ausgefüllt,
Und mit Vernunft bedeckt, und sehr bequem zum gehen.

Des Glaubens Höhen sind nun demolieret.
Und auf der flachen Erde schreitet der Verstand,
und misset alles aus, nach Klaftern und nach Schuhen.[73]

Zugegeben, man verbindet mit ihr eher Verse wie:

Liebst du das Dunkel
Tauigter Nächte
Graut dir der Morgen?[74]

oder:

Du innig Rot,
Bis an den Tod
Soll meine Lieb dir Gleichen

oder:

Farbige Lichter
stiegen hernieder
hüpfend und spielen
wiegend auf Lüften
Duftige Glieder.

Oder:

> Jetzt sinket die Nacht
> Und glänzend ertagt
> Der Morgen in seiner Seele[75]

Bettine bezeichnete dieses scheinbar schwerelose Dichten ihrer Freundin treffend als »Seelentanz«.[76]

Günderrode sah sich als »Luftschiffer« und Partnerin des Narziss (wer war damit wohl gemeint? Clemens Brentano? Creuzer? Savigny?), immer als eine mit den Wassern der Lethe gewaschenen Liebende. »Lethe« gilt als eines von Günderrodes berührendsten Gedichten; daraus nur eine der insgesamt fünfzehn Strophen:

> Kann ich die Seligkeit auf jener Flur
> Nur durch den Tod von diesem Ich erringen,
> So leite fern von ihrer Zauberspur
> Mich die Erinnerung auf ihren zarten Schwingen.[77]

Im Wechselspiel der Zeiten versucht sich dieses Ich im Lieben zu verankern und/oder in den Traum auszuweichen. Lethe bleibt als Strom des Vergessens präsent in Günderrodes Gedichten – und das bis zuletzt, noch in ihrem Sonett »Der Kuß im Traume«, das sie ihrem Geliebten Friedrich Carl von Savigny zu seiner Hochzeit mit ihrer hassgeliebten intriganten ›Freundin‹ Kunigunde Brentano, Bettines jüngerer Schwester, in einem geradezu selbstquälerischen Akt zum Geschenk machte:

> Es hat ein Kuß mir Leben eingehaucht,
> Gestillet meines Busens tiefstes Schmachten.
> Komm Dunkelheit! Mich traulich zu umnachten,
> Daß neue Wonne meine Lippe saugt.

> In Träume war solch Leben eingetaucht,
> Drum leb' ich, ewig Träume zu betrachten,
> Kann aller andern Freuden Glanz verachten,
> Weil nur die Nacht so süßen Balsam haucht.

Der Tag ist karg an liebesüßen Wonnen,
Es schmerzt mich seines Lichtes eitles Prangen
Und mich verzehren seiner Sonne Gluten.

Drum birg dich Aug‹ dem Glanze ird'scher Sonnen!
Hüll‹ dich in Nacht, sie stillet dein Verlangen
Und heilt den Schmerz, wie Lethes kühle Fluten.[78]

Auch hier begegnet uns die klassisch-romantische Paradoxie: Lethe
wird zuletzt angerufen, wobei aber der Traum-Kuss erinnerlich bleiben soll. Das umnachtende Dunkel kennt in diesem Fall keine Sehnsucht nach Licht, keine sternenerhellte Nacht, sondern soll das freilich erotisch aufgeladene ›Vergessen‹ unterstützen. Gerade die sinnliche Intensität dieses Sonetts verstärkt die Sehnsucht nach dem Stillen
des Verlangens. Günderrode folgt damit einer erotischen Poetik, wie
wir sie von Friedrich Schlegels *Lucinde* kennen.

In einem weiteren Sonett (Mai 1805), dieses Mal für Friedrich
Creuzer, befindet das zweite Terzett: »Verloren ist wen Liebe nicht
beglücket«, und das, obwohl es zuvor heißt: »Im Schoß der Nächte
brennt der Liebe Glut, / Daß sehnend Schatten sich zu Schatten
neigen.«[79]

In ihren ›orientalisierenden‹ Werken bediente Günderrode sich
einer vergleichbaren, aber weniger ausgeprägt sensualisierten Sprache, wie etwa aus dem prosa-lyrischen Beginn ihrer »Mahomed«-
Dichtung hervorgeht:

Schon Morgen! Wahrlich, ja! jener Purpurstreif im Osten verkündet das Licht des Tages, das schon der Sonne Feuerschoos ent-
quillt. Das Gestirn der Zwillinge, das auf dieser ganzen Reise
mich stets begleitet, auf das ich hoffend stets geblickt, erlischt im
Morgenstrahl. Zweifaches Leben floß aus diesem Gestirn auf mich
herab, und ein Sinnbild war es mir, meines doppelten Lebens, das
mich theilweise an die Erde und die Geschäfte der Welt knüpft,
und mich theilweise zu dem Ueberirrdischen und zu seltsamen
Offenbarungen führt. Wenn die Gestirne um Mitternacht hoch
über meinem Scheitel steh'n, so fallen mit ihren senkrechten
Strahlen allerlei wunderliche Lichter in meine Seele, die dann

verschwinden, wenn die Sterne vom Sonnenlicht verschlungen werden.[80]

Weitere Anklänge finden sich in ihrem episch angelegten, aber knapper ausgeführten Gedicht »Buonaparte in Egypten«, Zeugnis ihrer betont anti-nationalen Napoleon-Begeisterung, das ›romantischer‹ nicht anheben könnte (»Aus dem Schoos der Nacht entwindet mühesam die Dämmerung sich«). Und politisch könnte es nicht eindeutiger Stellung beziehen:

> Möge dem Helden das Werk gelingen Völker
> Zu beglücken, möge der schöne Morgen der Freiheit
> Sich entwinden der Dämmerung finsterem Schoose.[81]

Mit dem »Schoos der Nacht« war das Ancien Regime gemeint und mit ihm die Unfreiheit und Verweigerung bürgerlicher Rechte, die auch Rückert nach dem Rückfall in die Restauration nach 1815 beklagen sollte.

Aber es blieb Rückert vorbehalten, sich die östliche Kulturwelt bereits vor »Mahomed« und Napoleons gescheitertem ägyptischen Feldzug vermittels poetischer Formen zu erschließen, wollte er doch, dass das Fremde nicht befremdend wirke. Mit *Ghaselen*, den *Östlichen Rosen*, mit *Makamen* und *Weisheiten des Brahmanen* widmete er sich der Orientalisierung des Deutschen – und das durchaus in Anlehnung an die kulturhistorischen und philologischen Studien der Brüder Schlegel; denn diese Erweiterung ins Orientalische, so problematisch der Begriff unter postkolonialen Vorzeichen geworden ist, war ein ur-romantisches Programm, das Goethe mit dem unvergleichlichen poetischen Monument seines *Westöstlichen Diwan* (1816) auf betont eigene Weise aufgriff und mit Akzenten produktiver Anverwandlung versah.

Zwar reichte Rückerts Werk an diese Qualität nicht heran, noch die wirkungsvollsten seiner Gedichte verschwanden oft unter der schieren Fülle seiner kaum überschaubaren Produktion; aber er lieferte doch einen unverwechselbaren Beitrag zu dieser philologisch begründeten Selbsterweiterung und Symbiose von Wissen und Kulturempfinden, die zur Essenz romantischen Dichtens gehörte. In den

Östlichen Rosen etwa gewinnt das Liebesmotiv – wie so oft bei ihm – eine spruchdichtungshafte Form, nie ohne didaktische Absicht:

> Betrogen hat mich mein Lehrer,
> Der mir brachte die Lehre bei,
> Daß der Anfang das Schwere sei;
> Liebeskunst wird immer schwerer:
> Wie ein Taucher das Meer, je weiter vom Land,
> Je tiefer es fand.[82]

Das Ghasel, eine arabische Gedichtform, wurde prägend für seine Lyrik – an inspirierter Kunsthaftigkeit nur übertroffen von August von Platens Virtuosität. Die ghaselische Form entsprach Rückerts ästhetischer Natur: Ein Leitmotiv sieht sich umspielt von Variationen und Wiederholungen. Das Gedicht weiß, wo es hinwill: ins Ziellose, das aber kunstvoll:

> Ich sah empor und sah in allen Räumen Eines;
> Hinab ins Meer und sah in allen Wellenschäumen Eines.
> Ich sah ins Herz, es war ein Meer, ein Raum der Welten,
> Voll tausend Träum'; ich sah in allen Träumen Eines.
> Du bist das Erste, Letzte, Äußre, Innre, Ganze;
> Es strahlt dein Licht in allen Farbensäumen Eines.[83]

Wer spricht? Es ist der Geist des Ghasels selbst. Die Form und ihr Dichter haben sich gesucht und gefunden – und das unter kulturell ›fremden‹ Vorzeichen, romantischer nie …

Kapitel V

Schwellentanz: Das romantische Ballett als symbolische Kunstform

> Meine Seele ist eine leidenschaftliche Tänzerin, sie springt herum nach einer inneren Tanzmusik, die nur ich höre und die andern nicht.[1]
> (Bettine von Arnim)

Romantikern – quer durch Europa – begegnet man vorzugsweise auf ›Schwellen‹: Überschritten sie diese, befanden sie sich in der Wagniszone ›Moderne‹; traten sie von ihnen zurück, dann in den Bereich eines scheinbar sicheren Kulturkonservatismus. Auf der Schwelle zwischen beiden Zonen sinnierten und agierten sie in einer Welt gemütvollen Querdenkens. Zuweilen nahmen sie zurück, was sie denkexperimentell und künstlerisch gewagt hatten; für dieses Verhalten steht Friedrich Schlegel, dessen frühromantische Gedanken- und Formexperimente einer behäbigen Saturiertheit im Schoße der katholischen Kirche weichen sollten.[2] Der Weg von Jena und Berlin über Dresden nach Wien führte ihn über die Kurie und ins geistige Wohlleben.

In ihren spannungsreichsten Zeiten erwiesen sich die anspruchsvollsten Romantiker als Eintänzer auf besagter Schwelle. Ihr Bühnenparkett, auf dem sie zunehmend bereit waren, sich einer wachsenden Öffentlichkeit zu zeigen, bestand gewissermaßen aus solchen Schwellen.

Es ist schwerlich Zufall, dass eine dazu passende Kunstform 1820 die Bühnen Europas eroberte: das romantische Ballett. In ihm verbanden sich Grazie mit Märchenhaftigkeit, Bewegung mit der Projektion von Wunschphantasien, Weiblichkeitsideal mit dem Terpsichore-Mythos. Als eine der neun Musen von Zeus mit Mnemosyne, der Göttin der Erinnerung, gezeugt, steht Terpsichore für die Erfinderin des Tanzes, die nicht nur mit ihren Reizen, sondern auch durch Gelehrsamkeit zu verführen wusste. Daher teilt sie sich mit Apollo die Leier als Emblem. Sie tanzt *durch* die Weisheit und auch *mit* ihr. Der Mythos will es, dass sie nach dem Tanzen und weiteren Schönen

Künsten die Wissenschaften begründete, die auf ihrem Empfindungswissen beruhten. So gesehen wäre Terpsichore *die* Muse der Romantik gewesen.

Kaum eine andere Kunstform in jener Zeit brachte die kulturelle Bedeutung der Frau stärker ins Bewusstsein als das in seinen Ursprüngen männerlose Ballett, das gleichzeitig freilich auch bizarre Klischees über ›die Frau‹ verbreitete: Die Ballerina stellte als Bewegungsvirtuosin und damit als – oft als sexuell verfügbar wahrgenommene – Ausnahmeerscheinung *das* Gegenbild schlechthin zu der Frau in biedermeierlichen Familienszenen dar, die etwa Ludwig Richter als sorgende, dem Ehemann dienende Mutter gezeichnet hat.

Ballettomania gehört jedoch in Betrachtungen zur Romantik zu den unverdienterweise am wenigsten berücksichtigten europaweiten Phänomenen. Zudem fällt auf, dass nur wenige Dichter und Kritiker seinerzeit dieser Kunstform Aufmerksamkeit schenkten; das mochte nicht nur an der skandalumwitterten Welt der Balletteusen gelegen haben, sondern auch an der Tatsache, dass nur wenige bedeutsame Komponisten romantische Ballettmusik schrieben (die herausragenden Namen waren Conradin Kreutzer, Adolphe Adam, Cesare Pugni und Daniel-François-Esprit Auber). *Die* große Ausnahme unter den Dichtern war in dieser Hinsicht Théophile Gautier, der die Ballettkritik zu einem qualitativ unübersehbaren Bestandteil der Feuilletons machte. Er richtete seine oft gleichermaßen kritischen wie enthusiastischen Ballettkritiken hauptsächlich auf die herausragenden Balletteusen der Zeit, die Italienerin Marie Taglioni (1804–1884) und die Österreicherin Fanny Elßler (1810–1884).

Sie verwirklichten, was man als das »romantische Ballett« bezeichnet, getragen von Choreographien, die eine Art ätherische Sinnlichkeit umzusetzen versuchten. Mit einem bewegungstechnischen Symbol führte Taglioni, die Tochter des namhaften Choreographen Filippo Taglioni, dem Publikum wörtlich vor Augen, welche Spitzenstellung das Ballett unter den Kunstformen beanspruchen konnte, führte sie doch den Tanz *sur les pointes*, also ›auf den Zehenspitzen‹ ein. Die damit verbundene Verwandlung von Schwerkraft in die Illusion ätherischen Schwebens zeigte sie 1832 in Paris im Ballett *La Sylphide*. Die Welt der Feen sollte sich darin ebenso verwirklichen wie die Idee märchenhafter Enthobenheit von den Zwängen des Daseins.

Wie zeitgeistig die Thematik war, belegen Carl Maria von Webers Oper *Oberon* (1826), Felix Mendelssohn Bartholdys Ouvertüre zu *Ein Sommernachtstraum* (gleichfalls 1826) und Richard Wagners *Die Feen* (1833).

Taglioni sah sich zur keuschen, reinen, vergeistigten, technisch brillanten Tänzerin verklärt, wogegen man ihre große Rivalin Fanny Elßler als sinnliche, leidenschaftliche, theatralische Künstlerin wahrnahm, die mit der ›reinen Bewegungstechnik‹ gebrochen habe. In Elßler sahen die Zeitgenossen, allen voran Théophile Gautier, etwas ›Heidnisches‹, wogegen Taglioni für viele schiere ›Christlichkeit‹ verkörperte.[3] Nicht minder zeitgeistkonform war, dass es diese Art von Parteilichkeit und betont kontrastiver Wahrnehmung überhaupt gab. Wollten die einen im Ballett nur das Sylphidische (Taglioni) sehen, forderten die anderen Sinnlichkeit *à la* Elßler, die sie offenbar reichlich darbot, vor allem in ihrem wirkungsvollen andalusischen *Cachucha*-Solo mit Kastagnetten.

Doch traf eine solche Festlegung nur die halbe Wahrheit. So tanzte Elßler 1838 die Glanzrolle Taglionis, *La Sylphide*, und Taglioni trat in Sankt Petersburg mit einer *Cachucha* auf, die man nur Elßler zugetraut hatte.[4] Damit führten sie vor, was man den Reiz der Gegensätze – gerade auch in ihrer Vertauschung – nennen könnte. Mit Carlotta Grisi (1819–1899) teilten sie sich die großen Bühnen Europas auf. Taglioni trat mit ihrem Bruder Paul auf, Elßler mit ihrer Schwester Thérèse, die sich anfangs als männlicher Partner verkleidete, später wurde sie ersetzt durch Jules Perrot. Mit dessen Choreographie von *Le Délire d'un peintre* (›Der Wahn eines Malers‹, 1843) gelang ein allegorisches Ballett über einen Künstler, der von seinem Bild heimgesucht wird.

Der Tanz wurde zu einem kulturellen Politikum, das das Publikum und die Kritiker so spaltete, wie später die Welten der Anhänger Verdis und jener Wagners auseinander driften würden. Der Tanz erwies sich jedoch als Medium der Vermittlung, das bei dem europäischen Kulturereignis überhaupt – und das mitten in der Romantik –, nämlich beim Wiener Kongress (1814/15), eine prominente Rolle spielte. Das Bonmot, dass dieser Kongress ›tanzte‹, betraf nicht nur die Inszenierung von Dauerfesten,[5] sondern meinte auch das tänzerische Jonglieren der Diplomatie. Doch auch in anderer Hinsicht ereignete sich zwischen der Welt des Tanzes und der Politik eine romanzenhafte Symbiose. Ihre Hauptpersonen waren der diplomatische Choreograph des Wiener Kongresses, Friedrich von Gentz (1764– 1832), und abermals Fanny Elßler.

Elßlers Name, fortan mit der sinnlich-dynamischen Entwicklung des romantischen Balletts verbunden, tauchte erstmals im April 1818 in einer Ankündigung des Wiener Kärntnertortheaters auf. Später wird sie in Armand Vestris *Die Fee und der Ritter* brillieren, in Filippo Taglionis *Das Schweizer Milchmädchen*, in Aubers *Die Stumme von Portici* sowie in Pugnis Bearbeitung von de la Motte Fouqués *Undine*. 1829 erlebt der einstige Stardiplomat Europas, der inzwischen betagte Gentz, seinen letzten Frühling mit der ihn bezaubernden 19-jährigen Fanny, die ihm nicht minder zugetan war, was immer an Jahrzehnten zwischen ihnen lag.[6] Man erbaute sich an gemeinsamer Lektüre, vornehmlich Schiller, Goethe, Heines *Buch der Lieder* und Ludwig Börne. Diese in ganz Wien und bald auch europaweit bekannte Liaison beantwortet die Frage, ob die Romantik selbst ›romantisch‹ gewesen sei.

Mehr noch: Die bildungshungrige blutjunge Ballerina und der überreif gebildete Diplomat alter Schule lesen sich gemeinsam quer durch die Literatur ihrer Zeit, was immer damals als ›romantisch‹ oder ›klassisch‹ galt. Und Gentz revolutioniert seinen Gefühlshaushalt, er stellt sein Herz auf den Kopf und richtet seinen Sinn auf Selbstverwandlung aus. Aus dem Vertreter eines konservativ-restaurativen Europas, das der nationalstaatlich orientierten, romantisch verbrämten Entwicklung zutiefst misstraute, wird nun ein Heine- und Börne-Leser, der 1830 erkennt, dass die restaurativ-autokratische Monarchie in Frankreich unter Karl X. nicht mehr zu halten sei und einer bürgerlichen Verfassungsmonarchie (nicht nur in Frankreich) die Zukunft gehöre. Ein erstaunlicher Vorgang: Das nahezu Schwerelose und dabei gleichzeitig Leidenschaftliche, das er in der Tanzkunst seiner geliebten Fanny sieht, überträgt er in seinem letzten Lebensabschnitt auf sein politisches Denken.

Unter der Einwirkung von Fanny Elßler und ihrer Tanzkunst veränderte nicht nur Friedrich von Gentz sein Selbstverständnis; auch Théophile Gautier entwickelte sein ästhetisches Empfinden und kritisches Urteil nach dem Erlebnis weiter, das ihm Elßlers Auftritte in der Pariser Oper vermittelt hatten. Von einem begeisterten Taglioni-

Anhänger wurde der Dichter zu einem Anwalt der Elßler'schen Tanz-kunst, die darin bestand, mit der Technik des Balletts, man könnte auch sagen: der Grammatik der Bewegungen, zu spielen, sie im wahrsten Sinne des Wortes vorzuführen, um auf diese Weise die Be-wegungen für den dramatischen Ausdruck zu befreien. Gautier er-kannte sogleich die eminent schauspielerische Seite von Elßlers Tanz – ein Ausdruckstanz *avant la lettre*. Gautier sah in dieser Kunst das Heidnisch-Dionysische, aber ohne Trunkenheit oder Rauschhaf-tigkeit. Gerade weil Elßler die Technik perfektionistisch beherrschte, konnte sie mit ihr spielen; und genau das wollte ihre Rivalin, Taglio-ni, nicht. Sie scheint es bei der ›reinen Bewegung‹ belassen zu haben. Der Tanz aber eigne sich nicht zur Darstellung metaphysischer Ideen; vielmehr spreche durch ihn, argumentiert Gautier, ein raffiniert su-blimierter Materialismus. Mit der These, im Tanz könne man die Mu-sik *sehen*,[7] verankerte Gautier den Tanz im romantisch-synästheti-schen Empfinden und wertete ihn entsprechend auf. Denn eine kon-sistente Aufmerksamkeit für den Tanz findet sich in den ästhetischen Theorien bis nach Adorno nicht.[8] Gautiers Gedanken- und Sprach-witz kam besonders zum Tragen, als er das ›Erlebnis Elßler‹ mit Hei-nes »vorzüglichem« Aufsatz *Die Götter im Exil* und Elßler mit der »gefallenen Göttin Venus« in Beziehung setzte. Sinnliches Vorahnen sei es, was Elßlers Kunst vermittle.[9]

Wie bereits unsere »Bestimmungsversuche« erwiesen haben, kommt in der (retrospektiven) Betrachtung der Romantik dem Jahr 1847 eine besondere Bedeutung zu. Nicht anders ist es im Bereich des Tanzes. Einer der größten Bewunderer Gautiers, der Dichter Charles Baudelaire (1821–1867), der seinem Vorbild seinen großen Abgesang auf eine am Gemütvollen orientierte Romantik, *Die Blumen des Bö-sen,* widmen sollte, wartete zehn Jahre vor dieser die *décadence* defi-nierenden Dichtung mit einer Erzählung auf, die in der Welt des Cachucha spielt: *Die Tänzerin Fanfarlo* (1847).[10]

Von Anbeginn lässt ihr Erzähler keinen Zweifel darüber aufkom-men, dass auch diese Dichtung einen Abschied von der Romantik darstellt. Verfasst ist sie aber in einer geradezu prototypisch roman-tischen Form, einer Künstlernovelle, als Beitrag zur Wertung des Taugenichts-Syndroms. Nicht die Tänzerin steht zunächst im Mit-telpunkt, sondern ein in jeder Hinsicht aus diversen Eigenschaften

bestehender Charakter namens Samuel Cramer, ein Urheber »ver-
pfuschter schöner Werke«, »der einstmals einige romantische Narre-
teien mit dem Namen Manuela de Monteverde zeichnete – in der guten Zeit der Romantik – ist das widerspruchsvolle Erzeugnis eines
bleichen Deutschen und einer braunen Chilenin«.[11] Cramers hybride
Künstlerexistenz ergibt sich zudem durch seine »französische Erziehung und eine gepflegte literarische Bildung« und resultiert in einer
»verwirrenden Vielseitigkeit seiner Wesensart«. Er frönt dem Müßig-
gang in einem Leben, »das kaum mehr als halbe Gedanken kennt«,
dafür umso mehr »kreolische Trägheit«.[12] Mit allem, was ihm gefällt,
identifiziert er sich, vor allem mit Widersprüchen: »Wie er mit Begeisterung fromm gewesen war, so war er mit Leidenschaft Atheist.
Er bestand zu gleicher Zeit aus allen Künstlern, die er studiert, und
aus allen Büchern, die er gelesen hatte, und blieb dennoch, trotz dieser komödiantenhaften Fähigkeit, von Grund auf er selbst.«[13]

Bewegung kommt in die Novelle erst dann, als Samuel Cramer einer früheren Geliebten durch Zufall im Jardin du Luxembourg wieder
begegnet; inzwischen ist sie eine verheiratete de Cosmelly vom vornehmen Faubourg Saint-Germain. Etwas wirkungsvoller als Cramers
bildkünstlerische Leistungen sind seine »schön aufgebauten und ge-
gliederten Sätze«, die ihm nur so zuströmen, auch in Stanzenform,
womit er allmählich eine gewisse Wirkung bei Madame de Cosmelly
erzielt. Sporadische Verweise auf Interpunktionszeichen schiebt der
Erzähler ein, als wollte er die kümmerlichen Kunstzeichen Cramers
parodieren. So bemerkt er, dass Cramer »nur den Zwischenraum eines Gedankenstrichs« benötige, um etwas Fremdes zu seinem Eigentum zu erklären. Das trifft selbst für Madames »schöne Tränen« zu, die
er durch seine schwachen Verse hervorgelockt hatte, die aber auch ihre
Verzweiflung über das Verhalten ihres Mannes ausdrücken, der sie mit
einer Tänzerin, eben Fanfarlo, betrügt. Cramer wiederum betrachtet
die Tränen der einstigen Geliebten als »sein Werk und sein literarisches Eigentum«.[14] Mit zunehmender Dauer der Erzählung sieht sich
das ›Romantische‹ mehr und mehr als bloßes Getue Cramers desavou-
iert. Gefühlsentleert und »nichtssagend« wirkt es; der Angebeteten
gegenüber »haspelt er« weiter sein romantisches Geschwätz« ab.

Erst nach dieser ›das Romantische‹ dekonstruierenden Einleitung
erfolgt Fanfarlos Auftritt. Auf diese Weise hofft Madame ihren Gat-

ten wieder zurückzugewinnen – ein Kalkül, das eine weitere Stufe in der Dekonstruktion romantischen Empfindens darstellt.

Eher klischeehaft fällt die erste Beschreibung der Fanfarlo auf der Bühne aus: Samuel »fand sie leichtfüßig, prachtvoll, blühend, sehr geschmackvoll in ihrem Aufputz«.[15] Wie nun soll Samuel, einer der (wohl in jeder Hinsicht!) »letzten Romantiker, die Frankreich besitzt«, die Aufmerksamkeit der Tänzerin, in die er sich erwartungsgemäß sterblich verliebt, gewinnen? Samuel verfällt auf eine perfide Methode. Wir befinden uns am Beginn des Medienzeitalters, zwar wächst noch nicht die journalistische Macht, doch immerhin der Einfluss der Presse auf die Meinungsbildung. In der romantischen Kunstszene beginnt die Herrschaft des Feuilletons und trägt entscheidend zu ihrer Entzauberung bei. Im deutschen Sprachraum beherrscht Wolfgang Menzel die literaturkritische Szene mit Polemiken, die, rein rhetorisch betrachtet, in den Schatten stellt, was Lessing oder Nicolai im Namen der Aufklärung geleistet hatten. In Frankreich spaltet das Feuilleton die Gemüter und Geschmacksrichtungen: Kunst zur bloßen Unterhaltung contra Anfänge des *L'art pour l'art* und damit einer zweckhaften Autonomisierung der Kunst.[16]

Um Aufmerksamkeit auf sich zu ziehen, insbesondere jene Fanfarlos, beginnt Cramer eine journalistische Kampagne gegen die Tanzkünstlerin, seine eigenen Gefühle für sie verleugnend, indem er eine verunglimpfende Kritik nach der anderen über ihre Auftritte jeweils in den Montagsfeuilletons veröffentlicht.

Er macht sich dabei die kontrastiven Mittel der »Zeitungsschreiber« zu eignen[17], die vor allem darin bestehen, »ganz ungleiche Dinge mit einander zu vergleichen«; in diesem Fall beschreibt er »eine elfenhafte Tänzerin, die sich stets in Weiß kleidete und deren keusche Bewegungen alle Gewissen in Ruhe ließen«, als Ideal. Unschwer erkennt man darin den Typus der ätherischen Taglioni. Dagegen hält Cramer die Fanny Elßler ähnliche Fanfarlo, die lachte, schon mal einen »Sprung über die Rampe« machte oder zu gehen wagte, wenn sie tanzte. »Sie liebte die Stoffe, die Geräusch verursachen, die langen knisternden mit blechernen Flittern besetzten Röcke, die man mit kräftigen Knien sehr hoch heben muß, die Seiltänzermieder.«[18] Samuels niederträchtige Kritiken verfehlen ihre Wirkung nicht; Fanfarlo möchte wissen, wer dieser Kritiker ist.

Als dessen Häme in Liebe umschlägt, erlaubt sich der Erzähler einen Exkurs in die Kritikästhetik, sofern sie den Tanz betrifft:

> Nebenbei gesagt, die Tanzkunst wird bei uns viel zu wenig geschätzt. Alle großen Völker, voran die der antiken Welt, Indiens und Arabiens, haben sie in gleichem Maße wie die Dichtkunst gepflegt. Der Tanz erhebt sich ebenso hoch über die Musik, in manchen heidnischen Bräuchen jedenfalls, wie das Sichtbare und das Geschaffene sich über das Unsichtbare und das Ungeschaffene erheben. – Die allein können mich verstehen, denen die Musik malerische Ideen vermittelt.[19]

Dass der Erzähler Fanfarlo in Verbindung mit »heidnischen Bräuchen« bringt, erinnert an Gautiers Kategorisierung von Elßlers Tanzkunst als »heidnisch« im Gegensatz zu Taglionis performativem Purismus. Auch seine These, dass der Tanz die Musik sichtbar machen könne, greift Baudelaires Erzähler auf: »Der Tanz kann alle Geheimnisse offenbaren, welche die Musik in sich birgt, und hat außerdem den Vorzug, menschlich und greifbar zu sein. Der Tanz, das ist Poesie mit Armen und Beinen, ist der Stoff, anmutig und schrecklich, beseelt, verschönert durch die Bewegung.«[20] Damit ist auch gesagt, dass sich Ballettkritiken an diesen Einsichten orientieren und bewerten sollten, wie diese physische Konkretion des Abstrakten durch den Tanz ausgeführt wird.

Samuel nun nimmt Fanfarlo oder, wie nun hinreichend deutlich geworden sein dürfte, diese Fanny Elßler nachgebildete Erzähltanzfigur als die Verbindung »einer Laune Shakespeares und einer italienischen Opera buffa« wahr,[21] also als eine sinnlich-allegorische Gestalt, in der Poesie und Musik ihre Fusion aufführen.

Eine finale ästhetische Erwägung schaltet der Erzähler an der Stelle ein, wo Fanfarlo für den Protagonisten Samuel noch einmal rein tänzerisch in Erscheinung tritt:

> Obwohl Samuel eine verderbte Phantasie besaß und vielleicht gerade deswegen, war bei ihm die Liebe weniger eine Angelegenheit der Sinne als des Verstandes, sie bestand für ihn hauptsächlich in der Bewunderung und in dem Verlangen des Schönen; er betrach-

tete die Fortpflanzung als ein Laster der Liebe, die Schwangerschaft als eine Spinnenkrankheit. Irgendwo hat er einmal geschrieben: Die Engel sind Zwitterwesen und unfruchtbar. – Er liebte den menschlichen Leib wie einen körperlichen Gleichklang, wie einen schönen Bau, zu dem noch die Bewegung käme; und dieser unbedingte Materialismus war nicht weit vom reinen Idealismus entfernt.[22]

In diesem Erzählerkommentar verbirgt sich mehr als ein Charakterurteil über den Protagonisten, stellt er doch das in der Romantik geheiligte Prinzip des zweckfrei Schönen – wenn nicht in Frage, so doch in ein gewisses Zwielicht. Gautier hatte – wiederum 1847 – in seinem Essay *Du Beau dans l'Art* (›Vom Schönen in der Kunst‹), auf Kant Bezug nehmend, genau diese Vorstellung verteidigt: dass nämlich »das Schöne aus der Übereinstimmung mit dem menschlichen Verstand« resultiere.[23] Den Gegnern des zu der Zeit bereits etablierten *L'art pour l'art*-Prinzips hält Gautier vor: » L'art pour l'art bedeutet nicht die Form der Form wegen, sondern die Form des Schönen wegen – bei völliger Ausgrenzung jeglicher ihm fremden Idee, jeglichen Hintergedankens zugunsten irgendeiner Doktrin, jeglicher unmittelbarer Nützlichkeit.«[24]

Baudelaire parodiert nun diese Haltung, indem er Samuel die Materialität des Schönen idealisieren lässt und diese Idealisierung in Gestalt der Fanfarlo als etwas Funktionales entzaubert, soll er sie doch besagtem Monsieur de Cosmelly entfremden, um Madames Ehe zu retten. Der Erzählerkommentar geht dabei noch einen Schritt weiter:

Aber da es im Schönen, das die Ursache der Liebe ist, nach seiner Auffassung zwei Bestandteile gibt: die Linie und den Reiz, – und da es sich bei all dem nur um die Linie handelt, war der Reiz für ihn, wenigstens an diesem Abend, die rote Schminke.[25]

Sieht man davon ab, dass Fanfarlo sich an ihrem neuen Liebhaber durch »das ganze Grauen« einer »wilden Ehe« rächt, nachdem er ihr gestanden hat, ihre Liebe nur gewonnen zu haben, um einer »anderen Frau« einen Gefallen zu tun, lässt man überdies »alle Qualen der Eifersucht« außer Acht, denen Fanfarlo ihren mehr als zweifelhaften

Leidenspartner aussetzt, dann bleibt von dieser Novelle das deutliche Empfinden zurück, dass gerade die Überbetonung des Schönen die Substanz romantischen Empfindens zerstört hat.

Diese negative ästhetische Dialektik ist somit das Herzstück eines vor allem von Gautier betriebenen, dann von Baudelaire übernommenen Versuchs, das romantische Bewusstsein neu auszurichten und gegen einen bloßen sozialen Realismus zu positionieren. In der Theorie des Ästhetischen löst sich erst bei Karl Rosenkranz diese romantische Substanz des Kunstnaturschönen im Begriff des »Negativschönen« auf.[26] Gautier befand sich bereits auf diesem Weg, als er betonte, dass die bildkünstlerische Darstellung einer durch Naturgewalten völlig entstellten Eiche ansprechend sein kann. Entsprechend ist seine Frage: »[S]oll das heißen, daß die Schönheit einer Eiche darin besteht, krumm, gespalten, deformiert, zur Hälfte kahl oder mit vertrocknetem Laub bestückt zu sein?« hauptsächlich rhetorischer Art.

Die symbolische Spannweite des Tanzes als romantische Ausdrucksform reicht von elfenhafter Leichtigkeit bis zu einer in Bewegung geratenen Sinnlichkeit, von der Versinnbildlichung des Widerstands gegen die Schwerkraft und der Aufhebung des Melancholischen bis zur parodistischen Dekonstruktion ›schöner Leidenschaft‹. All diese Dimensionen gewannen im Werk Heines ihre poetische Gestalt.[27] Bereits im *Buch der Lieder* figuriert der Tanz als äußeres Sinnbild von innerer Bewegtheit, bleibt aber meist eingebettet in einen poetischen Kontext:

Herangedämmert kam der Abend,
Wilder toste die Flut,
Und ich saß am Strand, und schaute zu
Dem weißen Tanz der Wellen,
Und meine Brust schwoll auf wie das Meer,
Und sehnend ergriff mich ein tiefes Heimweh
Nach dir, du holdes Bild,
das überall mich umschwebt,
und überall mich ruft,
Überall, überall,
Im Sausen des Windes, im Brausen des Meers,
Und im Seufzen der eigenen Brust.[28]

Von den *Florentinischen Nächten* bis zu den *Elementargeistern* scheint Heine von der Vorstellung eines gespenstischen Tanzes heimgesucht worden zu sein, jener der »Willis«. Diese den magyarischen Volkssagen entstammenden Wesen, denen sich übrigens auch Gautiers Szenarium zum Ballett *Les Gisèles* zu Musik von Adolphe Adam verdankt, charakterisiert Heine als:

> junge Bräute, die vor dem Hochzeittage gestorben sind, aber die unbefriedigte Tanzlust so gewaltig im Herzen bewahrt haben, daß sie nächtlich aus ihren Gräbern hervorsteigen, sich scharenweis an den Landstraßen versammeln, und sich dort, während der Mitternachtsstunde, den wildesten Tänzen überlassen. Geschmückt mit ihren Hochzeitskleidern, Blumenkränze auf den Häuptern, funkelnde Ringe an den bleichen Händen, schauerlich lachend, unwiderstehlich schön, tanzen die Willis im Mondschein, und sie tanzen immer um so tobsüchtiger und ungestümer, je mehr sie fühlen, daß die vergönnte Tanzstunde zu Ende rinnt, und sie wieder hinabsteigen müssen in die Eiskälte des Grabes.[29]

In den *Florentinischen Nächten* beschreibt Heine, wie ein Auftritt Liszts »auf einer Soirée in der Chaussée d'Antin« solche Willis-Tänze unter den anwesenden Pariserinnen auslöste. Noch in den *Elementargeistern* schwärmt Heine von der Vorstellung der geheimnisvollen Lüsternheit dieser »toten Bacchantinnen«, die er erneut »unwiderstehlich« nennt.[30]

Die Vorlage dafür, was *das* romantische Ballett überhaupt hätte werden können, das aber nie komponiert, nie choreographiert und damit nie aufgeführt wurde, sollte Heine selbst liefern. Es handelt sich auch genremäßig um ein Schwellenwerk, wie schon sein Titel signalisiert: *Der Doktor Faust. Ein Tanzpoem, nebst kuriosen Berichten über Teufel, Hexen und Dichtkunst.* Erwogen hatte er als Titel auch: »Faust, eine getanzte Tragödie«. Einmal mehr befinden wir uns im Jahre 1847, in dem Heine sein fertiges Ballettlibretto an Benjamin Lumley, den Direktor von His Majesty's Theatre in London, schickte. Trotz stattlicher Honorierung und obwohl Lumley es eigens bei Heine bestellt hatte, kam es weder in London noch anderswo zu einer musikalischen und damit bühnenfähigen Umsetzung. In London geriet das Ballettvorhaben in Konkurrenz zur Erstaufführung von Verdis Oper *I Masnadieri* (›Die Räuber‹ nach Schiller) unter dem Dirigat des Komponisten und mit der schwedischen Sopranistin der Stunde, Jenny Lind, auch die »schwedische Nachtigall« genannt, was den größeren kommerziellen Erfolg versprach.

Heines fünfaktiges *Faust*-Ballett ist eigentlich ein erzähltes Szenarium, in der Druckfassung versehen mit einer »einleitenden Bemerkung« und ausführlichen brieflichen »Erläuterungen«, die an Lumley und künftige Bearbeiter gerichtet sind. Es befindet sich auf der Schwelle zwischen poetischer Prosa und kritischem Diskurs, zwischen Tanz und Reflexion, Mythos und Parodie. Dass die »einleitenden Bemerkungen« und die »Erläuterungen« für Lumley insgesamt doppelt so umfangreich sind wie das eigentliche Szenarium für ein »Tanzpoem«, illustriert den Erklärungs- und Reflexionsbedarf für Kunst in (beinahe nach-)romantischer Zeit.

Das »Tanzpoem« betont wiederholt das parodistische Gebaren der Hauptdarsteller, sei es Faust, Mephistophela, ein Herzog, der sich als Satan entpuppt, oder seine infernalische Gespielin mit dem goldenen Schuh, die einander bezirzen. Es ist von Anbeginn eine Phantasmagorie, die im vierten Akt auch noch die klassisch griechische Welt umfasst und zur Travestie des »Faust«-Stoffes gerät. Dabei fällt Heines Sinn für effektheischende Choreographie auf, die ihrerseits den Eindruck erweckt, sie parodiere selbst das Choreographische. Bei der Lektüre des Textes wie der Erläuterungen entsteht der Eindruck, Heine habe zeigen wollen, wie sich das romantische Ballett, ja das Romantische überhaupt, zu Tode tanzt.

In seinen »Erläuterungen«, die (zu) viel zur Genese des Stoffes sagen, finden sich auch wieder die »Willis, die nach dem Tode von üppiger Tanzlust gepeinigt werden«.[31] Gerade sie scheinen einmal mehr die treibende Kraft hinter dieser Romantik-Travestie zu sein. Heine setzt die Willis ein, um diesen Totentanz der Romantik plausibler zu machen. Lumley dürfte diese ihm zugedachten »Erläuterungen« nach der Hälfte gelangweilt weggelegt haben. Darin einen Schlüssel zu Heines ›Poetologie‹ zu suchen, wäre jedenfalls vergebens. Eine solche lässt sich am sinnvollsten von Werkabschnitt zu Werkabschnitt ermitteln.[32] Die eigentliche Bedeutung dieses Tanzpoems ist eine andere.

Es veranschaulicht den Wert der pantomimischen Kommunikation, aber auch die Art, wie mit einem künstlerischen Konkurrenzverhältnis – hier natürlich zu Goethes *Faust* und Christopher Marlowes Vorlage – spielerisch umgegangen werden kann. Heine demonstriert mit seinem späten Text zudem, dass gerade dieses Spielerische ein Erbe romantischer Befindlichkeit bleiben wird … auch wenn er die Bezeichnung ›Romantik‹, sei es in klassifizierender oder denunziatorischer Absicht, kein einziges Mal in diesem Zusammenhang gebraucht. Dieser Faust wird am Ende in einer »wilden Umschlingung« der zur Schlange gewordenen Mephistophela erdrosselt, nachdem er wie die anderen Beteiligten alle nur denkbaren Verwandlungsmöglichkeiten durchgespielt und durchgetanzt hat. Der Schlusssatz liefert dann die eigentliche ironische Pointe des »Tanzpoems«: »Die ganze Gruppe versinkt unter Flammengeprassel in die Erde, während das Glockengeläute und die Orgelklänge, die vom Dome her ertönen, zu frommen, christlichen Gebeten auffordern.«[33]

Diese pseudo-christliche Scheinapotheose karikiert den Wunsch Fausts, »in den Schoß der Kirche flüchten« zu wollen,[34] wovon ihn jedoch Mephistophela noch vor ihrer Schlangenverwandlung abhält. Ein ähnliches Versatzstück bietet der vierte Akt, eine »antike Humoreske« nämlich, die in eine wiederum pseudo-»heroische Pastorale« eingebettet ist und an deren Ende die Antike samt der Natur in sich zusammenfällt als Ergebnis der »schauderhaftesten Umwandlung«. Das Szenarium sieht vor:

> Alles ist wie getroffen von Wetter und Tod: die Bäume stehen laublos und verdorrt; der Tempel ist zu einer Ruine zusammengesunken; die Bildsäulen liegen gebrochen am Boden; die Königin Helena sitzt als eine fast zum Gerippe entfleischte Leiche in einem weißen Laken zur Seite des Faust; die tanzenden Frauenzimmer sind ebenfalls nur noch knöcherne Gespenster [...].[35]

Nun drohte selbst der Tanz zu sterben, die Bewegung, wenn nicht eine gespenstisch gewordene Natur Faust und Mephistophela auf Flugpferden davongetragen hätte.

Staunenswert sind die choreographischen Einfälle Heines sowie der Variationsreichtum seiner geforderten Tanzfiguren, die ihn als einen Kenner der (französischen) Ballettszene ausweisen. Dabei fällt auf, dass er – vor allem im ersten Akt – wiederholt auf »banale« Schrittfolgen zurückgreift, seien es »banale Pirouetten« oder die »banalsten Pas«.[36] Sie kontrastieren mit dem »höheren Tanzunterricht der altklassischen Schule«, den Mephistopela dem sich seiner Gelehrtentracht entledigenden Faust erteilt. Überhaupt bedient sich Heine wirkungsvoll des Mittels der Bewegungskontrastierung, wie die teufelinische Initiation Fausts, jetzt in »sündig buntem Flitterstaat«, durch schiere Situationskomik belegt: »Mephistophela gibt dem Faust Tanzunterricht, und zeigt ihm alle Kunststücke und Handgriffe, oder vielmehr Fußgriffe des Metiers. Die Unbeholfenheit und Steifheit des Gelehrten, der die zierlich leichten Pas nachahmen will, bilden die ergötzlichsten Effekte und Kontraste.« Am Ende tanzen beide ein »brillantes Pas-de-deux«, und Faust fliegt »zur Freude seiner Kunstgenossinnen«, Mephistophelas Balletteusen, »mit ihnen umher in den wunderlichsten Figuren«.[37]

Dieser Tanz befindet sich nicht mehr auf einer Schwelle, sondern dient der Überschreitung, dem Hinübergleiten ins andere – nicht ins Metaphysische, sondern ins Teuflisch-Verlockende. Zu fragen ist, was diese Betonung des ›Banalen‹ als Kontrast zum Infernalisch-Künstlerischen bedeutet. In dieser Faust-Parodie, die gleichzeitig eine solche der Romantik in Gestalt des romantischen Balletts ist, ruft Heine die »Elementargeister« seiner eigenen Kunstperiode. Durch diese Elementargeister erweisen sich Banalität und anspruchsvolle Kunst als austauschbare Qualitäten. Das eine geht aus dem anderen hervor, ebenso wie das eine ins andere übergeht. Indem Heine das Ballett als ästhetische Bezugsqualität am Ende seiner lebenslangen Auseinandersetzung mit der Romantik ins Spiel bringt und zur parodistischen Form der Initiation Fausts in die Welt schrankenloser Sinnlichkeit erhebt, führt er diese Auseinandersetzung als Unterhaltungsangebot mit eigenständiger Gattung vor, eben als ein »Tanzpoem« in Prosa. Wäre es auf der Bühne umgesetzt worden – und an seiner Bühnenfähigkeit besteht kein Zweifel, dieser *Doktor Faust* bleibt eine Herausforderung für künftige Komponisten und Choreographen! –, dann wäre sichtbar geworden, wie ein ›getanztes Gedicht‹ aus der Prosa hervorgehen kann – eine typisch ›romantische‹ schwellenbewusste Konstellation.

Kapitel VI
Romantisch Wissen schaffen

Er hatte es ja gut gemeint, der Onkel des jungen romantisierenden Schriftstellers Alexander Adujew in Iwan A. Gontscharows erstem Roman *Eine alltägliche Geschichte* (1847), der im Sankt Petersburg der späten 1830er Jahre spielt. Besagter Onkel vermittelt seinem vielversprechenden Neffen, der in der großen Stadt Fuß fassen will, einen journalistischen Auftrag, von dem er glaubt, sein Neffe werde damit großen Erfolg haben: die Übersetzung von Aufsätzen aus dem Deutschen zu wirklich nützlichen Themen aus dem Fundus der *angewandten* Wissenschaften. Sie tragen Titel wie »Der Dünger« oder »Der Kartoffelsirup«, eben das Neueste aus der chemisch orientierten Agrarwissenschaft in deutschen Landen.[1]

Als die Romantik ihrem Ende entgegenzugehen scheint, zieht Genauigkeit ein in ihre Prosa. Gustave Flauberts (1821–1880) Abgesang auf die Gefühlswelt der Romantik, *L'Éducation sentimentale* (1869), beginnt am 15. September 1840 morgens um sechs Uhr, als sein junger Protagonist Frédéric Moreau an Bord des Seine-Dampfers »Ville-de-Monterau« geht und nach Abschluss seines Studiums fürs Erste Paris hinter sich lässt. George Sand wird in ihrer Besprechung des zunächst mit wenig Begeisterung aufgenommenen Romans behaupten: »Das ist das Ende des romantischen Strebens von 1840, das an den bürgerlichen Realitäten zerbricht, an den Gaunereien der Spekulanten, an der trügerischen Leichtigkeit des prosaischen Alltagslebens gleich neben der Härte des Existenzkampfes.«[2]

Flaubert wird in seinem letzten, Fragment gebliebenen Roman, *Bouvard und Pécuchet*, zeigen, was es bedeutet, zu versuchen, ›die Welt‹ mit ihren Realitäten und Realien ›wissenschaftlich‹ zu erfassen und somit die Gefühlsbesessenheit der Romantik durch die Faktizitätsobsession der Wissenschaft zu ersetzen. Die beiden, von Beruf Kopisten und durch eine Erbschaft zu Geld und Unabhängigkeit gekommen, bilden sich zu zweifelhaften Kurzzeitexperten in den verschiedensten Disziplinen heran. Sie betreiben Argarstudien, Chemie, Archäologie, Medizin und Theologie, sie studieren die Literatur in Gestalt der historisch-romantischen Romane Walter Scotts, vertiefen sich aber auch in Rousseaus *Die neue Heloise* und Benjamin Constants *Adolphe*. »Allen diesen Werken machten sie den Vorwurf, sie enthielten nichts über das Milieu, das Zeitalter, die Kleidung der handelnden Personen. Es ginge lediglich um Herzensangelegenheiten, immer nur um das Gefühl! Als gäbe es nichts anderes auf der Welt!«[3] Flauberts Bouvard und Pécuchet verhalten sich wie Laurel und Hardy in der Welt des verdummenden Faktenwissens. Als sie vermittels mesmeristischer Praktiken versuchen, eine Kuh von ihren Koliken zu kurieren, scheint festzustehen, dass die romantische Wissenschaft nur noch in der Groteske weiterleben kann. Doch spätestens mit Sigmund Freuds Frage nach der Eigenlogik im Psychischen sollte sich diese Einschätzung ändern.

In der Poetisierung der Wissenschaft sah die Romantik in ihrer Frühphase eine ihrer vorrangigen Aufgaben, und das bedeutete vor allem, ein wenn nicht neues, so doch gewandeltes Verhältnis zur Natur aufzubauen. Daraus ergab sich eine regelrechte Wissenspoetik, das heißt, die Erschließung des Wissens mit sprachpoetischen Mitteln und die poetische Naturreflexion als Ansatz für ungewohnte Sichtweisen auf die Natur.[4] Damit war durchaus (noch nicht) die Herstellung von »Dünger« gemeint, ebenso wenig die Instrumentalisierung und (Aus-)Nutzung der Natur in kommerzieller Absicht, sondern man fragte nach dem Verhältnis von Wissenschaft und Natur und dachte über beide als Leistung der Philosophie nach.

Die Grundlagen dafür schufen Fichte mit seiner *Wissenschaftslehre* und Schelling mit seinen Schriften zu ihrer methodischen Weiterführung, namentlich mit seinen *Ideen zu einer Philosophie der Natur als Einleitung in das Studium dieser Wissenschaft* (1797), was den Versuch einschloss, sich über die Natur des Wissens Klarheit zu verschaffen. Novalis' Auseinandersetzung mit Fichte wiederum hatte ihn einerseits zu praktischer Naturanalyse geführt, andererseits zu poetischen Überformungen seines Naturbildes.

Dass Romantiker ein eigenständiges Wissenschaftsbewusstsein entwickelten, ist hinreichend bekannt und nachgewiesen. Woran es sich jedoch orientierte, bleibt, was die Bewertung ihrer wissenschaftlichen Einsichten und Leistungen angeht, umstritten. Augenscheinlich ging dieses betont experimentierfreudige Verständnis der Wissenschaft von einem Wechselverhältnis von Wissen und Nichtwissen aus, wobei man sich besonders des Unbewussten – bewusst war. Im Experiment erprobte man sich, man stellte seine eigene Phantasie unter Beweis, indem man die Natur auf die Probe stellte und ihr Stoffe entlockte, ja, sie als aus Stoffen oder Substanzen zusammengesetzt wahrnahm.

Nehmen wir folgenden typischen Fall: In der Pneumatic Institution des Thomas Beddoes (1760–1808) zu Bristol, der übrigens über eine stadtbekannte Sammlung deutscher Literatur verfügte, entdeckte im April 1799 der angehende Pharmazeutiker Humphry Davy (1778–1829), gerade einmal zwanzigjährig, die praktischen Anwendungsmöglichkeiten von Lachgas.[5] Es ging ihm um die Milderung von Zahnschmerzen. Die chemiebegeisterten Jünger des vielseitigen Beddoes, zu denen neben Davy auch Samuel Taylor Coleridge und der damals noch radikale, später das Establishment bedichtende Poet Robert Southey (1774–1843) gehörte, gingen tatsächlich davon aus, dass N_2O (Distickstoffoxid) das Leben erleichtern könne, was sich bis in die Welt der Karikatur fortsetzte, wie ein Beispiel aus dem Jahr 1830 belegt (Abb. 5).

Wissenschaftlicher Anspruch konnte in burlesken Erfindungsgeist umschlagen, der sich dann nur noch als Karikatur umsetzen ließ. Der gemeinsame Nenner blieb der Anspruch, das Leben zu erleichtern und lebenswerter zu machen, sei es durch Lachgas oder durch eine abstruse Hutkonstruktion, die den Gentleman mit allerlei Nützlichem und Unnützem versorgt (Abb. 6)

Insgesamt erwies sich jedoch für die wissenschaftsbewussten Romantiker jenes nicht sogleich lebenspraktisch zu bestellende Feld zwischen dem Unerklärlichen und Erklärbaren, dem Beweisbaren und Imaginären als das eigentliche Hauptproblem. Auf diesem Feld gedieh ihre poetische Wissenschaftssprache; hier reifte und erblühte ihre Sprache; hier ließen sie die Dinge zu Metaphern werden oder die Metaphern zu Dingen, um sie als Symbole zu ernten.

Wissensvorgaben und vulkanische Erfahrungen

Aber zunächst ist eine andere Frage zu klären: Was müssen wir wissen, um annähernd zu begreifen, was die ›Romantik‹ als Epoche gewesen und was vom Romantischen als emotiv-kulturelles Phänomen

geblieben ist? Von welcher Art Wissen ist die Rede? Lässt sich beispielsweise über die Mitte der romantischen Kultur- und Kunstperiode sprechen ohne Hinweis auf einen Vulkanausbruch in Indonesien,
der sich um das Ende des Wiener Kongresses ereignete (1815) und Europa sowie Nordamerika in den Folgejahren, also in der Hochphase
der Romantik, Missernten, Hungersnöte, massenhafte Auswande-
rungen sowie soziale Revolten einbrachte?

Was war geschehen? Die Natur lieferte in Gestalt des größten
Vulkanausbruchs der Menschheitsgeschichte beredtes Anschauungs-
material für die Vulkanisten unter den Geologen. Am 10. April 1815
eruptierte, ja, explodierte ein Viertausender, der Tambora, auf der Insel Sumbawa östlich von Java und Bali, und sein Ausbruch dauerte
drei Stunden lang. Der gewaltige Ascheausstoß führte zu einer Verdunkelung vor allem der nördlichen Hemisphäre sowie zu einer dras-
tischen Abkühlung. Sintflutartige Regenfälle, extreme Kälte und
Schneefall sogar im Sommer (wie in der Schweiz registriert) waren
die äußeren Zeichen einer Klimakatastrophe von bis dahin unbe-
kanntem Ausmaß.[6] Der Volksmund prägte das Wort »Achtzehnhun-
dert-und-erfroren« für diesen Zeitraum.

Dieser Katastrophe verdankt die Menschheit einen mit Leid verbundenen Erfahrungszuwachs bezüglich klimatischer Verhältnisse,
der jedoch noch nicht in verifizierbares Wissen übersetzt werden
konnte. Im Grunde ließen sich erst in unserer Zeit diverse Phänomene wie soziale Migration, Revolten, Dunkelheitserfahrung wissenschaftlich gesichert auf diesen Vulkanausbruch zurückführen.[7]

Eine mittelbare literarische Auswirkung dieses auf den Ausbruch
des Tambora folgenden »Jahres ohne Sommer« (1816) war Mary Shelleys Arbeit an ihrem Roman *Frankenstein or the Modern Prometheus*,
von dem noch ausführlicher die Rede sein wird. Shelley verbrachte
diesen extrem kalten und verregneten Sommer am Genfersee zusammen mit Lord Byron, dessen Leibarzt John Polidori, ihrer Stief-
schwester Claire Clairmont und ihrem zukünftigen Ehemann, Percy
Bysshe Shelley, und zwar in der Villa Diodati, die sie während dieses
Sommers aufgrund der Witterungsverhältnisse kaum verlassen
konnten. Polidori schrieb übrigens in jenem Sommer die Schauerge-
schichte *The Vampyr* – und das lange vor Bram Stokers *Dracula*. Dass
diese Verdunkelung der Welt sich nachdrücklich auf das Verfassen

von sinistren Schauergeschichten ausgewirkt hat, die später »Gothic Romanticism« genannt wurden, liegt ohnedies auf der Hand.[8]

Ein bildliches Zeugnis findet sich in William Turners Gemälde von 1817, das den Ausbruch des Vesuvs darstellt, und Lord Byron reflektierte eine quasi-biblische »Finsternis« in seinem Gedicht »Darkness« mit einem Morgen, der keinen Tag mehr bringt, nur weitere Dunkelheit. Das Licht selbst scheint zu verzweifeln:

> Ich hatte einen Traum, der keiner war.
> Die Sonne war erloschen, und die Sterne,
> verdunkelt, schweiften weglos durch den Raum,
> kein Mond, die Erde schwang im Äther, blind
> und eisig sich verfinsternd [...]. [Übers. d. Verf.][9]

Sein Gedicht sieht ausgelöschte Menschen, jeglicher Hoffnung beraubt, des Lichts entwöhnt. Die »Nachtseite« der Existenz entsprach nun einer realen Erfahrung. Das Dunkle wurde zur Atmosphäre eines kümmerlichen Lebens.

In England und andernorts in Europa machte sich 1818 in dieser Stimmung das Leiden weiter Teile der Bevölkerung in Arbeiterunruhen Luft, die im Massaker bei Peterloo endeten und zur Aufhebung der *Habeas Corpus Akte* durch die Regierung von Lord Liverpool führten. Dadurch wollte man der Arbeiteraufstände der Maschinenstürmer Herr werden, der sogenannten Ludditen, benannt nach einem ihrer Anführer, Ned Ludd. Diese zwischen 1812 und 1818 in den neuen mittel- und nordenglischen Industriezentren brodelnden Proteste gegen die fortschreitende Maschinisierung der Produktionsabläufe sollten sich in den *swing riots* der Landarbeiter gegen die Einführung von Dreschmaschinen zwischen 1830 und 1833 wiederholen. Ludd und seine Helfer wurden zum Tode verurteilt; andere Aufständische und Maschinenstürmer[10] nach Australien deportiert, das damals als Sträflingskolonie genutzt wurde. In Schlesien, wo die industrielle Revolution später einsetzte, kam es erst 1844 zu einem auch durch Heines berühmtes Gedicht rasch mythisierten Weberaufstand.[11]

In der ökonomischen Theorie fanden diese wenig ›romantischen‹ Vorgänge einen unmittelbaren Niederschlag, und zwar zunächst in den Darlegungen von David Ricardo, der 1819 die Behauptung aufstellte, Maschinen würden keineswegs nur menschliche Arbeitskraft überflüssig machen, sondern auch neue Arbeitsformen ermöglichen. Er betonte aber auch, sie schüfen ebenso viel Arbeit, wie sie vernichteten.[12] Dem widersprach der Schweizer Nationalökonom Jean-Charles-Léonard de Sismondi in seinen später auch von Karl Marx und Friedrich Engels unterstützten Thesen.[13]

In dieser Zeit, die von den Nachbeben der Französischen Revolution, Napoleons europäischen Feldzügen und dem Ausbruch des Tambora erschüttert wurde, war angesichts solcher Eruptionen die Sehnsucht nach Stabilisierung der Verhältnisse durchaus verständlich. Geradezu exemplarisch vollzog der Dichter William Wordsworth die Wandlung ins politisch Konservative; er wurde sogar zum poetischen Propagandisten der Tories im Lake District. Damit war er Robert Southey nicht unähnlich, dem einstigen Radikaldemokraten, der nun als *poeta laureatus* quasi von Amtes wegen dem Establishment poetisch zu dienen hatte, ein Amt, in dem Wordsworth erwartungsgemäß sein Nachfolger werden sollte. Selbst Coleridge vollzog einen Schwenk hin ins konservative Lager, und zwar in seiner Schrift *The Statesman's Manual* (›Das Handbuch des Staatsmannes‹, 1816). Byron, die Shelleys und zuletzt Keats konnten sich mit diesem politischen Klimawandel nicht anfreunden. Sie hielten sich entweder politisch bedeckt (Keats) oder verließen demonstrativ die britischen Inseln (die Shelleys und Byron), wobei für Keats, der ihnen schließlich folgte, gesundheitliche Gründe den Ausschlag gaben.[14]

Anderes, Neues wissen und benennen wollen

Romantische Wissenschaft verstand sich durchaus im Sinne Giambattista Vicos als eine *scienza nuova*. Sie fragte auf ungewohnte Weise nach dem, was ›Natur‹ ist und bedeutet, und das in einem analytischen wie therapeutisch-synthetischen Sinne; sie interessierte sich für die Verhältnisse im Psychischen, untersuchte das Zusammenwirken von Medizin und Anthropologie, erörterte die Natur des Politischen und der Gemeinschaftsbildung. Sie betrieb somit wörtlich Lebenswissenschaften, indem sie sich selbst als etwas Lebendiges begriff, als Lehre vom *bios* und damit als Grundlage des Verstehens der Welt.

Ihre Vertreter – von Franz Anton Mesmer, Johann Baptist Malfatti, Ignaz Paul Vitalis Troxler, Lorenz Oken bis zu Carl Gustav Carus, Joseph Ennemoser, Johann Wilhelm Ritter, Gotthilf Heinrich Schubert und Dietrich Georg Kieser, um nur einige zu nennen – *lebten* den Widerstreit zwischen Empirie und Spekulation; sie versuchten, nach der Vorlage Schellings Wissenschaft als *praktische* Philosophie der Natur zu praktizieren und zu vermitteln. Und das bedeutete: die Natur *lesbar* zu machen und sich wie Goethe um eine Sprache zu bemühen, die eine solche Vermittlung überhaupt erst ermöglichte.

Schelling hatte befunden, dass sich im Begriff die Materie »organisiere«,[15] also sprachlich-geistig strukturierbar und reflektierbar werde. Dabei wurden die Begriffe ihrerseits sowie ihre Einbindung in sprachliche Zusammenhänge selbst zu einem Gegenstand der Wissenschaft, nämlich der für die Romantik so wesentlichen Philologie, auf die ich bereits mehrfach aufmerksam gemacht habe. Aufgrund dieser philologischen Betätigung kam es verstärkt zu Übersetzungen, die Wissen über das Andere, Fremde vermittelten. Die romantische Wissenskultur scheint im Rückblick wesentlich das Ergebnis von großen Übersetzungsleistungen.

Mit dem Aufkommen einer (editions-)kritischen Philologie verband sich die zunehmend wissenschaftliche, sprich: quellenkundliche Untersuchung geschichtlicher Entwicklungen. Dafür hatte Johann Gottfried Herder die Vorlage geliefert mit seinen *Ideen zur Philosophie der Geschichte der Menschheit* (1784–91). Sie gingen von dem Postulat aus, Geschichte sei das Sein. Entsprechend richte sich die Wissenschaft von der Geschichte auf das, »was da ist«.[16] Der frühe Schelling fragte daraufhin, ob eine Philosophie der Geschichte überhaupt möglich sei. Es sei wohl zunächst zu klären, was ›Wissen‹ über die Geschichte bedeute, verbunden mit der These, dass jedes ›mechanistische‹ Erklärungsmodell geschichtlicher Begebenheiten oder Entwicklungen verfehlt sein müsse, da die Geschichte »das Veränderliche« schlechthin zu ihrem Gegenstand habe.[17] Kritisch gegen Herder argumentierte der frühe Friedrich Schlegel, für den Geschichte die »Einheit von Bewußtseins- und Handlungsraum« darstellte.[18]

Das Wissenwollen, dieser Bewusstseinszuwachs und damit qualitativ voraussetzungsreichere Möglichkeiten zur (Selbst-)Reflexion entstehen gleichzeitig mit dem Interesse daran, was im Unbewussten geschieht. Fragt man nach der eigentlichen bewusstseinserweiternden Leistung des Wissenszuwachses in der Romantik, dann wäre sie in diesem Bereich zu suchen: So unzulänglich auch Mittel und Methode der Epoche waren, um die »Nachtseite« im Inneren des Menschen auszuleuchten, das im Eigenen verborgene ›andere‹ verstehen zu lernen: Die Einsicht, dass menschliches Verhalten mit den inneren seelischen Verhältnissen zusammenhängt, ist eine romantische.

Die von Novalis wiederholt angemahnte »Verfeinerung der Sinne« (II, 318) als Voraussetzung einer fortschreitend differenzierenden Art der Wahrnehmung ergab sich aus seinem Interesse an psychologischen Befunden.[19] Seine Themen reichten von der unüberprüfbaren Frage, ob Raffael ein »Seelenmahler« gewesen sei (II, 474), bis zu zahlreichen Notaten über den Zusammenhang von enzyklopädischem Erfassen von Wissensmaterial, chemischen Reaktionsabläufen und psychologischer Aufarbeitung von Wissen durch »Repräsentation«: So sei das (unbewusste) Nicht-Ich nur verständlich, wenn man es vom Ich als etwas Bekanntem repräsentieren lasse. (II, 478) Novalis ließ dabei die ästhetische Dimension nie außer Acht, etwa wenn er die Chemie als eine »Stoffkunst« bezeichnete. (ebd.)

War Novalis von dem Primat der Ästhetik ausgegangen, verschob sich dies im Laufe seiner Aufzeichnungen dahin, dass ihm die Psychologie zu einer Art Leitwissenschaft wurde, der er schließlich die Ästhetik zuordnete. (II, 555) Dieser Tendenz ließ sich Novalis' Interesse daran zuschreiben, *alle* Gebiete des Wissens zu beseelen, einschließlich des Somatischen. Dabei handelte es sich um ein spätaufklärerisches Erbe, das er unter anderen mit Friedrich Schlegel und Justinus Kerner teilte und das in Karl Philipp Moritz' *Magazin zur Erfahrungsseelenkunde* manifest geworden war. Moritz hatte dieses Jahresmagazin 1783–93 zusammen mit K. F. Pockels und Salomon Maimon herausgegeben und zum Modell einer durch Fallstudien geprägten Erfahrungswissenschaft auf dem Gebiet der Psychosomatik werden lassen.[20] Das Beobachten von Fällen deklarierte Moritz als eine »Kunst«, wobei er dem Aufzeichnen von Leiden, der Pathographie, eine zumindest potentiell ästhetische Dimension zubilligte.

Novalis zeigte, wie Somatik, Physiologie und Seelenkunde ineinander übergehen, sofern wir genügend Beobachtungswerte und treffliche Begriffe haben. Beispielsweise interessierten ihn die Speisen, die wir zu uns nehmen, nebst den Essensritualen – etwa in den sogenannten *Teplitzer Fragmenten* (1798). In solchen Studien kann er die Poesie eine »flüssige Seele« nennen und den Witz »geistige Electricität«. Der »Seelenmagnetismus« stifte Freundschaften, sei es bei oder unter dem Tisch, und zwar – ein seltener ironischer Moment bei Novalis – »unter den *eisernen* Leuten am leichtesten«.[21]

Neben Fallstudien und empirisch-analytischen Beobachtungen ist es vor allem die sprachlich-begriffliche Leistung, die explorativ, spekulativ und/oder assoziativ sein kann und durch die sich Wissen ›schaffen‹ lässt. Die plötzliche Einsicht kann sich am gewagten Sprachbild entzünden. Es ist der Einfall, der die Fallstudie entlastet: »Die Holzkohle und Der Diamant sind Ein Stoff – und doch wie verschieden – Sollte es nicht mit Mann und Weib derselbe Fall seyn. Wir sind Thonerde – und die Frauen sind Weltaugen und Sapphyre die ebenfalls aus Thonerde bestehn.«[22] Hier schafft primäres Wissen über stoffliche Phänomene die Grundlage für den Absprung ins Symbolische.

Den Weg zum Wissen und damit zur Einsicht in das, was Wissen schafft, schildert der Erzähler zu Beginn von Novalis' Romanfragment *Die Lehrlinge zu Saïs*. Man hat ihn so oft zitiert, diesen Anfang, und das mit Recht; denn ihm kommt eine Art Schlüsselcharakter für das zu, was man romantische Wissensbegehung nennen könnte. Er enthält ein methodisches Vademecum für Forschungen aller Art:

> Mannichfache Wege gehen die Menschen. Wer sie verfolgt und vergleicht, wird wunderliche Figuren entstehen sehn; Figuren, die zu jener großen Chiffrenschrift zu gehören scheinen, die man überall, auf Flügeln, Eierschalen, in Wolken, im Schnee, in Krystallen und in Steinbildungen, auf gefrierenden Wassern, im Innern und Äußern der Gebirge, der Pflanzen, der Thiere, der Menschen, in den Lichtern des Himmels, auf berührten und gestrichenen Scheiben von Pech und Glas, in den Feilspänen um den Magnet her, und sonderbaren Conjuncturen des Zufalls, erblickt.[23]

Auf die angemessene Lesart des Lesbaren kommt es an, wobei auffällt, dass Novalis' Erzähler nicht zwischen organischer und anorganischer Natur unterscheidet, sondern beide Seiten der Natur in sein Spuren- und Figurenlesen miteinbezieht. Doch was wie ein »Schlüssel« zum Verstehen aussieht, erweist sich als noch nicht verlässlich, weil unsere Sinne nicht ausreichend gebildet seien. »Ein Alcahest«, also ein Lösungsmittel, »scheint über die Sinne des Menschen ausgegossen zu seyn. Nur augenblicklich scheinen sich ihre Wünsche, ihre Gedanken zu verdichten. So entstehen ihre Ahndungen, aber nach kurzen Zeiten schwimmt alles wieder, wie vorher, vor ihren Blicken.«[24] Es bedarf daher eines wissenschaftlich bewanderten Lehrers, der zugleich hören, sehen, tasten und denken kann, um zur Schulung der Sinne, der Instrumente der Wahrnehmung, und damit der Vorbereitung von Wissen anzuleiten.

›Romantisch‹ am Wissenschaftsverständnis an der Schwelle zum 19. Jahrhundert war die Überzeugung von der prinzipiellen Lesbarkeit der Natur. Das Entziffern ihrer Chiffren stützte sich auf die Physik als Grammatik der Natur, auf die Chemie und die aufkommende Biologie als Typologie der Lebensformen sowie die werdende Psychologie als Schlüssel zum Verstehen seelischer Vorgänge. Die frühe Romantik konnte in ihrem psychologischen Interesse auf Überlegungen aufbauen, die auf den Theologen und Philosophen Jakob Friedrich Abel (1751–1829) zurückgingen. Abel hatte die Psychologie als eine Grundwissenschaft angesehen, wobei er im seelischen Vermögen das Verhalten des Menschen und seine Fähigkeit zur Erkenntnis vorgebildet sah. Für Abel gab es etwas, was die frühen Romantiker – vor allem auch Novalis – ablehnten: ein *a priori* in der Seele.

Gerade Novalis ging von einer Eigenwertigkeit des Seelischen aus, was der romantische Psychologismus später bestätigte: Dem Seelischen gestand man ein Eigenleben zu, das weniger vorbildete, als dass es einen Gegensatz zum ›äußeren Leben‹ darstellte.[25] So wenig ›wissenschaftlich‹ es auch klingt, sogenannte ›Einflüsse‹ ergaben sich – zeitbedingt – eher durch das, was ›in der Luft lag‹, als Denkvermutung umherschwirrte und wenig greifbar, aber, Gerüchten nicht unähnlich, von erheblicher Wirkung war. Man sollte statt der ›Einflüsse‹ wohl sachgenauer, wenn auch sprachlich unpräziser, von einer Umfließung, Umwölkung durch zeitgängige Gedanken sprechen, die gerade junge Menschen, wie es die frühen Romantiker nun einmal waren, eifrig aufnahmen, fernab von jeder scheinbar bündigen Systematik. Gerade im Umfeld des *Athenäum* hatte man einen Sinn dafür entwickelt, dass Kategorien und systematische Vorgehensweisen, so unverzichtbar sie für den Denkvorgang selbst sind, letztlich künstlich, illusionär sein müssen.

)Wissenschaft‹ bedeutete in diesem frühen Stadium primär die versuchsweise Dekodierung natürlicher Vorgänge, sprich: ihre Übersetzung in allgemeingültige Begriffe. Noch stand die Synthetisierung neuer Stoffe nicht im Vordergrund wissenschaftlichen Arbeitens, auch wenn Mary Shelleys *Frankenstein*-Modell genau in diese Richtung wies und Justus von Liebig mit der Herstellung von künstlichem Dünger eine stofflich nutzbare Synthetisierung gelingen sollte.[26]

Doch begnügte sich die romantische Wissenschaft nicht damit, angebliche Chiffren der Natur zu lesen; sie sollten auch hörbar werden und damit die Natur wie auch die Kunst zu einer synästhetischen Erfahrung machen. Ohnedies lässt sich behaupten, dass die Forderung nach einer synästhetischen Umsetzung von Naturwahrnehmung in künstlerische Produktion und Kunsterfahrung dem synthetisierenden Verfahren in der Wissenschaft vorausging. Bedenken wir in diesem Zusammenhang den Fall der Transformationskette von Georg Christoph Lichtenbergs elektrischen Figuren, Ernst Florens Friedrich Chladnis (1756–1827) Klangfiguren und Johann Wilhelm Ritters Bemühungen, chemische Prozesse zu visualisieren.[27]

Lichtenberg verstand seine elektrischen Figuren (baum-, farn-, kreis- oder sternförmige Muster, die durch elektrische Hochspannungsentladungen aus isolierenden Materialien entstehen[28]) als *organische* Modelle. Durch das Sichtbarwerden verwandelten sich anorganische Vorgänge also in quasi organische, ästhetisch ansprechende Muster. Lichtenberg schrieb dazu am 5. Februar 1778:

> Ich habe diese Tage über einige Versuche über die Elektrizität gemacht, mit dem Harzstaub, die mir jene Entdeckung immer wichtiger machen. Unter anderm habe ich mit einem einzigen Schlag eine Menge Concentrischer Circkel hervorgebracht [...]. Es ist freilich gespielt, allein ein so schönes lehrreiches Spiel, daß ich mich dessen nie schämen werde.[29]

Chladni wiederum hatte eine Glas- oder Leichtmetallscheibe mit feinem Sand bestreut und mit Hilfe eines Geigenbogens in Schwingung versetzt. Der dadurch entstehende Klang und die entsprechende Figur im Sand kehren identisch bei exakter Wiederholung des Versuchs wieder.[30] Chladni zog mit seiner Entdeckung und den Klangfiguren, die er wirkungsvoll schematisierte, durch die Lande. Man hat zu Recht von der performativen Seite dieser Geigenbogenexperimente gesprochen;[31] Novalis hat sie in den zitierten Anfang seiner *Lehrlinge zu Saïs* aufgenommen. Und zwar ist dort von der Lichtenberg'schen *und* der Chladni'schen Variante die Rede, wenn sein Erzähler Bezug nimmt »auf berührten und gestrichenen Scheiben von Pech und Glas, in den Feilspänen um den Magnet her«. Zusammen mit den anderen »Chiffren der Natur« bezeichnet er sie jedoch als »Conjuncturen«, also Verknüpfungen, freilich »des Zufalls«, nicht als sich bewährende Modelle.

Im Anhang zu seiner postumen Würdigung seines Freundes Novalis, *Fragmente aus dem Nachlasse eines jungen Physikers* (1810), setzt sich Ritter mit dem Zusammenhang von Lichtenbergs und Chladnis Figuren auseinander, wobei er zu dem Schluss kommt, dass sie als eine natürliche Schrift, sprich: als Schrift der Natur zu verstehen seien.[32] Das bedeutet aber auch: Damit sich die Natur dem Menschen mitteilt, bedarf es des Experiments. Ein unmittelbares Verstehen der Natur – zumindest ihrer quasi sprachlichen Seite – ist somit nicht möglich.

Es handelt sich dabei freilich erst um eine Sprache ohne Narrativ; erst das Experiment bringt sie zum Reden. Durch die typisierenden Figuren jedoch lässt diese Sprache Klassifizierungen zu, jene durch Carl von Linné eingeführte Passion in der sich entwickelnden Biologie romantischer Zeit, die auch auf die Sprachtheorie nicht ohne Einfluss blieb.[33]

Carl Gustav Carus und die Psyche

Methode und Praxis des Forschens in der Romantik orientierten sich an vielfältigen Zielvorstellungen: Es sollte die Umrisse einer Physiognomik des Wissens herausarbeiten, um dadurch die Natur lesbar zu machen; und es sollte das Wechselverhältnis von Bewusstem und Unbewusstem greifbar machen. Es sollte durch Untersuchungen des Somnambulen das Doppelwesen des Menschen begründen, es sollte auf Herders Spuren den Ursprung der Sprache durch philologisch gesicherten Sprachenvergleich ermitteln, und es sollte einerseits die wissenschaftlichen Disziplinen in ihrer jeweiligen fachlichen Besonderheit entwickeln, andererseits aber ihre inneren Zusammenhänge gerade im Bereich der Begrifflichkeit wirksam werden lassen.

Die Erforschung der Natur begriff die Romantik als vorrangige Kulturleistung, wobei die dadurch gewonnenen Einsichten deren poetische Vermittlung besonders knifflig machten (etwa die sprachliche Darstellung somnambuler Zustände). So benötigte der vielbegabte Carl Gustav Carus (1789–1869), der, von der vergleichenden Anatomie kommend, nicht nur die Landschaftsmalerei untersuchte, sondern eine Art Morphologie des Lebens entwerfen wollte, die gesamte romantische Periode als einen Erfahrungsraum, bis er seine empirisch und naturphilosophisch fundierten wissenschaftlichen Hauptwerke vorlegen konnte: *Psyche. Zur Entwicklungsgeschichte der Seele* (1846), *Physis. Zur Geschichte des leiblichen Lebens* (1851), *Symbolik der menschlichen Gestalt* (1853), *Über Lebensmagnetismus und über die magischen Wirkungen überhaupt* (1857) und zuletzt *Vergleichende Psychologie oder Geschichte der Seele in der Reihenfolge der Tierwelt* (1866).

Für mich ist vor allem sein Werk *Psyche* (1846) von Interesse, zumal es von den genannten Hauptschriften der eigentlichen romantischen Periode am nächsten lag. Darin versucht Carus vorzuführen, was es bedeutet, Wissen über den Menschen zu gewinnen, indem man prüft, wie das Bewusstsein sich aus dem Unbewussten bildet, genauer gesagt: welche Spuren des Unbewussten in bewussten Handlungen und Reflexionen erkennbar bleiben.[34] Carus' Pionierleistung besteht unter anderem darin, dass er im Rahmen seiner Untersuchungen zur »Psyche« eine »Geschichte der Gefühle« (Freude, Trauer, Liebe, Hass), eine Geschichte der Erkenntnis und des Willens ebenso entwirft, wie er das Verhältnis von »Seelenkrankheit« zu »Seelengesundheit« zu bestimmen versucht.

Beschränken wir uns hier auf Carus' zentrale Argumentation, das »erste Hervorbilden des Bewußtseins aus dem Unbewußtsein«.

Carus spricht damit von einem Schwellenmoment nicht nur im Zusammenhang mit seinem eigentlichen Thema, der Entwicklung der Psyche, sondern auch im Hinblick auf das wissenschaftliche Selbstverständnis zwischen romantischer Emotivität und analytischer (›moderner‹) Materialität. Verfolgen wir den Argumentationsgang dieses Schlüsselkapitels.

Mit dem, was Carus das »Gesetz des Geheimnisses« nennt (98), verweist er zunächst auf die Grenzen des Analytischen – was mehr ist als nur eine relativierende Bescheidenheitsformel. Es entspringt der Einsicht, dass Letzterklärungen nicht möglich seien. Um Licht in das Dunkel der »Geheimnisse« zu werfen, bedarf es wiederholter definitorischer Leistungen, etwa dessen, was »Bewußtsein« überhaupt bedeutet. »Bewußtsein«, schreibt Carus, »drückt allemal ein ›Wissen‹ aus, und ein Wissen setzt ein Wissendes voraus, und ein Wissendes, welches nichts von sich, dem Wissenden, wüßte, wäre ein Unding, wäre ein Leuchtendes, in dem kein Licht wäre«. (99) Wissen über das Wissen stellt eine Form von Selbst-Reflexion dar, die ihrerseits Bewusstsein schafft.

Carus vermutet, dass es zwischen dem »Aufnehmen« einer äußeren Einwirkung und einer darauf reagierenden »Gegenwirkung« etwas »Mittleres«, die Idee des Individuums Repräsentierendes geben müsse, das jeweils nach beiden Seiten hin offen sein müsse und ein »Gemeingefühl« darstelle. (99) Dessen Intensivstufe sei das »Selbstgefühl«. Und weiter: »Erst durch dieses *sich selbst fühlen* wird dann auch überhaupt ein *Wissen*, und zwar ein bald dunkleres, bald helleres, bedingt, und ein solches wissendes oder bewußtes Leben der Seele wird sich nun in der Reihe der Wesen freilich auf sehr verschiedenen Stufen offenbaren.« (100) Carus nennt diesen Zustand »Weltbewusstsein« (101), womit er keine Entsprechung zum »Weltgeist« Hegels meint, sondern eher etwas Elementares: die Wahrnehmung unserer Mitwelt und erste Reflexionen darüber.

Aus dem »Selbstgefühl« sah Carus sich das Selbstbewusstsein entwickeln. Daraus wiederum ergibt sich die Tendenz zur »Concentration« (103), eine Art organische Nervenarbeit, durch die wiederum die äußeren Einflüsse ins Unbewusste dringen und im Bewusstsein verarbeitet werden. (105) Was Carus weiter interessiert, ist das Wechselverhältnis von Sinnesempfindung und der Wirkungsweise der

Sinnesnerven in den Sinnesorganen. Wissen darüber zu erlangen würde bedeuten, die physiologischen Voraussetzungen für Weltwahrnehmung verstehen zu lernen. Konkret gesprochen:

> Welch unendlich feine Oscillation ist es z. B. in den Hörnerven, welche für uns *in organischer Beziehung* die erste Bedingung der Wahrnehmung etwa einer Symphonie, ja aller Rede und alles Klanges ist; welche unendlich feine Affectionen erregt das Licht auf der innern Fläche der Netzhaut nach Art der Vorgänge, welche im Daguerre'schen Proceß durch das Licht auf der jodirten Silberplatte hervorgebracht werden, und doch ist gerade diese so höchst zarte Modification das zunächst Bedingende für alle die mannichfaltigen Wahrnehmungen des Auges. Wer dergleichen nicht selbst untersucht hat, dem ist nur zu rathen, daß er einmal das Auge eines Thieres aufschneide und die scheinbar einfache, gleichmäßig weiche Netzhaut, die dem unbewaffneten Auge erst als bloßer grauer Schleim erscheint, aufmerksam betrachte. (106)

Bemerkenswert daran ist, wie Carus Vorgänge technischer Reproduktion mit organischen Phänomenen in einen analogen Zusammenhang setzt, was dann in die Empirie der Anatomie übergeht. Durch den Vergleich verschiedener »Seelenleben« will er zudem Einsichten in menschliche Verhaltensweisen gewinnen. (108) Zeitbefangen führt er daraufhin die an der Gall'schen Phrenologie (Schädelkunde) orientierte These ein, dass die Hirnmasse die Arbeitsfähigkeit und Leistungskapazität des Gehirns bedinge.[35] Carus vertritt schließlich die Auffassung, dass die Beobachtung der anderen auch die Selbstbeobachtung fördere (111); analog dazu ließe sich sagen, dass die kritische Befragung unseres Bewusstseins das in uns ›andere‹, das Unbewusste, zu erhellen hilft.

Carus geht wie Johann Friedrich Herbart und Gustav Theodor Fechner von der Existenz eines Vorbewussten aus, das eine bestimmte Intensität erreichen müsse, um die Schwelle zum Bewussten zu überschreiten.[36] Zusammen mit Fechner, dem Begründer der Psychophysik, der eine Beseelung des Universums vermutete, stellte der Anatom und Physiologe Ernst Heinrich Weber ein Gesetz auf, das die Reizschwellen für bestimmte Sinnesempfindungen bestimmen sollte. Auch dabei ging es um Schwellenwerte und damit um eine zunehmende Quantifizierung von psychophysiologischen Vorgängen.

Zutreffend konstatierte Ricarda Huch in der Romantik eine Hinwendung zur Zahl,[37] die sich besonders ausgeprägt in den Studien des italienisch-österreichischen Mediziners Johann Baptist Malfatti (1775–1859) zeigte. Malfatti war Leibarzt des Erzherzogs Karl, später des Herzogs von Reichsstatt, und zeitweise eine Art medizinischer Berater Beethovens. Auch Chopin gehörte 1830/31 zu seinem Freundeskreis.[38] Malfatti ging vor allem in seiner Schrift *Studien über Anarchie und Hierarchie des Wissens* (1845) von Zahlen aus, die den Dingen einverleibt seien.[39] Er bezog sich dabei auf das altindische Urwissen von der Mathesis, laut Friedrich Schlegel die Kernsubstanz der »Weisheit der Indier«, ein mystisches Organon, das Mathematik und Metaphysik umfasste. Vor jeder Zahl sah Malfatti eine Null stehen, den »neutralen Punkt zwischen Mathematik und Metaphysik«, der nichts und alles zugleich meine – eine Ellipse gewissermaßen, unterwegs zum Kreis, der dann wieder erreicht sei, wenn ihre beiden Brennpunkte sich identisch aufeinander abbildeten und zu einem Kreismittelpunkt würden.

Biosophisch gedacht

Die Wissenschaftsformen veränderten sich. Was die Aufklärung als Disziplinen sorgfältig getrennt und schematisiert hatte, fand zu neuen Synthesen. Philosophie konnte – etwa bei Troxler – zur »Biosophie« mutieren. In den ästhetischen Wissenschaften verloren die Abgrenzungen zwischen den Künsten, wie sie Johann Georg Sulzer in der *Allgemeinen Theorie der Schönen Künste* und Gotthold Ephraim Lessing in seiner Abhandlung zum *Laokoon* vorgenommen hatten, ihre Gültigkeit. In allen denkbaren Zusammensetzungen meldete sich die »Seele« zu Wort. Aber zum eigentlichen Modebegriff um 1800 – er sollte sich im Vitalismus ein Jahrhundert später wiederholen – avancierte ›das Leben‹, wie Troxler in der Einleitung zu seiner programmatisch gemeinten Schrift *Elemente der Biosophie* (1808) befand. Dabei legte er Wert darauf, dass er bereits vor dieser Wendung des ›Lebens‹ zum »Modethema unserer Litteratur« aus seiner Sicht Maßgebliches über die Lebensvorgänge niedergelegt habe, und zwar in seinem *Grundriß der Theorie der Medicin* (1805). Worauf es Troxler ankam? Darauf, »unser Bewustseyn und Daseyn mit dem Leben zu reimen« und gleichzeitig dem Leben zu »Selbstbewustseyn« zu verhelfen.[40]

Die Philosophie, erläuterte Troxler, habe sich durch »Kritizismus« regeneriert und die »Richtung nach dem Wissen« eingeschlagen. Es handele sich um ein Wissen um das Absolute und – bei Fichte – um die »Ichheit« als »Einheit von Subject und Object«.[41] Die Wissenschaft vom Leben sieht im Leben eine Ursache an sich; es sei »Ursprung und Abgrund von Erscheinung und Existenz«.[42] Sie geht nach Troxler von der These aus, dass das Leben unsterblich sei.[43] Nun fällt auf, dass Troxler selbst, der zum Zeitpunkt des Erscheinens seiner Schrift über die Biosophie praktischer Arzt in Luzern war (er hatte in Jena u. a. bei Schelling sowie in Göttingen Philosophie und Medizin studiert), kaum empirisches Material ›biosophisch‹ aufbereitete. Seine *Ideen zur Grundlage der Nosologie und Therapie* (1803), die Schelling ebenso schätzte wie übrigens Beethoven, der sich mit Troxler während dessen kurzen Aufenthalts in Wien (1805) befreundete, boten eine Systematisierung der Krankheiten und ihrer Behandlungsarten; er ersetzte sie später durch einen holistischen Blick auf das ›Phänomen Leben‹. Dabei behauptete er sogar die Lebendigkeit des Immateriellen, etwa von Zeit und Raum sowie Kraft und Materie: »In *Kraft* und *Materie* offenbart sich das Lebendige; *Kraft* ist selbst nichts anderes als *Lebendiges* in *Erscheinung*, *Materie* nichts anderes, als *Lebendiges* in *Existenz*.«[44]

Das Dynamisch-Organische des Lebens betont Troxler, wobei in seiner aphoristischen Argumentation offenbar die Begriffe als dynamische sprachliche Einheiten verstanden werden sollten. Er will augenscheinlich seinen Text (auf-)leben lassen, ihn zu einem Dokument des Lebens in Reflexionen über das Leben und aus dem Leben heraus werden lassen. Auch das, was Ende des 19. Jahrhunderts als Vitalismus zu einer regelrechten geistigen Strömung werden wird, kennt Troxler von der Sache her bereits. So sieht er zum Beispiel Ursache und Wirkung in einem dynamischen »Vitalitätsverhältnis« begriffen.[45]

Ricarda Huch hatte die kühne, aber treffende These aufgestellt, dass die romantische Wissenschaft das vegetative Nervensystem gegen das Zerebralsystem den Aufstand habe proben lassen.[46] Jenes Nervensystem, das für die elementaren Lebensfunktionen wie Atmung, Verdauung und Kreislauf zuständig ist, wurde durch Mediziner, Physiologen und ›vitalistische‹ Philosophen aufgewertet und auf die gleiche Stufe gestellt wie gehirnfunktionelle Vorgänge. In jedem Fall ließe sich von einer Emanzipation der Körperfunktionen im Nachdenken über das Leben in dieser Zeit sprechen, was einher ging mit der Aufwertung des ›Organischen‹ zu einem kulturtheoretischen Begriff.[47]

In keinem Bereich erwies sich das Zusammenspiel von Körperfunktionen und unbewussten Vorgängen als sinnfälliger als in den Versuchen und Erklärungsmodellen des sogenannten animalischen Magnetismus oder Mesmerismus.[48] Der Magnetismus als eine allem Lebendigen innewohnende Kraft schien den Romantikern jenes Erkenntnisobjekt zu sein, das – mit Goethes Faust gesagt – die einzelnen Bestandteile der »Welt / Im Innersten zusammenhält«.

Was anzieht und abstößt – Romantischer Magnetismus und, einmal mehr, E. T. A. Hoffmann

In der frühen bis mittleren Phase der Romantik wurde der Magnetismus förmlich zu einem Metaphysikersatz, genauer: zu einer individualpsychologisch wirksamen Kraft, die weder rein geistig noch rein materiell genannt werden konnte. Paradox gesagt: Sie war eine nichtintellektuelle Geisteskraft, deren Haupteigenschaft in der Übertragung von psychisch-physischen Seinszuständen bestand. Im Magnetismus fand das Organische mit dem Anorganischen, die geistige mit der körperlichen Welt zusammen. So gesehen verstanden die Mesmeristen unter den Romantikern den Magnetismus gerade nicht als Nachweis für eine prinzipiell materialistische Weltsicht; sie sahen diese nämlich in Isaac Newtons Physik verankert, die sie deswegen ablehnten, wie es bereits Goethe getan hatte. Sie verstanden die Erde wie Goethe als einen Organismus, dessen vermutete Kräfte zusammen mit den kosmischen Schwingungen auf die höher entwickelten Lebewesen wirkten.

Der sogenannte animalische Magnetismus ließe sich vorstellen als eine Art Gravitation im Menschen. Im Sinne des Arztes Franz Anton Mesmer (1734–1815) schien der Magnetismus als eine Form inspirierter Heilmethode für psychische Störungen ideal einsetzbar.[49] Kritische Bestandsaufnahmen folgten nur in gebührendem Abstand in erster Linie im nichtdeutschen Sprachraum.[50]

Einen originellen Zusammenhang zwischen Magnetismus und Kunst stellte der zum Religiösen neigende Arzt und Autor Johann Karl Passavant (1790–1857) her. Nach seiner spekulativen Auffassung ging das Magisch-Magnetische dem Organischen im Menschen so voraus wie die Idee des Kunstwerks dem Kunstwerk selbst.[51] Dieser seinem Wesen nach platonische Denkansatz überrascht insofern, als er von einem der Empirie durchaus nicht abgeneigten praktischen Wissenschaftler stammte, der 1832 für zwei Jahre nach Wien ging, um dort – weit ab von allem Mesmerismus – Opfer der Choleraepidemie zu untersuchen. Doch zeigt dieses Beispiel die auffallende Parallelität von spekulativer und empirischer Methode in den Wissenschaften jener Zeit, wobei diese unterschiedlichen Methoden, die durchaus pluralistische Züge hatten, sofern sie nicht zu Dogmatismen erstarrten, ein jeweils anders geartetes Wissen hervorbrachten.

Wir sind bereits im Zusammenhang mit Justinus Kerner und dem Somnambulismus auf die Eigenart des literarisch aufbereiteten Magnetismus aufmerksam geworden. Doch es war einmal mehr E. T. A. Hoffmann, der in seinem Werk das Phänomen des Magnetismus überzeugend zu literarisieren verstand, und zwar erstmals im sechsten seiner *Fantasiestücke in Callot's Manier*, »Der Magnetiseur« (1814); die Novelle bildet den Schluss des zweiten Bandes und trägt den bescheidenen Untertitel: »Eine Familienbegebenheit«.[52]

Im literarischen Werk Hoffmanns findet sich (danach) kaum eine Seite, auf der er sich nicht mit psychischen Phänomenen und psychopathologischen Problemen beschäftigte. Als Jurist war Hoffmann mit skurrilen Fällen und ihren psychologischen Hintergründen vertraut und kannte die psychiatrische Literatur seiner Zeit, zudem durch die Auseinandersetzung mit Schellings Studie *Von der Weltseele* (1798) und Gotthilf Heinrich Schuberts *Ansichten von der Nachtseite der Naturwissenschaft* (1808) sowie spezifische Darstellungen zum animalischen Magnetismus.[53] Neben Justinus Kerner darf er als der psychologisch versierteste Experte unter den Schriftstellern der Romantik gelten.[54] Zudem war Hoffmann eng mit einem der führenden Mediziner der Zeit, dem Direktor des neu gegründeten Bamberger Hospitals, Adalbert Friedrich Marcus, befreundet, was wiederum Hoffmann höchstwahrscheinlich mit vielen der Besucher seines Freundes in Verbindung brachte: Neben Schelling, Schubert und den Schlegels waren das vor allem die Ärzte Christoph Wilhelm Hufeland, Johann Christian Reil und der norwegische Naturphilosoph Henrik Steffens.

Hoffmanns Hauptinteresse galt dem, was Wahnsinn, ›chronischer Dualismus‹, sprich: Schizophrenie, doppeltes Bewusstsein und multiple Persönlichkeiten tatsächlich *sind*. Sein Wissen über den Wahn präsentierte er – darin folgte er einem Hauptgebot der Romantik – *künstlerisch* in Form von Erzählungen. Aus allem, was über Hoffmanns einschlägiges Verhältnis zu den medizinischen Wissenschaften bekannt ist, lässt sich folgern, dass er ihre rein mechanistische Seite ablehnte, aber einen holistischen Zugang zu den Problembereichen Diagnose und Heilung deutlich favorisierte. Darin war er ebenso fortschrittlich wie in der Rechtsprechung; war er doch der Erste, der zwischen ›Mord‹ und ›fahrlässiger Tötung‹ unterschied.[55]

Empirisch-analytisches Wissen konnte ihm jedoch nicht genügen, auch wenn es das Schaffen förderte. Dass er aber sogar (selbst-) analytische Ansätze durchaus zu verfolgen verstand, überlieferte bereits Julius Eduard Hitzig in der ersten Biographie über Hoffmann (1823). In den »Beilagen« zum Kapitel über Hoffmanns Bamberger Zeit (1808–13) zitiert der biographierende Freund aus dessen Tagebüchern die uns bereits bekannte Bemerkung, die als ein Schritt in wahnhafte Selbstspaltung gewertet werden kann: »Sonderbarer Einfall [...] Ich denke mir mein Ich durch ein Vervielfältigungsglas; – alle Gestalten, die sich um mich herumbewegen, sind Ichs, und ich ärgere mich über ihr Thun und Lassen etc.«[56] Auch in den folgenden Aufzeichnungen zum Wahnhaften ist es eher der »Einfall« und das Sich-ins-Wahnhafte-Hineindenken, die Aufzeichnungen zum Thema ›Wahnsinn‹ auslösen: »Warum denke ich schlafend oder wachend so oft an den Wahnsinn? – Ich meine, geistige Ausleerungen könnten wie ein Aderlaß wirken.«[57]

Zu diesen »Ausleerungen«, medizinischer Praxis entlehnt, gehören kategorisierende Darstellungen wahnhaften Verhaltens. So notiert Hoffmann das Verhalten eines »wahnsinnigen Menschen«, der Tag und Nacht »mit einem Stein auf den andern klopft«, wobei das »Schauerliche« daran in der akustischen Folge dieses ›Tuns‹ liegt. Man könnte hier von einem tätigen Wahnsinn sprechen im Gegensatz zu einem Wahn, der sich in irrwitziger Vorstellung äußert:

> Ein wahnsinniger Mensch in Posen bildete sich ein, er sei die Sonne. – Auf dem Geländer der Fontäne auf dem Markte stand er und *schien*. Er machte sich oft den Spaß, die Leute zu blenden, und wenn manche, die seinen Wahnsinn kannten, so taten, als träfen sie wirklich Sonnenstrahlen, so lächelte er zufrieden [...]. Oft bildete er sich des Nachts ein, er sei der Mond und *schien* ebenso als am Tage als Sonne.[58]

Der Wahn erweist sich auf diese Weise als ein Gegenstand lebhafter Gedanken- und Vorstellungsexperimente, die in Hoffmanns Texten – und durch sie – zu so etwas wie einer intellektuellen Empirie werden. Therapien dagegen misstraute er – mit einer Ausnahme: der des Erzählens. Hitzig hatte schon erkannt, wie es um seinen Freund stand, wenn er ihm in einem Sonett (»An Hoffmann«) nachrief:

> Was Du gewesen und was Du gestrebt,
> Wie Dich der Erdgeist suchte zu verwildern,
> Wie Kunst erschien, die böse Glut zu mildern,
> Was du geträumt und was Du gelebt.

Vor seinen eigenen Wahnbildern sei er oft zurückgeschreckt, die nur die (Erzähl-)Kunst habe bannen und umsetzen können.[59]

Die Literarisierung des Wissens über Wahn, Mesmerismus und Magnetismus führt Hoffmann in seiner Novelle *Der Magnetiseur* in Form einer Rollenprosa vor, die wie ein Vorlauf zum erzählerischen Verfahren in den *Serapions-Brüdern* wirkt. Die Herausgeberfiktion beginnt am Ende der Geschichte in Gestalt eines »Billets des Herausgebers [der *Fantasiestücke in Callot's Manier*] an den Justizrat Nikomedes«, der als Nachlassverwalter des Schlossbesitzers nach dessen und seiner Familie Tod das verödete Anwesen aufsucht. Dort stößt er auf die Papiere des seinerzeitigen, nun gleichfalls verstorbenen Haus-

freundes, des Kunstmalers Franz Bickert, und entnimmt dessen Aufzeichnungen die ganze Wahrheit über das tragische Geschehen auf
dem Schloss.

Wir können hier diese von Hoffmann so kunstreich gepflegte
Verschachtelungsstruktur durchaus darauf beziehen, wie diese Erzählung das Wissen über den Wahn(-sinn) transportiert und trans-
formiert, wobei man in einem Punkt die Form des Wahnhaften genau sich spiegeln sehen kann. Gemeint ist die – wie später bei Hoffmann so oft – maniehafte Art, in der die Erzählebenen geschichtet
sind, sowie das Versteckspiel des reflektierenden Malers Bickert, des
Herausgebers und des Ich-Erzählers, des die Geschichte erlebenden
wie beglaubigenden »reisenden Enthusiasten«. Das zeitgenössische
Wissenschaftsverständnis und seine literarische Umsetzung stehen
demnach im *Magnetiseur* in einem engen Wechselverhältnis.

Eine erste Verwirrung beginnt mit dem volksmundhaften Leitmotiv: »Träume sind Schäume«. Denn die Art, in der drei der Hauptfiguren, der Baron, sein vom Magnetismus begeisterter Sohn Ottmar
und der Maler Bickert, deutlich verschieden über Träume sprechen,
zeigt gerade, dass für sie Träume alles andere als bloße Schäume sind.
Im Phänomen des Schaums, zumal bei Champagner, erkennt der Baron jedoch eine subtile Symbolik, die ihrerseits leitmotivischen Charakter annimmt: »Sieh die tausend kleine Bläschen, die perlend im
Glase aufsteigen und oben im Schaume sprudeln, das sind die Geister, die sich ungeduldig von der irdischen Fessel los lösen; und so lebt
und webt im Schaum das höhere geistige Prinzip, das frei von dem
Drange des Materiellen frisch die Fittige regend […] alle wundervollen Erscheinungen […] aufnimmt und erkennt.«[60] Nun kehrt der Baron das Verhältnis von Traum und Schaum um und behauptet, im
Schaum, bestehend auf dem Aufperlen und Sprudeln diverser Le-
benselemente, die im Schlaf scheinbar zur Ruhe kommen, bilde sich
der Traum.

Ottmar erweist sich als der für den Zusammenhang von Traumwelt und Magnetismus Empfänglichste unter ihnen; er ist es auch,
der Alban in die Familie einführt, den Magnetiseur, von dem eine
heilende, aber auch zerstörerische Wirkung ausgeht. Alban wird Ottmars Schwester Maria nach einem Nervenzusammenbruch und
Ohnmachtsanfall ›behandeln‹ und vorläufig heilen, wobei ihre Ohn-

macht dem Magnetiseur zu wachsender Macht über seine ›Patientin‹ verhilft.

Verfolgen wir das Erzählgeschehen in groben Zügen: Der Baron, jeglichem Magnetismus gegenüber erklärtermaßen feindselig eingestellt, erinnert sich an einen Traum aus seiner Militärzeit und damit an einen dänischen Offiziersausbilder, halb Berserker, halb die Gutmütigkeit in Person. Letzterer kannte »Tage, in denen er sich selbst nicht ähnlich war« (182). Eine gespaltene Persönlichkeit also, die dem Offiziersanwärter noch im Traum zusetzte, träumte ihm doch, dass der unheimliche Däne ihn im Schlaf aufsuche und durch eine Art Vivisektion seine Gedanken mittels einer glühenden Nadel im Gehirn freilegen wolle. Schon diese grauenvolle Vorstellung beinhaltet Kritik am wissenschaftlich-analytischen Verfahren, eben am Prinzip des Experimentierens, eine Kritik, die ja auch in Hoffmanns Erzählungen *Der Sandmann* und *Der goldene Topf* eine tragende Rolle spielt. Hinzu kommt, dass der damals junge Baron eine Sinnestäuschung erlebt; glaubt er doch, den Dänen ins freie Feld jenseits der Kasernengrenzen laufen zu sehen, während dieser auf seiner Stube einem Anfall erliegt. Mit dieser ersten Erzählung bestätigt der Baron wider Willen die Existenz paraphysischer und parapsychischer Phänomene, die er als kritischer Rationalist doch prinzipiell leugnet.

Nun ist Künstler Bickert an der Reihe, sein Traumleben zu kommunizieren, wobei er mit theoretischen Überlegungen beginnt, die der romantischen Vorgabe der Einheit von Reflexion und Gestalten entsprechen. Es handelt sich um theoretische Ansätze der folgenden, durchaus bildlich geprägten Art: »Unser sogenanntes intensives Leben wird von dem extensiven bedingt, es ist nur ein Reflex von diesem, in dem aber die Figuren und Bilder, wie in einem Hohlspiegel aufgefangen, sich oft in veränderten Verhältnissen und daher wunderlich und fremdartig darstellen, unerachtet auch wieder diese Karikaturen im Leben ihre Originale finden.« (187) Es ist eine Welt, die von Zerrspiegelfiguren bevölkert scheint. Bickert sieht als Künstler den Traum als ein *work in progress*, aber auch als Gefährdung der eigenen Unversehrtheit.

Auch bei seinen Schilderungen recht kurzer Träume dominiert die Kritik am analytischen Verfahren, in diesem Fall an dem der Anatomie. »Teuflische Versuche« seien an ihm im Traum vorgenommen worden, wobei in ihm Vorstellungen von anatomischen Unmöglichkeiten aufkamen, zum Beispiel, »wie es wohl aussehen würde, wenn mir aus dem Nacken ein Fuß wüchse oder der rechte Arm sich zum linken Bein gesellte« (190).

Wissenschaftliche Methode und ihre Literarisierung finden erneut zusammen, wenn Ottmar die Ausführungen des Künstlers Bickert kritisiert. Dessen »Theorie des Entstehens der Träume« habe »manche Erfahrung für sich, indessen war sein Vortrag, was den Zusammenhang und die Folgerungen aus hypothetischen Prinzipien betrifft, eben nicht zu rühmen« (190). Ottmar konstatiert demnach ein Missverhältnis zwischen Theorie und Erläuterung; ein anschaulicheres Beispiel wolle er, Ottmar, nun nachreichen, und zwar eine Begebenheit, die sein magnetisierender Freund Alban ihm mitgeteilt hat. Damit bestätigt Ottmar jedoch auch die allgemeinere Gültigkeit der von Bickert aufgestellten Theorie über das Träumen. Anders als sein Vater, der Baron, und Hausfreund Bickert geht Ottmar von der Natürlichkeit des »Forschungstriebes« und des »Dranges zum Wissen« aus (193). Dabei verstößt Ottmar jedoch selbst gegen das ›Prinzip Wissenschaft‹, wenn er Albans Geschichte ungeprüft wiedergibt, mit der er den Freund in den Kreis seiner Familie einführt. Doch erweist sich Ottmar damit als der am wenigsten glaubwürdige der Erzähler, weil er nicht einen *seiner* Träume vorstellt, sondern nur von Albans Erlebnis und seinem Umgang mit einer Albträumenden berichtet.

Worum geht es in seiner Geschichte? Ein wissenschaftsbegeisterter Studienfreund, Theobald, durchleidet eine Lebenskrise, als er erfahren muss, dass seine Geliebte Auguste in seiner Abwesenheit einem vorübergehend in ihrem Elternhaus einquartierten italienischen Offizier solchermaßen verfallen sei, dass sie eine »wirkliche Verstandesverwirrung« erlitten habe. Tagsüber und offenbar auch in ihren Träumen sehe sie diesen Offizier nach seinem Weggang »in gräßlichen Krämpfen bluten« und sterben, während er ihren Namen rufe. Nach Theobalds Rückkehr habe sie diesen nicht mehr erkannt und stattdessen immer wieder nur den Namen des Italieners gestammelt. Alban weist daraufhin seinen Freund in die magnetische Methode ein, was zu einer erfolgreichen Behandlung Augustes führt.

Ottmars Schwester Maria ist Ohrenzeugin dieses Berichts, der sie buchstäblich mit einem Schlag trifft, da sie in Auguste ihre Lebenssituation mit dem scheinbar geliebten Hypolit erkennt. Nun ist Maria behandlungsbedürftig, und Alban nimmt sich ihrer an, versetzt sie in einen »exaltierten Zustand« und übt auf diese Weise Macht über sie aus. Je erfolgreicher Albans Methode wirkt, je verdächtiger wird er Marias Vater, dem Baron, und vor allem Bickert, dem Künstler und Fratzenschneider. Letzterer räumt zwar ein, dass »alle die wunderbaren Beziehungen und Verknüpfungen des organischen Lebens der ganzen Natur« in Alban lägen und »all unser Wissen darüber Stückwerk« bleiben müsse (203). Er billigt Alban »tiefe Wissenschaft« zu, aber für seine Praktiken, sein magnetisches Kurieren habe er nur Abscheu übrig; regelrecht »verhasst« sei er ihm (204).

Alban wird in den Augen der beiden alten Freunde zum »feindlichen Dämon« im ohnedies »morschen Familiengebäude« des Barons (205). Nichts, kein Wissen, kann den von beiden geahnten Verfall dieser Familie aufhalten.

Alban erkennt durchaus zutreffend in seinem Freund Ottmar einen reinen Wissenskonsumenten, der sich nicht wirklich auf Anwendung versteht. Dagegen vermag Alban manipulativen Nutzen aus seinem Wissen zu ziehen. Das Sinistre daran sieht er nur allzu deutlich: »Marie ganz in mein Selbst zu ziehen, ihre ganze Existenz, ihr Sein so in dem meinigen zu verweben, daß die Trennung davon sie vernichten muß, das war der Gedanke, der, mich hoch beseligend, nur die Erfüllung dessen aussprach, was die Natur wollte.« (216) Alban hat sie »magnetisch« so in der Gewalt, dass sie während der Trauungszeremonie mit Hypolit »tot niedersank« (224). Auch der Baron und Bickert überleben nicht. Der ebenso anachronistische wie klarsichtige Künstler hinterlässt allerlei Merkwürdigkeiten, darunter ein im »gotischen Styl« ausgemaltes Zimmer, »angefangene Zeichnungen«, darunter gleich mehrfach eine allegorische Darstellung (eine »häßliche Teufelsgestalt« belauscht ein »schlafendes Mädchen«, 221) und eben Teile seines Tagebuchs, das sein Wissen über die Natur des dämonischen Verhängnisses enthält.

Albans heilendes Wissen schlägt während seiner Behandlung Marias in ein Wissen über das Wissen um, das er genau zu definieren versteht: »Nur meines Blicks, meines festen Willens bedurfte es, sie in den sogenannten somnambulen Zustand zu versetzen, der nichts anderes war, als das gänzliche Hinaustreten aus sich selbst und das Leben in der höheren Sphäre des Meisters«, womit er selbstredend sich meint (217). Darin steckt keine Kritik am Wissen, wohl aber an dessen manipulativer Anwendung. Das auf diese Weise erlangte Wissen schafft somit Selbstüberhebung im Wissensträger und fügt dessen Opfer Leid zu.

In der letzten Szene der Erzählung, dem Begräbnis des Künstlers Bickert, ereignet sich eine Groteske, die noch einmal zwei völlig unterschiedliche Seiten von ›Wissen‹ grell beleuchtet, das Wissen über die Unberechenbarkeit der Natur und jenes über die Gesetze der Rhetorik. Am offenen Grab wirft ein plötzlicher Windstoß eine Kastanie nach dem Gesetz der Gravitation auf das gepuderte Haar des Priesters, die eine Puderwolke und mit ihr ein »furchtbares Niesen« verursachte. Wie eine Parodie des Meta-Physischen mutet an, was folgt: »[M]it fliegendem Mantel hüpft« der Geistliche über die Gräber und lässt die lachende Trauergemeinde im Stich (219). Besagter (junger) Geistlicher, der vor diesem Vorfall »von der Unsterblichkeit und dem Wiedersehen in solchen zierlichen, gedrechselten, süßen Worten und Redensarten« sprach, »daß das ewige Leben wie eine unendliche Festivität und Konversation in Gallakleidern erschien«, trifft danach auf den Erzähler; ihm offenbart er, dass er »gern den Styl bald dieses, bald jenes großen Redners« nachahme. Vielseitig werde man durch multiple Mimetik, so könnte man sein ästhetisches Prinzip zusammenfassen. Mit »den Locken, die die fatale Kastanie auflöste«, hätten sich ihm aber auch seine an den Regeln der klassisch-französischen Tragödie orientierten Satzperioden aufgelöst. Wenn die stets anziehende Natur auf abstoßende Künstelei trifft, so die Moral, dann geht diese in Staub auf.

Nun wäre Hoffmann nicht Hoffmann gewesen, wenn er das ›Naturwissenschaftliche‹ nicht ebenfalls ironisch gesehen hätte, was diese Episode illustriert: Kaum war sein Freund Adalbert von Chamisso von seiner Weltumseglung als Mitglied der Romanzoff'schen Expedition im November 1818 zurückgekehrt, schrieb ihm Hoffmann mitten in seiner Arbeit an seinem Märchen *Klein Zaches Genannt Zinnober*: »Verehrtester Weltumsegler und Berühmter Naturforscher! Bitte mir gefälligst folgende Auskunft zu geben! Gehören die sogenannten Wickelschwänze zum Geschlecht der Affen oder nicht vielmehr der Meerkatzen? Wie heißt wohl unter diesem Geschlecht der Wickelschwänze eine besondere Art [...] mit dem Linneischen Namen oder sonst? Ich brauche einen solchen Kerl!«[61] Daraus wurde dann im Märchen der Name Mycetes Beelzebub, *vulgo:* Brüllaffe.

Ohnedies war Hoffmann zunehmend nach Ironisierung, ja Satirisierung der Wissenschaft und ihrer zum Teil abseitigen Ambitionen zumute, der er beispielsweise in der hauptsächlich auf Hawaii angesiedelten Briefnovelle *Haimatochare* (1819) frönte. Zwei englische Naturforscher geraten in Streit über die Gunst einer Südseeschönen, eben Haimatochare, deren Name sich jedoch altgriechischer Wortsubstanz verdankt und Freude (›haima‹) am Blut (›charis‹) bedeutet. Doch das eigentliche Streitobjekt ist die Entdeckung einer bestimmten Laus und ihre ›wissenschaftliche‹ Vereinnahmung, sprich: Klassifizierung. Darüber kommt es zu einem für beide Wissenschaftler tödlichen Duell. Die Frage des Gouverneurs bringt ihre Verblendung durch Wissenssucht auf den Punkt: »Ist es möglich, daß der Eifer für die Wissenschaft den Menschen so weit treiben kann, daß er vergißt, was er der Freundschaft, ja dem Leben in der bürgerlichen Gesellschaft überhaupt schuldig ist?«[62] Doch eben dieser Gouverneur entscheidet sich dafür, diese Groteske noch dadurch zu steigern, dass er auch der Laus ein Seemannsbegräbnis zuteil werden lässt.

Hoffmanns Sinn für das Parodieren von wissenschaftlichen Praktiken beschränkte sich nicht auf diese Art von Groteske (Lausforschung als Beginn der Mikrobiologie!) oder auf spektakuläre Experimente wie im *Sandmann* oder *Goldenen Topf*; er betrieb auch elementare Selbstversuche, und zwar mit seinem Namen. Damit sind weniger Pseudonyme gemeint als die Auslassung der Vokale bei der Schreibung seines Nachnamens, was zu folgenden – gedruckten – Varianten führte: Hffmnn, Hff. Den eigenen Namen auf konsonantische Explosivlaute zu reduzieren ist wohl philologisches Experimentieren eigener, kauziger Art.

Wortlob oder: Philologisches Wissen

Wissen ohne kritisches Bewusstsein, diesen Eindruck vermittelt selbst der »reisende Enthusiast« Hoffmanns, ist wertlos. Zu einem kritisch bewussten Wissen gehörte für tatsächlich *alle* Romantiker die Einsicht, dass das Un- oder Unterbewusste vorrangig zu berücksichtigen sei, wenn man Erkenntnisse über die Natur des Menschen gewinnen wollte. Dass der Magnetismus eine problematische, um nicht zu sagen: dubiose Art der Erschließung und Nutzbarmachung des Unterbewussten darstellt, hatte Hoffmann in seiner *Magnetiseur*-Erzählung in Gestalt einer literarisierten Wissenskritik vorgeführt.

Die Grundlage literarisierender Prozesse wiederum erkannten die Romantiker in philologischer Sprach- und Textkritik. Das Wissen über die Sprache als etwas für das Selbstverständnis des Menschen Fundamentales begriffen zu haben, gehört zu den unverlorenen Leistungen romantischer Kultur. Kritisches Edieren von Texten aus fernen Zeiten und das Übersetzen aus fremden Sprachen gingen miteinander einher. Beides diente der Sprachpflege, womit zwar eine Bestandssicherung des jeweiligen Sprachguts gemeint war, aber keine Konservierung. Wortneubildungen gehörten ebenso zur romantischen Sprachkultur wie die etymologische Erschließung der Wörter.

Sprachforschung etablierte sich in der Romantik als eine der Hauptdisziplinen der Wissenschaft, wobei wiederum gilt, dass die Vorarbeiten in der Aufklärung auch für die Sprachwissenschaften einen entscheidenden Faktor bildeten. Johann Christoph Adelungs *Grammatisch-kritisches Wörterbuch der Hochdeutschen Mundart* (2. Aufl. 1793) zum Beispiel darf als Beitrag der Aufklärung über die Sprachsubstanz des Deutschen gelten, der in erster Auflage bereits zwischen 1774 und 1786, also noch im »Zeitalter der Vernunft« (Harold Nicolson) erschienen war.[63] Samuel Johnson vollbrachte mit seinem *Dictionary of the English Language* (›Wörterbuch der englischen Sprache‹, 1755) im anglophonen Sprachraum eine vergleichbare Pionierleistung, wogegen in Frankreich die Académie française ihre Aufklärungsarbeit über das Französische mit ihrem *Dictionnaire* bereits 1687 begonnen hatte. Aus dem Bemühen, eine Enzyklopädie der Sprache(n) zu erarbeiten, entwickelte sich die Enzyklopädisierung des Wissens, wie sie Denis Diderot und Jean-Baptiste d'Alembert zwischen 1751 und 1765 mustergültig in der *Encyclopédie ou Dictionnaire raisonné des sciences, des arts et des métiers* vorlegten. Es erwies sich als *das* Aufklärungsprojekt und Reservoir des Wissens überhaupt.

Die etymologische Analyse der Sprache – nach Adelung vorbild-
lich weitergeführt und entscheidend erweitert durch Jacob und Wilhelm Grimm –, aber auch die vergleichende Sprachforschung, wie sie
Franz Bopp (1791–1867) für den Bereich der indoeuropäischen Sprachen auf der Grundlage von Friedrich Schlegels *Über die Weisheit und
Sprache der Indier* entwickelte, hatte einen unübersehbaren ›botani-
schen‹ Zug. Man könnte geradezu von einer Wortpflanzenlehre sprechen, die Einsichten in die Sprachentwicklung – wie in den Entwick-
lungsbegriff überhaupt – förderte. Bopp konnte 1819 überdies seine
Befunde über die indoeuropäischen Konjugations- und Deklina-
tionssysteme auch auf Englisch in Verbindung mit seiner lateinischen
Übersetzung einer Episode aus dem indischen Epos, dem *Mahabha-
rata*, in London veröffentlichen. Wenn Novalis forderte, dass die
»vollendete Form der Wissenschaften poëtisch« sein solle, dann erfüllte Bopp diesen Anspruch durch die Paarung von sprachwissen-
schaftlicher Erkenntnis und praktisch-poetischer Leistung, nämlich
der Übersetzung von Teilen dieses Epos aus dem Sanskrit. Von einem
›kolonialisierenden‹ Interesse Bopps oder auch Schlegels kann nicht
die Rede sein, was freilich im Fall von William Jones und seinem wesentlichen Beitrag zur vergleichenden Sanskritforschung mit deutlich
weniger Bestimmtheit gilt.[64]

Die britisch-deutsche Symbiose im Bereich der ›orientalischen‹
Philologien setzte sich über die Romantik hinaus fort. Buchstäblich
und maßgeblich verdankt sich das einem der Söhne der Romantik,
nämlich Max Müller (1823–1900). Der Sohn des bereits genannten
Dichters der *Winterreise*, der *Schönen Müllerin* und griechischer Freiheitslieder, der Sohn also von Wilhelm oder dem »Griechen-Müller«,
war vergleichender Philologe und Mythenforscher, Übersetzer des
Rigveda, dem ältesten Teil der vier heiligen hinduistischen Schriften,
und ab 1854 Taylor Professor of Modern Languages in Oxford. Allein
das Sanskrit-Wort ›Veda‹ liefert ein gerade für dieses Kapitel bezeich-
nendes Beispiel für philologische Verwandtschaft, meint es doch
›Wissen‹, mit dem es etymologisch verwandt ist.

Wie bereits im Kapitel zur romantischen Lyrik erwähnt, gehört es
zu den Charakteristika dieser Zeit und Kultur, dass sich Dichter als
Philologen und Philologen auch als Dichter verstanden. Philologie
galt den Romantikern als das, was man im bildungspolitischen Jargon

heute als »Kernkompetenz« bezeichnet. Sie ist Grundlagenwissenschaft im Bereich (sprachkunstvoller) Kommunikation und damit gewissermaßen Teil der Anthropologie. Wollte man wissen, wie der Mensch sich entwickelt hat, spielten Einsichten in die Entstehung des Sprachvermögens, seiner Formen und Strukturen eine maßgebliche Rolle. Romantische Philologie war Sprachchemie, sie untersuchte die Stoffe und Elemente, aus denen man den »Sprachbau«, um Wilhelm von Humboldts (1767–1835) Begriff zu gebrauchen, zusammengesetzt glaubte.

Mit seiner umfänglichen Studie über die *Kawi-Sprache auf der Insel Java* (1836) und insbesondere ihrer Einleitung unterläuft er das Prinzip Systematisierung, indem er auf jegliche Gliederung verzichtet. Was Humboldt interessierte, war die Art, wie sich eine Sprache unter Inselbedingungen entwickelte und zu welcher Komplexität sie sich fähig zeigte. Überhaupt das Thema ›komplexe Strukturen‹: Humboldt hielt die Stofflichkeit des Lauts für das Grundmaterial der Sprache; die (grammatikalische) Komplexität des Sprechens entwickele sich gleichsam aus den Lautstrukturen. In seinem Vortrag *Über das Entstehen der grammatischen Formen und ihren Einfluss auf die Ideenentwicklung* wollte er darüber hinaus zeigen, dass sich der Bildungswert der Sprachen und damit ihr entscheidender Beitrag zur Entstehung von Kultur nach dem Maße ihres grammatischen Formenreichtums bestimme.[65] Ein solches Denken verortete sich unmittelbar im Umfeld romantischer Sprachwissenschaft, wobei Humboldt bis in die Semiotik und Strukturalismusdiskurse der modernen Linguistik zu wirken vermochte. Noam Chomsky etwa versteht sich in seinen Überlegungen zur Tiefengrammatik als einem strukturellen gemeinsamen Nenner der Sprachen als Fortsetzer von Humboldts Arbeit.

In einem spezifisch deutschsprachigen Kontext leisteten unter den romantischen Dichtern vor allem Tieck, Brentano und Uhland philologisch Beachtliches. Mit der Begeisterung der jungen Romantiker um 1800 für das Mittelalter und die alte Reichsidee, die die politische Bedeutungslosigkeit des Heiligen Römischen Reichs und seine Auflösung kompensieren sollte, ging die (Wieder-)Entdeckung der altdeutschen Literatur einher. Das Interesse reichte vom Minnesang über das Nibelungenepos bis zur Schwank- und Romanliteratur des

16. Jahrhunderts.[66] Zwar erwies sich dieses romantische Mittelalter-
bild als ebenso utopisch wie restaurativ, doch die philologische Erschließung der entsprechenden Texte konnte bleibende Maßstäbe
setzen.

Allerdings finden sich auch zahlreiche Beispiele in dieser Zeit
für ›Überarbeitungen‹ und poetische Angleichungen an den Zeitge-
schmack. So geschah es im Fall von der »schönen alten Geschichte«
Der Goldfaden, auf deren Original von Jörg Wickram (Straßburg
1557)[67] Achim von Arnim und Clemens Brentano anlässlich ihres Besuchs bei Jacob und Wilhelm Grimm in Kassel Ende 1807 stießen.
Diese wiederum hatten Wickrams *Goldtfaden* von Georg Friedrich
Benecke, einem für die Kulturgeschichte der Romantik wichtigen
Göttinger Bibliothekar, »zur Ansicht« erhalten.[68] Brentano erarbeite-
te daraus eine ansprechend lesbare Fassung (1809), die insgesamt eine
wohlwollende Aufnahme fand.[69]

Eine bezeichnende Ausnahme war Jacob Grimm (1785–1863); der
angehende kritische Philologe verwarf diese Bearbeitung ebenso wie
die Sammlung *Des Knaben Wunderhorn* (1805–08). Brentano, von
Arnim und mit ihnen der Heidelberger Romantik überhaupt wirft er
vor, »nichts von einer historisch genauen Untersuchung« wissen zu
wollen; »sie lassen das Alte nicht als Altes stehen, sondern wollen es
durchaus in unsere Zeit verpflanzen, wohin es an sich nicht mehr gehört, nur von einer bald ermüdeten Zahl von Liebhabern wird es aufgenommen«.[70]

Wilhelm Grimm (1786–1859) dagegen verteidigte Brentanos Verfahren und versuchte zwischen Traditionalismus und Modernisie-
rung im Darstellungsverfahren ›alter Stoffe‹ zu vermitteln. Er wollte
diesen alten Text ansprechend erhalten, durchaus ohne dem Zeitge-
schmack zu widersprechen. Nur das könne sein Überdauern sichern.
Aus der Sicht der Traditionalisten hätten ja auch August Wilhelm
Schlegel und Ludwig Tieck Shakespeare bzw. Cervantes ins Deutsch
des 16. Jahrhunderts übersetzen müssen, um in diesem Sinne als ›authentisch‹ zu gelten. Doch eine solche Forderung hatte selbst Jacob
Grimm nicht erhoben.

Was die Aufnahme der *Wunderhorn*-Sammlung angeht, sah noch
die zweite, bereits skeptischere Generation der Romantiker in ihr
eine – freilich patriotisch eingefärbte – Offenbarung, etwa was die

»Herrlichkeit des deutschen Liedes« angeht. So urteilte der jugendliche Liebhaber von Bettine von Arnim, Julius Döring (1818–1898), in einem Brief vom April 1839 an die anfangs vergötterte Autorin: »Das Wunderhorn blies mir die Schillersche Reflexionspoesie mit wenigen Klängen weg.«[71] Ein Wort, das deswegen Gewicht hat, weil Döring nicht nur ein Schwärmer war, sondern auch ein nüchtern urteilender Jurist, der zum Beispiel – wiederum im Frühjahr 1839 – befand: »Die blaue Blume ist eine arge Lügnerin.«[72]

In Bezug auf die Wissenschaft war Novalis so weit gegangen, eine »Aehnlichkeit« zwischen der Philologie und der »historischen Geognosie«, also der Erdentstehungslehre, zu behaupten. (II, 419) Offenbar verstand er das Philologische als Lehre von der Genese der Sprachwelt. Die Aufteilung der Wissenschaft in Wissenschaften und damit ihre Spezialisierung hielt er anscheinend für eine unproblematische Form von Pluralisierung, wobei er jedoch die Tendenz der Gelehrten monierte, ihre jeweilige Wissenschaft »zu universalisiren« (II, 419), sprich: für die einzig wichtige zu halten – ein Phänomen, das uns bis heute erhalten geblieben ist.

Novalis wurde nicht müde, das Schaffen von Wissen buchstäblich *aller Art* in seinen Notaten geradezu *vorzuführen*. Dazu gehörte, dass er das Wissen nicht nur in, sondern *über* die Wissenschaften mehren und für sich selbst klären wollte. Daher unterscheidet er beispielsweise zwischen »Vorbereitungswissenschaften« und »Elementarwissenschaften«, die zu subtileren Formen wissenschaftlichen Arbeitens führen sollen. Z. B. hält er die »Organologie«, also die Lehre von der Funktionsweise der Organe, für eine »wahre Hülfswissenschaft der Chemie« (II, 489). Er suchte dabei aber immer wieder nach einer gemeinsamen »Basis aller Wissenschaften und Künste«, die er in der Algebra gefunden zu haben glaubte (II, 490). Und die Philologie? Wir können sie analog als die ›romantische Algebra‹ bezeichnen, die jeglicher Hermeneutik, Kritik und sprachlichem Kunstschaffen zugrunde liegt.

Die entscheidende wissenschaftstheoretisch wie -psychologisch sich herausbildende Polarität in der Romantik war jene zwischen einem mechanistischen und einem organischen Weltverständnis. In Letzterem entwickelte sich die Chemie zunehmend zu einer Art Leitwissenschaft. Bei Friedrich Schlegel sollte sich dies sogar auf sein

Sprachverständnis auswirken; seine »Sprachchemie«[73] wurde ihrerseits zur Grundlage seines rhetorischen Vermögens. Worte ließ er gleichsam wie chemische Substanzen (»Elemente«) miteinander reagieren und damit neuen Sinn produzieren.[74] In der Chemie, die gewissermaßen die Substanzstruktur der Stoffe des Lebens untersuchte, und in ihren Reaktionsabläufen sahen die Wissenschaftler der Romantik zunehmend eine Art organischer Mechanik am Werk, die zwischen den schroffen Gegensätzen »Leben« und »Maschine« vermitteln konnte. Gerade durch ihr analytisches *und* synthetisches Verfahren galt die Chemie als Mittel, die prinzipielle Ganzheit der Natur in ihren vielfältigen Zusammensetzungen zu erkennen, abzubilden und womöglich einmal herzustellen.

Kapitel VII
Blühende Ruinenlandschaften, Nachtwelten und andere – auch theoretische – Kunsthorizonte

In frühromantischer Zeit erlebte der junge Hegel als Hauslehrer in Bern die patrizisch verkrusteten Schattenseiten der zunächst noch idealisierten Schweizer Freiheit. Im Sommer 1796 unternahm er eine Wanderung in die »Berner Oberalpen«, worüber er ein landschaftsorientiertes Tagebuch führte.[1] Auffallend an seinen Aufzeichnungen ist, dass er sich nicht in Naturschwelgerei ergeht, sondern seine Enttäuschung über die Alpen, die er als »tote Massen« bezeichnet und damit als Ruinen der lebendigen Natur wahrnimmt, keineswegs verhehlt. Die Schilderungen kommen einer Kritik an der seit Albrecht von Hallers (1708–1777) legendärem Gedicht »Die Alpen« (1729) gängigen Vorstellung von der erhabenen Bergwelt gleich,[2] die im Sinne von Edmund Burkes, Immanuel Kants und Friedrich Schillers Überlegungen zum Sublimen vielfach als furcht- *und* staunenerregend bezeichnet wurde; zudem spricht aus Hegels Reflexionen die Weigerung, die Begeisterung der Zeitgenossen angesichts der Bergwelt zu teilen. Der Bielersee und die Petersinsel Rousseaus imponierten ihm deutlich mehr. Auch Hölderlin wird in seiner *Rhein*-Hymne sechs Jahre später die eigentliche Naturidylle am Bielersee ansiedeln:

> Am Bielersee in frischer Grüne zu sein,
> Und sorglos arm an Tönen,
> Anfängern gleich, bei Nachtigallen zu lernen.

Die Landschaft erscheint als Ort, an dem man bei der Natur in die Lehre geht – dabei mag ›Gesang‹ entstehen wie bei Hölderlin oder kritische Einsicht in die raue Wirklichkeit der Natur wie bei Hegel.

Aufschlussreich ist, dass Hegel im Tagebuch die bildliche Wiedergabe der Landschaft, eines der gängigsten Motive der Malerei, kritisiert: »Die sinnliche Gegenwart des Gemäldes erlaubt der Einbildungskraft nicht, den vorgestellten Gegenstand auszudehnen, sondern sie fasst ihn so auf, wie er sich dem Gesicht darstellt.«[3] Das Ausschnitthafte des Landschaftsbildes – das Gemälde könne nur »einen Teil des ganzen Eindrucks geben« – verhindere im Grunde, dass man der Totalität der Landschaftserfahrung teilhaftig werde. Und wenn es sich um das Gemälde eines Wasserfalls handele, dann vereitle ein Gemälde davon die Wahrnehmung der »ewigen Auflösung jeder Welle, jedes Schaumes«. Nicht einmal die Dauer des Terzintervalls lang könne das Auge diesem Naturschauspiel gerecht werden, wenn es sich auf ein Gemälde verlasse.

Hegels Beispiel ist der gebirgige Oberlauf der Aare, die Aare-Schlucht, also der Hausfluss seiner zeitweisen Wahlheimat Bern. Hölderlin orientiert sich am Rhein sowie am »Ister« (der Donau), wobei er die Quelle der Flüsse als das »Reinentsprungene« schlechthin wertet und mystifiziert, nennt er sie doch ein »Räthsel« und eben nicht nur ein geographisch-geologisches Phänomen.

Mythos Fluss: Selbst als ein Gemeinplatz in der romantischen Landschaftsikonographie bleiben die Bilder besonders von Rhein und Donau, aber auch von Neckar und Elbe, etwas Besonderes, namentlich der Zusammenfluss von Rhein und Mosel bei Koblenz. Dieser trotz der teils verfallenen militärischen Bastion Ehrenbreitstein geradezu klassische *locus amoenus* (›liebliche Ort‹) wurde zu einem gesamteuropäisch-romantischen Bildtopos. Entscheidenden Vorschub leistete dieser ›Europäisierung‹ die im renommierten Londoner Verlag William Tombleson im Jahr 1832 veröffentlichte dreisprachige Sammlung von Rheinansichten (*Geschichte und Topographie der Rheinufer von Cöln bis Mainz*).[4] Die neue Technik qualitativ hochwertiger Stahlstiche, die seinerzeit in England entwickelt wurde, erlaubte eine höchsten Ansprüchen genügende Wiedergabe von Bildwerken. Die für damalige Verhältnisse *vollendete* Reproduktion von rheinischen *Ruinen*bildern hatte etwas Paradoxes, das jedoch kaum als ein solches wahrgenommen wurde.

Dass die Natur dem Künstler zurede, ja ihn so »errege«, dass er sich umgehend »in der Kunst üben« müsse, hatte Tiecks Protagonist Franz Sternbald von einem erfahrenen alten Maler gehört.[5] Jener hatte seinem jungen Künstlerfreund aber geraten, die »Physiognomie herauszufühlen«, sie mit einem frommen Gedanken zu verbinden und auf diese Weise die Landschaft im Bild »in eine schöne Historie« zu verwandeln. Das kann auch durch das Bild von einer Ruine geschehen, in der es blüht, sei es am Rhein, in der Lombardei oder in Cumbria. Bei Clemens Brentano entstanden dabei Bildentwürfe, die wie eine Vorwegnahme surrealer Phantasien eines Max Ernst aussehen, wenn man sich etwa seine Skizze zu einer Illustration für den Erstdruck des Märchens *Gockel, Hinkel und Gackeleia* (1838) vor Augen führt.[6] Grundfigur ist der Kürbis; hinzu kommen eine Mondlandschaft mit träumendem Mädchen; ein Schloss, aus dem allerlei Getier ins Freie zieht; gepflegter Wildwuchs ringsum und ein ruinierter Bau im leicht versetzten Mittelgrund, wobei die Proportionen nur mühsam gewahrt sind.

Zu den bildtechnischen Kunsthorizonten in der Romantik und speziell zu ihrer visuellen Kultur gehört aber auch, man übersieht es zu oft, der krasse Gegensatz zu solchen bildpoetischen Phantasien, nämlich eine zunehmend mechanisierte Lichtarbeit. In jener Epoche wurden die ersten Versuche mit photographischen Verfahren unternommen, Ergebnisse von Lichtexperimenten, die William Henry Fox Talbot (1800–1877) mit dem Astronomen John Herschel, als sie einander in München 1824 erstmals begegneten, und bereits zwei Jahre später auch mit dem schottischen Physiker David Brewster besprechen konnte.[7] Louis Jacques Daguerre (1787–1851) entwickelte nahezu gleichzeitig die kommerziell nutzbaren photographischen Verfahren, die als Daguerreotypien weltweit bekannt wurden.[8] Sie ergaben sich ursprünglich aus Daguerres (der von Hause aus Kunstmaler war) und Charles Marie Boutons Ambition, die Welt in sogenannten Dioramen abzubilden und vorzuführen, was sie erstmals im Sommer 1821 in der Rue de Samson (der heutigen Rue de la Douane) in Paris und zwei Jahre später in Londons Regent's Park auch taten.

Trotz einer bis dahin unerreichten Differenzierungsfähigkeit war die romantische Kunsttheorie dieser Entwicklung nicht gewachsen, sofern sie diese überhaupt wahrnahm. Denn was Talbot und Daguerre vorlegten, sanktionierte scheinbar erneut – dieses Mal auf ›mechanistischem‹ Wege – den rein mimetisch-abbildenden Zugang zur Wirklichkeit. Erst Anfang des 20. Jahrhunderts, maßgeblich in den ästhetischen Theorien Walter Benjamins, sollte die Photographie in ihrer künstlerischen Bedeutung gewürdigt werden.

Gemeinhin jedoch verbinden wir anderes mit ›romantischer Kunst‹. »Die Illusionen, die ich mir mit meiner Malerei schaffe, besitzen für mich am meisten Wirklichkeit. Alles übrige ist Treibsand.«

Das notierte der junge Eugène Delacroix unter dem Datum des 27. Februar 1824.[9] Fünf Jahre später legte er in einem Artikel für die *Revue du Paris* sein Verständnis von Kunstkritik nieder, die nur dann ihren Sinn habe, wenn sie die Künstler fördere. Es komme in der Entwicklung der Kunst und ihrer Epochen immer wieder aufs Neue darauf an, das Auge an ein »anderes Licht« zu gewöhnen.[10] Dieses Licht ermöglicht auch, die Nacht anders zu sehen oder die Ruinen, in Delacroix' Fall ein paar desillusionierte Überlebende nach dem »Massaker von Chios« (1824), dem unzählige griechische Freischärler zum Opfer fielen. Oder man denke an seine Gemälde von »Tasso im Kerker«, der fassungslosen, halb entblößten Allegorie »›Griechenland‹ auf den Ruinen von Missolonghi« (1826) und der ganz entblößten Liberté, über die Toten der Revolution von 1830 im Triumph hinwegschreitend. Das Gewohnte in ein anderes Licht zu tauchen, scheint *die* Ambition romantischer Bildkünstler gewesen zu sein.

In der Frühromantik fanden sie dieses »Licht« bei Raffael;[11] noch 1828 sieht Friedrich Overbeck in der allegorischen Allianz betonter Innigkeit zwischen »Italia und Germania« die Erfüllung bildender Kunst. Im Hintergrund konvergieren ihrer beider Landschaften, seitlich ist eine Ruine angedeutet, in deren kaum merklich verfallendem Gemäuer sich die beiden allegorischen Gestalten fanden. Eine Spur dunkler, sinnender wirkt Italia; Germania, erwartungsgemäß blond, erscheint jedoch keineswegs wie eine Walküre, sondern so anschmiegsam wie ihre Freundin oder Schwester im Geist der Kunst.

Die Strahlkraft des »anderen Lichts« hatte eine ungeahnte Intensität und Reichweite, eine motivische Breite und abgründige Brunnentiefe. Zu ihr zählten das Stille und Heroische oder Heldinnenhafte, das Verspielte, die Geschichtsallegorie (etwa Franz Pforrs mittelalterisierendes Gemälde von 1808/10: »König Rudolf von Habsburg in Basel einziehend«), die Apotheosen der Einsamkeit bei Caspar David Friedrich, die zahllosen Gemälde von Vereinzelten, meist Frauen, am Fenster, sehnsüchtig das Weite, den Horizont mit ihren Blicken suchend, aber auch der träumerische »Zeiten«-Zyklus von Philipp Otto Runge (1807).[12]

Zur romantischen Bildkunst gehörten von Anbeginn ihr Literarisieren sowie das Verbildlichen von Literatur, das Bild, das sich selbst beschreibt, und ein Schreiben, das sich visualisiert: Wir haben eine

Kunst vor uns, die sich aus verschiedenen Blickwinkeln beim Bilden selbst zuschaut. Neben den bereits besprochenen Beispielen einer kunstorientierten, in der Hauptsache frühromantischen (Erzähl-)Literatur ragen zwei Zeugnisse aus der späteren Phase der Romantik heraus: Eduard Mörikes Roman *Maler Nolten*, in der hier zu berücksichtigenden ersten Fassung aus dem Jahre 1832 und die ein Jahr zuvor veröffentlichte Novelle von Honoré de Balzac, *Das unbekannte Meisterwerk*. Was den *Maler Nolten* betrifft, so kann es in unserem Zusammenhang nicht um das komplexe personale Beziehungsgeflecht in diesem Roman gehen;[13] und auch nicht um die »Krankheit zum Tode« der jüngeren Protagonisten, die allesamt als vom Schicksal Geschlagene und zumeist von eigener Hand umkommen.

Mich interessiert hier allein der Aussagewert des Romans für die bildende Kunst in der (späten) Romantik, wobei auch bei Mörike »Genie« und Gemütskrankheit Voraussetzungen für ungewöhnliche Kunstleistungen waren. Gleiches gilt für Balzacs Künstlernovelle, die – wie bereits im ersten Kapitel unserer Studie erwähnt – ein entscheidendes Vorbild hatte: E. T. A. Hoffmanns Erzählung über den »Baron von B.« aus den *Serapions-Brüdern*. Das dieser Textkomposition zugrunde liegende Erzählprinzip, die Serapiontik, enthält einen gerade auch für die romantischen Bildkünste wesentlichen Grundsatz, den des *inneren Schauens*: »Wenigstens strebe jeder recht ernstlich darnach, das Bild, das ihm im Innern aufgegangen, recht zu erfassen mit allen seinen Gestalten, Farben, Lichtern und Schatten, und dann, wenn er sich recht entzündet davon fühlt, die Darstellung ins äußere Leben zu tragen.«[14] Zeichnen oder malen, was man im Inneren gesehen hat – das erwies sich als das Leitbild für bildkünstlerisches Schaffen in der ästhetischen Optik unter Romantikern. Doch zunächst zu *Maler Nolten*.

»Was malt er denn?« Mörikes Bilderzählung *Maler Nolten* und Balzacs *Das unbekannte Meisterwerk*

Vom Standpunkt der Kunstkritik könnte die Ausgangssituation in Mörikes Roman schwerlich wirkungsvoller sein, denn sie ist paradox konstruiert: Ein »ältlicher« adeliger Kunstliebhaber namens Jaßfeld besucht seinen gleichfalls betagten Malerfreund Tillsen, um ihm von einem Gemälde zu erzählen, das er bei einem Standesgenossen gesehen hat, und zwar »wieder und wieder gesehen«, wobei er darin vieles von dem sah, was Tillsens Kunst auszeichnet (»namentlich die Landschaft« und die Farbgebung). Doch enthalte es deutlich mehr Kühnheit in der Kompositionsweise.

Jaßfeld bemerkt darin eine »durchaus seltene Richtung der Phantasie [...], zum Teil verwegen und in einem angenehmen Sinne bizarr. Ich denke dabei an Gespenstermusik im Wald und Mondschein, an den Traum des verliebten Riesen.«[15] Der Kunstliebhaber hat seinen alten Freund in Verdacht, einen radikalen Neuanfang in seiner Kunst gewagt zu haben, was dieser beharrlich (und etwas gekränkt) verneint, gibt ihm Jaßfeld doch zu verstehen, dass seinen früheren Bildern eben diese Genialität fehlte. Tillsen fordert ihn aber auf, weiter das Gesehene zu beschreiben. Auf diese Weise kommt dann eine mustergültige Ekphrasis zustande.[16] Mit Tillsen kann sich der Leser das Bild und eine Zeichnung genau vorstellen.

Nun erweist sich, dass Tillsen den Künstler dieser Bilder kennt; denn kein anderer als Theobald Nolten hatte Tillsen aufgesucht, um mit seiner Hilfe Fuß in der neuen Stadt zu fassen. Zudem zeigt sich, dass der junge Nolten viel durch die Bildkunst Tillsens gelernt hat. Beide nehmen zunehmend »schwindelnden Auges« (17) ihre jeweiligen Arbeiten wahr, wobei sie zunächst als Freunde auseinandergehen. Aber in Tillsen vollzieht sich bald ein Sinneswandel; Nolten nennt er jetzt den »verdorbensten und gefährlichsten Ketzer unter den Malern, einer von den halsbrecherischen Seiltänzern, welche die Kunst auf den Kopf stellen, weil das ordinäre Gehen auf zwei Beinen anfängt langweilig zu werden« (23). Tillsen fühlt sich gekränkt, weil mehr und mehr Leute Noltens Kunst der seinen vorziehen. Erzürnt fragt er: »Was malt er denn? Eine trübe Welt von Gespenstern, Zauberern, Elfen und dergleichen Fratzen, das ist's, was er kultiviert! Er ist recht verliebt in das Abgeschmackte, in Dinge, bei denen keinem Menschen wohl wird.« (ebd.)

Bereits die zeitgenössische Literaturkritik sah in Mörikes Roman nicht nur eine neuerliche »Malernovelle«, zu der Wolfgang Menzel in *Cottas Morgenblatt für gebildete Stände* bemerkt: »Sind uns nicht solche genial seyn sollende, mit ihrer kleinen Kunst und mit ihrem großen Herzen kokettirende ästhetische Stutzer schon zu hunderten in Romanen und Novellen über den Weg gelaufen [...]?« Seine rhetorische Frage beantwortet der Kritiker selbst wie folgt: »Der Maler Nolten ist zum Glück ein Mensch, der eben so gut kein Maler seyn könnte, und Mörikes Roman läßt uns während der Lektüre den üblen Eindruck des Titels aufs angenehmste vergessen.«[17] Mörike selbst nannte seinen Roman »das *Gemälde* eines eigensinnigen Schicksals«.[18]

Dennoch ist *Maler Nolten* unabweisbar ein Künstlerroman, der genrespezifische romantische Elemente motivisch und stilistisch weiterentwickelt. In diesem Abschnitt von Interesse ist der Beitrag des Romans zum Kunstverständnis, zu dem die »Inszenierung des Lichts«[19] (»die Beleuchtung, der wundervolle Wechsel zwischen Mond- und Kerzenlicht«, 1016) ebenso gehört wie die Darstellung von Landschaft. Vor allem beschreibt Mörike die Farbgebung dessen, was Agnes, Noltens Geliebte, *sieht*: »Welch ein Genuß nun aber, sich mit durstigem Auge in dieses Glanzmeer der Landschaft hinunterzustürzen, das Violett der fernsten Berge einzuschlürfen, dann wieder über die nächsten Ortschaften, Wälder und Felder, Landstraßen und Wasser, im unerschöpflichen Wechsel von Linien und Farben, hinzugleiten.« (266) Das »Geheimnisvolle« daran erwächst dieser Landschaft. Damit ist denn auch die Seelenlandschaft gemeint; und von da an spielt Mörikes Erzählen in einen psychologischen Roman hinüber. Kunst, sofern sie ans vermeintlich Wahnhafte grenzt, wie Tillsens Kommentar nahelegt, spiegelt dabei auch soziale Missverhältnisse, die für Mörike gerade im *Maler Nolten* die Hauptschuld an der Zerrüttung eines Menschen tragen.

Es wäre verfehlt, in dieser Darstellungsweise nur »Staffagen« romantischen Erzählens zu sehen; sie ist integrale Form des inneren und äußeren Geschehens. Agnes sieht, was Nolten malen könnte, etwa die

Falten der vorderen Gebirgsseite, worein der schwüle Dunst des Mittags sich so reizend lagerte, die ahnungsvolle Beleuchtung mit vorrückendem Abend immer verändernd, bald dunkel, bald stahlblau, bald licht, bald schwärzlich anzusehn. Es schienen Nebelgeister in jenen feuchtwarmen Gründen irgendein goldenes Geheimnis zu hüten. Eine bedeutende Ruine krönte die lange Kette des Gebirgs und selbst durch einen schwächern Tubus glaubte man ihre Mauern mit Händen greifen zu können […]. (267)

Aber was sie sieht, löst in ihr zunehmend Verwirrung aus. Beispielsweise beobachtet sie Nolten und seinen zu diesem Zeitpunkt bereits verstorbenen Freund, den Schauspieler Larkens, mit dem sie Liebesbriefe gewechselt hatte im Glauben, es handele sich um den vielfach umschwärmten Nolten. Ihr Sehen hat daher viel von einem Versehen; zudem gewinnt man den Eindruck, dass sich Noltens so vielversprechende Kunst nicht ausreichend entwickelt; sie liegt maßgeblich in ihrem reflektierenden Beschriebenwerden.

Wie im Fall des *Maler Nolten* sind in Balzacs Novelle wichtige Aussagen zum Bildkünstlerischen das Ergebnis eines Generationsunterschieds: Der junge Poussin sucht den Hofmaler Heinrichs IV. von Frankreich, Meister François Porbus, in dessen Pariser Atelier auf, wo sich ein weiterer, noch weitaus älterer Künstler einfindet, dessen Persönlichkeitsbild der Erzähler in dem Moment entwirft, als er im Treppenaufgang zum Atelier den zögerlichen Poussin einholt. Wir lesen von altersmatten meergrünen Augen, »die jedoch durch den Kontrast zu dem Perlmuttweiß, worin die Pupille schwamm, ohne Zweifel zu magnetischen Blicken fähig waren, sei es im Zorn oder aus Begeisterung«.[20] Der alte Künstler namens Frenhofer gleicht einem von Rembrandt gemalten Porträt, das »still und ohne Rahmen im Halbdunklen« wandelt (34).

Das nun folgende Gespräch enthält alle wesentlichen Kommentare zur bildenden Kunst, die Balzacs Erzähler geschickt mit romantisch-zeitgenössischen Aussagen zur Kunst – vor allem von Delacroix – abgleicht, obwohl die Erzählung im Paris des Jahres 1612 spielt. Zu Frenhofers Aussagen, der sein angebliches Meisterwerk den Blicken der Öffentlichkeit entzogen hat, gehört in erster Linie die Maxime, dass die Kunst die Natur nicht nachahmen, sondern ausdrücken solle (43). Wie später die Frühromantiker preist der betagte Frenhofer das Formschaffen Raffaels, ohne ihn jedoch zu einem Kunstheiligen zu erklären. Vielmehr spricht er von Raffaels Überlegenheit, die von seiner innigen Empfindungsfähigkeit herkomme, »die bei ihm die Form sprechen zu wollen scheint«. Jene Form hat Frenhofer zuvor als eine Qualität bezeichnet, »unfaßbarer und wandlungsreicher« als der sprichwörtliche Verwandlungskünstler Proteus der antiken Fabel (46). Die Form in der bildenden Kunst sei ein »Dolmetsch zur Mitteilung der Gedanken, der Empfindungen«; er nennt sie eine »umfassende Poesie« (46).

Porbus wiederum erweist sich als »Dolmetscher« und Deuter von Frenhofer. Er interpretiert nach dessen Abgang sein Interpretieren, wobei er es auch zu Maximen wie dieser bringt: »Maler sollen nur mit dem Pinsel in der Hand nachdenken.« (73) Dieses Nachdenken über das, was Frenhofer gesagt hat, führt Porbus zu folgender Einsicht, die er seinem Schüler Poussin weitergibt: Kunst sei »wie die Natur, aus unendlich vielen Elementen zusammengesetzt: die Zeichnung gibt das Skelett, die Farbe ist das Leben« (72).

Was sich nun in Frenhofers Atelier buchstäblich ›enthüllt‹, ist das Versagen der Kunst vor ihrem eigenen Maßstab. Der vermeintliche Meister der Meister hat zwar jahrelang »die Wirkungen der Vermählung des Lichts mit den Dingen studiert« und Entscheidendes über die Verlebendigung der Linie gesagt sowie die Idee plastischen Malens zumindest in Worten weitergeführt, aber was er als ultimatives Porträt Porbus und Poussin vorzuweisen hat, ist ein Nichts. Handelt es sich aber tatsächlich um ›Nichts‹, oder deutete sich womöglich der Durchbruch in die Moderne an, quer durch das romantische Bildschaffen? »Ich sehe da nur verworren aufgetragene Farben, durch eine Vielzahl von seltsamen Linien zusammengehalten, die eine Wand aus Malerei bilden«, befindet Balzacs Poussin (108 f.). Porbus sieht genauer hin: »Wir irren uns […].« Sie treten näher an das vermeintliche Nichts-Bild heran und entdecken

in einer Ecke der Leinwand die Spitze eines nackten Fußes, die aus diesem Chaos von Farben, Tönen und unbestimmten Nuancen, dieser Art von Nebel ohne Form, hervorragte; aber was für ein köstlicher, was für ein lebendiger Fuß war das! Sie blieben starr vor Bewunderung angesichts dieses Fragments, das einer unglaublichen, einer langsamen und fortschreitenden Zerstörung entgangen war. Dieser Fuß kam dort zum Vorschein wie der Torso einer Venus aus parischem Marmor, der sich mitten aus den Trümmern einer vom Feuer zerstörten Stadt erhebt. (109 f.)

Etwas Vollendetes, der »nackte Fuß«, tritt hier als ›Fragment‹ in Erscheinung – wie eine Erinnerung an einstige Möglichkeiten der Kunst. Fahrige Linien, aufgelöste Formen und Strukturen umgeben dieses Relikt gewesener Kunst, das aber einen Schritt ins Unabsehbare wagt.

Anders als bei Hoffmanns selbstverblendetem Geiger, der keinen musikwürdigen Ton mehr auf seinem Instrument zustande bringt, ihn aber für den Ton der Töne und sich selbst für den Musiker der Musiker hält, setzt bei Balzacs Frenhofer späte, bittere Selbsterkenntnis ein: »Ich bin also ein Schwachkopf, ein Verrückter! Ich habe weder Begabung noch Können, ich bin nur noch ein reicher Mann, der mit seinen Fortschritten doch nur die anderen an der Nase herumführt! Ich habe also nichts geschaffen!« (115) Er wird zuletzt seine Bilder verbrennen und an seiner Selbsterkenntnis sterben. Klarsichtig in der Umnachtung werden – Balzacs Frenhofer scheint doch noch ein reales Ideal erreicht zu haben, wobei Porbus und Poussin sich einig sind, in Frenhofer im Grunde mehr einen Dichter als einen Maler gekannt zu haben.

Romantisches Bild-Denken

Mit dem Pinsel in der Hand nachdenken bedeutet Nachdenken über das Problem des Sichtbarmachens dessen, was der Künstler – auch im Inneren der äußeren Erscheinungen – sieht oder gesehen hat. Das sich erinnernde Auge beschwört Bilder herauf, die vorzeigbar gestaltet werden sollen. Zu bedenken sind Form- und Farbgebung, Linienführung und Lichtwerte. Novalis wusste, dass sich Sehen und Denken in einem Ähnlichkeitsverhältnis befinden, weil sich in ihnen die Deutung des Wahrgenommenen bilde.[21] Kunst galt ihm somit als eine »von Intentionalität bestimmte, schöpferische Wahrnehmungsaktivität«.[22] Er ging davon aus, dass der Geist das Gesehene förmlich durchrechne und daraus einen Sinn für das Perspektivische im Gesehenen erhalte. Solchermaßen ›mathematisiert‹, deutet der Geist das Gesehene zunächst einmal rein formal; darauf folgt dann das ›eigentliche‹ interpretierende Sehen, das sich den optischen Gegenstand intellektuell vergegenwärtigt. Ein auf Schauen beruhendes Denken versteht ›Reflexion‹ somit wörtlich, als eine fortgesetzte Spiegelung.

Das romantische Kunstinteresse orientiert sich *sichtlich* an einem sinnlich aufgefassten Verständnis von Theorie: Deutungen des Allegorisch-Symbolischen gehörten ebenso zu diesem theoretischen Anspruch wie fiktive Gespräche und ›Phantasien‹ über Kunst sowie detaillierte Analysen von einzelnen Gemälden. Die bildkünstlerische Produktion blieb davon nicht unberührt: William Turner versuchte, Prinzipien von Goethes *Farbenlehre* umzusetzen, und Philipp Otto Runge legte einen deutlich schematisierten, geometrisch berechneten und gleichzeitig scheinträumerisch verspielten Darstellungszyklus der Tages- und Jahreszeiten vor, nebst einer Farbenkugel, die einem Globus optisch strukturierter Vielfalt gleicht. So gesehen präsentierte er sein Welt-Bild als ein Farbenarsenal, das aus sich neue Perspektiven generiert, sobald sich die Kugel zu drehen beginnt.

Die Intensität der bildtheoretischen Reflexion in der Romantik erreichte Grade, die erst wieder in der Moderne nach 1900 möglich werden sollten. Es ist eine Intensität, die, wie die erwähnten Texte belegen, die Literatur ebenso erfasste wie den ästhetisch-philosophischen Diskurs. Augenscheinlich wollte man sich ein Bild von der künstlerischen Wirklichkeit machen, sowohl was ihre materiellen Voraussetzungen betraf als auch ihre Fähigkeit zum Sichtbarmachen des bislang Ungesehenen sowie zur Transzendierung des bloßen Darstellungsobjekts.

In Ableitung von Oskar Kokoschkas Konzeption einer »Schule des Sehens« spricht der Germanist Friedmar Apel zutreffend von einer spezifisch »romantischen« Lesart einer solchen ›Schulung‹ und einer regelrechten »romantischen Kunstlehre«.[23] Was sich in dieser Schule ›bildet‹, könnte man ein gestaltendes Sehen oder Schaffen im Sehen nennen. Es orientiert sich an der Natur des Lichts, seinem schillernden ›Charakter‹. Es handelt sich dabei um ein ebenso erkennendes, analytisches und träumerisches Sehen, das zwischen diversen Perspektiven changiert. Zu den ›Gegenständen‹ solchen Sehens gehörte aber auch – paradox genug – das gemeinhin Unsichtbare. Zusammen mit der »exzessiven Selbstreflexion des Künstlers« führte die Kultivierung solcher Paradoxa zu der Behauptung, eine solche Kunst sei Ausgeburt des Wahnsinns. Apel hat aber darauf aufmerksam gemacht, dass außer Carl Blechen »keiner der romantischen Maler durch eine manifeste Geistesstörung aufgefallen« sei. »Viel eher war der romantische Künstler davon bedroht, aufgrund von materiellem Elend und Krankheit jung zu sterben.«[24]

Es war jedoch keineswegs nur das Verdikt Goethes (und Hegels), ›die‹ Romantik sei etwas »Krankes«, das dieser Epoche den Ruf einbrachte, von Phantasten bevölkert zu sein. Die Selbst-Psychopathologisierung romantischer Befindlichkeit gehörte, wie zahlreiche der bislang besprochenen Texte belegen, zum reichhaltigen Repertoire der Romantiker, allen voran E. T. A. Hoffmanns. Romantische Erzählungen über Kunst und Künstler stellen im Fall der Romantik nicht selten die eigentlichen Gemälde und Zeichnungen an Aussagekraft in den Schatten, mit Ausnahme der herausragenden Vertreter dieser Kunstgattung, Caspar David Friedrich, Eugène Delacroix, William Turner und – zum Teil – Philipp Otto Runge, aber auch des Norwegers in Dresden, Johan Clausen Dahl. Wie bereits Schelling in seiner *Philosophie der Kunst* (1802/03) erkannt hatte, besteht ein Grund darin, dass die Poesie das Werden in der Kunst zu zeigen vermag und die innere Verfassung ihres Urhebers.[25] In der Erzählung über Kunst kommt der prozessuale Charakter der romantischen Kunst- *und* Naturauffassung zu seinem Recht.[26]

In der (romantischen) Kunst macht sich der Künstler ein Bild von der Natur; und die Erzählung zeigt, wie es zustande kommt. Das kann mit einer Neigung zum Tragischen verbunden sein, wie Hoffmanns Nachtstück *Die Jesuitenkirche in G.* in einer betont prozessualen Abfolge von Geschehnissen *zeigt*. Es handelt sich um die Geschichte des Architekturmalers Berthold, der eine Jesuitenkirche um gemalte Marmorsäulen und »sinnetäuschende« Perspektiven bereichert. Seine ungemeine Fertigkeit legt dem Erzähler die Vermutung nahe – es handelt sich um den »reisenden Enthusiasten« der *Fantasiestücke in Callot's Manier* –, dass dieser Künstler zu mehr imstande sei als zu bloßem Ausmalen von Staffagen.

Vom Standpunkt der bildästhetischen Theorie beginnt die Erzählung interessant zu werden, als es im Gespräch zwischen Erzähler und Künstler um die Frage der Hierarchie in der Kunst geht: Steht Landschafts- und Historienmalerei über der Architekturmalerei? Und wie ist es um das Porträt bestellt? Mit solchen Fragen war Berthold, wie sich erweisen wird, schon einmal konfrontiert, und zwar während seiner Ausbildung in Italien, in Rom, als er bei dem eher zweitrangigen, aber in seiner Zeit hochgeschätzten Landschaftsmaler Philipp Hackert studierte. Dies geht aus einem Manuskript hervor, in dem ein Student die Erinnerungen Bertholds aufgezeichnet hat und das dem Erzähler zur Verfügung gestellt wird. Damals ging es bereits um die Frage der Rangordnung: Steht die Historienmalerei über Landschaftsdarstellungen oder umgekehrt? Eine Frage, die den jungen Berthold bis Neapel verfolgt, wo ihn die politischen Ereignisse im Zusammenhang mit Napoleons Besetzung von Italien überraschen.

Ästhetische Fragen werden zunächst von der Zeitgeschichte verdrängt, und das Verhängnis für Berthold nimmt seinen Lauf. In einer neapolitanischen Aristokratin, die er vor plündernden Rebellen in den deutschen Norden gerettet hat, erkennt er sein Schönheitsideal, aber er vermag sie nicht zu malen: »Angiola, sein Ideal, wurde, wenn sie ihm saß und er sie malen wollte, auf der Leinwand zum toten Wachsbilde, das ihn mit gläsernen Augen anstierte.«[27] Um wieder zu seiner Kunst zu finden, glaubt Berthold, sich seiner Neapolitanerin und des gemeinsamen Kindes gewaltsam entledigen zu müssen. In einem Anfall von Wahn ermordet er sie, flieht und beginnt andernorts mit einem Porträt der Jungfrau Maria mit den Kindern Christus und Johannes, das wohl an die von ihm Getöteten erinnert. Aber er kann das Bild nicht vollenden, sondern wird zum »siechenden elenden Bettler« und schlägt sich fortan mit »Wandmalereien« durch. Durch den Erzähler mit dieser seiner Lebenswahrheit konfrontiert, verliert er den Rest seiner Fassung und endet im Selbstmord.

Im »Entsetzlichen und Grauenvollen« dieser Künstlergeschichte[28] äußert sich auch die Tragik des Kopisten, der, wie es die frühromantische Mode gebot, Raffael kopiert und Landschaften wie Hackert produziert, dem aber der Funke eines Claude Lorrain oder Salvator Rosa fehlt. Vor allem aber scheitert er an der künstlerischen Gestaltung seiner Angiola, die er nicht in Kunst überführen oder, genauer gesagt, von der er nicht genügend abstrahieren kann, um daraus Kunst werden zu lassen. Hoffmanns »Nachtstück« liest sich somit als Kritik an künstlerischen Verfahren, wie sie die Akademien der Zeit vorschrieben; sie erweisen sich eben nicht als ›prozessual‹, sondern wirken so starr wie Angiolas Blick in Bertholds Porträts von ihr. Gerade ihre Geschichte zwingt den Leser, der beim Lesen zum Betrachter nur fiktiv vorhandener Bilder wird, das Ethos der Kunst selbst in Frage zu stellen. Ist Kunst *solche* Opfer überhaupt wert, und wie lässt sich ein rein ästhetisches Dasein rechtfertigen? Womöglich nur dadurch, dass Kunst das Unerhörte und Ungesehene erkennbar machen kann – und das immer wieder durch die Augen ›Fremder‹.

Auch Berthold ist in G. fremd, wie in allen anderen Orten, an denen er Kunst zu schaffen versucht hat. Ebenso der »Maltheser«, dem er in Neapel begegnete und der ihm verdeutlicht, wie absurd Rangfolgen in der künstlerischen Behandlung von Gegenständen sind und wie mangelhaft er, Berthold, sein Talent bislang eingesetzt hat. Der Erzähler weiß, was es bedeutet, Kunst im biedermeierlichen Krähwinkel zu wagen. Ein Satz hierzu ersetzt eine halbe soziologische Studie: »[D]ie Kleinstädter sind wie ein in sich selbst verübtes, abgeschlossenes Orchester eingespielt und eingesungen, nur ihre eigenen Stücke gehen rein und richtig, jeder Ton des Fremden dissoniert ihren Ohren und bringt sie augenblicklich zum Schweigen.«[29] Und doch ist eine solche sauertöpfische Provinz Teil der Landschaft, die romantische Bildkünstler einfangen wollten.

Was ist eine ›romantische Landschaft‹?

In dieser Novelle Hoffmanns umkreisen die bildästhetischen Erwägungen das ›Problem Landschaft‹. In seiner Ausbildung bekam Berthold »viel fremde Bäume, viele Weinberge, vorzüglich aber viel Nebel und Duft zu malen«.[30] Landschaften malen bedeute, erklärt der Maltheser, die Natur in ihrer »tiefsten Bedeutung des höhern Sinns« aufzufassen; er kritisiert die Landschaftsdarstellungen von Bertholds Meister Hackert als bloße »korrekte Abschriften eines in ihm fremden Sprache geschriebenen Originals«. Wer Landschaften male, müsse in sie hineinhören, um die Stimme der Natur zu vernehmen, »die in wunderbaren Lauten aus Baum, Gebüsch, Blume, Berg und Gewässer von unerforschlichem Geheimnis« spreche und sich in »Ahnung« im Künstler umsetze.[31] Die »Hieroglyphen« der Natur werden dem Künstler so zu einer Landschaft, die er mit der real vor ihm gesehenen idealerweise im Bild fusioniert. In der romantischen Kunsttheorie äußerte sich Carl Gustav Carus am ausführlichsten über die Landschaftsmalerei (1831), am bündigsten jedoch der zeitweilige

Mitstreiter Kleists, Adam Müller (1808). Für Müller bedeutet Landschaft als Gemälde eine »Folge von *Raummomenten*«.[32] Ihr Betrachten bewirke, dass unser innerer Sinn, die »Seele«, sich »sanft« getragen fühle,

> eine Bewegung, wie von einem unsichtbaren Geiste, durch die das Verweilen bei den anmutigen Einzelnheiten erst seinen Reiz erhält. – Wie möchte auch die Darstellung einzelner trüber Stimmungen, melancholischer Launen der Natur, der Ungewitter, der Stürme so bezaubernd sein, wenn dem Gefühl nicht hier, wie in der Tragödie, etwas dargereicht würde von den Spuren eines über Stimmung und Laune erhabenen Weltgeistes.[33]

Die »zerstreuten Teile der Landschaft« müssten durch einen »Grundakkord« gebunden werden. Für Adam Müller bestand er im Vermögen des Menschen, »allegorisch« zu sehen. Aber wofür kann ›Landschaft‹ eine Allegorie sein? Für eine auf natürliche Weise strukturierte Dimensionierung der Lebensbereiche, für die offenen Räume vor dem Bewusstseinshorizont und für eine Vielfalt an natürlichen Formen, Formationen und Gestalten, die sich größer nicht denken ließe. Beim Betrachten von Landschaftsgemälden, legt Müller nahe, sieht sich unsere Vorstellungskraft geradezu vorgeführt und überboten. Diese Wirkung ist als optisches Echo der Romantik noch in den Phantasielandschaften eines Max Ernst sichtbar.

Carus hingegen handelte sein Verständnis von Landschaftsmalerei in neun umfänglichen Briefen eines Albertus an dessen Freund Ernst ab, ein Verfahren, das aufgrund seiner persönlichen, aber auch fiktiven Form Nähe *und* Distanz zu diesem Gegenstand signalisiert. Carus schreibt diese Briefabhandlung als analytischer Wissenschaftler ebenso wie als bildender Künstler, hatte er doch über zehn Jahre vor diesen Briefen mit einem seiner Gemälde »Pilger im Felsental« (1820) selbst die Durchdringung der Landschaft durch einen religiös motivierten Einzelnen, den Pilger, *dargestellt*. Die Kunst nennt Carus' Protagonist, der Briefe schreibende Albertus, denn auch die »Vermittlerin der Religion«,[34] gemeint ist: des Glaubens an die wirkende Natur und die Gegenwart von etwas Übermächtigem, dem Geist der Natur, die in der Landschaft Gestalt gefunden hat.

Dieses Carus-Gemälde thematisiert ebenso die ›Engführung‹ des Blicks – eben im »Felsental« –, wie auch der erste der Landschaftsbriefe den Blick zunächst eingrenzt, ja einengt, um eine Weitung des inneren Blicks zu ermöglichen: Ein Vorwinterabend gestattet keinen Blick mehr aus dem Fenster auf eine weite Landschaft; vielmehr »rieselt naßkalt Schnee am Fenster nieder, tiefe Stille umgibt mich« und »die zeitig angezündete Lampe verbreitet anmutiges Dämmerlicht um mich her« (203). Erst diese Verengung des Blicks lässt in Albert innere Landschaften entstehen, die er in der Malerei nicht als bloße Hintergrundillustrationen für Historiengemälde sehen will. Sein Interesse ist es, die Landschaft als Hauptakteur *erkennbar* zu machen. Im Landschaftsgemälde, so stellt es Albert seinem Freund brieflich vor Augen, findet ein »Dreiklang«, bestehend aus der Zeit-Kunst *Musik*, der Raum-Kunst *Architektur* und der Wort-Kunst *Poesie*, seine Darstellung. Alle drei Künste stünden, so Carus' Albert, »eigentlicher Naturnachbildung« fern (206), verbänden sich aber im Landschaftsbild. Auf diese Weise sei es dann auch mehr als nur eine bloße Abbildung natürlicher Gegebenheiten.

Landschaft ist für diesen Briefsteller eine Erzeugerin von jahreszeitlich bedingten Stimmungen (219). Entsprechend unterscheidet er zwischen diversen Stilformen, durch die Ansichten von Landschaft dem Betrachter vor Augen gestellt und »vorgetragen« werden. Carus kennt sechs Arten solcher »Vorstellungen« (skizzenhaft, gemeinnatürlich, phantastisch, maniert, vollendet, nebulistisch), wobei er wiederum die Farbgebung differenziert (231/232).

Carus' Albert weiß auch von einem Beispiel für analytisches Malen, Wolkenbilder als Teil der Himmelslandschaft, ein Schaffen, das er mit Goethes Gedicht »Howard's Ehrengedächtnis« in Beziehung setzt, also einer idealen Fusion von wissenschaftlicher Beobachtung (Howards Schrift *Modification of Clouds*, 1803), Poesie und bildkünstlerischer Umsetzung. Carus würde später seinem Freund in Dresden, Johan Clausen Dahl empfehlen, Wolkenstudien nach Howards Beschreibungen und Goethes poetischem Vorbild zu malen (804). Zu Goethes Gedicht schreibt Albert: »Daß dieses Gedicht über die Wolken entstehen konnte, dazu bedurfte es langer, ernster, atmosphärologischer Studien, es mußte hier beobachtet, beurteilt, gesondert werden, bis nicht nur die Kenntnis der Wolkenbildung, wie sie einfache sinnliche Anschauung gewährt, sondern die Erkenntnis, welche allein Frucht wissenschaftlicher Forschung ist, erreicht war.« (251/252) Er bringt dies dann auf die Formel »Kunst als Gipfel der Wissenschaft« (252).

»Die Kunst construiren heißt, ihre Stellung im Universum bestimmen«, so lautet der erste Satz in Schellings *Philosophie der Kunst*.[35] Die ›Konstruktion‹ eines Landschaftsgemäldes, ihr sichtbarer Aufbau entspricht einem solchen Positionierungsversuch, weil der dadurch dargestellte Ausschnitt der Welt eine Allegorie des Unabsehbaren ist.[36]

Doch *der* literarische Verweis überhaupt findet sich im fünften Brief. Carus' Albert erwähnt eine Stelle in Tiecks *Franz Sternbalds Wanderungen* (1798), die Carus selbst als ›Vorlage‹ für sein Bild *Pilger im Felsental* gedient haben dürfte.[37] In Tiecks Roman handelt es sich um das Gespräch des betagten Malers Anselm mit Sternbald, eigentlich eine Unterweisung des jungen Franz in die hohe Kunst der Landschaftsmalerei. Dabei hört der Eleve Dinge aus dem Mund Anselms, die ihn sich fragen lassen, ob »der alte Maler wirklich vom Wahnsinn befallen sei oder ob er nur die Sprache der Künstler rede«.[38] Besagter Anselm spricht nämlich davon, dass die Natur durch die Landschaft zu ihm rede, wobei es ihm bei seinen Bildern nicht »um die Natur zu tun« sei, sondern darauf ankomme, ihren »Charakter oder die Physiognomie herauszufühlen und irgendeinen frommen Gedanken hineinzulegen, der die Landschaft wieder in eine schöne Historie verwandelt«.[39]

Was es mit dieser »Historie« auf sich hat, erklärt Anselm am Beispiel einer »etwas abseits« hängenden Landschaft, eben jener, die später Carus als literarische Bildvorlage[40] für sich nutzte:

Es war eine Nachtszene, Wald, Berg und Tal lag in unkenntlichen Massen durcheinander, schwarze Wolken tief vom Himmel hinunter. Ein Pilgram ging durch die Nacht, an seinem Stabe, an seinen Muscheln am Hute kennbar: um ihn zog sich das dichteste Dunkel, er selber nur von verstohlenen Mondstrahlen erschimmert; ein finsterer Hohlweg deutete sich an, oben auf einem Hügel von fern her glänzte ein Kruzifix, um das sich die Wolken teilten; ein Strahlenregen vom Monde ergoß sich und spielte um das heilige Zeichen.[41]

Diese landschaftsbedingte Naturdeutung versteht Anselm als seine Art der Verwandlung von Natur, um »das auf meine menschliche künstlerische Weise zu sagen, was die Natur selber zu uns redet«. Es handele sich bei dieser Verwandlung um ein Rätselbild, das der junge Sternbald richtig ein »allegorisches« Gemälde nennt, woraufhin ihm Anselm bescheinigt: »Alle Kunst ist allegorisch.«[42] Apel hat in dieser Stelle »in Form und Inhalt«, also in einer *gesprächsweise* entwickelten Bildästhetik, das »Urbild der romantischen Bestimmung der modernen Kunst« gesehen.[43]

Carus versuchte zudem, den Begriff der ›Landschaft‹ neu zu fassen und durch die Bezeichnung »Erlebenbildkunst« zu ersetzen. Offenbar wollte er das Lebendige im Landschaftlichen betonen und darauf hinweisen, dass die Kunst sich diesem Lebenselement in der Landschaft zu widmen, ja es herauszuarbeiten habe.[44]

Vom Blühen der Ruine

Kaum eine romantische Landschaftsdarstellung findet sich ohne das scheintote zivilisatorische Relikt der Ruine. Was der Antike der Tempel, dem Mittelalter die Kathedrale, dem Barock das Ornament und dem Klassizismus das Andrea Palladio nachempfundene Landhaus, ist der Romantik die Ruine.[45] Sie ist der Ruheplatz des Wanderers, ein Ort melancholischer Besinnung, ein Sinnbild der Vergänglichkeit und eine Heimstatt des Gefühls schierer Obdachlosigkeit. In der Ruine findet der romantische Salon seinen zeit- und verfallsoffenen Gegenraum. Als Überrest baulicher Vollendung entspricht sie einer zum Fragment gewordenen Architektur. Sie ragt als Zitat der Vergangenheit und Ikone des Verfalls in die Landschaft, aber auch als eine stille Rebellion gegen alles Gleichmäßige.[46]

Schärfer formuliert es der Soziologe Georg Simmel in seinem »ästhetischen Versuch« *Die Ruine* (1907), der als breitenwirksames Feuilleton in der Schweizer Zeitung *Der Tag* und der Berliner *Illustrierten Zeitung* erstmals und jeweils in Auszügen veröffentlicht wurde. Der in ihr manifeste Verfall »erscheint jetzt«, nachdem sie in unserer Vorstellung aus dem »Schatten der Wehmut« getreten ist, »die Rache der Natur für die Vergewaltigung, die der Geist ihr durch

die Formung nach seinem Bilde angetan hat.«[47] Überhaupt hat
Simmel in seinem Versuch die wesentlichen Gedanken und Stich-
wörter zu dem geliefert, was bis heute als »Ruinophilia« (Svetlana
Boym) gegenwärtig geblieben ist: die romantische Faszination für
das *architektonische* Verfallsrelikt meist mittelalterlichen Ursprungs,
seien es verfallene Klöster, Kirchen oder, in der Hauptsache, Burgen. Zu dieser Faszination gehörte jedoch auch die künstliche, also
eigens konstruierte Ruine als *antikes* Zitat in herrschaftlichen Parks.
Der Reiz der Ruine bestehe darin, argumentiert Simmel, dass
»hier ein Menschenwerk ganz wie ein Naturprodukt empfunden
wird«.[48]

Der Anblick einer Ruine bietet »keine ästhetische Einheit«, sondern »nichts als ein um bestimmte Teile vermindertes Kunstwerk«,
befindet Simmel. Und weiter: »Die Ruine des Bauwerks aber bedeutet, daß in das Verschwundene und Zerstörte des Kunstwerks andere
Kräfte und Formen, die der Natur, nachgewachsen sind und so aus
dem, was noch von Kunst in ihr lebt und was schon von Natur in ihr
lebt, ein neues Ganzes, eine charakteristische Einheit geworden
ist.«[49] Der Restbestand von Kunst und Überschuss von Natur ergibt
ein in sich neues Gebilde *als* Ruine.

Indem nun dieses Ruinen-Werk selbst zum Gegenstand romantischer Kunst wurde, gewann es einen neuerlichen ästhetischen Eigenwert. *Die Ruinen von Athen*, ein im Februar 1812 in Pest uraufgeführ-
tes Festspiel von August von Kotzebue mit Bühnenmusik von Beethoven (op. 113), zeigte die politische Bedeutung der Ruinenthematik
mit klassisch-romantischen Anklängen. Athene, die Göttin Athens,
erwacht nach einem mehrtausendjährigen Schlaf und zeigt sich entsetzt über die verfallene Stadt. Es folgt ein Aufruf an ›ihre‹ Griechen
der Jetztzeit, sich gegen die osmanische Unterdrückung zu erheben.
Im politischen Licht der Zeit erscheinen diese Ruinen als Monumente
eines künftigen Freiheitskampfes.

Eine entpolitisierte Interpretation des Ruinenhaften in romantischer Zeit bietet William Wordsworth in seinem Gedicht »Composed Among the Ruins of a Castle in North Wales« (»Gedichtet in
den Ruinen einer Burg in Nordwales«) von 1824. Es hat freilich etwas
Seltsames, einen betont ›konservativ‹ (gewordenen) Dichter sich der
Ruinenthematik annehmen zu sehen; denn kann dies nicht auch be-

deuten, dass gerade die Werte, die der Konservative für ›bewahrens-
wert‹ hält, ›ruiniert‹ erscheinen?

> Entlang zerfallner Galerien, inmitten deckenloser Säle
> und zögerlichen Schrittes, oft getäuscht im Gehen,
> seufzt der Fremde, keine Skrupel kennend, wenn es
> alte Zeiten tadeln gilt, auch wenn er, Sanftester unter
> des Schicksals Hörigen, seine nachsichtige Hand
> auf diese Wunden gelegt, so sanft wie das von fahlem
> Mond auf Türm' und Mauern fallende Licht,
> ein Licht, das tiefsten Schattenschlaf noch mehr vertieft.
> Überrest Gekrönter! Und Wrack vergessner Kriege,
> den Winden ausgesetzt und dem Blick argwöhnender Sterne:
> Es ›liebt‹ aber die Zeit dich! Auf ihren Ruf hin winden
> die Jahreszeiten kostbare Kränze dir als deiner Stirne Reif;
> auch wenn der Glanz von einst durch keinen Wandel neu
> erstehen kann, es schenkt sich dir, das tröstlich so Belohnende![50]

Wordsworth verzichtet darauf, den Charakter des Ruinenhaften auf
die Form des Gedichts zu übertragen. Er ist um Abrundung seiner
Verse bemüht. Mit Ausnahme des Ausrufs »Relic of kings! Wreck
of forgotten wars« bestimmen Gleichmaß und Ausgeglichenheit
den Ton des Gedichts. Die Natur bekränzt mit ihrem Gezweig die
Ruine und mit ihr den »Fremden«. Fremd, wie der Wanderer ist, soll
er doch nicht befremdet sein über das Ruinöse um ihn. Es erschließt
sich ihm als ästhetische Erfahrung, ja als ein Erlebnis; er kann es
als ein »Geschenk« annehmen, zumindest bietet es sich ihm als ein
solches an.

Schon früh (1794) hatte William Turner diese Verschlungenheit
von Natur und Ruine gezeigt, etwa in seiner Darstellung von Tintern
Abbey (s. Abb. 7). In ihrer Mitte findet sich auch bereits ein Einzelner,
kein Fremder oder Wanderer, eher ist es wohl ein Arbeiter, der für
etwas Ordnung sorgen will – der umgefallene Tragekorb mit ange-
deutetem Rechen oder Besen zeugt von dieser Absicht – und doch
halb wie angewurzelt, halb fassungslos dasteht. Weniger das Licht als
die Natur wirkt ›fahl‹, ausgebleicht geradezu; auch wenn sie die Relikte bekränzend und besitzergreifend umwindet wie später in Words-

worths Gedicht, es scheint ein eigentümliches Gleichgewicht zu bestehen zwischen Natur und der Abteiruine.

Anders bei Caspar David Friedrich. Seine »Abtei im Eichenwald« (1809–10, s. Abb. 8) zeigt auch die Natur wie ein Relikt; die Eichen sind nicht nur winterlich kahl; sie könnten abgestorben sein. Die wie hingewürfelt aussehenden Grabsteine intensivieren noch den Eindruck des Verlorenen, Verlassenen. Allein die leicht konkave lichte Horizontlinie, die das Gemälde unterteilt, lässt Hoffnung für den hilflos aufragenden Abteirest und die toten Bäume keimen. Es scheint nicht mehr darum zu gehen, dass durch dieses Licht die Szene wieder zum Leben erweckt wird; eher leuchtet eine ganz andere, aber unbestimmt und unbestimmbar bleibende Art des Existierens auf.

Keine Ruine jedoch stellt ihre zivilisationskritische Bedeutung in romantischer Zeit radikaler heraus als jene, die Joseph Michael Gandy (1771–1843) in seinem staunenswerten Gemälde »The Bank of England as Ruin« (1830, s. Abb. 9) präsentiert.

Die Bank von England, die inmitten der Londoner City als Gralsburg des modernen Kapitalismus thront, sieht sich herausgehoben wie die Akropolis über Athen und ähnlich ›ruiniert‹. Dieses Gemälde hätte beim großen Bankenzusammenbruch des Jahres 2008 oder schon beim Börsenkrach von 1929 als negatives Leitbild allgemeine Verbreitung finden müssen. So ›aufgeräumt‹ diese (Selbst-?)Zerstörung auch aussieht, sie ist buchstäblich fundamental. Nur Teile der Fassade wahren noch den Anschein von Unversehrtheit, aber die Architektur des ›Systems Bank von England‹ und mit ihr des ›Prinzips Kapitalismus‹ ist entkernt. Diese Ruine gleicht einem plakativen Fanal, das Ruinöse am Kapitalismus gegen seine (damals) prominenteste Institution zu richten. Nur stellenweise hat die Natur von den Ruinenteilen Besitz ergriffen, ansonsten umgibt sie diese Akropolis des Mammons. Das Licht fällt betont grell auf das Ruinenwerk; man könnte sogar von einem ironisch-zynischen Bloßstellen dieses ruinierten Zustands durch das Sonnenlicht sprechen.

Auch wenn Tageslicht in diesen Ruinenbildern dominiert, wirken sie düster, finster, omenhaft; ihnen wohnt Kulturdämmerung inne, in ihnen keimt die Nacht, in der Verfall und Blüte ununterscheidbar werden. Man könnte auch sagen: In der Ruine treibt die Zivilisation ihre vergifteten Blüten und kann dennoch oder gerade deswegen ästhetisch gefallen.

Nachtwelten, ein poetischer Exkurs in dunkle Klangbildwelten

Wie ein dunkler gemeinsamer Nenner überwölbte die Nacht die europäische Romantik – in Dichtung, Musik und Malerei. Der Verweis auf die Nacht in Tiecks *Sternbald* als eine sich verdichtende Dunkelheit[51] unterstrich die exemplarische Bedeutung des alles Lichte aufhebenden Zustands. Die romantische Nacht ist jedoch keine Finsternis gewesen; sie hat selten etwas Bedrohliches, eher etwas Umhüllendes; sie birgt Geheimnisse, erlaubt Selbstversenkung und tilgt Ablenkungen. In den *Hymnen an die Nacht* des Novalis, im Roman *Die Nachtwachen des Bonaventura* August Klingemanns (1777–1831) und bis in die Spätromantik zeigt sich die Nacht als ein Reservoir der Stille, in dem sich die Anspannung des Tages löst. Doch gerade aus dieser nächtlichen Stille entstanden prominente musikalische und poetische Ausdeutungen des Dunkels, insbesondere das Nocturne als eine musikalische Anschauungsform oder als ein Hörmodus für Klang gewordene Stille.

Eng verbunden mit dem Nachtmotiv ist das als ästhetische Erfahrung verstandene Träumen, das Robert Schumann im siebenten Stück der *Kinderszenen* (op. 15, 1838), der »Träumerei«, wie ein nachgeholtes Leitmotiv intoniert hat. Denn auch bei Tage lässt es sich, etwa beim Spielen dieses Stücks, von der Nacht träumen.

Als bildlicher Nachthintergrund bietet sich das Schaffen des bereits als Freund von Carl Gustav Carus genannten, nach 1818 in Dresden ansässigen norwegischen Malers Johan Clausen Dahl an, und mit ihm die Vorstellung von einer urbanen Nachtlandschaft. Seit 1823 war Dahl auch mit Caspar David Friedrich befreundet, der längere Zeit in Dahls Haus An der Elbe Nr. 33 wohnte. Dort gelangen Dahl gleichsam blickversunkene Nachtbilder Dresdens (s. Abb. 10).

Die Mondlichtfurt quer über die Elbe – als Entsprechung zur Brücke – zieht die Aufmerksamkeit eines einsamen Betrachters auf sich, wohingegen die Silhouette der Stadt selbst zu träumen scheint. In einem der ersten frühneuzeitlichen Traktate über das Träumen, verfasst von Sir Thomas Browne (1605–1682), lesen wir: »Der Tag versorgt uns mit Wahrheiten, die Nacht mit Lügen und Fiktionen, und das teilt verstörend unsere Natur in zwei Teile.«[52] Schon Browne wusste aber, dass Träume uns »bedeutsame Aufschlüsse über unser inneres Leben geben und uns damit zu einem besseren Verständnis unserer selbst führen.«[53] Die nächtliche Dunkelheit gebiert unablässig neue Urheber der träumerischen Imagination, aber auch eines Zusammenhänge zerstörenden Vergessens. Das bedeutet auch: Die Nacht ist auf eine ebenso schöpferische wie vernichtende Weise fruchtbar.

Durch das romantische Nocturne jedoch wird die Nacht zu einem auralen Vertrauten, dem es gleichsam Seelentöne entlockt. Das Nocturne als Musikform entstand zu der Zeit, als Edward Young seine berühmten *Night Thoughts* verfasste, und Novalis' *Hymnen an die Nacht* erschienen als dominanter Nachklang dazu. Um eines sinnfälligen Kontrastes willen beginnen diese *Hymnen* mit einer Preisung des Tageslichts und seiner Farbenwelt. Aber das Ich begibt sich »abwärts«, wie es heißt, in die Selbstversenkung, und möglich ist ihm das nur in der von allen Ablenkungen freien »heiligen, unaussprechlichen, geheimnisvollen Nacht«.[54] Der Abwärtsbewegung folgt das Aufsteigen von Bildern, das mit dem, paradox gesagt, Licht der Dunkelheit gestaltet wird.

Die Geliebte wird dabei zur »Sonne der Nacht« (I, 151); durch sie nimmt die Nacht eine eigene »Farbe« an (I, 157). Die Nacht wird zum »Schooß« ewiger Offenbarungen (I, 165). Dem Ich der *Hymnen* gilt die Nacht als zeit- und raumlos und damit die eigene Existenz darin als entgrenzt. Was die Nacht stillt, ist des Ichs »Sehnsucht nach dem Tode«. Die Nacht erweist sich mehr und mehr als eine rauschhafte Erfahrung, in der – wiederum paradox gesprochen – einzig die Erinnerung an die Vorzeit lebt, wobei die Nacht gleichzeitig das Vergessen nährt.

Als sängen sie diese *Hymnen* des Novalis weiter, werden Richard Wagners Opernfiguren, Tristan und Isolde, sich als »Nachtgeweihte« bezeichnen, bevor beide zu ihrem Liebesduett finden:

O sink hernieder,
Nacht der Liebe,

gib Vergessen,
daß ich lebe;
nimm mich auf
in deinen Schoß,
löse von
der Welt mich los!

In dieser Nachtmetaphysik lernt die Nacht selbst das Sprechen, und zwar über ihre Dunkelheit, doch versinkt sie dabei weiter in ihr und damit in sich selbst.

In seiner Nachtverfallenheit fängt sich das Romantische, ohne sich darin aufzuheben. Es zelebriert sie selbst als *Nachtseite der Naturwissenschaft*, die Gotthilf Heinrich Schubert in einer der einflussmächtigsten Schriften der Zeit (1808) untersuchte. Unter diesen »Nachtseiten« verstand er den Magnetismus, die Träume und das Vorhersehenkönnen, aber auch das Verständnis für eine veränderte Zeiterfahrung im Bereich der Nacht, wie sie bei Novalis bereits angeklungen war. In seiner Romantikkritik hat Nietzsche gerade diesen Aspekt mit besonderem Interesse aufgegriffen und dazu Anfang 1886 notiert:

Es giebt einen Theil der Nacht, von welchem ein Einsiedler sagen wird: ›horch‹, jetzt hört die Zeit auf!‹ Bei allen Nachtwachen, insbesondere, wenn man sich auf ungewöhnlichen nächtlichen Fahrten und Wanderungen befindet, hat man in Bezug auf diesen Theil der Nacht (ich meine die Stunden von Eins bis Drei) ein wunderliches erstauntes Gefühl, eine Art von ›Viel zu kurz!‹ oder ›Viel zu lang!‹, kurz den Eindruck einer Zeit-Anomalie. Sollten wir es in jenen Stunden, als ausnahmsweise Wachende, abzubüßen haben, daß wir für gewöhnlich um jene Zeit uns in dem Zeit-Chaos der Traumwelt befinden? Genug, Nachts von Eins bis Drei haben wir ›keine Uhr im Kopfe‹. Mich dünkt, daß eben dies auch die Alten ausdrückten mit ›intempestiva nocte‹ und ›en awronukti‹ (Aeschylos), also ›da in der Nacht, wo es keine Zeit giebt‹; und auch ein dunkles Wort Homer's zur Bezeichnung des tiefsten stillsten Theils der Nacht lege ich mir etymologisch auf diesen Gedanken zurecht, mögen die Übersetzer es immerhin mit ›Zeit der

Nachtmelke‹ wiederzugeben glauben –: wo in aller Welt war man denn je dermaaßen thöricht, daß man da die Kühe des Nachts zwischen Eins und Drei melkte! – Aber wem erzählst du da deine Nachtgedanken? –[55]

Was liegt hier vor? Der Versuch, die Nacht vermittels Etymologie und Ironie zu demystifizieren und gleichzeitig das Geheimnis der nächtlichen Zeitaufhebung zu beschreiben? Aber – in der Tat – wem *erzählt* man dergleichen? Dem »herrlichen Fremdling« aus den Hymnen des Novalis? Oder einfach sich selbst? Oder dem »Nachtwandler«, dem Nietzsches Zarathustra ein in neun Prosasequenzen vorbereitetes, unüberhörbar spätromantisches »Lied«, auch »trunkenes Lied« genannt, singen wird:

O Mensch! Gib Acht!
Was spricht die tiefe Mitternacht?
»Ich schlief, ich schlief –,
Aus tiefem Traum bin ich erwacht: –
Die Welt ist tief,
Und tiefer als der Tag gedacht.
Tief ist ihr Weh –,
Lust – tiefer noch als Herzeleid:
Weh spricht: Vergeh!
Doch alle Lust will Ewigkeit –,
– will tiefe, tiefe Ewigkeit!«[56]

So intensiv Zarathustra im Namen Nietzsches die Nacht *be-spricht*, ihre mystische Qualität bleibt dennoch oder gerade deswegen erhalten. Denn die Worte, die sich zu diesem Ende dem aus einem Traum Erwachten einstellen, bleiben hypnotisch-mystisch.

Man denke an die berückenden Aussagen zur Nacht des kastilischen Mystikers Johannes vom Kreuz, der die Unterscheidung traf zwischen *estar á oscuras* (›im Dunkeln sein‹) und *estar en tinieblas* (›in der Finsternis sein‹). Er hatte die Vorstellung einer zweiten Nacht, welche die erste einhülle, wobei das Dunkel die Finsternis erhelle: »Und die Nacht war dunkel und erhellte die Nacht.«[57] Und er bemühte sich sogar um eine Definition der Nacht im eigentlichen Sinne: »*Nacht* nennen wir den Verlust der Begehrlichkeit im Verlangen nach all den Dingen.«[58] Es ist, als sollte dadurch das Absterben des Lichts beim Übergang in die Nacht als die Todeszone schlechthin widerrufen werden.

Vertont wurde dieses sprachmusikalisch geprägte Gedicht Nietzsches für eine Altstimme durch Gustav Mahler. Er integrierte es in den 4. Satz seiner Dritten Symphonie, der ursprünglich die thematische Überschrift trug: »Was mir die Nacht erzählt«.[59] Die weibliche Note dieser meditativ zurückgenommenen Vertonung – oder sollte man eher sagen: eines Zwiegesprächs zwischen Musik und Gedicht? – dient einer Art balsamischer Vertiefung eines seelischen Zustands, des »Herzeleids«.

Wie auch immer, die Mitternacht stellt sich in den bekannten Gedichten über diesen dunklen Zenit als jener Moment dar, in dem dieses von Johannes vom Kreuz gemeinte Erhellen der zweiten durch die erste Nacht sich Schlag zwölf ereignet. Sie ist wie ein Zeitscheitel – turmuhrschlaggenau – und gleichzeitig die Schwelle zur nächtlichen Zeitaufhebung. Das erklärt, weshalb sie der poetische Nachtaugenblick überhaupt ist, was zwei geradezu sprichwörtlich bekannte Gedichtbeispiele belegen mögen. Das erste stammt von Eduard Mörike:

Um Mitternacht

Gelassen steigt die Nacht ans Land,
Lehnt träumend an der Berge Wand,
Ihr Auge sieht die goldne Waage nun
Der Zeit in gleichen Schalen stille ruhn;
Und kecker rauschen die Quellen hervor,
Sie singen der Mutter, der Nacht, ins Ohr
Vom Tage,
Vom heute gewesenen Tage.

Das uralt alte Schlummerlied,
Sie achtet's nicht, sie ist es müd;
Ihr klingt des Himmels Bläue süßer noch,
Der flüchtgen Stunden gleichgeschwungnes Joch.

Doch immer behalten die Quellen das Wort,
Es singen die Wasser im Schlafe noch fort
Vom Tage,
Vom Heute gewesenen Tage.[60]

In diesem Gedicht feiert sich in schlichter und doch höchst kunstvoller Sprache die schiere Balance, das Gleichgewicht inmitten der Nacht – und das in zwei achtzeiligen Strophen in jeweils vier Paarreimen. Es demonstriert ein lyrisches Ausgleichen diverser Eindrücke, die ihren jederzeit gemessenen Ausdruck finden – selbst das »Joch« der »flüchtgen Stunden« der Eile bei Tage bleibt »gleichgeschwungen«. Von dieser »Mitternacht« Mörikes geht ein uns Heutige geradezu verblüffendes Weltvertrauen aus.

Das zweite Beispiel stammt von Friedrich Rückert:

Um Mitternacht

Um Mitternacht
Hab ich gewacht
Und aufgeblickt zum Himmel!
Kein Stern vom Sterngewimmel
Hat mir gelacht
Um Mitternacht!

Um Mitternacht
Hab ich gedacht
Hinaus in dunkle Schranken!
Es hat kein Lichtgedanken
Mir Trost gebracht
Um Mitternacht!

Um Mitternacht
Nahm ich in acht
Die Schläge meines Herzens;
Ein einz'ger Puls des Schmerzens
War angefacht
Um Mitternacht.

Um Mitternacht
Kämpft' ich die Schlacht,
O Menschheit, deiner Leiden.
Nicht konnt' ich sie entscheiden
Mit meiner Macht
Um Mitternacht.

Um Mitternacht
Hab ich die Macht
In deine Hand gegeben!
Herr über Tod und Leben:
Du hältst die Wacht
Um Mitternacht![61]

Diese Nacht vermag nichts zu erhellen. Das Ich kommt nicht gegen sie an. Seine Bangigkeit kann es auch dadurch nicht überwinden, dass es sich vormacht, im Namen der Menschheit (eine für Rückert seltene Art der Selbstüberhebung!) gegen das Dunkel in der Welt anzugehen. Es bleibt nur die finale Einsicht, sich dem »Herrn über Tod und Leben« zu überantworten.

In seiner Vertonung dieses vierten der *Fünf Rückert-Lieder* deutete Gustav Mahler diese Schlussfolgerung als ein triumphales Ereignis. Fanfarenhaft zelebriert er es mit Blechbläsern und Harfenglissando, als gelte es, eine verloren geglaubte Transzendenz mit Trompetenschall zurückzuholen. Ein choralhafter Plagalschluss gibt diesem Durchbruch durch das Dunkel ein Finale, das einen geradezu absoluten Gegenpol zur Stille der Mitternacht bildet, wogegen Rückerts Text eher verhalten schließt. Mahlers Botschaft scheint zu lauten, dass in der Nacht eben auch das Unerhörte geschehen kann.

Bevor es zu dieser nächtlichen Unerhörtheit kommt, arbeitet Mahler mit einem zentralen, gleich zu Beginn eingeführten Grundmotiv, das die Klarinetten darbieten. Fallende Klangfiguren der Flöten und Hörner werden vom Ansteigen der Stimme kontrastiv gespiegelt. Die fünf sechszeiligen Strophen Rückerts suggerieren ein Gleichmaß, denen Mahler jedoch eine bis auf das Grundmotiv je eigene Vertonung zubilligt.

Nicht nur Unerhörtes ereignet sich um Mitternacht, sondern, wie
das Gedicht »Nacht« von Ludwig Tieck belegt, es entsteht auch Einsamkeit, in der man nach Liebe sucht oder einem – paradox gesagt –
astral-transzendentalen Obdach:

Im Windsgeräusch, in stiller Nacht
Geht dort ein Wandersmann,
Er seufzt und weint und schleicht so sacht,
Und ruft die Sterne an: [...].[62]

Das »Windsgeräusch« erinnert an die Äolsharfen-Motivik, aber dieser Wanderer verfügt über kein Instrument, sondern nur über den
Glauben ans Kosmische und damit an transzendentale Geborgenheit.
    Dramatisch intensiviert sich die Nachtthematik auf der Schwelle
zur literarischen Moderne, und zwar mit neo-romantischem Gestus
in Richard Dehmels (1863–1920) Rollengedicht »Verklärte Nacht«.
Den Anfang prägt jedoch Ernüchterung. Der Weg zur »Verklärung«
führt über Selbstanalyse, das freilich im Schutz der Nacht:

Zwei Menschen gehn durch kahlen, kalten Hain.
der Mond läuft mit, sie schaun hinein
Der Mond läuft über hohe Eichen,
kein Wölkchen trübt das Himmelslicht,
in das die schwarzen Zacken reichen.
Die Stimme eines Weibes spricht:
Ich trag ein Kind, und nit von Dir,
ich geh in Sünde neben Dir.
Ich hab mich schwer an mir vergangen.
Ich glaubte nicht mehr an ein Glück
und hatte doch ein schwer Verlangen
nach Lebensinhalt, nach Mutterglück
und Pflicht; da hab ich mich erfrecht,
da ließ ich schaudernd mein Geschlecht
von einem fremden Mann umfangen,
und hab mich noch dafür gesegnet.
Nun hat das Leben sich gerächt:
nun bin ich Dir, o Dir begegnet.

Sie geht mit ungelenkem Schritt.
Sie schaut empor: der Mond läuft mit.
Ihr dunkler Blick ertrinkt in Licht.
Die Stimme eines Mannes spricht:
Das Kind, das Du empfangen hast,
sei Deiner Seele keine Last,
o sieh, wie klar das Weltall schimmert!
Es ist ein Glanz um Alles her,
Du treibst mit mir auf kaltem Meer,
doch eine eigne Wärme flimmert von Dir in mich,
von mir in Dich. Die wird das fremde Kind verklären.
Du wirst es mir, von mir gebären:
Du hast den Glanz in mich gebracht,
Du hast mich selbst zum Kind gemacht.
Er faßt sie um die starken Hüften.
ihr Atem küßt sich in den Lüften.
Zwei Menschen sehn durch hohe, helle Nacht.[63]

Nacht macht geständig, sie löst die Zunge und erleichtert das Gewissen. Der Mondschein wiederum leistet wie in nahezu jedem romantischen Nachtgedicht das Seine: Aus dem vom Verlangen nach Mutterschaft motivierten Fehltritt der Frau wird auch der gleichgestimmte Schritt, weil der Mond mitgeht. Das namenlose Liebespaar kann so das »fremde Kind«, das im Schoß der Frau heranreift, in sich aufnehmen, als Nachtleibesfrucht, wenn man so will, und zugleich als Liebesprobe, die der Mann besteht. Die Frau ist keine Versucherin, sondern eine ihrerseits Versuchte; das Paar ist befruchtet vom Geist der Nacht. Die Nacht ist es, die alles verklärt – durch Liebe wird das noch Ungeborene, das Werdende erhöht, was die Verklärung weiter intensiviert.

In der mondhellen Nacht, Rainer Maria Rilke (1875–1926) wird sie als »du unendliches Dunkel aus Licht« anreden, gelingen Bekenntnisse, die jeden Tag überdauern. Für Rilke war »Nacht« ein Leitwort seines Schaffens, das sogar in ein größeres poetisches Vorhaben dieses Titels mündete, das er Ende 1916 vorläufig abzuschließen vermochte.[64] Ein Motiv darin lautet: die »große Nacht« anstaunen, bis man als wirklich das Nächtliche Fühlender ihr ähnlich wird.[65] Rilkes poetisches Ich verklärt die Nacht weniger, als dass es über sie aufklärt, über das das Dunkel plötzlich rhythmisierende Einfallen des Mondlichts etwa, das seinerseits das »Wellen unsres Herzens« in Gang setzt.[66] Dieses Ich will spüren können, was »aus Mitternächten« atmet,[67] nämlich die baldige Ankunft eines Du. In diesem poetischen Entwurf Rilkes werden Dasein und Nächtigen gleichbedeutend. Was entsteht, geht aus dem Dunklen hervor und wieder ins Nächtliche ein.

Die Nacht setzt Phantasien frei, die sich in Bildern kristallisieren – solchen des Traumes und des Wahns. Sakrales verklären sie; Dehmels Gedicht wäre dagegen ein verweltlichtes Gegenstück zu den diversen Darstellungen einer heiligen Nacht etwa durch Coreggio.

In der Romantik entstehen aber auch Darstellungen des Sinistren, Unheimlichen, Gespenstischen, das die Nacht birgt; groteske Gestalten, die ihr – meist als Traumgeschöpfe – entsteigen und ein Eigenleben führen, indem sie sich vom Dunklen nähren. Francisco de Goyas berühmtes Gemälde zeigte, was geschieht, wenn die Vernunft sich der Nacht überantwortet und einschläft: Sie gebiert im Traum Schreckensgestalten. Thematisch verwandt ist damit das Bildschaffen Johann Heinrich Füsslis, aber nicht nur sein berühmtes »Nachtmahr«-Gemälde von 1781, sondern auch Bildwerke wie jenes zu einer Szene aus Shakespeares *Ein Sommernachtstraum*: »Oberon träufelt Blumensaft in die Augen der schlafenden Titania«.

Füssli hat allerdings durchaus am Klassischen Maß genommen; immerhin übersetzte er Johann Winckelmanns Bekenntnis zur klassischen Antike unter dem Titel *Reflections on the Painting and Sculpture of the Greeks* 1765 ins Englische – nur ein Jahr, nachdem er sich in London niedergelassen hatte. Bildwerke dieser Art sollten die Nacht beleben, ihr Figürlichkeit abgewinnen und den Mythos ›Dunkles‹ in nächtlich aufgehellten Zonen sprechen lassen.

Anders empfanden das die Künstler der Moderne. Vincent van Goghs »Sternennacht« (1889) zeigt einen Himmel, der durch die astralen Bewegungen nahezu taghell geworden ist. Die in diesem Gemälde geschaffene Szene zeigt keine Menschen mehr. Belebung entsteht nur durch die Sternenwirbel und einen sonnenhellen Mond. Wesensverwandt damit ist Peter Doigs »Milchstraße« (1990), wobei das gespiegelte Titelmotiv gespenstische Züge aufweist. Auch dort fällt die Helligkeit buchstäblich ins Auge, die bei Doig aber das Sinistre beibehält. Das Statische im Irdischen sieht sich durch den schleierhaften Bewegungszug der Milchstraße konterkariert. Wie bei van Gogh glaubt das Auge in der Bewegung der astralen Zonen eine kosmische Verklärung des Irdischen zu sehen und, da es sich um Bewegung handelt, auch zu hören. Und doch zeigt sich in diesen Bildern eine Niemandswelt, die sich nach einer Niemandszeit zu richten scheint.

Kapitel VIII

Da capo: die romantische Sprache der Musik, literarisch gehört

Womit verbinden wir die Romantik in dem, was als *die* europäische Kunstsprache schlechthin gilt, der Musik? Mit dem Sehnsuchtsruf der Hörner zu Beginn der Vierten Symphonie Bruckners, auch derentwegen die »Romantische« genannt? Oder hält es unser Gehör, oder genauer: unser auditiver Geschmackssinn, eher mit den (übrigens von John Field, dem irischen Komponisten, erstmals komponierten und zum Genre erhobenen) Nocturnes, den Impromptus, Phantasien und anderen *Moments musicaux*, mit denen romantische Komponisten die ›kleine Form‹ im Universum der Klänge evozierten und zelebrierten.[1]

Besonders die musikalischen Welten Franz Schuberts und Robert Schumanns – von der *Winterreise* bis zu den *Kreisleriana* – bestehen aus klanglichen Literarisierungen, befreien sich davon aber dann im symphonischen Schaffen jener Komponisten. Zum musikästhetischen Bewusstsein in der Romantik gehörte auch – man übersieht und überhört es zu oft –, dass selbst betont freie Ausdrucksformen wie das Phantasieren systematisiert und didaktisiert wurden. Das konstruktivste Beispiel lieferte der Klavierpädagoge Carl Czerny (1791–1857) mit seiner *Systematischen Anleitung zum Fantasieren auf dem Pianoforte* (1829), die er gewissermaßen der Kompositionspraxis Beethovens ›abgelauscht‹ hatte.[2] Die von dieser »Anleitung« ableitbare These lautet: Dem Komponieren liegt das Phantasieren zugrunde; die sich daraus ergebenden freien Strukturen tragen zur Verwandlung erprobter Formen entscheidend bei, wie es das symphonische Werk Beethovens, seine späten Klaviersonaten und seine Streichquartette belegen.

Doch ist der Hinweis auf Czerny damit nicht erschöpft. Mit gerade einmal sechzehn Jahren (1807) hat er das Tor zur Romantik aufgestoßen, und zwar mit seiner A-Dur-Sonate für Violine und Klavier, die er offenbar nach intensivem Studium von Beethovens *Kreutzer-Sonate* in der nämlichen Tonart (op. 47, 1802/03) und in der des Violinkonzerts (op. 61, 1806) komponiert hatte. Staunenswert an Czernys Sonate ist vor allem ihr 2. Satz, ein *Andante grazioso* und ein Tonartenlabyrinth, das weniger ›graziöse‹ als dramatisch kühne Modulationen bietet. Dabei drückt sich das ›Romantische‹ dieses Satzes in der Zerrissenheit suggerierenden Kontrastierung der Tonarten ebenso aus wie im »letztlich unaufgelösten Spannungsverhältnis zwischen Wirklichkeit und Traumwelt«.[3]

Geht es um weniger bekannte frühromantische Komponisten, dann darf ein Hinweis auf Étienne-Nicolas Méhul (1763–1817) nicht fehlen. Die Kühnheit in seiner Harmonik und die Intensität des musikalischen Ausdrucks nehmen jene in Beethovens *Eroica* und dessen Fünfter Symphonie vorweg. Zu den damals ›unerhörten‹ Besonderheiten seines Komponierens gehörten seine Vorliebe für die oberen Lagen der Celli, die punktierten Noten für die Holzbläser und das Räumlich-Expansive seiner symphonischen Sätze. Das Innovative seiner Andante-Einleitung der unvollendeten Fünften Symphonie in A-Dur (1810) hört man vor allem in der chromatischen Unruhe, die diese Musik prägt. Sein Einfluss auf Carl Maria von Weber und Felix Mendelssohn Bartholdy wird nach wie vor ebenso unterschätzt wie sein Beitrag zur romantischen Oper, insbesondere mit *Mélidore et Phrosine* (1794), die bereits eine Art thematischer Leitmotivtechnik aufweist.

Doch gehören zum romantischen Repertoire vor allem die theatralischen Zauberwelten der *Undine* (1816) E. T. A. Hoffmanns, des *Freischütz* (1821) und *Oberon* (1826) von Carl Maria von Weber und die Bühnenmusik zu Shakespeares *Sommernachtstraum* von Mendelssohn Bartholdy (Ouvertüre bereits 1826). Aber auch die Alptraumwelt der Oper *Der Vampyr* (1828) von Heinrich Marschner sowie der *Symphonie fantastique* (1830) von Hector Berlioz und Giacomo Meyerbeers Erfolgsoper *Robert le Diable* (1831), das Klavierwerk Chopins und die *Années de Pélerinages* von Liszt (zwischen 1834 und 1854) sind zu nennen. Letzteres ist eine Art musikalischer Entwicklungsroman in 26 Charakterstücken, orientiert am Wanderer-Motiv in Goethes *Wilhelm Meister* und Lord Byrons *Childe Harold's Pilgrimage*.

Auch in der Romantik ist Musik nicht politisch harmlos. Nachdem im Brüsseler Opernhaus Daniel Aubers Oper *La Muette de Portici* (1830) aufgeführt wurde, kam es zu Tumulten auf den Straßen der

Stadt, die zur Revolution und Gründung des Staates Belgien führten. Die Oper handelt vom versuchten Aufstand der Neapolitaner gegen die spanischen Besatzer im 17. Jahrhundert, und das Brüsseler Publikum erkannte Bezüge zur auf dem Wiener Kongress etablierten Herrschaft der protestantischen Niederländer über die katholischen Wallonen. Der Patriotismus schlug in Nationalismus um, ausgelöst durch ein Duett im dritten Akt der Oper (»Amour sacré de la patrie«):

Geheiligte Liebe zum Vaterland,
Gib uns Wagemut und Stolz zurück;
Meinem Land verdanke ich das Leben.
Es wird mir seine Freiheit verdanken.[4]

Nicht minder emphatisch politisch waren die Polonaisen Chopins deutbar.

Romantische Musik kannte jedoch auch subtile politische Aussagen, etwa im *Faschingsschwank aus Wien* (op. 26) von Robert Schumann, der zu seinen (wie die *Kreisleriana*) E. T. A. Hoffmann nachempfundenen *Nachtstücken* zählte. Darin zitiert er die im Wien Metternichs verbotene *Marseillaise* als Protest gegen die reaktionäre Zensur, an der Schumann mit seiner *Neuen Zeitschrift für Musik* in Wien gescheitert war. Schon in der Komposition *Karneval* (op. 9) hatte Schumann Sinn für das Buffoneske, die Zeitläufte karikierend Unterminierende bewiesen.

Musik führt vor Ohren, was sich nur so und nicht anders ausdrücken lässt. Anders gesagt: Neben die Lesbarkeit und Sichtbarkeit der Romantik tritt gleichberechtigt ihre Hörbarkeit. In der Musikphilosophie, die Schelling im Rahmen seiner Vorlesungen über die *Philosophie der Kunst* vorgetragen hatte, entwickelte er den Gedanken, dass sich im Klang das »Unendliche ins Endliche« *eingepflanzt* habe.[5] Bemerkenswert hieran ist, dass sich das ›organische‹ Element in diesem immateriellen (weil musikalischen) Zusammenhang auf das Verb konzentriert, also auf das eigentliche Tun.[6]

Beethoven als musikalisches Maß aller Klänge – eine Kreislerianerei

Mittelbar oder unmittelbar orientierte sich das Musikschaffen in der Romantik am Werk Beethovens und seinem »Klangdenken«,[7] wobei die Frage nach seiner ›Zugehörigkeit‹ zu den kontroversesten in der Musikästhetik gehört. Gerade das Beispiel Beethovens zeigt, wie überreizt die Debatte über die Grenzen von Klassik und Romantik längst geworden ist, auch wenn sich zum Beispiel mit Bezug auf E. T. A. Hoffmann diese Frage eingehender erörtern ließe. Als *der* eigentliche ›Gesamtkünstler‹ in der Romantik darf Hoffmann als komponierender und ausübender Musiker, Schriftsteller, bildender Künstler[8] und Bühnenfachmann besondere Glaubwürdigkeit beanspruchen.[9] Nur zeigen gerade Hoffmanns Äußerungen, dass die Überschneidungen, die gemeinsamen Schnittmengen dieser Stilebenen, sprechender sind als kategoriale Abgrenzungen.

Die romantische Musik lädt zum Rendezvous mit dem Klangbild des vermeintlich Absoluten ein. Dieses Musikalisch-Absolute versteht sich als romantische Erfindung, treffender gesagt: Es handelt sich um eine Charakteristik, die Hoffmanns wahnhafter Musiker, Johannes Kreisler, in Beethovens Instrumentalmusik gefunden zu haben glaubt. Als »romantischste aller Künste« figuriert sie prominent im ersten Band der *Fantasiestücke in Callot's Manier*. Zu denken gibt jedoch zum einen, dass diese musiktheoretischen Diskurse vor allem in den »Kreisleriana«, dem dritten und umfangreichsten Teil dieses ersten Bandes, zur Sprache kommen und damit in einem *fiktiven* Zusammenhang. Zum anderen stehen diese Reflexionen über die Musik als »selbständige Kunst« unter dem Vorzeichen eines bildkünstlerischen Verfahrens, eben jenem des Jacques Callot. Das ist deswegen möglich, weil, wie der Erzähler in seiner Vorbemerkung über sein Vorbild Callot sagt, dessen Kunst »auch eigentlich über die Regeln der Malerei hinausgeht«. Da dessen Zeichnungen »nur Reflexe aller der fantastischen wunderlichen Erscheinungen, die der Zauber seiner überregen Fantasie hervorrief«, darstellen, können sie ihrerseits auch Muster für Reflexionen über die Musik sein; denn dazu gehört ja die ›Phantasie‹ gemäß ihrem Wesen – eben als eine ihrer spezifischen Formen.

Jean Paul hatte in seiner Vorrede überraschend wenig Originelles über diesen Zusammenhang zu sagen; er begnügt sich mit der Feststellung, dass »der Verf. seinen satirischen Feuerregen auf die musikalische Schöntuerei niederfallen lasse«.[10] Kritisch zu fragen wäre, ob damit der gesamte Musikdiskurs der »Kreisleriana« als ein Produkt der »Fantasie« zu werten sei. Wenn ja, würde ihn das keineswegs entwerten, sondern seinerseits nur weiter ästhetisieren und damit im Verständnis der Romantik weiter intensivieren.

Zwar können Kreislers Musikreflexionen in keinem Fall vorbehaltlos als Hoffmanns musikästhetische Auffassungen gelten; dennoch darf man sie – gerade, *weil* sie literarischer Natur sind – wirkmächtig nennen. Es bedarf keiner Strukturanalyse von Hoffmanns *Fantasiestücken* im Hinblick auf die Art, wie die in sich mehrteiligen »Kreisleriana« sowie »Kreislers musikalische Leiden« und wahnhafte Leidenschaft in die Gesamtkomposition dieser Prosa integriert sind; für uns ist von Interesse, was diese Erzählungen an musikästhetischen Einsichten vermitteln, die charakteristische Elemente der romantischen Musikauffassung bezeichnen. Dafür kommen besonders vier Teile der »Kreisleriana« in Frage: »Gedanken über den hohen Wert der Musik«, »Beethovens Instrumental-Musik«, »Höchst zerstreute Gedanken« sowie »Über einen Ausspruch Sachini's, und über den sogenannten Effekt in der Musik«.

In mancherlei Hinsicht spielen einige dieser Abschnitte mit kritischen Ansichten, dann etwa, wenn Kreisler Meinungen zitiert, die dem Geist der *Fantasiestücke* ironisch zuwiderlaufen. So sieht sich die Phantasie als der »eigentlich schlimmste und mit aller Macht zu ertötende Teil unserer Erbsünde« verurteilt (46). Als Zweck der Kunst und damit auch der Musik nennen diese Aufzeichnungen »angenehme Unterhaltung« und Zerstreuung (zunächst nicht einmal Erbauung). Konzerte gelten als »die wahren Zerstreuungsplätze« (48). In Wirklichkeit geht es Kreisler jedoch um das Gegenteil: in der Musik und durch sie den Menschen ein »höheres Prinzip« ahnen zu lassen, wobei auch diese Auffassung sogleich als abstrus bis wahnhaft kariert wird:

Von der Musik hegen diese Wahnsinnigen nun vollends die wunderlichsten Meinungen; sie nennen sie die romantischste aller

Künste, da ihr Vorwurf nur das Unendliche sei; die geheimnisvolle, in Tönen ausgesprochene Sanskritta der Natur, die die Brust des Menschen mit unendlicher Sehnsucht erfülle, und nur in ihr verstehe er das hohe Lied der – Bäume, der Blumen, der Tiere, der Steine, der Gewässer! – Die ganz unnützen Spielereien des Kontrapunkts, die den Zuhörer gar nicht aufheitern und so den eigentlichen Zweck der Musik ganz verfehlen, nennen sie schauerlich geheimnisvolle Kombinationen, und sind im Stande, sie mit wunderlich verschlungenen Moosen, Kräutern und Blumen zu vergleichen. (49 f.)

Doch genau dieses »Wunderliche«, scheinbar Vermessene fordert Kreisler ein, wenn es um »Beethovens Instrumental-Musik« geht. Nun macht er sich die These von der Musik als der »romantischsten aller Künste« zu eigen, spricht von der »magischen Kraft der Musik« und von ihrem Vermögen, »jede Leidenschaft«, jede Empfindung »in den Purpurschimmer der Romantik« zu kleiden und in »das Reich des Unendlichen« zu transzendieren (52). Die Instrumentalkompositionen von Haydn, Mozart und Beethoven atmeten alle »einen gleichen romantischen Geist«, wobei er in seinem ›Enthusiasmus‹ durchaus zu differenzieren versteht, und zwar in einer für die Musikästhetik in der Romantik durchaus bezeichnenden Weise:

Haydn faßt das Menschliche im menschlichen Leben romantisch auf; er ist kommensurabler, faßlicher für die Mehrzahl.
Mozart nimmt mehr das Übermenschliche, das Wunderbare, welches im innern Geiste wohnt, in Anspruch.
Beethovens Musik bewegt die Hebel der Furcht, des Schauers, des Entsetzens, des Schmerzes und erweckt eben jene unendliche Sehnsucht, welche das Wesen der Romantik ist. (54)

Beethoven ist demnach in seiner Instrumentalmusik das Inkommensurable schlechthin, ganz so wie die Romantik selbst. Doch belässt es Kreisler nicht bei diesen relativ unspezifischen Bemerkungen. Vielmehr benennt er die Wirkungsweise der Formensprache von Beethovens Musik genau. Die musikalischen Themen seien betont knapp, dauerten oft nur wenige Takte lang (man denke zum Beispiel an den

Anfang der *Eroica*), »Blas- und Saiteninstrumente« wechselten beständig, wobei die »unnennbare Sehnsucht« sich durch die mehrfache Wiederholung der prominenten musikalischen Motive mit oder ohne Variation ergebe.

Dieses Grundromantische der Musik hört Kreisler besonders in den beiden Trios op. 70 in D-Dur und Es-Dur (1808/09), die nun gerade nicht in für die Romantik charakteristischen Tonarten stehen, sondern eher mit der vermeintlichen Klarheit der »Klassik« assoziiert werden. Doch der zweite Satz des ersten Trios, von Carl Czerny als »Geistertrio« bezeichnet, das *largo assai ed espressivo*, erzeugt in *d-moll*, nun also einer ›wirklich‹ romantischen Tonart, eine Schwermut, die so unmittelbar auf Kreisler einzuwirken scheint, dass er Beethoven mit »Du« anredet. Wenn er selbst auf dem Flügel nach der Aufführung der beiden Trios einige der Themen wiederholt, dann dürften zu ihnen die Klaviertremoli und chromatischen Skalen dieses zweiten Satzes gehört haben.

Die Metaphorik, die Kreisler bedient, um die motivischen und zum Teil kontrapunktisch strukturierten Klangverschlingungen zu beschreiben, greift ins Organische aus, wenn er die Flora »eines fantastischen Parks« evoziert, in den man »immer tiefer und tiefer hineingerät« durch diese Trios. Das »Tongemälde« mit seinen »reichen Gruppen, hellen Lichtern und tiefen Schattierungen« liest sich in der »vollstimmigen Partitur« wie ein »Zauberbuch« voller deutbarer Zeichen. Kreisler preist dabei den Flügel als ein gleichsam analytisches Instrument, das es erlaube, die einzelnen Teile einer komplexen Komposition transparent zu machen. Dagegen äußert er Widerwillen gegen die eigentlichen Klavierkonzerte, die nur bloßen Bravura-Leistungen der Solisten Vorschub leisten würden. Pointiert nennt er die Klavierkonzerte Mozarts und Beethovens »Sinfonien mit obligatem Flügel«, so als begleite das Klavier das Orchester, beflügele es gewissermaßen (59). Überraschend freilich ist, dass ausgerechnet der exzentrische Individualist Kreisler das Solokonzert sowie den damit in der Romantik aufkommenden ›Starkult‹ (man denke an Liszt und Paganini) – und die sich durch diese Form musikalisch feiernde Subjektivität – ablehnt.

Auch in den »höchst zerstreuten Gedanken« über Musik sucht man im eigentlichen Sinne ›überspannte‹ Aufzeichnungen vergeblich, es sei denn, man wertete den Vergleich bestimmter Musikformen mit Weinarten als überzogen (z. B. die »ernste Oper mit sehr feinem Burgunder, Canzonetten mit italiänischen feurigem Weine« etc., 70). Stattdessen wiederholt der Protagonist der Erzählung, Kreisler, die ihm offenbar wichtige These, Musik sei »in Tönen ausgesprochene Sanskritta der Natur« (63). Und weiter: Musik *erzeuge* zusammen mit dem Licht synästhetische Empfindungen: »[W]enn ich viel Musik gehört habe, finde ich die Übereinkunft der Farben, Töne und Düfte.« Aus den sinnlichen Eindrücken werde ein regelrechtes »Konzert«, eine Sinnenpolyphonie, so wie er in Bachs achtstimmigen Motetten »den kühnen wundervollen romantischen Bau des Münsters« hörend sieht (62).

Der Musiktheorie bescheinigt Kreisler Unzulänglichkeit, was er unter anderem auf die den Instrumenten eigene »Mystik« zurückführt, die sich eben nicht theoretisch erfassen oder reflektieren lasse. Einen spezifisch musikästhetischen Begriff privilegiert Kreisler jedoch, den der »musikalischen Perspektive«. So wie Hoffmann das perspektivische Erzählen kultivierte, vor allem im Zusammenhang mit dem sogenannten »serapiontischen Prinzip«, auf das ich bereits im ersten Kapitel hingewiesen habe, ließe sich von Kreislers ›Gedanken‹ ein musikalisch-perspektivisches Kompositionsverfahren ableiten.

Aus der Instrumentierung einer Melodie – das geht aus der Überlegung zum »Effekt« in der Musik hervor – folge ihre Perspektivierung. Sie ergibt sich aber auch aus einem anderen Vorgang, nämlich dem Gewahrwerden einer »inneren Musik« (442). Diese Vorstellung (*und* Erfahrung!) hatte Kreisler bzw. sein Erfinder Hoffmann von Johann Wilhelm Ritter und dessen *Fragmenten aus dem Nachlasse eines jungen Physikers* übernommen; darin heißt es: »Das Hören ist ein Sehen von innen, das innerinnerste Bewußtseyn.«[11]

Musik als die hieroglyphische Sprache gesteigerter Innerlichkeit – diese Aussage erscheint in ihrer beziehungsreichen Dichte nicht mehr überbietbar. Auch im Gefolge anderer musikästhetischer Thesen in der Romantik ist diese Verbindung von Klangtheorie und spekulativer Wissenschaft an Entschiedenheit unüberbietbar.

Das romantisch-utopische Musikethos des Hector Berlioz

Vergleicht man diesen Ansatz etwa mit den musiktheoretischen Schriften eines Hector Berlioz,[12] übrigens eines »musikalischen Enthusiasten« durchaus in Hoffmanns Wortsinn, dann fällt auf, dass auch der französische Komponist in der »expressiven Instrumentalmusik« das Romantische in der Musik versinnbildlicht und verwirklicht sieht. Damit meint er eine »poetische Idee« in einer Musik, »die nur auf sich selbst beruht, ohne Stütze von Worten, um ihren Ausdruck zu verdeutlichen« (53). Aufschlussreich ist, dass Berlioz wie Hoffmann Christoph Willibald Gluck als frühen Modellfall »expressiver Musik« bezeichnet, und hätte er »mehr Vielfalt« in seinen Kompositionen gezeigt, schreibt Berlioz etwas oberlehrerhaft, »könnte man Gluck als den Shakespeare der Musik ansehen« (52).

Auch für Berlioz ist die Instrumentation wie für Hoffmanns Kreisler die musikalische Entsprechung zur Farbgebung in der Malerei. Gluck war deswegen für Berlioz beispielhaft für die musikalische Romantik, weil er das überkommene »scholastische« Regelwerk in der Kompositionstheorie beiseitegeschoben und im Grunde vorweggenommen habe, was Victor Hugo auf die Fahnen der romantischen Kunst schreiben sollte: »Die Kunst braucht keine Fesseln, Stricke und Knebel, sie sagt zum Genie: *Geh*, und schickt es in den großen Garten der Poesie, in dem es keine verbotenen Früchte gibt.« (52) Doch gerade Berlioz suchte durchaus Anhaltspunkte außerhalb der Musik für sein kompositorisches Schaffen – etwa in der Poesie des irischen Dichters Thomas Moore (1779–1852) und bei Lord Byron, bei Victor Hugo und der schottischen Volkspoesie. Dass übrigens Gluck unter Romantikern nicht unumstritten war, belegt die (freundschaftliche) Kontroverse zwischen Berlioz und Mendelssohn Bartholdy, da letzterer Gluck als Komponisten der *Alceste* weitaus weniger schätzte, weil er ihn für zu engstirnig hielt.[13]

Sehen wir uns zwei Texte von Berlioz genauer an (nicht nur Robert Schumann war ein brillanter Musikkritiker und literarischer Charakteriseur von Musikern!), die annährend repräsentativ sind für Berlioz' Zugang zur gleichsam personifizierten Musik in romantischer Gestalt, sein Liszt-Feuilleton von 1836 sowie seine Gedanken zu Webers Oper *Der Freischütz* (1841). An Liszt faszinierte ihn dessen

Entwicklungsfähigkeit, ja Selbstüberbietung in seiner kompositorischen und performativen Leistung. Liszts temporäre Rückkehr aus der Schweiz nach Paris im Mai 1836 deutet Berlioz nicht als ein bloßes »Wiedererscheinen« auf dem Konzertpodium, sondern als eine quasi sakrale »Erscheinung«. Liszt stellte sich der Herausforderung, die von den solistischen Bravourleistungen des heute vergessenen Komponisten und Klaviervirtuosen Sigismund Thalberg ausging, der als führender Pianist seiner Zeit galt, eine auch die Kritiker spaltende Rivalität, die jener der bereits erwähnten zwischen den Ballerinen Taglioni und Elßler vergleichbar war.

In seinem Feuilleton erwähnt Berlioz den Rivalen Liszts, Thalberg, nicht, noch ergeht er sich – wie in den Feuilletons der Zeit sonst üblich – in Schilderungen der äußeren Erscheinung des Virtuosen, sondern er konzentriert seine Darstellung auf die musikalischen Eigenheiten von Liszts Spiel: »Es sind weite, schlichte Gesänge, getragene und vollendet gebundene Töne, Notengarben, welche manchmal mit äußerster Kraft und dennoch ohne Härte und ohne dass sie ihre harmonische Pracht einbüßten hingeschleudert werden.« Und weiter, einen pointierten mechanistischen Vergleich nicht scheuend:

> Es sind melodische Fortschreitungen in kleinen Terzen oder diatonische Läufe im Bass und in der Mittellage des Instrumentes (deren Schwingungen bekanntermaßen am nachhaltigsten sind), die mit der unglaublichsten Geschwindigkeit *staccato* gespielt werden, so dass jene Note nur einen schwachen Ton erzeugt, der verklingt, kaum dass er angeschlagen wurde, und völlig losgelöst vom vorhergehenden wie vom folgenden ist, recht ähnlich Tönen, die dann entstehen könnten, wenn man einen sehr guten Kontrabass mit dem Frosch des Bogens von *einer Dampfmaschine* streichen ließe; denn ich kann mir keinen menschlichen Arm vorstellen, [...] der jemals zu solcher Behändigkeit fähig wäre. (64)

Was für Berlioz zählt, ist die ästhetische Wirkung dieses künstlerischen Phänomens Franz Liszt. E. T. A. Hoffmann hatte in seiner Novelle *Die Automate* die zunehmende Mechanisierung im Künstlerischen und damit die Gefahr der Ausdruckslosigkeit kritisiert – der

Erzähler spricht sogar von »Maschinenmusik«.[14] Berlioz dagegen sieht eine solche Mechanisierung nur in Analogie zu technischen Verfahren, die aber relativiert wird durch die »fieberhafte Inspiration«, von der Liszt getragen sei. Er legt durch seine Beschreibung von Liszts Auftreten die These nahe, dass der Charakter des Künstlers sich allein in der Technik seines Vortrags objektiviere. Daher kann die Charakterstudie eines Musikers auch nur darin bestehen, dessen künstlerische Aufführungspraxis so genau wie möglich zu beschreiben.

Vergleichbares gilt für die Art und Weise, wie Berlioz über einzelne Bühnenmusikwerke schreibt. Vor allem *die* romantische Oper schlechthin, *Der Freischütz*, behandelt er wie eine Persönlichkeit, deren Charakter es herauszuarbeiten gelte. Dabei versäumt er nicht, auf die Qualität des Librettos hinzuweisen, dessen »Leben«(-digkeit), »Leidenschaft« und »Gegensätze« er auch in seinen *Lebenserinnerungen* hervorhebt.[15] In seinem Feuilleton nun geht Berlioz im Detail auf den musikalischen Charakter dieses Werkes ein. Zugleich bleibt seine Aussage in einem allgemeinen Sinne vermittelbar und erläutert, weshalb die Musik so wirken konnte, wie sie bis heute wirkt.

Berlioz galt die symphoniehafte Ouvertüre zum *Freischütz* als Essenz dieser musikdramatischen Oper: »Es ist jene lange, flehende Melodie, welche die Klarinette über das Tremolo des Orchesters spannt wie eine ferne Klage, die die Winde in den Tiefen der Wälder zerstreuen.« (110) Himmelsgesang und dunkle Harmonien ergeben »neuartigste, poetischste und schönste Gegensätze, die die moderne Kunst in der Musik geschaffen hat«. Agathes Arie in der zweiten Szene des zweiten Aktes (»Leise, leise, fromme Weise«) ist ein Gesang zwischen Hoffnung und Zweifel, Vertrauen und der Angst vor (Selbst-)Täuschung. Diese emotionale Zerreißprobe für Agathe gibt Berlioz auf eine Weise wieder, die erfordert und verdient, vollständig zitiert zu werden, zeugt sie doch von einer seltenen poetisch-analytischen, in sich expressiven Darstellungskunst:

Nie hat ein anderer Komponist, weder ein deutscher noch ein italienischer oder französischer, derart in einer einzigen Szene nacheinander frommes Gebet, Melancholie, Unruhe, Andacht, den Schlummer der Natur, die stille Beredsamkeit der Nacht, die geheimnisvolle Harmonie des Sternenhimmels, die Qual des Wartens, Hoffnung, halbe Gewissheit, Freude, Rausch, Verzückung und überschwängliche Liebe zum Ausdruck gebracht. (111)

Berlioz genügt damit der (früh-)romantischen Forderung, Kritik poetisch werden zu lassen, was auch für seine Analyse des musikalischen Charakters dieser Arie zutrifft:

> Und welch ein Orchester begleitet diese edlen Gesangslinien! Welche Einfälle! Welche Kunstfertigkeit! Welche in plötzlicher Eingebung entdeckten Schätze! Diese tiefen Flötenstimmen, das Violinquartett, die in Sexten geführten Bratschen- und Cellofiguren, das rhythmische Schlagen der Bässe, das steigende und auf dem Gipfel seines leuchtenden Aufgangs berstende Crescendo, die Momente der Stille, in denen die Leidenschaft erneut ihre Kräfte zu sammeln scheint, um sich danach mit größter Wucht zu entladen. (111)

Berlioz hatte Weber bescheinigt, sich kompositorisch nie jenseits der Grenzen aufgehalten zu haben, »wo das Ideal endet und das Absurde beginnt« (109). So hatte er offenbar auch diese tatsächlich an Emotionen überreiche Arie der Agathe gehört, die hochromantisch in dem Sinne ist, dass sie die Vielheiten in der Gefühlswelt miteinander agieren lässt, ohne musikalisch aus dem Rahmen zu fallen.[16] Berlioz selbst hatte jedoch phasenweise in seiner ausgerechnet dem russischen Zaren Nikolaus I., einem repressiven, autokratisch veranlagten Militaristen und Verteidiger der Leibeigenschaft, gewidmeten *Symphonie fantastique* (op. 14, 1830) diesen Rahmen gesprengt, indem er die phantastenhafte Überspanntheit zu einem musikalischen Thema machte. Sie Zar Nikolaus I. zu widmen, war an sich schon exzentrisch für einen dem französischen Liberalismus zuneigenden Komponisten!

Bereits die erste Partiturseite illustriert das beschreibende Verfahren von Berlioz (s. Abb. 11): Aus diversen narrativen Ansätzen und Verwerfungen schält sich – ob allmählich oder plötzlich, sei dahingestellt – das musikalische Material heraus. Berlioz' Verfahren, das ohne entsprechende verbale Beschreibungen auskommt und ausschließlich mit Notenmaterial arbeitet, erinnert deutlich an das von Beethoven.

Wie eine Zurücknahme dieser symphonischen Selbstübersteige-
rung wirkt dann jedoch die Dichtungssymphonie *Harold en Italie*
(op. 16, 1834), die sich an Lord Byrons Epos *Childe Harold's Pilgrimage*
orientierte, mehr noch aber an dem Versuch einer musikalischen ›Beschreibung‹ von Berlioz' eigenen Wanderungen durch die Abruzzen.
›Erzähler‹ und ›Protagonist‹ ist die Solobratsche, schließlich hatte
Niccolò Paganini bei Berlioz ja ein Solokonzert für Bratsche bestellt.
In einer formalästhetischen Hinsicht jedoch gibt es eine unmittelbare
Verbindung zwischen der *Symphonie fantastique* und *Harold en Italie*, nämlich in der Verwendung *eines* Leitthemas, der *idée fixe*, hier
des sogenannten Harold-Themas. Unschwer erkennt man im Prinzip
idée fixe die Vorform der Leitmotivtechnik Richard Wagners. ›Inhalt-
lich‹ bemüht sich diese musikalische Dichtung um eine Fusion von
Landschaft und Klang in Gestalt eines landschaftlichen Klanggemäl-
des aus den Abruzzen.

Zwischen beiden Kompositionen lag die Choleraepidemie in Paris
im Frühjahr 1832. Eine autobiographische Skizze aus dieser Zeit besagt: »Er besuchte Sektionssaal und Opernhaus – so zwischen Tod
und Wollust, zwischen entsetzliche Kadaver und bezaubernde Tän-
zerinnen, zwischen die Musik von Gluck und die Prosa Bichats [Ver-
fasser eines Lehrbuchs zur Anatomie für die Durchführung der Lei-
chenöffnungen im Sektionssaal, d. Verf.] gestellt« kam es vor, dass er
die Konzentration beim Sezieren durch lebhafte Schilderungen von
Opernerlebnissen störte und »den Rhythmus der Säge oder des Ham-
mers« bei der Schädelöffnung mit dem Singen von Melodien aus
Opern von Gaspare Spontini (*Vestale* und *Cortez*) begleitete.[17] Sieht
man vom Singen bei der Autopsie ab, dann teilte Berlioz diese Erfahrung mit dem jungen John Keats. Das Romantische verdankt sich
eben nicht nur zarter Seelenbesaitung, sondern auch Einblicken in die
krude Seite der Natur.

Gegen Ende der Epoche ruft sich Berlioz nochmals mit einer ungewöhnlichen Komposition in Erinnerung, und zwar in Lille 1846, als
er aus Anlass der neueröffneten Bahnlinie Paris – Brüssel seine ›Kantate für die Eisenbahn‹ aufführte: *Le chant des chemins de fers*, für
Heldentenor und Chor – und das in einem rasanten 6/8-Takt. Im Zug
saßen Alexandre Dumas, Victor Hugo und Jean-Auguste Ingres, ›romantische‹ Literaten, bildende Künstler und Musiker waren also ver-

eint unterwegs in Richtung Zukunft.[18] Als dem Kommenden zugewandt sollte sich die Musik ohnedies zeigen. Davon zeugt die sogenannte »Zukunftsmusik«, die der Romantik entwuchs.

Robert Schumanns Kunstfigur Florestan konstatierte bereits 1833,
dass in der Publizistik der Zeit noch »eine Zeitschrift für zukünftige
Musik« fehle. Auch Schumanns Schwiegervater, Friedrich Wieck, bediente sich dieses Begriffs,[19] der gemeinhin vor allem mit Richard
Wagner (*Das Kunstwerk der Zukunft*, 1849–52) verbunden wird, zudem mit Liszt, gelegentlich auch mit Chopin. Berlioz, wenngleich
dem Begriff gegenüber etwas skeptischer eingestellt, konnte der Idee
»Zukunftsmusik« gleichfalls einiges abgewinnen. Er verstand darunter die Befreiung von einer präskriptiv-regulativen Ästhetik, also
mehr Freiheit in der Behandlung des Rhythmus, bei der Verwendung
der Chromatik und Dissonanzen bis hin zur Behandlung bestimmter
Klangstrukturen, etwa der Verwendung des »oberen Orgelpunkts
(Liegetöne in hoher Lage), der nicht zur Harmonie gehört und doppelte und dreifache Dissonanzen erzeugt« (75). Berlioz verortet
dieses in die Zukunft weisende kompositorische Charakteristikum
jedoch nicht in der Romantik im Allgemeinen, sondern im Werk
Glucks.

Wie Gluck war Berlioz auch in anderer Hinsicht der Zukunft zugewandt. In seinem rein nach musikalischen Prinzipien regierten
Zwölftausendseelenstädtchen Euphonia, das er für seine gleichnami-
ge utopische Erzählung (1844) erfand, die am Fuße des Harzes im
Jahr 2344 spielt, imaginierte er Riesenaufführungen Gluck'scher
Opern. Eine gigantische, mit Dampf betriebene Orgel beherrscht die
Szene und sorgt für Telekommunikation. In der Geschichte der Uto-
pien kann *Euphonia* eine Sonderstellung beanspruchen; ist sie doch,
soweit bekannt, die einzige musikalische Utopie von Bedeutung –
mit Gluck als ihrem ›Phononauten‹, dessen Musik über die Zeiten
hinweg und quer durch die Romantik reist. An Vorstellungskunst
überbot dies sogar die Gluck-Begeisterung von Hoffmanns »reisen-
dem Enthusiasten«.

Und noch einmal und immer wieder: E. T. A. Hoffmann

Die Orgel mit ihrer Übermächtigkeit und klerikalen Herkunft gilt im Vergleich zur Harfe, Violine, der Klarinette oder dem Klavier gemeinhin nicht als das romantischste Instrument. Aber man braucht nur an Bruckner zu denken und eben an die Orgel in *Euphonia*, später auch an die spätromantische Orgelsymphonie von Camille Saint-Saëns (1835–1921), um sich in Erinnerung zu rufen, wie dominant die Orgel auch im nachbarocken, außerkirchlichen Konzertleben geblieben war. Allein die geradezu monströse Orgel in Londons Royal Albert Hall mit ihren ursprünglich 111, später 146 Registern belegt, dass sie auch die bürgerliche Konzertkultur weiter beherrschte.

Die überwältigende Wirkung der Orgel hat Heinrich von Kleist in seinem wohl ›romantischsten‹ Erzählstück, der Legendennovelle *Die heilige Cäcilie oder die Gewalt der Musik* (1810), verarbeitet. Was darin die Orgel zusammen mit dem liturgischen Gesang des »Gloria in excelsis deo« vermag, leistet in Hoffmanns Novelle *Das Sanctus* (1816) der Chor, wenn auch in ironischer Brechung.[20] Denn die ›Gewalt‹ der Musik richtet sich in diesem Fall gegen eine Ausübende, die Sopranistin Bettina, die ihre Stimme verlor. Der Erzähler – es handelt sich wiederum um den »reisenden Enthusiasten« – vermutet, sie werde dafür bestraft, dass sie einmal, mitten im »Sanctus«, die Aufführung der d-Moll-Messe Haydns[21] verlassen habe, um andernorts in einer Kantate mitzuwirken und des Weiteren andere Stücke für einen abendlichen Auftritt zu proben. Das »Sanctus« zu verlassen gelte aber, so der Erzähler, unter Musikern als eine Ursünde. Dem sonantischen Prinzip, nach dem sich im Erklingen der Kunstwert der Erscheinungen zeigt, stellt der Erzähler die Aphonie als eine ultimative Strafe für Sänger gegenüber, eine partielle Stimmlosigkeit oder gar »Phonophobie« als Angst vor dem Klang, wodurch ausgerechnet der genuine Tonkünstler Hoffmann als nicht minder genuiner Wortkünstler die Vorzugsstellung der Musik in der Romantik relativiert.

Das Bedeutsame dieser Novelle geht aber über die Schilderung von Bettinas Schicksal hinaus. Wie ein zweites Hauptthema führt der erzählend reisende Enthusiast eine Parallelgeschichte ein. Es handelt sich um eine Episode während der Belagerung der letzten in maurischer Hand verbliebenen Stadt Granada durch Isabella von Kastilien und Ferdinand II. von Aragonien 1491/92, die der anderen Hauptfigur, dem Kapellmeister, als »Vorwurf« für eine neue »maurische« Oper dienen könnte. Der Erzähler befindet: »[K]önnt Ihr, Kapellmeister, Träume – Ahnungen – magnetische Zustände in Musik setzen, so wird Euch geholfen, auf so etwas wird die Geschichte doch wieder hinauslaufen.«[22] (148) Alles, was der Kapellmeister an Geschichten zu hören bekommt, werde ihm, bemerkt der Erzähler treffend, sogleich zur Oper. Deswegen halte man ihn auch für »toll«, wahnwitzig. Und da sich eine »maurische Geschichte« abzeichnet, die der Erzähler zum Besten bringen will, reagiert der Kapellmeister entsprechend: »[S]o was hätt' ich längst gar zu gern komponiert. – Gefechte – Tumult – Romanzen – Aufzüge – Cymbeln – Choräle – Trommeln und Pauken – ach Pauken!« (148)

Es folgt die Geschichte Zulemas, die zum christlichen Glauben ›bekehrt‹ und zu einer Benediktinernonne namens Julia wird. Hört sie ›maurische Klänge‹, dann fühlt sie sich versucht, ihre Konversion rückgängig zu machen, aber als sie zuletzt als *musikalisch* von der christlichen Liturgie überzeugte Solistin bei der Umwidmung der großen Moschee im von den Mauren befreiten Granada in eine katholische Kathedrale das »Sanctus« »mit starker Stimme« singt, »zogen die Mohren in gebeugter Stellung die Hände auf der Brust zum Kreuz verschränkt« hinter ihr ein (159). Die ›Gewalt‹ ihrer Musik – an dieser Stelle sind Anklänge an Kleists Novelle unüberhörbar – bekehrt die geschlagenen Mauren; sie kriechen buchstäblich zu Kreuze.

In einem Nebenzimmer hört nun die stimmlose Bettina die Geschichte des Erzählers – und findet zu ihrer Stimme zurück. Drei Monate später wird sie der »reisende Enthusiast« Pergolesis »Stabat mater« singen hören. Nicht dass der Kapellmeister »magnetische Zustände« hätte in Musik setzen können; es verhält sich eher so, dass die Erzählung des reisenden Enthusiasten ›magnetische‹ und damit quasi hypnotische Wirkung auf Bettina hat, die so ihre Aphonie überwinden kann.

Ästhetisch bedeutsam ist die Art, wie der Kapellmeister hört. Nachdem er etwa die Hälfte der Geschichte erzählt hat, vor allem eine Episode mit einer »tiefgestimmten Zither« (152), reagiert er rein musikalisch vom Standpunkt des Komponisten: »Flauti piccoli – Oktavflötchen. Aber, mein Bester, noch bis jetzt nichts, gar nichts für die

Oper – *keine Exposition und das ist immer die Hauptsache*, doch mit der tiefen und hohen Stimmung der Zither, das hat mich angeregt.« (153, Hervorh. d. Verf.) Er *will* ein Libretto hören, vernimmt aber nur einzelne Klangmöglichkeiten, wobei die Aussage, dass alles auf eine wirkungsvolle Exposition ankomme, für sich spricht: Die Komposition bedarf eines konzentrierten »Vor-Wurfs«, um einen tragfähigen Einsatz zu haben.

Dieser unüberhörbar ironisch durchwirkten erzählpoetischen Verwendung musikalischer Motive in Hoffmanns *Sanctus* steht Ludwig Bechsteins (1801–1860) tragisches Märchen *Das klagende Lied* gegenüber. Es erschien 1856 in Bechsteins *Neuem deutschem Märchenbuch*, dieser neben Grimms Märchen und Andersens Märchenbüchern lange Zeit erfolgreichsten Sammlung in diesem grundromantischen Genre.[23] In diesem Zusammenhang ist weniger von Interesse, was Bechstein von Grimms Märchen *Der singende Knochen* oder von der Sammlung mundartlicher Märchen durch den Basler Germanisten Wilhelm Wackernagel (*Sagen und Märchen aus dem Aargau*) übernommen hat.[24] Wesentlicher ist Bechsteins Text selbst und der Umstand, dass der junge Gustav Mahler daraus sein op. 1, eine große Märchen-Kantate (1878–80) machte, die seine spätromantische Grunddisposition und kompositorische Ausgangslage betont.

Dieses Lied, das in Bechsteins Märchen »klagt«, gehört ins Umfeld der *Kindertodtenlieder*. Es tritt gewissermaßen als handelnde Figur auf, die sich vermittels einer Knochenflöte äußert. Sie wiederum ist ein Stück Gebein einer im Kindesalter von ihrem jüngeren Bruder im Schlaf ermordeten und um ihr Fundstück, eine Lilie mit gespaltenem Stängel, beraubten Königstochter. Das Finden einer solchen Blume garantierte nach einem Einfall der verwitweten Königinmutter dem jeweiligen Kind – unabhängig von Geschlecht und Alter – die Thronfolge. Wer immer die Flöte bläst, nachdem ein Hirte dieses Stück Gebein gefunden und zu diesem Instrument geschnitzt hat, hört nun ihr klagendes Lied:

Du flötest auf meinem Totenbein!
Mein Bruder erschlug mich im Haine.
Nahm aus meiner Hand
Die Blum, die ich fand,

Und sagte, sie sei die seine.
Er schlug mich im Schlaf, er schlug mich so hart –
Hat ein Grab gewühlt, hat mich hier verscharrt –
Mein Bruder – in jungen Tagen.
Nun durch deinen Mund
Soll es werden kund,
Will es Gott und Menschen klagen.

Als das Lied und mit ihm seine Wahrheit den Palast erreicht, wo die Königinmutter seit dem mysteriösen Verschwinden ihrer Tochter trauert und ihr Sohn unter mörderischen Voraussetzungen regiert, sprengt es die festliche Gesellschaft bei Hofe. Nicht nur bringt der Schock dem jungen König den Tod, er stürzt auch die Königinmutter in ein Leid, das keine Erlösung kennt. Die Musik in diesem Märchen ›handelt‹ also – und das umso wirksamer, als ihre sanfte und zugleich verheerende ›Gewalt‹ auf das *eine* Lied und die *eine* Melodie beschränkt ist.

Vergleichbares, zudem noch poetisch motiviert und gestaltet, geschieht in einem Gedicht des schon erwähnten, lyrisch nicht unbegabten Studenten Julius Döring, der ›letzten Liebe‹ der Bettine von Arnim. Als ihre Beziehung am Ausklingen war (1842), gelingt ihm nach dem Motto: ›Und wenn Niemand mir zuhört; ich muß wohl spielen‹ eine kurzballadenhafte Paarreimfolge, die in Art und Atmosphäre ›romantischer‹ kaum sein könnte. Ein Geiger erlebt in einer Mondnacht, auf einem Stein sitzend – wie weiland Walther von der Vogelweides Ich –, wie seine Geige einen Elfengesang, als sei sie von »Geisterhand« geführt, spielt. Diesen Naturgeistergesang will er nun selbst nachspielen. Doch dabei geschieht das Unerwartete:

Er spielt es vom Anfang dem Ende zu,
Noch einmal, noch einmal; es läßt ihm nicht Ruh'.

Es springt eine Saite, er spielt es auf drei'n.
Es springt eine Saite, er spielt es auf zwei'n.

Es springt eine Saite; auf Einer Sait'
Das Lied süß wimmert hin über die Haid'.

Er spielt es; er muß es; das Lied ihn zwingt
Bis die letzte Sait' und sein Herz zerspringt.[25]

Auch dieses Ich gehört einem »armen Spielmann«, sechs Jahre bevor
Franz Grillparzer mit seiner gleichnamigen Erzählung die Tradition
der romantischen, aber gewissermaßen sozial ernüchterten Musik-
und Künstlernovelle beschließen sollte.

Vom Anrührenden des »Übelklangs« in *Der arme Spielmann*

Die Emanzipation der Dissonanz ist kein geringes Erbe der musikalischen Romantik; als Klang des Disparaten sollte sie sich als ihre be-
deutungsvollste akustische Wegbereitung für die Moderne erweisen.[26] Im Kontext harmonischer Strukturen gilt die musikalische
Dissonanz als Entsprechung zum textlichen Fragment; genauer gesagt: In der Dissonanz klingt das Fragmentarische an, deutet sie doch,
wenn sie nicht aufgelöst wird, auf Offenheit und Unabgeschlossenheit hin.[27] Vorbereitet hatte sich diese Emanzipation auf »klassischem
Boden«, nämlich in Gestalt von Mozarts Quartett Nr. 19 (KV 465),
dem sogenannten »Dissonanzenquartett«, dessen Anfangstakte sich
gewissermaßen auf der Suche nach einer Tonart befinden, um dann
zu einem ›bejahenden‹ C-Dur vorzudringen.

Man scheut sich, Dissonanzen (oder eben Klangfragmente) ›form-
vollendet‹ zu nennen, aber das Besondere – gerade auch dieses Quar-
tetts – besteht darin, dass es genau diese scheinbar paradoxe Wirkung
erzeugt. Die Dissonanz, als eine Diskrepanz in der musikalischen
Harmonik verstanden, lässt den vermeintlichen Missklang zum
ästhetischen Ereignis werden. Und damit befinden wir uns bereits
mitten in den Klangkonstellationen, die Franz Grillparzers Erzähler
in der bereits 1831 begonnenen Novelle *Der arme Spielmann* zum
Thema macht.

Er schildert ein Leben, das hauptsächlich aus Dissonanzen und
(sozialen wie emotionalen) Diskrepanzen besteht. *Der arme Spielmann* ist eine kunstvoll gearbeitete Künstlernovelle, die herkömmlichen Vorstellungen von musikalischer Kunst zuwiderläuft. Damit
bewegt ihr Held, der alte arme Spielmann namens Jakob, sich im Um-

feld der Musikerfiguren E. T. A. Hoffmanns, zumal er als ein ›Enthusiast‹ in Erscheinung tritt, dessen künstlerisches Können weit hinter seinem Kunst-Wollen zurückbleibt. Jakob verkörpert geradezu eine Diskrepanz im Performativen. Dabei weiß er sich in beklagenswerter Gesellschaft anderer minderbegabter Musikanten, die am Rande des Brigittenauers Kirchweihfestes ihr kümmerlich-künstlerisches Dasein fristen:

> Eine Harfenspielerin mit widerlich starrenden Augen. Ein alter invalider Stelzfuß, der auf einem entsetzlichen, offenbar von ihm selbst verfertigten Instrumente, halb Hackbrett und halb Drehorgel, die Schmerzen seiner Verwundung dem allgemeinen Mitleid auf eine analoge Weise empfindbar machen wollte. Ein lahmer, verwachsener Knabe, er und seine Violine einen einzigen ununterscheidbaren Knäuel bildend, der endlos fortrollende Walzer mit all der hektischen Heftigkeit seiner verbildeten Brust, herabspielte.[28]

Wie sie alle ist auch Jakob, der auf einer »alten vielzersprungenen Violine« geigt, ein Außenseiter.[29] Der Alte, der sich dergleichen Grenzen so bewusst ist, beendet mit einer die Liminalitäten im Leben betonenden Horaz-Sentenz (*sunt certi denique fines*: schließlich hat alles seine Grenzen) sein erstes Spiel in der Novelle. Er selbst ist ein Ausgegrenzter und ein enger Verwandter des Leiermanns aus Wilhelm Müllers und Franz Schuberts Feder. Was Jakob nun zur Verwunderung des Erzählers vom Blatt spielt, »*schien* eine unzusammenhängende Folge von Tönen ohne Zeitmaß und Melodie« zu sein (7, Hervorh. d. Verf.). Da der Leser aber diese Noten nicht einsehen kann, wäre es zumindest vorstellbar, dass sie genau diese Art »Übelklänge« vorschreiben. Eine Geste freilich verrät, dass Jakob auch sein ohnehin geschundenes Instrument nur für ein Mittel zu einem obskuren künstlerischen Zweck hält, steckt er doch am Ende seines Spielens »den Geigenbogen zwischen die Saiten«, was kein ›echter‹ Geiger seinem Instrument antun würde.

Im Vergleich zu der schon mehrfach erwähnten romantischen Kultfigur des Bravura-Virtuosen wirkt Jakob wie das krasse Gegenteil. Er ist der Anti-Virtuoso schlechthin, weil er sich nicht um sein Publikum oder um Öffentlichkeit schert. Sein Wesen freilich, diese

»dürftige und doch edle Gestalt«, seine unverwüstliche Heiterkeit sowie sein unbeholfener Kunsteifer reizen des Erzählers »anthropologischen Heißhunger aufs Äußerste«. Er bemüht sich darum herauszufinden, was dieser Art der Missklangkunst lebensgeschichtlich zugrunde liegt. Deswegen berichtet die Novelle ebenso viel über Jakobs berufliches Scheitern und seine frühe Isolation auch innerhalb der Familie wie über seine frustrierten romantischen Empfindungen, seine unerwiderte Liebe zur stimmbegabten Krämerstochter Barbara, die auf Geheiß ihres Vaters einen wohlhabenden Fleischer heiraten wird. Es ist, als habe Grillparzer mit dieser Novelle ›das Romantische‹ auf allen Ebenen nicht parodieren, sondern entzaubern, sprich: dekonstruieren wollen.

Auch das Lied, das Barbara immer gesungen hat und das Jakob zu einer Art Leitmotiv wurde, konnte durch sein Nachspielen nur verzerrt werden. Immerhin hat Barbara es für ihn von einem Organisten in Noten übertragen lassen, wodurch es überlieferbar wurde. Und ein Restbestand romantischen Empfindens klingt darin an, dass Jakob, nachdem er offenbar das musikalische Repertoire intensiv studiert hatte und Musikstunden erteilen konnte, später Barbaras ältesten Sohn, den sie und ihr Fleischergatte gleichfalls Jakob tauften, im Violinspiel unterrichten und ihm eben dieses Lied der von ihm (einst) Begehrten beibringen wird.

Der »anthropologische Heißhunger« des Erzählers weicht zunächst einmal ästhetischer Erkenntnis; denn es fällt auf, dass Grillparzer einen Erzähler kreiert, der nicht völlig abgestoßen ist von den »Übelklängen« und dem »höllischen Konzert« (15). Vielmehr lässt er sich zu seiner eigenen Verwunderung auf dieses schräge Musizieren ein: »Einige Zeit Zuhörens ließ mich endlich den Faden durch dieses Labyrinth [der gespielten Teilstücke, d. Verf.] erkennen, gleichsam die Methode in der Tollheit.« (15) Und worin bestand dieser »Faden«? Darin, dass »der Alte genoss, indem er spielte«. Und was er ›genießt‹, ist eine Perversion klassisch-romantischer Musikauffassung:

Statt nun in einem Musikstücke nach Sinn und Rhythmus zu betonen, hob er heraus, verlängerte er die dem Gehör wohltuenden Noten und Intervalle, ja nahm keinen Anstand sie willkürlich zu wiederholen, wobei sein Gesicht oft geradezu einen Ausdruck der

Verzückung annahm. Da er nun zugleich die Dissonanzen so kurz als möglich abtat, überdies die für ihn zu schweren Passagen, von denen er aus Gewissenhaftigkeit nicht eine Note fallen ließ, in einem gegen das Ganze viel zu langsamen Zeitmaß vortrug, so kann man sich wohl leicht eine Idee von der Verwirrung machen, die daraus hervorging. (15)

In diesem gegenrhythmischen Violinspiel behauptet sich zumindest ein ästhetisches Prinzip, das Jakob überraschend entschieden vertritt, indem er an die romantische These von der absoluten Musik anknüpft – wenngleich in seinem Fall aus künstlerischem Unvermögen: »[D]ie Worte verderben die Musik.« (21)

Aber eben nur durch Worte kann der Erzähler einen bemerkenswert genauen Eindruck von dem vermitteln, was Jakob »phantasieren« nennt, was in diesem Fall jedoch als eine Parodie der ›Phantasie‹ als einer bevorzugten Form in der musikalischen Romantik lesbar ist:

Ein leiser, aber bestimmt gegriffener Ton schwoll bis zur Heftigkeit, senkte sich, verklang, um gleich darauf wieder bis zum lautesten Gellen emporzusteigen, und zwar immer derselbe Ton mit einer Art genussreichem Daraufberuhen, *wiederholt*. Endlich kam ein Intervall. Es war die Quarte. Hatte der Spieler sich vorher an dem Klange des einzelnen Tones geweidet, so war nun das gleichsam wollüstige Schmecken dieses harmonischen Verhältnisses noch ungleich fühlbarer. Sprungweise gegriffen, zugleich gestrichen, durch die dazwischenliegende Stufenreihe höchst holperig verbunden, die Terz markiert, *wiederholt*. Die Quinte darangefügt, einmal mit zitterndem Klang wie ein stilles Weinen, ausgehalten, verhallend, dann in wirbelnder Schnelligkeit ewig *wiederholt*, immer dieselben Verhältnisse, die nämlichen Töne. (13, Hervorh. d. Verf.)

Grillparzers Erzähler bedient sich hier eines sonopoetischen Verfahrens, das auf sprachliche Klangmalerei weitgehend verzichtet und dennoch in der Lage ist, Jakobs Kakophonie in der Imagination des Lesers zu evozieren. Wie im vorigen Zitat finden hier die Verhaltensweisen des Geigers, einschließlich seines Gesichtsausdrucks, und die höranalytische Beschreibung zusammen, wobei das (ästhetische) Hauptmotiv das arbiträre Wiederholen ist. Als Begriff strukturiert es auch die zuletzt zitierte Textpassage.

Es läge in der Tat nahe, dieses phantasierende Verfahren mit Kompositionsweisen in Verbindung zu bringen, wie wir sie von Philip Glass, Arvo Pärt oder Ludovico Einaudi her kennen. Doch ist Vorsicht geboten, wenn man zu voreilig Jakobs Kunst mit »Avantgarde« gleichsetzt.[30] Denn die Klangstrukturen von Jakobs Phantasien verdanken sich keinem kompositorischen Einfall oder Kalkül, sondern sind Ausdruck freien und zugleich zwanghaften Improvisierens. Im Übrigen wäre es ungerecht, Jakobs ja im Grunde stümperhaftes Musizieren als Vorläufer der musikalischen Avantgarde der Moderne zu adeln und damit den Wert der musikalischen Moderne zu mindern.

Als in Grillparzers Novelle der Erzähler nach längerer Abwesenheit zurückkehrt, erfährt er vom Tod Jakobs, der bei seinen todesmutigen Rettungsaktionen angesichts einer Überschwemmungskatastrophe in den Wiener Vorstädten selbst ums Leben kam. Der Erzähler – aus seinem »anthropologischen Heißhunger« ist inzwischen »psychologische Neugierde« geworden – sucht Barbara in ihrem Zuhause auf, um sich als Andenken Jakobs Geige zu erbitten, die »mit einer Art Symmetrie geordnet neben dem Spiegel und einem Kruzifix gegenüber an der Wand« hing (48). Barbara wiederum nimmt daraufhin rasch die Geige an sich und verschließt sie in einer Schublade, wie sich zeigen wird, mit tränenüberströmtem Gesicht (49). Die Trinität der Symbole Geige, Kreuz und Spiegel lässt sich als Emblem des Leidens, der (Selbst-)Erkenntnis und verfehlter Kunst interpretieren. Alles dissonantisch Miss- und Übelklingende ist ausgereizt; diese symbolische Trias kann als Terz verklingen, die keiner weiteren Auflösung bedarf.

Den Klängen nachsinnen

»Musick ist der sinnliche Boden meines Geistes, der Rührung bemächtigt sich eine Metrische Gewalt die den Gedancken anleitet, und der sich die Emfindung mit Zuversicht hingibt – und diesen metrischen Steigerungen eignet der Geist sich an, um sich selber zu fassen.«[31] Mit diesen Worten erläuterte Bettine von Arnim die Wirkung des Musikalischen auf ihre Denkart und Schreibform. Bei der Wiederlektüre ihres frühen Aufsatzes über die »Unterdrückung der Juden« bemerkt sie die »große Reinheit der Sprache«, mit der sie ihr Anliegen vorgebracht hatte, eine Sprache, die beinahe »Gesang« gewesen sei. Daraus leitete sie ein ihr eigenes ästhetisches Prinzip ab: »[J]enachdem Der Inhalt feuriger und tiefer, steigert sich das Melodische.«[32] Zu dieser Gedankennotation gehörte auch ihre bekannt eigenwillige Orthographie. Da kann die plötzliche Großschreibung eines Artikels mitten im Satz (»Der Inhalt«) ebenso gut eine betonende Funktion haben, wie das Auslassen eines Konsonanten der Vermeidung eines Explosivlauts in einem Wort dienen kann, das eine subtile Gefühlsregung bezeichnet: »Emfinden«.

Die musikalische Grundierung des Denkens hatte bei Bettine offenbar auch strukturierende Auswirkungen. Die Metrisierung und damit Rhythmisierung des Denkens führt dazu, dass sich dieses Denken seiner Selbst bemächtigen kann. Denn Bettine war bekanntlich – ganz im Wortsinne Hoffmanns – eine Enthusiastin und brauchte daher – so wie Hoffmanns »reisender Enthusiast« – Form, Denk- und Sprachgestaltung, um nicht in Phantasien zu zerfließen. *Gleichzeitig* aber betrieb Bettine Studien, die jeglicher »Musick« entbehrten und zu ihrem *Armenbuch* führten. Sie hielt die soziale Verelendung, die Armut für einen »unverschuldeten Sündenfall, den zweiten, der die Menschheit heimgesucht hat«.[33] Doch ihr Grundsatz über die Musik im Verhältnis zum Denken entsprach exakt der (früh-)romantischen Überzeugung, dass Musik als eine sich im jeweiligen Musikstück realisierende *harmonia mundi* die alles durchdringende Naturkunst sei. Bettine weiter dazu: »Musik macht die Seele zu einem gefühligen Leib, jeder Ton berührt sie; Musik wirkt sinnlich auf die Seele, wer nicht so erregt ist im Spiel wie in der Komposition, der bringt nichts Gescheites hervor.«[34] Es galt – nicht nur für sie –, die künstlerisch und intellektuell förderliche Balance zu finden zwischen »Erregung« und »Schaffen«, harmonischer Einstimmung und Ausdrucksintensität.

Der dem Kreis der schwäbischen Romantik entstammende Friedrich Theodor Vischer sollte in seinen in der nach-hegelianischen Geschichte der ästhetischen Theorie bedeutsamen *Kritischen Gängen*

(1843) wie im Rückblick auf die romantische Musikauffassung eine kunsttheoretische Positionierung von erheblicher Tragweite vornehmen. Vischer befand:

> Die Musik kann und soll nicht malen. Ihr Charakter ist Gegenstandslosigkeit. [...] Musik ist eine rein subjektive Kunst; die ganze sichtbare Gestaltenwelt und die ganze Welt geistiger Tätigkeiten, die ein Objekt voraussetzen, kann sie nur durch das Medium ihrer Resonanz in der Empfindung aussprechen. [...] Die Musik hat alles und hat nichts. Dies ist ihre eigentümliche Antinomie und der Grund, warum über keine Kunst so großer Widerstreit der Urteile herrscht. Wer implizierte Unendlichkeit sucht, den entzückt sie, wer objektive Bestimmtheit sucht, den täuscht sie ... [...] Sie ist für den, der auf das Sehen organisiert ist, zu abstrakt geistig; für den, der die höchste Form der Kunst, die Poesie im Auge hat, zu sinnlich.[35]

Soll und kann dagegen die Malerei musizieren? Diese Frage stellte sich mittelbar bereits bei unserem Eingangsbild, Danhausers Darstellung »Liszt am Flügel«. Dringlicher wird sie, wenn wir Delacroix' Gemälde »Paganini« (1831, s. Abb. 12) betrachten, vor dem alle (Musik-) Theorie zu verblassen droht. Es wirkt ebenso sinnlich wie abstrakt, oszilliert zwischen Sichtbarkeit – sagen wir der Capricen dieses Virtuosen – und seiner dämonischen Selbsttranszendierung.

Anders als der Geiger in Dörings zuvor zitiertem Gedicht spielt dieser Künstler auf allen Saiten; es scheint sogar, als habe Delacroix diesen ›dämonischen‹ Virtuosen als eine ›vielsaitige‹ Kreatur darstellen wollen, die einen ganz anderen Gegensatz verkörpert. Gemeint ist jener zwischen Virtuosität und Automatismus, einer Kunst und einem Künstlertum, das sich radikal sich selbst überlassen bleibt und dabei eine Autovirtuosität entfesselt, die der Künstler weniger kontrolliert als diese ihn. Unter diesen Umständen und diesem Druck wirkt der Künstler geradezu verschroben, ein Körper gewordener Notenschlüssel, wenn man so will. Die Vorstellung einer selbstspielenden Geige oder ihrer Vorläuferin, der *lira da braccio*, geht bis auf Leonardo da Vincis Entwurfszeichnungen für ein mechanisches Saiteninstrument zurück.[36]

Delacroix' Gemälde, eine Porträtphantasie eigentlich, fängt einen Moment im scheinbar unaufhörlichen Spiel dieses Virtuosen ein, eine Musik, die aus dem Dunkeln kommt. Das Bild ›spielt‹ selbst, es macht sich die Wirkungsweise des Helldunkel zu eigen, das seit Rembrandt zu einem kontrastiven, wenn nicht gar programmatischen Ausdrucksmittel geworden war. Schelling hatte in der *Philosophie der Kunst* das Helldunkel als den »eigentlich magischen Theil der Malerei« bezeichnet, der »den Schein aufs Höchste« treibt. Die Bilder seien durch diese avancierte Verwendung des Helldunkel »selbständig« geworden. Die Quelle des Lichts sei dadurch in das Gemälde selbst versetzt worden.[37] Das wäre die Entsprechung zu einer Musik, die zu ihrer eigenen Quelle wird – sprich: sich aus sich selbst heraus entwickelt. Daher überrascht es auch kaum, in Schellings Kunstphilosophie die wohl schlüssigste und gleichzeitig beziehungsoffenste Form einer der Musik nachdenkenden Theorie zu finden.

Das Helldunkel in der Musik, die Dur-Moll-Kontrastierung, reizt die romantische Musik durch feine Differenzierungen in den tonalen Strukturen aus. Sie spielen auch in die Wirkungsweise der Zeitverhältnisse hinein, die Schelling besonders wichtig war. Wir haben bereits seine These zitiert, nach der durch den Klang das »Unendliche ins Endliche« eingepflanzt werde, eine Auffassung, die er später noch genauer fasst: »Die nothwendige Form der Musik ist die Succession. – Denn Zeit ist allgemeine Form der Einbildung des Unendlichen ins Endliche […].«[38] Der musikalische Zeitfaktor gehört wesentlich zur akustischen ›Täuschung‹ durch diese Kunst: Sie ist einerseits absolute Gegenwart im Augenblick der Aufführung, andererseits bedient sie sich des Mediums, das das Vergehende an sich ist: Zeit. Schelling zitiert an dieser Stelle (auffallend ungenau!) einen Satz von Leibniz: »Musik ist die versteckte arithmetische Tätigkeit der Seele, die sich nicht dessen bewußt ist, daß sie rechnet.«[39] Dass Schelling daraus paradoxerweise ableitet, das »Princip der Zeit im Subjekt« sei das »Selbstbewußtsein«, mag man eher dem romantischen Grundsatz der ›schönen Verwirrung‹ zuordnen als stringentem Argumentieren.

Ganz und gar ›romantisch‹ argumentiert Schelling, wenn er den Klang »eine lebendige Vielheit«, ja »eine sich selbst affirmierende Vielheit« nennt. Vollends verabschiedet er sich von der klassischen Vorstellung von Musik und ihrer Wahrnehmung mit der These, die

»Wurzel des Gehörsinns« liege in der »anorgischen Natur, im Magnetismus«. Noch pointierter könnte man von einem gedanklichen Mesmerismus in der Musikästhetik sprechen: »Das Gehörorgan selbst ist nur der zur organischen Vollkommenheit entwickelte Magnetismus.«[40]

Schellings Argumentation läuft jedoch in der Hauptsache auf eine Ästhetik des Rhythmus zu; in ihrer Wertschätzung des Rhythmischen verbinde sich die Antike mit dem Kunstprinzip im »Modernen«, also der Entstehungszeit seiner *Philosophie der Kunst* um 1804. Rhythmus, Modulation und Melodie seien die drei Säulen der Musik, und Schelling betont, dass wir uns von der »Musik der Alten« und ihrer Aufführungspraxis keine verlässliche Vorstellung machen könnten.

Anders als später Hegel in seiner Ästhetik nimmt Schelling die (Kirchen-)Musik im Mittelalter ernst, insbesondere den Choralgesang, was auch ›romantischer‹ Gepflogenheit entspricht. Den Übergang vom einstimmigen zum vielstimmigen Gesang und damit hin zur melodischen Vielfalt deutete Schelling als einen Weg in die musikalische ›Moderne‹. Das Besondere an der melodisch ausgerichteten Musik sei, dass mehrere Stimmen mit ihrer jeweils eigenen Melodie in ein »wohlklingendes Ganzes« vereinigt werden könnten.[41]

Die Wechselspiele von Einheit und Vielheit, Rhythmus und Melodie, Modulation und Transposition als klingende Symbole von Seinszuständen waren es, die Schelling an der Musik faszinierten. Dabei arbeitete er mit einer dezidiert ›romantischen‹ Methode in der Darstellung, wie sie insbesondere August Wilhelm Schlegel weiter perfektionieren sollte: die analoge beziehungsweise vergleichende Methode. Das liest sich in Schellings Musikphilosophie so: »Wer, ohne anschauliche Kenntniß von der Musik insbesondere zu haben, sich dennoch eine Anschauung des Verhältnisses von Rhythmus und rhythmischer Melodie zur Harmonie geben will, der vergleiche in Gedanken etwa ein Stück des Sophokles mit einem des Shakespeare.« Während Sophokles über einen »reinen Rhythmus« und eine ebenso »reine Melodie« ohne »überflüssige Breite« verfüge, um auf diese Weise die »Nothwendigkeit« an sich zur Aufführung zu bringen, beweise Shakespeare einen hohen Sinn für »dramatischen Contrapunkt«. Bei ihm, etwa im *Lear*, sei es nicht der »einfache Rhythmus einer einzigen Begebenheit«, vielmehr interessiere ihn »die ganze Begleitung und ihr von verschiedenen Seiten kommender Reflex«.[42] Was Schelling auf der Grundlage seiner Einsichten in die Natur des Rhythmischen in der Kunst an Shakespeare konstatiert, könnte man als eine innere und gleichzeitig nach außen dringende *Plurirhythmik* bezeichnen, wie sie gerade auch August Wilhelm Schlegel in seinen Übertragungen im Deutschen wiederzugeben verstand.

Der Reflexion im sprachlichen Diskurs entspricht der Moment, wenn wir einer Komposition in ihrem Verklingen nachsinnen. In den *Fantasiestücken* (op. 12) von Schumann etwa gewinnt man den Eindruck, als habe der Komponist ihr Verklingen gleich mitkomponiert. Es sind Szenen eines musikalischen »*Em*findens« in Bettine von Arnims oben erwähntem Sprachsinn, eines Auffindens von *Em*otion und *Em*pathie. Aber Empathie womit? Mit dem musikalischen Gedanken an sich und seinem Leiden daran, dass er verklingen muss – aber auch mit dem Trost, dass wiederholt aufführbar bleibt, was in Noten verschriftlicht wurde.

›Productive Imagination‹ und religiöse Anklänge in der englischen und deutschen (Spät-)Romantik

Auftakt mit Marbot

Was könnte ein aussagekräftigeres Zeugnis für poetische Vorstellungskraft sein, die zudem noch zwischen den Kulturen ihren Ort findet, als die Biographie eines fiktiven englischen Romantikers namens Sir Andrew Marbot mitsamt seinen europäischen Verbindungen? Authentisch erfunden wurde sie von Wolfgang Hildesheimer, der früh das Anti-Romantische im Leben erfahren musste. Der in Hamburg mitten im Ersten Weltkrieg geborene, 1933 aufgrund seiner jüdischen Herkunft nach England emigrierte, danach nach Palästina ausgewanderte sowie über Salzburg wieder nach London und Cornwall zurückgekehrte Autor verfasste Prosawerke, Hörspiele und Dramen, die zu den wichtigsten deutschsprachigen Texten der literarischen Nachmoderne gehören sollten.[1]

Wenn es so etwas gibt wie einen romantischen Strukturalismus, dann ist Hildesheimers *Marbot* dessen Protagonist und die Biographie über ihn ihr Paradigma. Dabei dominiert die deutsch-englische Note bereits auf den ersten Seiten dieser biographischen Fiktion, die von Marbots Besuch bei Goethe am 4. Juli 1825 berichtet, als dieser seinen jungen englischen Verehrer aus bestem Hause bittet, ihm aus der von Francis Leveson Gower besorgten englischen Übersetzung seines *Faust* vorzulesen.[2] Sir Andrew war »um diese Zeit den Umgang mit bedeutenden Persönlichkeiten schon einigermaßen gewohnt«, wie der Erzähler bemerkt; »er hatte in Florenz mit Schopenhauer diskutiert, hatte in Pisa am Leben Byrons – höchst kritisch – teilgenommen, in London William Blake mehrmals aufgesucht und in Redmond Manor mit Wordsworth zu Tisch gesessen« (15).

Getrieben von einem lustvoll-traumatisierenden Inzestverhältnis zu seiner Mutter, Lady Catherine, zieht er durch halb Europa – auch als ein Gratwandler zwischen den Stilrichtungen der Zeit. Das führt ihn unweigerlich zu dem Dichter Giacomo Leopardi (1798–

1839), den er wie Goethe – sehr englisch – für einen Romantiker hält, bevor er sich eines Besseren belehren lässt und ein differenzierteres Verhältnis zur Gemengelage von Klassischem und Romantischem, Satirischem und Kunstreligiösem findet. Frühzeitig wird er in Italien aus dem Leben verschwinden, der Welt abhanden kommen wie in Rückerts berühmter Zeile, zuletzt noch besucht von William Turner und August von Platen. Andrew Marbot wählt den Freitod im Sterbejahr Hegels, ein an Europa verlorener englischer Kunstaristokrat in spätromantisch-prekärer Zeit ... Die ironische Pointe dieser ›Biographie‹ ist, dass sie selbst in avancierter Form die Geschichte eines ästhetisch restaurativ orientierten Kunstliebhabers und Edelintellektuellen präsentiert.

Jenseits aller Fiktionen zeigt sich in der Romantik, der späten zumal, jener ungefähr zwischen 1820 und 1840 sich bildende Riss zwischen technischem Wissensfortschritt und ästhetisch-religiöser Empfindungskultur. Biedermeier, Junges Deutschland und ein sich am Horizont abzeichnender Vormärz gehen einher mit Versuchen, den Säkularisierungsschub, genauer: das nachmetaphysische Denken zu revidieren. Heinrich Heine karikierte von Paris aus die um eine Erneuerung religiösen Empfindens bemühte Zeit wie folgt: »Die spätromantischen Raben flattern in obskure Burgtrümmer und auf alte Kirchtürme. [...] Friedrich Schlegel ging nach Wien, wo er täglich die Messe hörte und gebratene Hähndel aß; Herr August Wilhelm Schlegel zog sich zurück in die Pagode des Brahma.«[3]

Zwar beschleunigen sich die wissenschaftlichen Prozesse in jener Phase der späten Romantik, aber die nach-religiöse philosophische Kontemplation sieht sich dadurch nicht ernstlich tangiert. Noch verfügt man in deutschen Landen über Zeit. Dafür sorgt der weitreichende politische Stillstand, dessen Bibel man – sehr zu Hegels Verdruss – in Karl Ludwig von Hallers *Restauration der Staatswissenschaft* gefunden hat. Derweilen setzen in England die frühviktorianischen Reformen ein, die Hegel übrigens in seiner letzten veröffentlichten Schrift kritisch kommentieren wird.[4]

Ein gemeinsames deutsch-englisches Feld für Reformen hätte zu dieser Zeit das erst auf dem Wiener Kongress etablierte Königreich Hannover werden können, das bis 1837 in Personalunion mit England verblieb. Doch erweist sich dort als *die* wissenschaftliche Hauptstaatsleistung in Richtung ›Fortschritt‹ die Vermessung des Landes, die Carl Friedrich Gauß zwischen 1816 und 1841 mit den neuesten Mitteln der Geodäsie vornimmt.

In dieser Schwellenzeit von gut zwei Jahrzehnten, in der technologisch-wissenschaftlicher Fortschritt, politisch-soziale Stagnation und künstlerisch-intellektuelle Re-Formation in einem alle Lebensbereiche berührenden, wenn nicht durchdringenden Spannungsverhältnis zueinander standen, dominierte, was inzwischen im Zusammenhang mit der Auseinandersetzung um Jürgen Habermas' Untersuchungen der »Konstellation von Glauben und Wissen« als »nachmetaphysisches Denken« Karriere gemacht hat.[5] Der Befund, dass es sich dabei nicht um ein streng säkularisiertes Denken handelt, sondern um ein Denken, dass »die Religion nicht aggressiv bekämpft, sondern sich zu ihr in ein produktives Verhältnis setzt«,[6] trifft die Moderne als Ganzes. Dieses »produktive Verhältnis« besteht nach Thomas M. Schmidt in Anlehnung an Habermas in der Reflexion dieses Denkens über seine »eigene Entstehung und Entwicklung«.[7] Die Selbstbezüglichkeit dieses Denkens steht dann in Gefahr, rein introspektiv, narzisstisch bis inzestuös zu werden, wenn es sich seiner Selbstironie begibt.

Genau in dieser ironisch-kritischen Reflexion des Produktivverhältnisses zwischen Glauben und Wissen liegt aber die singuläre Leistung von Heines Schrift *Religion und Philosophie in Deutschland*, verfasst noch vor seiner *Romantischen Schule* im Jahre 1834. Heine bietet darin nichts weniger als eine Genealogie säkularisierender Prozesse in einer Zeit, die von Glaubensritualen jedoch (noch) nicht lassen kann. Dass am Ausgang dieser spätromantischen Phase gleichzeitig religiöse Dogmenkritik stand *und* sich ein neuer ideologischer Schub in Gestalt eines sozialwissenschaftlich scheinbar fundierten Kommunismus ereignete, sprengte die zunächst noch intakt gebliebenen ästhetischen Kontexte dieser Entwicklung, die mehr waren als nur bloße Rahmen oder Randerscheinungen.

Diese Entwicklung reichte vom Gedichtzyklus *Das geistliche Jahr* der Annette von Droste-Hülshoff bis zu den Dichtungen des späten Eichendorff, von den letzten in der Künstlergruppe der Nazarener um Overbeck bis zum Denken des späten Schelling sowie des um eine Synthese christlich-jüdischer Musiktraditionen bemühten Mendelssohn Bartholdy, der sowohl sein an der jüdischen Tradition ausgerichtetes Oratorium *Elias* (1846) als auch eine dezidiert protestantische Reformations-Symphonie (1830) vorgelegt hatte – Letztere eine geistlich gemeinte Musik für den bürgerlich-weltlichen Konzertsaal. Kaum verwundert es, dass Hegel unter diesen Umständen nach 1820 die gesamte moderne Kunst als »romantisch« bezeichnet. Dazu zählt er Dantes *Inferno*, Cervantes' *Don Quichote* (in Tiecks Übersetzung!), Sternes *Tristram Shandy*, Diderots *Rameaus Neffe*, Hölderlins *Hyperion* und *Empedokles* neben Goethes *Westöstlichem Divan* ebenso wie die Musik Glucks, Mozarts sowie Rossinis und die Skulpturen Rauchs und Schadows[8] – eben *weil* sie alle für ihn das Selbstreflexive, noch in der sinnlichen Unmittelbarkeit einer Melodie Rossinis, *darstellten*.

In England waren diese Verhältnisse anders, aber nicht weniger komplex, wobei die dortige Periodisierung sich weniger an einer frühen, mittleren oder späten Romantik orientiert, sondern an einer Romantik im Umfeld von William Wordsworth und den vier Versionen seiner Kolossaldichtung *The Prelude*, geradezu rhythmisiert durch ihre Entstehungsdaten: 1798, 1799, 1805, 1850, sowie den Historienromanen Sir Walter Scotts. Byron, Shelley und Keats dagegen repräsentieren eine rebellische Romantik, der zunächst auch Wordsworth nahestand, bis er dezidiert konservativ wurde und sich einer Art Kultur-Toryismus zuwandte.

Eine zumal religiös durch verstärkte Übertritte zum Katholizismus geprägte Spätromantik fand in England nicht statt. Der Anglokatholizismus äußerte sich weniger poetisch als vielmehr sozialethisch und bildungspolitisch, etwa in den einschlägigen Schriften Kardinal Newmans, vor allem zu Fragen der gesamtgesellschaftlichen Bedeutung der Universität. Dagegen bilden die Todesjahre von Scott 1832 und Wordsworth 1850 und zuvor jene nahe beieinanderliegenden von Keats (1821), Shelley (1822) und Byron (1824) im England der Romantik die markanten Einschnitte epochalen Ausmaßes.

Eine dezidiert romantische Essayistik mit – im Vergleich zu Heine eher mildem – ironischem Einschlag boten William Hazlitt und Charles Lamb, die Kunstkritik immer auch als Gesellschaftskritik verstanden. Hazlitt setzte sich emphatisch von seinem klerikalen Hintergrund ab und entwickelte sich zu einem Fürsprecher sowohl politischer Freiheit als auch der Menschenrechte. Was an Ironie jener Heines im britischen Kontext nahekommt, sind allein Carlyles bereits erwähnter satirischer Roman *Sartor Resartus* (1833/34) und Thomas Love Peacocks (1785–1866) szenische Prosa *Nightmare Abbey*, erschienen im selben Jahr wie Schopenhauers *Die Welt als Wille und Vorstellung* (1818).

Zu den bedeutenden britischen Kulturvermittlern, sei es als Übersetzer oder Anverwandler deutschen Denkens, in jener Zeit zählten der erste Schiller-Biograph und Goethe-Übersetzer und Korrespondent Thomas Carlyle sowie Henry Crabb Robinson, Samuel Taylor Coleridge und George Eliot (d. i. Mary Ann Evans). Nur sie sorgte mit ihrer Übersetzung eines deutschsprachigen Werkes, nämlich der literarischen Jesus-Biographie des Hegel-Schülers David Friedrich Strauß, im frühviktorianischen England für Furore. Die breiteste Grundlage für das Kennenlernen neuester deutscher Literatur und Philosophie war übrigens in England wie zunächst auch in Frankreich Germaine de Staëls 1813 in London erschienene Studie *De l'Allemagne* gewesen.

Die geistige Basis der englischen Romantik bestand aus einem Missverhältnis zu den Folgen der Französischen Revolution, einer verschämt-heimlichen Bewunderung für Napoleon (in beiden Teilen der Romantik in den deutschen Ländern nicht unähnlich) und in poetischer Hinsicht einer Parteinahme für Milton, den man Shakespeare vorzog; hinzu kamen eigenständig entwickelte Mythologien – etwa im Werk William Blakes (z. B. *Visions of the Daughters of Albion*, ›Visionen der Töchter von Albion‹) oder nach ihm Alfred Lord Tennysons (1809–1892), etwa *The Idylls of the King* (›Die Idyllen des Königs‹). Etwas philosophisch Vergleichbares zur Auseinandersetzung der frühen deutschen Romantiker mit den drei Kritiken Kants und seiner Abhandlung über *Die Religion in den Grenzen der bloßen Vernunft* (1793, also im Jahr der Diktatur Robespierres) findet sich in England nicht.

Die englische ist eine Romantik unter den Voraussetzungen einer sich dramatisch intensivierenden Industrialisierung. Das Ergebnis war eine sozialkritische Überblendung ›romantischen‹ Schreibens, etwa in Thomas Hoods (1799–1845) Dichtungen über die Verdinglichung des Lebens wie »The Song of the Shirt« (›Das Lied des Hemdes‹), im Gedicht vorgetragen von einer bettelarmen Näherin. In einen größeren Zusammenhang stellte Elizabeth Gaskell (1810–1865) die romantisch überblendete soziale Frage im ersten von einer Frau verfassten Industrieroman, *North and South* (*Norden und Süden*, 1855). Er hatte einen freilich schwächeren Vorläufer in Form von Charlotte Brontës Entwicklungsroman *Shirley* (1849), dessen Hintergrund die Arbeiterunruhen in Yorkshire von 1811/12 bilden, die aus der Hungersnot in Folge der gegen England gerichteten napoleonischen Kontinentalsperre hervorgegangen waren. Die soziale Wende in der Spätromantik vollzieht auch im deutschen Sprachraum eine Frau, nämlich Bettine von Arnim mit ihrem provokant dem preußischen König gewidmeten *Armenbuch*, das einer Selbstentzauberung des Romantischen gleichkommt.

Befassen wir uns jedoch mit zwei nahezu gleichzeitig erschienenen Texten, nämlich mit Charles Lambs (1775–1834) Essay *Barrenness of the Imaginative Faculty in the Productions of Modern Art* (›Die Unfruchtbarkeit der Vorstellungskraft bei der Erschaffung moderner Kunst‹, 1833) sowie dem Dritten Buch von Heines Schrift *Religion und Philosophie in Deutschland* (1834), die jenes eingangs angesprochene »produktive Verhältnis« von Denk- und Kunstentwicklung und Reflexion darüber in säkularistischer Zeit spiegeln.

Romantische Kunstkritik auf Englisch

Der betonten Selbsthistorisierung der deutschen Romantiker in der Spätphase ihrer Epoche, belegt etwa durch die einschlägigen Arbeiten der in poetischer Hinsicht gegensätzlicher nicht denkbaren Dichter Eichendorff und Heine, steht in der englischen Essayistik der Zeit, vertreten durch William Hazlitt und Charles Lamb, ein verstärktes Interesse am kreativen Prozess als solchem gegenüber. In gewisser Weise gehört dazu auch Thomas de Quinceys bereits genannter autobiographischer Versuch *Bekenntnisse eines englischen Opiumessers* (1822), der sich ebenso psychologisch wie poetologisch lesen lässt.

Die im Opiumrausch erzeugte paradiesische wie infernalische Bildlichkeit nennt de Quincey einen Zustand zwischen Wachen und Träumen, wobei »the *creative* state of the eye increased« (›die verstärkt produktive Verfassung der Augen‹).[9] Diese optisch-sinnliche Kreativität spielte auch in de Quinceys intensiver Auseinandersetzung mit William Wordsworth eine wichtige Rolle. In einem offenen Brief an den Dichter spricht de Quincey im August 1835 von der Deformation seines Blicks auf die Weltdinge aufgrund existentieller Erfahrungen: »Mein Blick wurde zu einer zweiten Sehkraft herangebildet, und zwar durch Elend, Einsamkeit, Sympathie mit allen Ausprägungen des Lebens, zu früh gewonnener Erfahrung und einem mühsam entkommenen Gespür für Gefahr.«[10]

Vier Jahre später gesteht er in einem Essay über Wordsworth, das krasse Gegenbild zu einem von Rauschmitteln inspirierten Dichter, sich in den Tälern von Westmoreland als ein »phantom-self« (›Phantom-Selbst‹) gesehen zu haben, eine zweite Identität als Projektion seines Bewusstseins,[11] womit de Quincey in moderner Terminologie vermutlich eher das Unbewusste gemeint haben dürfte. Selbst in der kritischsten Phase ihrer Beziehung, als sie sich bereits voneinander entfremdet hatten, bescheinigte de Quincey seinem Freund von einst und dessen Schwester Dorothy »eine eigentümliche Tiefe organischer Feinfühligkeit den Wirkungen von Form und Farbe gegenüber«.[12] Anders gesagt: Für Quincey gibt es ein ›organisch‹ determiniertes Schaffen und ein solches, das aus »künstlichen Paradiesen« oder von Opiaten erzeugten Höllen hervorgeht oder solche entstehen lässt. Der Schlüssel dazu liegt in der Art des Sehens und der Kreativität des Auges, wie de Quincey formulierte.

Genau an diesem Punkt setzte auch Charles Lamb in seinen Kunstkritiken an, dem wiederum der Zustand des Berauschtseins keineswegs fremd war. Wie de Quincey veröffentlichte Lamb im August 1822 einen Essay dazu, die *Confessions of a Drunkard* (›Bekenntnisse eines Trinkers‹).[13] Obwohl dieser Text keine poetologischen Ambitionen verrät, enthält er einen bildkünstlerischen Hinweis, und zwar auf einen Stich nach Antonio da Correggio, der einen von drei Frauen, den Allegorien der Sinnlichkeit, der schlechten Gewohnheit und der Abscheu, an einen Baum gefesselten Hedonisten zeigt. Seine Veranlagung lässt ihn nicht los, wie auch der Verfasser dieser *Confessions* keinen Mittelweg finden kann zwischen Enthaltsamkeit und exzessivem Genuss.[14] Das ist der – toxische – Hintergrund, vor dem Lambs Kunstkritik in den Befund einer *Barrenness* oder ›Unfruchtbarkeit‹ der künstlerischen Vorstellungskraft in der ›modernen‹, also zeitgenössischen Kunst mündet.

Bereits in den beiden ersten Sätzen seines Essays *Barrenness of the Imaginative Faculty in the Productions of Modern Art* klärt Lamb das ihm Wesentliche. Seine Ausgangsfrage lautet, welchem Bildkünstler es im vergangen halben Jahrhundert, William Hogarth einmal ausgenommen, gelungen sei, eine Handlung einfallsreich darzustellen. Und er reicht sogleich eine Definition dessen nach, was er unter ›treating a story *imaginatively*‹ (›eine Geschichte phantasievoll behandeln‹) versteht: »Damit meinen wir, sein Gegenstand verfährt mit ihm so, dass er den Künstler führt und von ihm geführt wird.«[15] Mit *ihm* ist der Bildkünstler gemeint, der seinem Objekt zur Autonomie verhilft, so dass es seines Urhebers Herr werden kann.

Lambs künstlerische Ideale entstammen der Renaissance, für die sich gute dreißig Jahre zuvor schon deutsche Frühromantiker, namentlich Wackenroder und Tieck, begeisterten. Aus verschiedenen Gründen nennt Lamb einen Stich nach Raffaels Gemälde »Gott erschafft Eva« sowie ein Gemälde von Tizian (»Bacchus und Ariadne«, s. Abb. 13). Dass auch Tizians Gemälde auf eine Vorlage von Raffael zurückging, konnte Lamb zu diesem Zeitpunkt nicht wissen. Tizian hatte nach Raffaels Tod (1520) diesen Bildausschnitt gewissermaßen als Momentaufnahme aus einer mythologischen Erzählung von Catull und Ovid ausgearbeitet und vollendet. Das Besondere nun an Lambs Würdigung des Tizian-Gemäldes ist, dass er in ihm zwei Zeitformen erkennt, von denen er sagt, der Künstler habe sie zum einen voneinander getrennt gehalten, zum anderen aber miteinander in Einklang gebracht und damit wechselseitig integriert. Die Frage nach dem Zeitwertgehalt eines Bildes, die bis hin zur postmodernen Ästhetik von Bedeutung geblieben ist,[16] stellt Lamb mit entwaffnender Präzision, indem er sich auf einen Ausschnitt des Bildes konzentriert, der im Wesentlichen alles enthält, was den Reiz dieser verdoppelten Zeitvergegenwärtigung im Bild ausmacht.

Bei der Betrachtung dieses Gemäldes richtet Lamb sein und unser Augenmerk auf das Wechselverhältnis von »time present« und »time past«: Die absolute Gegenwart jenes Augenblicks, in dem Ariadne und Bacchus einander ›erkennen‹ und Letzterer vor buchstäblicher Hingerissenheit durch den Anblick Ariadnes den Sprung von seinem

Gefährt und Gefolge wagt, vermischt sich mit jener Vergangenheit, die Ariadne mit sich führt, ihrem Verlassensein auf Naxos, das ihr der davonsegelnde Theseus zugemutet hat.[17] Ariadne scheint noch nicht ganz bereit zu sein für dieses neuerliche Verlieben, Bacchus dagegen schon. Lamb schreibt, Tizian habe »aus der Tiefe des phantasievollen Geistes«[18] die vergangene Zeit heraufbeschworen und ins Bild gesetzt. Augenblick und Verewigung interagieren zudem in diesem Gemälde, nämlich in Gestalt des Sternbilds der Corona Borealis, der Nordkrone, die über Ariadne schwebt. Die Raubkatzen hat Tizian übrigens auffallend friedlich wie in stiller Zuneigung zueinander dargestellt, bewegungslos und damit einen betonten Gegensatz zu der bewegungsreichen Aufgeregtheit bildend, die dieses Bild prägt.

Tizians Gemälde wurde 1806 nach London gebracht und in die Sammlungen der National Gallery aufgenommen, wo es vor Lamb bereits John Keats gesehen hatte. In seiner berühmten *Ode to a Nightingale* (1819) nahm er *ex negativo* darauf Bezug, und zwar in den Versen:

> Hinweg! Zu dir! Doch soll nicht Bacchus Wagen
> Mit Pantherkraft mich ziehn, nein![19]

Versteht man diese Ode als Ausdruck von Keats' Vorstellung einer »negative capability« (›negative Fähigkeit‹), die er brieflich zwei Jahre zuvor angedeutet hatte, dann gewinnt diese zitierte Stelle geradezu Schlüsselcharakter. Keats bezeichnete die ›negative capability‹ als einen Zustand, »in dem man fähig ist, in Ungewissheiten, Geheimnissen, Zweifeln zu verweilen, ohne jedes irritierende Greifen nach Fakten und Gründen«.[20] Coleridge dagegen, betonte Keats, sei unfähig, sich mit »half knowledge« (›halbem Wissen‹) zufriedenzugeben. Dieses Ich, das auf den Flügeln der Poesie, die keine visuelle Aussicht kennen, sondern nur eine geistige (»viewless wings of Poesy«, »Poesie / soll mich auf unsichtbaren Schwingen tragen«), zur Nachtigall fliegen will, verfügt eben über keine Gewissheiten und vermag sich nur am Gesang der Nachtigall zu orientieren. Auch Tizians Gemälde lässt allenfalls vermuten, dass sich Ariadne und Bacchus, da beide in Bewegung, einander nicht verfehlen.

Dem Ich der Keats'schen Ode ›begegnet‹ die Nachtigall nach einer Phase der Ernüchterung, wie sie nach ihm de Quincey und Lamb beschreiben sollten:

My heart aches, and a drowsy numbness pains
My sense, as though of hemlock I had drunk,
Or emptied some dull opiate to the drains
One minute past, and Lethe-wards had sunk.

(Mein Herz tut weh, und schläfriges Erlahmen,
Als hätt ich Gift getrunken, quält mich sehr.
Betäubte mich ein Trank aus giftigen Samen?
Mich hüllt Vergessenheit, ich weiß nichts mehr.)[21]

Bemerkenswert ist, dass auch Keats eine genaue Zeitangabe macht: »one minute past«. Anspielungen auf das Ewige (»immortal Bird«, »unsterblicher Vogel«) und Vergänglichkeitsangst sehen sich poetisch vereint mit der Hauptunsicherheit, ob sich diese Nachtigallenphantasie als ein Wachtraum ereignet hat oder wirklich war. »Do I wake or sleep« (»Wer sagt mir, ob ich schlafe oder wache!«) bleibt die entscheidende, unbeantwortete Schlussfrage der Ode.

In der Wahrnehmung des Naturlauts, hier des Gesangs der Nachtigall, bildet sich die poetische Vorstellung, die laut William Hazlitt die eigentlich legitime Voraussetzung für imaginatives Schaffen ist.[22] Unter den englischen Romantikern hatte Hazlitt die fraglos kritischste Einstellung gegenüber der ›imagination‹, wie aus seinem einschlägigen Essay (*On Reason and Imagination*, 1826) deutlich hervorgeht. Genauer gesagt kritisiert Hazlitt die Verwendung des Begriffs. Alles, was als »romantisch, lächerlich, ungenau, aufrührerisch« gelte, bezeichne man mit dem Wort »imagination« und entwerte es dadurch.[23]

Produktive Vorstellungskraft bedeutet für Hazlitt die Fusion von »Poetry and Philosophy«, die in seinen Augen Samuel Taylor Coleridge verkörperte.[24] Doch zeigte er sich gerade ihm gegenüber als keineswegs unkritisch, wie aus seinem Essay von 1825 über den Dichterphilosophen hervorgeht. Coleridge, befand Hazlitt, gebe sich allzu bereitwillig allen möglichen Eindrücken hin, die sein Erinnerungsvermögen dann zu einem »zerfetzten Stück Tapete« zusammensetze.[25] Ironischerweise entsprach Hazlitts eigenes essayistisches Verfahren durchaus diesem Prinzip, wobei Hazlitt sein Material im Essay zu verschmelzen verstand als »Zusammenstückelung von Zitaten«.[26] Was das aussagt über die Natur des Schöpferischen und die »creative imagination«, konnte erst das 20. Jahrhundert beantworten, wenn man etwa an Collageverfahren von Kurt Schwitters bis Wolfgang Hildesheimer denkt.

Charles Lamb wiederum lehnt die Verquickung von poetischer und bildlicher Vorstellungskraft ab, wenn er fragt, ob die Hautfarbe Othellos und die Korpulenz Sir John Falstaffs nicht etwas seien, was man im Verlauf der Dramen vergesse. Er setzt auf eine Art Vorstellungskraft, die zu differenzierten Charakterstudien tendiert, womit er den Charakter eines Werks – etwa von Wordsworths Dichtung *Excursion* – ebenso meint wie den eines Hogarth oder eines Schalterbeamten in der Bank von England. Hazlitts Charakterstudien umfassen zudem Aussagen über die Essgewohnheiten der von ihm Porträtierten, die er für mindestens so charakterspezifisch hielt wie deren Syntax oder gestische Manierismen.

Hazlitt geht es dabei um ›Identitäten‹ im Sinne der theophrastischen Lehre vom Charaktertypus, wohingegen Keats, der Hazlitts Vorlesungen über Dichtung von Januar bis März 1818 besuchte, gerade vom Verlust von einer deutlich umrissenen ›Identität‹ in der Dichterpersönlichkeit ausgehen wird. Dass aber gerade dieser Verlust einer eigenwertigen Identität den Dichter erst schöpferisch macht, sprich: dem anderen öffnet, ist ein Fall von romantischer Ironie schaffenspsychologischer Art.[27]

Heine rechnet ab

Um das »dritte Buch« seiner erklärtermaßen fragmentarischen Überlegungen *Zur Geschichte der Religion und Philosophie in Deutschland* (1834/52) gebührend polemisch-ironisch einzuleiten, bemüht Heinrich Heine einen Verweis auf »einen englischen Mechanikus, der schon die künstlichsten Maschinen erdacht, endlich auch auf den Einfall geraten, einen Menschen zu fabrizieren«.[28] Diese offensichtliche Anspielung auf Mary Shelleys zu diesem Zeitpunkt bereits in ganz

Europa ›Epoche‹ machenden Roman *Frankenstein* (1818) verändert Heine in einer für ihn seit seinen London-Erfahrungen (1827) charakteristischen englandkritischen Wendung.

Bei ihm ist es ein englischer, kein von einer Engländerin erfundener schweizerischer »Mechanikus«, der diesen künstlichen Menschen, ein Monster, »fabriziert« hat. Ein »Mechaniker« übrigens, kein Wissenschaftler, dessen Kreatur zu menschenähnlichen Gefühlen und Bewegungen fähig war. Aber von welcher Art sind diese Gefühle? Sie seien in ihrer mechanistischen, also unpersönlichen Art »von den gewöhnlichen Gefühlen der Engländer nicht gar zu sehr verschieden«, polemisiert Heine. Dieses Wesen »konnte in artikulierten Tönen seine Empfindungen mitteilen, und eben das Geräusch der inneren Räder, Raspeln und Schrauben, das man vernahm, gab diesen Tönen eine echtenglische Aussprache; kurz dieses Automat war ein vollendeter Gentleman, und zu einem echten Menschen fehlte ihm gar nichts als eine Seele«.[29] Und genau diese verlangt das Geschöpf von seinem Mechanikus mit einer (Auf-)Dringlichkeit, die den »Künstler«, wie Heine den Mechanikus nun doch nennt, »vor seinem eignen Kunstwerk die Flucht« ergreifen lässt.

Heine deklariert damit mittelbar die *Frankenstein*-Erzählung zur neuen irreligiösen Schöpfungsgeschichte und beschreibt den mechanischen Prozess als die inzwischen zeitscheingemäße Form des schöpferischen Prozesses, an dessen Ende die seelenlose Kreatur und damit das Monster im Gewand des formvollendeten Gentlemans stehen.

Damit hatte Heine jedoch noch nicht das Hauptanliegen dieses dritten Teils seiner analytischen Polemik zur (romantischen) Religions- und Philosophieauffassung angesprochen: den Einfluss Kants, namentlich seiner ersten Kritik, jener der »reinen Vernunft« nämlich, auf die intellektuelle Kultur im Deutschland der Romantik. Aus Heines Perspektive ist der Schritt vom »englischen Mechanikus« zu einem Denker des Schematismus, den Kant überdies mit bestürzender Regelmäßigkeit auch *gelebt* habe, kein gewagt großer. Doch jenseits von allem Schematismus habe Kant eine Philosophie der Kritik entwickelt. Sein »mechanisch geordnetes, fast abstraktes Hagestolzenleben, in einem stillen, abgelegenen Gäßchen zu Königsberg«, betont Heine, habe »zerstörende, weltzermalmende Gedanken« hervorge-

bracht, die an »Terrorismus den Maximilian Robespierre weit« übertroffen hätten.[30]

So weit, so rhetorisch. Es erübrigt sich, auf die einzelnen Punkte
einzugehen, die Heine anführt, um Kant geradezu karikierend zu
ehren (»er kleidete seine Gedanken in eine hofmännisch abgekältete
Kanzleisprache«; ihm fehlte »das neue Wort für den neuen Gedanken«[31] – das aber gehörte zum Vermögen eines Genies; folglich war
Kant – laut Heine – keines). Ähnlich verfährt er mit Fichte; auch dabei
blitzen Gedanken von allgemeinerem Interesse auf, die vor dem entstehenden Hintergrund deutscher Zustände bis tief ins verheerende
20. Jahrhundert aufhorchen lassen, etwa diese Stelle:

> Das deutsche Volk läßt sich nicht leicht bewegen, ist es aber ein-
> mal in irgend eine Bahn hineinbewegt, so wird es dieselbe mit be-
> harrlichster Ausdauer bis ans Ende verfolgen. So zeigten wir uns
> in Angelegenheiten der Religion. So zeigten wir uns nun auch in
> der Philosophie. Werden wir uns eben so konsequent weiterbe-
> wegen in der Politik? Deutschland war durch Kant in die philo-
> sophische Bahn hineingezogen, und die Philosophie ward eine
> Nationalsache.[32]

Der Rest ist – ›deutsche Ideologie‹ im Wortsinne von Marx und Engels (1845/46), woraus sich dann ihrerseits die Ideologie des sogenannten Historischen Materialismus entwickelte.[33] Heine lenkt daraufhin in seiner polemisch-analytischen Betrachtung mehr oder weniger religionskritisch inspirierter Denkbewegungen unter seinen
Zeitgenossen wieder über zur religiös grundierten »Kunstrevolution«
der Romantik. Er bezeichnet sie als den »Kampf der Romantiker gegen das altklassische Regime« und befindet: »[U]nsere ersten Romantiker handelten aus einem pantheistischen Instinkt, den sie selbst
nicht begriffen. Das Gefühl, das sie für Heimweh nach der katholischen Mutterkirche hielten, war tieferen Ursprungs als sie selbst ahn-
ten [...].«[34] Ihrer Kunst, laut Heine aller Kunst überhaupt, sei der Kan-
tische Kritikrigorismus als Kern seiner Philosophie »sehr schädlich«
gewesen, wobei er nicht zu ergänzen vergisst: »Zum Glück mischte
sie sich nicht in die Kochkunst.«[35]

So offensichtlich Heines Lust an der ironischen Volte ist, er verfolgt einen Hintergedanken. Er möchte nämlich *zeigen*, dass und wie sein eigenes schöpferisches Vermögen, seine poetisch-essayistische Kunst eben keineswegs unter der kritischen Auseinandersetzung mit Kants Kritik(en) gelitten habe. Im Gegenteil, Heines Text belegt, wie die Vorstellungskraft durch das Mittel der Ironie schriftstellerisch produktiv werden kann. Denn sie ist der einzige Aspekt der Romantik, den Heine nicht mit Ironie bedenkt. Das auf die Ironie übertragene imaginative Verfahren und umgekehrt: das Imaginative, von der Ironie ausgelöst, lässt sich an zahlreichen Stellen dieser Schrift deutlich nachvollziehen. Das Imaginative kann sich etwa in zwei aufeinanderfolgenden Phasen entwickeln wie im Falle von Heines Erklärung dafür, weshalb Goethe als verantwortlicher Minister Fichte in Jena so lange habe gewähren lassen. Das sei kein Zeichen von Toleranz gewesen, sondern von räumlicher Beschränkung im symbolischen Sinne. Goethe, dieser »Riese, war Minister in einem deutschen Zwergstaate. Er konnte sich nie natürlich bewegen.« Auf diese Feststellung folgt nun eine Ironisierung des Mythos, die Heine unmittelbar auf Goethe überträgt. »Man sagte von dem sitzenden Jupiter des Phidias zu Olympia, daß er das Dachgewölbe des Tempels zersprengen würde, wenn er einmal plötzlich aufstünde. Dies war ganz die Lage Goethes zu Weimar; wenn er aus seiner stillsitzenden Ruhe einmal plötzlich in die Höhe gefahren wäre, er hätte den Staatsgiebel durchbrochen, oder, was noch wahrscheinlicher, er hätte sich daran den Kopf zerstoßen.«[36] Diese bildlich-ironische Imagination lässt aus der evozierten Beengtheit ein absurdes Bild werden: Goethe, der Olympier mit verletztem Jupiterkopf. Dann kehrt er zum eigentlichen Anlass dieser Passage zurück, zu Goethes Verhalten gegenüber Fichtes intellektueller Provokation, die darin bestand, Gott jeglichen ontologischen Status abzusprechen; denn laut seiner Wissenschaftslehre kann das nur ein Sein beanspruchen, das sinnlich erfahrbar ist. Demnach *ist* Gott nicht in einem ontologischen Sinn, sondern »er manifestiert sich nur als reines Handeln, als eine Ordnung von Begebenheiten, als ordo ordinans, als das Weltgesetz.«[37]

Zu Heines produktiv-kritischer Imagination gehört allerdings auch, dass er sein eigenes favorisiertes Stilmittel, die Ironie, die bei ihm vor nichts und niemandem Halt macht, scheinbar kritisiert, wenn ein anderer, Fichte, sie einsetzt. Bei Heine liest sich dies so: »Es ist zweifelhaft, in der Tat, ob es Ironie oder bloßer Wahnsinn ist, wenn Fichte den lieben Gott von allem sinnlichen Zusatze so rein befreit, daß er ihm sogar die Existenz abspricht, weil Existieren ein sinnlicher Begriff und nur als sinnlicher möglich ist!«[38]

Vergleichbares an produktiver Ironie und gespielter Kritik daran findet sich meines Wissens in der anglophonen Romantik nicht – mit Ausnahme der parodistisch eingesetzten Vorstellungskraft, etwa bei Thomas Love Peacock in seinem Dialogroman *Nightmare Abbey* oder, wie eingangs erwähnt, in Thomas Carlyles sich am Namen des Protagonisten, Teufelsdröck, entzündenden Ironisieren romantischer Zustände in seinem Roman *Sartor Resartus*.

Romantische Resakralisierungen – durch Kunst

Heines Beispiel hat gezeigt, wie sich im Grenzbereich von Religion und Philosophie produktive Imagination bildet. Sie mag sich als Kritik oder durch Ironie äußern; ihr Potential ist in jedem Fall poetischer Art. Das belegt bereits ein Gedicht des frühen Friedrich Schlegel, das sich mit Friedrich Schleiermachers *Reden über Religion* auseinandersetzt und die Frage nach dem Wechselverhältnis von Kunst und Religion in Sonettform thematisiert. Man könnte diesbezüglich vom Entstehen poetischer Imagination aus dem Geist der Religionstheorie sprechen.

Nahezu zeitgleich stellt sich in der englischen Romantik dieses Verhältnis in etwa so dar: Die *Lake Poets*, vor allem Wordsworth und Coleridge, verstanden sich von Anbeginn als naturreligiöse und damit zivilisationskritische Dichter; vor allem Wordsworths Dichtungen inspirierten die sogenannten Oxford Tractarians (›Verfasser von religiösen Traktaten‹) um John Henry Newman und John Keble, dessen lyrischer Zyklus *The Christian Year* (1827) zu den einflussreichsten Sammlungen religiöser Lyrik im Viktorianismus wurde.

Lohnend wäre ein Vergleich mit Droste-Hülshoffs Sammlung *Das geistliche Jahr*, bei dem die poetische Leistung Drostes in dieser chronisch unterbewerteten Dichtung nur umso deutlicher hervortreten würde. Drostes Zyklus kann als ein Ringen mit dem Verlust des

Glaubens gelesen werden, der sich am dramatischsten im frei-rhythmischen Gedicht zum »Pfingstmontage« ausspricht:

> O Glaube! Wie lebend'gen Blutes Kreisen,
> Er tut mir not;
> Ich hab ihn nicht.[39]

Auch unter den Tractarians entwickelte sich wie bei zahlreichen deutschen Romantikern von Friedrich Schlegel bis Friedrich Overbeck eine Tendenz zur Katholisierung, wobei diese Übertritte zum Katholizismus im deutschen Sprachraum meist ästhetisch begründet wurden (das Katholische galt als die kunstliebende Religion). In England dagegen spielten politische Gründe eine nicht unerhebliche Rolle: Das Katholische galt dort als Verwerfung ›liberalen‹ Denkens und Bekenntnis zu einer erneuten Rückorientierung an Europa, das in anglikanischen Kreisen als ›vatikanisch‹ verrufen galt.

Doch kommen wir zu Schlegels besagtem Sonett »Reden über die Religion« (1800):

> Es sieht der Musen Freund die offne Pforte
> Des großen Tempels sich auf Säulen heben,
> Und wo Pilaster ruhn und Kuppeln streben,
> Naht er getrost dem kunstgeweihten Orte.

> Drin tönt Musik dem Frager Zauberworte,
> Dass er geheiligt fühlt unendlich Leben,
> Und muß im schönen Kreise ewig schweben,
> Vergißt der Fragen leicht und armer Worte.

> Doch plötzlich scheints, als wollten Geister gerne
> Den schon Geweihten höh're Weihe zeigen,
> Getäuscht die Fremden lassen in der Blöße;

> Der Vorhang reißt und die Musik muß schweigen,
> Der Tempel auch verschwand und in der Ferne
> Zeigt sich die alte Sphinx in Riesengröße.[40]

Der Eingang zum Kunsttempel, also der Weihestätte für die Künste, erhebt sich selbst und wird damit geradezu zu einem Exponat, das »der Musen Freund« in Augenschein nehmen kann. Dieser Musenfreund erweist sich nun aber als ein Fragender, ein Kritiker womöglich, der sich offenbar mit Fragen diesem Tempel genähert hat. Doch ihn »hebt« eine der Künste, die Musik, durch ihre sakralisierende Wirkung auf ein höheres Niveau.

Im ersten Terzett ereignet sich ein jäher Umschwung: »Geister«, aber eben nicht der Geist der Kunst, stören die »schönen Kreise«, von denen im letzten Quartett die Rede war. Sie wollen die bereits in die Künste Eingeweihten scheinbar noch mehr sehen und hören lassen; das aber kommt einer Täuschung gleich, die ernüchtern muss und alle Imagination ›entblößt‹. Der Kunsttempel erweist sich als Illusion; er verschwindet samt der den Musenfreund und Frager verzaubernden Musik. Was bleibt, ist eine »alte Sphinx«, die selbst aus großer Entfernung riesig wirkt, ein Relikt vorklassischer Kunst, das weder lächelt noch Rätselfragen stellt noch den Eindruck erweckt, als wäre es bereit, auf den Frager zu antworten. Das Verhältnis von Kunst und Religion sieht sich auf die stumme Beziehung zwischen diesem Relikt und einer für den Frager unklaren Zukunft reduziert. An Verklärung ist nicht zu denken, noch weniger an das, was Friedrichs Bruder, August Wilhelm Schlegel, im selben Jahr durch ein Gedicht, »Der Bund der Kirche mit den Künsten«, beschwört, nämlich die Heiligung der Kunst:

Wohlan, ihr Künste! Es gebiert euch wieder,
Wenn ihr mein Tun hienieden würdig ziert,
Wenn ihr vom Himmel auf die Erde nieder
Die Heiligkeiten, bildlich deutend, führt.[41]

Während Friedrich Schlegels Gedicht den als ernüchternd verstandenen Säkularisierungsprozess auch in den Künsten vordringen sieht, die ja ihrerseits dieser Entwicklung Vorschub geleistet und sie gefördert hatten, imaginiert August Wilhelm Schlegel mit seiner lyrisch vorgetragenen kunstsakralen Bundesidee die Umkehrung dieses Prozesses.

In der bildenden Kunst ließ bereits der junge Caspar David Friedrich das Gemälde zum sakralen Akt werden; denken wir nur an das erste von ihm überlieferte Bild, »Tetschener Altar« (1807). Friedrich Overbeck steigerte am Ende der romantischen Kunstperiode die Sakralisierung des bildkünstlerischen Schaffens noch; offensichtlich wollte er sie zu einer Apotheose führen, und zwar in seinem zwischen 1831 und 1840 entstandenen Gemälde »Der Triumph der Religion in den Künsten« (s. Abb. 14). Er gab ihm sogar eine gedruckte Deutung bei, die er offenbar als Manifest für die Fortsetzung nazarenischer Kunst in profaner Zeit verstanden wissen wollte, richten sich seine Ausführungen doch betont an »junge Künstler«.[42]

Versuchen wir im Zusammenhang des bislang Gesagten eine Deutung dieses Bildes, indem wir Overbecks Gemälde als eine allegorische Darstellung der »produktiven Imagination« und des Schöpferischen lesen.[43] Das bedeutet gerade bei einem Werk Overbecks nicht, dass man deswegen von der religiösen Dimension abstrahieren dürfte; sie ist allein schon durch den Titel evident sowie durch die alles überwölbende Präsenz der Jungfrau Maria, deren Positionierung an Bildkompositionen von Raffael und Runge erinnert.[44] Aber ebenso unleugbar ist die Idee des Schöpferischen, die in diesem Gemälde ihre Gestaltungsebenen findet.

Overbeck war von der Direktion des Städel'schen Kunstinstituts in Frankfurt am Main beauftragt worden, für dessen Eröffnung eine Art didaktisches Gemälde zu schaffen; es sollte belehrend auf den Besucher wirken und ihn einstimmen in die Welt(en) der Kunst. Um 1840 jedoch war Frankfurt als Sitz des Vertretungsorgans des Deutschen Bundes längst eine am bürgerlichen Liberalismus orientierte Stadt, die kirchliche Kulturbezüge eher als geschichtliches Ornament verstand. Entsprechend kritisch wurde dann Overbecks Werk aufgenommen. Stellvertretend für viele stand die Kritik von Friedrich Theodor Vischer, der Overbeck eine vom ästhetisch-philosophischen Standpunkt aus gesehen verfehlte Konzeption vorwarf.[45]

Das Kunstwerk ist exakt quadratisch; der Rahmen, der unmittelbar zur Bildaussage gehört, suggeriert einen harmonischen Spannungsbogen, von zwei Dreiecken gesäumt. Das Gemälde selbst ist zweigeteilt; die obere Hälfte zeigt eine Quasi-Trinität, nicht aber den Vater, den Sohn und den Heiligen Geist, sondern Mutter und Kind zwischen je einer Gruppe aus Künstlern und Evangelisten, aufgeteilt in Figuren aus dem Alten und Neuen Testament, wobei die Jungfrau die Inspiration der ›himmlischen‹ Poesie versinnbildlicht. Overbeck hatte sein Gemälde so konzipiert, dass diese obere Hälfte »wie eine Vision zu betrachten« sei, »die dem Geiste der unten versammelten Künstler vorschwebt«.[46] Doch beziehen nur die Evangelisten, Künstler und Heilige der oberen Hälfte aus ihrer – teilweisen – Anbetung der Jungfrau Inspiration für ihr Schaffen; die durchaus eher ›bürgerlich‹ wirkenden Künstler der unteren Bildhälfte scheint nicht zu kümmern, was in den höheren Sphären geschieht – mit Ausnahme der beiden Geistlichen am unteren rechten Bildrand. Die anderen Künstler sind mit sich bzw. mit ihren Entwürfen beschäftigt oder in Gespräche vertieft. Kaum einer von ihnen blickt auf und hinauf in die biblische Welt.

Was allein aufsteigt, ist der Strahl der Fontäne im Brunnen, der das eigentliche Bildzentrum darstellt. Er ist es, der beide Bildhälften verbindet, die durch den Brunnen in Form gefasste Quelle des Schöpferischen, um die herum die Künstler versammelt sind. Es ist, als hätten wir den abgeflachten Berg Helikon vor uns mit der aus Hesiods *Theogonie* (1–9) bekannten Rossquelle, der Hippokrene, die Pegasus mit seinen Hufen geschlagen haben soll.[47] Diese von Apollon und den Musen geheiligte Quelle dient Künstlern seither als mythischer Ort der Inspiration. So sieht sie auch Keats in seiner besagten *Ode to a Nightingale*:

O for a beaker full of the warm South
Full of the true, the blushful *Hippocrene*,
With beaded bubbles winking at the brim,
And purple-stained mouth;
That I might drink, and leave the world unseen,
And with thee fade away into the forest dim […]

(O einen Becher warmen Südens jetzt!
O Hippokrene, die zum Rande schäumt
Und gern und gut Begeisterung bereitet
Mit Lippen rot benetzt,
Dich will ich trinken, daß ich ungesäumt
Zum Wald entschweben kann, von dir geleitet)

... *might drink* – Keats' Ode deutet das Trinken vom purpurnen Quellenrand der Hippokrene als eine *Option*, keineswegs als eine Gewissheit oder unabdingbare Voraussetzung inspirierten Schaffens. Ein Schluck aus dieser mythischen Quelle würde, so Keats' Gedicht, zu Weltabgewandtheit und einem Verschwinden in der Natur führen.

In Overbecks Gemälde dagegen, das keine Einsamkeit kennt, sondern nur eine vermutlich fruchtbare Gemeinschaft von Künstlern, verbildlicht sich eine Synthese von Mythos und künstlerischem Schaffen in Vergangenheit und Gegenwart, und das unter antiken und christlichen Vorzeichen. Die ›Vision‹, die Overbeck geschaffen hatte, zeigt das Gesamtbild, das Schaffensprozessen gewidmet ist. Sie wiederum ereignen sich in kleineren Gruppen – in produktiven Gesprächen, beim gemeinsamen Zeichnen oder in Verweisen auf bereits Geschriebenes oder sonst Geschaffenes. Zwar ist die antike Skulptur im Vordergrund ›enthauptet‹, aber auf ihr entwickelt sich Neues. Ähnliches gilt für den antiken Säulenstumpf, der zum Sitz für einen jungen Künstler geworden ist.

Was ›productive imagination‹ ist

Overbecks Bemühung um eine christlich ausgerichtete Kunstmythologie, die sich im Gemälde für das Frankfurter Städel exemplarisch manifestieren sollte, fußte auf »einer Antike in Bruchstücken«, wie er selbst formulierte.[48] An Michelangelo zum Beispiel kritisierte er, dass dieser sich »von der Bewunderung der Antike« habe »hinreißen lassen«, um sich als »neuen Götzen« seiner Schule zu etablieren. Auch Raffael seien die »Schranken der Gottesfurcht lästig« geworden, daher habe er die »Hand nach dem Verbotenen« ausgestreckt.[49] Wen wundert es, dass Overbeck den erläuternden Essay zu seinem Gemälde mit einem »Amen« beschließt. Zumindest dieser zweite und letzte Teil seines Textes wirkt um 1840 anachronistisch. Doch der dadurch einmal mehr hergestellte Zusammenhang von Bild und Wort – in diesem Fall nicht zum Thema ›die Entstehung von Kunst‹, sondern ›das Entstehen von Interpretation‹ – ist ein wesentlicher Teil des ›Nachlasses‹ der Romantik.

Die Autoren der englischen Entsprechung zur Spätromantik, etwa Robert und Elizabeth Browning sowie Alfred Lord Tennyson, befassten sich nicht minder intensiv mit dem Wort-Bild-Verhältnis sowie dem damit verbundenen Phänomen des schöpferischen Prozesses und der Imagination. Vorgebildet findet sich dieses Interesse in Wordsworths Zeilen aus »Lines Composed a Few Miles Above Tintern Abbey« (1798), die mit Blick auf die Kathedralenruine und das Ruiniert-Sakrale »the picture of the mind« (›Bild des Geistes‹) aufrufen, das neu beleben soll, was in zweifelhaftem Zustand vor ihm liegt.[50]

Die Frage nach der »productive imagination« stellt Tennyson wiederholt durch die Art seiner Stoffwahl, die sich zunehmend mythologischer gestaltete: Wie kann die Vergegenwärtigung der Mythen (in der englischen Romantik) – von Odysseus bis zur Artus-Legende – als poetische Neukonzeption und Weiterentwicklung ›produktiv‹ werden?[51] Welche Art der »Imagination« oder Vorstellungskraft setzt eine solche Transformation voraus? Produktionsästhetisch enger gefasst und nicht mythologisch vorgeprägt, stellt sich eine verwandte Frage im Zusammenhang mit Tennysons poetologisch aufschlussreichem Gedicht »The Gardener's Daughter. Or, the Pictures« (›Die Gärtnerstochter oder: Die Bilder‹, 1833/34).[52] Es handelt sich um eine für die romantische Poetologie – nahezu gleich welcher Couleur – kardinale Frage, wie es um den Unterschied zwischen einer künstlerisch dargestellten Version eines tatsächlichen Objekts und der einer reflektierten Erfahrung bestellt ist.[53] Denn genau davon ›handelt‹ Tennysons Gedicht, konkret gesprochen: von der *bildlichen* Vorstellungskraft eines Künstlers.

Zwei Brüder im Kunstgeiste verlassen ihre städtische Umgebung mit dem Ziel, »the Gardener's Daughter« auf dem Lande aufzusuchen. Der Freund des lyrischen Ichs, Eustace, findet die Gärtnerstochter bereits in einer Juliet, die er in Vollendung malt, wobei er seinen Kunst-Bruder auffordernd fragt: »When will *you* paint like this?« (V. 22) (»Wann wirst *du* derart malen?«) Darauf entgegnet der Herausgeforderte, die Liebe habe ihm Stift und Pinsel geführt; denn sie sei der ideale Künstler (V. 25). Bemerkenswert nun ist, dass die so eindrucksvoll Porträtierte dem Freund ihres Eustace nahelegt, nur weiter nach »the Gardener's Rose« zu fahnden. Wenn er sie gesehen habe, werde er gar nicht anders können, als sie zu malen und gleichfalls ein Meisterwerk zu schaffen. Das bedeutet, das Objekt der Wahrnehmung würde sogleich reflektierte Erfahrung werden – und das im Kunstakt selbst.

Rose, die Gärtnerstochter, scheint allseits bekannt – zumindest als Name und legendäre Erscheinung (»Who had not heard of …«, V. 49, »Wer hätte nicht gehört von …«), wobei die Vermutung nicht von der Hand zu weisen ist, dass sie sowohl als Blüte wie auch als eine menschliche Gestalt gedacht werden kann. Bevor jedoch beide Kunstfreunde die besagte »Rose« in Augenschein nehmen können, erleben sie eine nahezu ausschließlich akustisch wahrgenommene Natur (»that morn with all its sound«, »Hear how the bushes echo«, [birds] »that sing like poets, from the vanity of song«, V. 83; 97; 99, »der Morgen mit all seinen Tönen«, »Höre, wie die Büsche wispern«, »die singen wie Poeten, von der Eitelkeit des Liedes«). Die Lerche habe vor lauter Freude kaum rechtzeitig ihre Noten für den Gesang hervorholen können (V. 89) – so der geradezu surreale Eindruck des poetischen Ichs, dessen Freund wiederum fragt, ob die Vögel überhaupt wüssten, »why they sing« (»warum sie singen«)? (V. 100)

Es ist, als müssten beide Freunde erst die Klangwelt der Natur erschöpfend ausgekostet haben, bevor sie – und vor allem das Ich des Gedichts – für den Anblick der Gärtnerstochter bereit sind; es bedarf demnach einer Klärung der Sinne, um den einen Sinn für diese eine und einzigartige Erscheinung zur Verfügung zu haben.

Die Szene, die sich schließlich den beiden darbietet, als sie sich dem Gärtnerhaus nähern, zeigt eine Pflanze *und* die junge Frau, eine »Eastern rose« (V. 122) (»Osterrose«) und eben die Tochter des Gärtnerhauses, deren »single stream of all her soft brown hair« (V. 127) (»einziger Strom ihres weichen braunen Haars«) zum sinnlichen Objekt des Verlangens wird. Gleichzeitig entsteht vor dem realen Auge des Künstlers ein Bild, in dem sich Rosenzweig, Blüte und weibliche Gestalt ineinanderschlingen. Sie wird zur Rose in der Rose (V. 141) in einem in sich kreisenden Grün der Szene.

Nun behauptet Eustace dem Freund gegenüber, dass es ihm allein durch die entflammte Liebe, der eigentlichen Künstlerin, gelingen könne, seinem Juliet-Porträt durch die Darstellung von Rose zu entsprechen. Das Ich des Gedichts nimmt das Gesehene als inneres Bild mit sich zurück in die Stadt, wo er dann ›bei sich‹ das Gemälde malt beziehungsweise von seiner Liebe malen lässt. Irgendwann zwischen Kunstakt und Vollendung fallen »the three little words« (V. 227) (»die drei kleinen Worte«), so musikalisch wie zuvor nur die Natur mit ihrem Vogelsang. Doch dieses »I am thine« (»ich bin dein«) klingt nach »silver fragments of a broken voice« (V. 229) (»silbrigen Fragmenten einer gebrochenen Stimme«). In der darauffolgenden Strophe stellt das Ich die Frage nach dem Grad der Vollendung des Gemäldes, wobei sich unvermittelt die Erinnerung einstellt an jene Zeit zwischen Jetzt und Damals. Mehr noch, die Erinnerung scheint den eigentlichen Kunstakt und sein Ergebnis zu überlagern. Oder ist das Produktive der Imagination in die Erinnerung bereits eingegangen? Haben wir sie uns als die eigentliche ›Produktion‹ einer retrospektiv wirkenden Vorstellungskraft vorzustellen?

Zu dieser Erinnerungsvorstellung gehört intensivste sprachliche Differenzierung, die das Ich auch eigens thematisiert:

> Might I not tell
> Of difference, reconcilement, pledges given,
> And vows, where there were never need of vows.

> Sollte ich nicht reden
> von Unterschieden, Versöhnung, gegebenen Versprechen
> und Gelöbnissen, wo es niemals Gelöbnissen bedurfte.
> (V. 251–252)

Doch praktiziert dieses Ich ein Differenzieren der noch weitaus subtileren Art: Das, was zwischen den offenbar diversen Abschieden von Rose lag, vergleicht es nämlich mit

> whispers of the leaves
> That tremble round a nightingale – in sighs
> Which perfect joy, perplex'd for utterance,
> Stole from her sister sorrow.

> Wispern der Blätter
> das um eine Nachtigall herum bebt – in Seufzern

die vollkommen erfreuen, verwirrt von der Äußerung
gestohlen von ihrer Schwester Kümmernis. (V. 248–251)

Es handelt sich dabei um eine akustisch-sinnliche Differenzierung an
den Grenzen des sprachlich Vermittelbaren. Denn das »Wispern der
Blätter« als Erzittern im Gesang der Nachtigall scheint nicht weiter
differenzierbar.

Von einem anders gearteten Grenzwert spricht das Gedicht am
Ende. Der Künstler fragt sich wie gesagt: Soll er sein Gemälde der Geliebten enthüllen oder nicht? Solange es verhüllt bleibt, hat die ›imagination‹ über das, was sich dahinter verbirgt, freien Lauf; und zudem
gibt er seinen Gegenstand weder dem »common day« (›gewöhnli-
chem Tag‹) noch den gierigen Blicken anderer preis (V. 266). Als verhüllte Kunst lässt sich jedoch ihr Wert nicht bestimmen, abgesehen
von dem, den es für das Künstler-Ich selbst hat.

Doch schließt das Gedicht nicht mit der Feststellung: »the time /
Is come to raise the veil« (V. 267/68) (»die Zeit / ist gekommen, den
Schleier zu heben«), sondern damit, dass die Porträtierte bzw. die von
Anbeginn an als »Ideal« imaginierte Rose als »the most blessèd me-
mory« (»die gesegnetste Erinnerung«) bezeichnet wird. Das erlaubt
die Vermutung, dass Rose verstorben oder verschwunden ist, womöglich sogar nie existiert hat und durch den Künstler von der ›realen‹ Rosenblüte abstrahiert wurde. Unklar bleibt auch, ob das Bild
unter dem Tuch wirklich vorhanden ist. Eine leer verhüllte Leinwand
stünde für die Trennung von Imagination und Nicht-Produktivität
und damit dafür, dass Vorstellungskraft nicht immer produktiv zu
sein braucht, um dennoch als *Einbildung* wirksam zu sein; denn Erinnerungen sind ohnedies »Inbilder« oder, mit Gerard Manley Hopkins
gesagt, *inscapes*. Ganz so, wie Tennysons »Ulysses« von sich sagen
kann: »Ich bin ein Teil all dessen, dem ich begegnet bin«,[54] könnte
auch das eine Künstler-Ich, also Eustaces Freund, behaupten, es sei
ein Teil von dem, was dieses Es und seine Kunst sich vorstellten. Und
somit wäre selbst das Ich, um bestehen zu können, zumindest teilweise das Ergebnis der eignen (ästhetisch produktiven) Vorstellung.

Ausgangspunkt der Überlegungen in diesem Kapitel war die biographische Imagination, wie sie im fiktiv-romantischen Kontext von
Hildesheimers *Marbot* exemplarisch zum Ausdruck kam, und zwar

als Bildentwurf eines unproduktiven Kunstliebhabers. Marbots pervertierter ›Glaube‹ geht in seiner ästhetischen Lebensform, die aus dem Betrachten von Kunst besteht, restlos auf. Seine ›Religion‹ entsteht aus einer betont narzisstischen Kunstanschauung, die ihn dem ›eigentlichen Leben‹ gegenüber ungläubig werden lässt. Marbots genuiner Kunstakt ereignet sich dann in seinem Verschwinden als eine Epiphanie des Endes, eine Apotheose des Nichts, rein fiktiv, versteht sich. Heine hätte das verstanden, die hier behandelten kunstreligiös gestimmten englischen Romantiker auch.

Kapitel X
Finale con moto oder: Wie die Romantik verstehen?

Neuorientierungen

Vermessen wir abschließend die Bandbreite der Romantik als Epoche: vom trivial-populären Verständnis von Romantik bis zum philosophischen Problem des Nicht-Verständlichen in der Romantik und ihrem wohl bizarrsten Erzeugnis, Victor Frankensteins namenlosem Monster, einer, wie Goethes Faust sagt, scheinbar bloßen »Spottgeburt aus Dreck und Feuer« – die jedoch eine eigene, oft übersehene Komplexität aufweist. Gerade im *Frankenstein* konvergiert in der Wahrnehmung der Zeitgenossen sowie folgender Generationen das Esoterisch-Schizophrene mit der Populärkultur, denkt man an die Wirkung dieses Romans, der seine Autorin lange Zeit geradezu hinter ihrem Werk verschwinden ließ, während man das Monster mit dem Namen seines fiktiven Urhebers verwechselte.

Spannweiten dieser Art gehören wesentlich zu den romantischen Befindlichkeiten, Breiten und Tiefen des Verstehens und dessen Gegenteils, schließt doch die wichtigste Publikation der frühen Romantik, Friedrich Schlegels *Athenäum*, bezeichnenderweise mit seinem Versuch *Über die Unverständlichkeit*. Bekanntlich irritierte es Schlegel sehr, dass man seine »Ideen« immer wieder als unverständlich verurteilte. Es galt nach seiner eigenen Aussage als ausgemacht, dass das, was man nicht versteht, »ein Schlegel geschrieben« haben muss.[1] Entsprechend heftigen Polemiken, Parodien und Verhöhnungen war die Zeitschrift als Hauptorgan der Frühromantik bis zu ihrer vorzeitigen Einstellung ausgesetzt gewesen. Das *Athenäum* sah sich als Cluborgan der Fragmentaristen denunziert, denen keine (vermeintlich) vollständigen Darstellungen gelangen.[2] Dabei übersahen die Spötter, dass die Fragmentarität im ›Lehrplan‹ dieser Vorschule der Moderne integraler Bestandteil einer kritischen Befragung von »Systematik« und »Vollständigkeits«-Ideologie war. Was »Vollständigkeit« oder »Vollenden« bedeutet, so die implizite Theorie des *Athenäum*, lässt sich erst erkennen und ermessen, wenn wir eine deutliche Vorstellung von dem haben, was das Bruchstück eigentlich *ist*.[3]

Begeben wir uns in Richtung Schluss auf kleine Umwege, indem wir fragen, was ›Verstehen‹ im Verhältnis zur Romantik bedeutet. Und Umwege sind in diesem Fall sogar zwingend, weil es das nicht geben kann: ein abschließendes Urteil über das, was die Romantik denn ›wirklich‹ *ist*. Was etwa ließe sich an Verständnisgewinn durch folgende Impression erzielen: Als ich wieder einmal zu Besuch in Leipzig war, die Grimmasche Straße entlang gehend, kam mir Anton Philipp Reclam in den Sinn, der dort anno 1828 sein Verlagshaus gegründet hatte. Quasi um die Ecke hatte sich Robert Schumann mit seinen Davidsbündlern, einem realen Imitat der Hoffmann'schen Serapionsbruderschaft, regelmäßig getroffen. Damit spiele ich nicht nur auf die Geselligkeit in der Romantik an, sondern ebenso auf das Phänomen medialer Transformation: der Verlag als Stifter von Lesegemeinschaft und die Künstlergruppe, deren Originalität darin besteht, dass sie eine literarische Vorlage im Leben imitiert. Das wiederum ist ein Beispiel für die Verschränkung von Kunst und Leben: Die Schumann'schen Davidsbündler, die sich als Kritiker- und Künstlergemeinschaft sahen, *verstehen* die Hoffmann'sche ›Vorlage‹, indem sie sie *leben*, wobei Schumann das Gelebte wiederum in musikalische Kunst umsetzte, genauer gesagt: kompositorisch interpretierte, nämlich in den *Davidbündlertänzen* (op. 6).

Geht das Spüren der Gegenwart der Romantik besonders an bestimmten Orten in ein Verstehen ihres Wesens über? So könnte man es etwa auf den Hebriden und in Heidelberg empfinden, auch in Jena, trotz der Plattenbauten auf den grünen Hügeln ringsum, die einst Dorothea Veit mit Sprachbildern für den Anfang ihres *Florentin*-Romans versorgten, auf Pariser Friedhöfen, in Rom auf den Spuren der Nazarener, etwa im Antico Caffè Greco in der Via Condotti an der Spanischen Treppe, und dem Landsitz der von Arnims, Wiepersdorf.

Die Romantik ist heute vor allem eines: vermarktbar nach allen Regeln der Nicht-Kunst, vom Kitsch nahezu entstellt bis erstickt. Von der Rheinromantik in Rüdesheim, an Burg Stolzenfels und Loreley bis zur bescheideneren Neckarromantik, dem Lake District oder den Seen in der Schweiz: Es bedarf einer Wasser-Berg-Wald-und-Ruinen-Symbiose, um eine Landschaft für romantisch zu erklären und entsprechend touristisch zu bewerben. Bewohnbar wird die Romantik dann in sogenannten Romantikhotels mit Kerzenlichtdinner, wobei Haustiere aus hygienischen Gründen nicht gestattet sind. Der Hoffmann'sche Kater Murr ist mit seinen Tintenpfoten einfach nicht reinlich, geschweige denn antiseptisch genug. So bleibt er, zwischendurch auf der Suche nach neuen Eindrücken herumstreunend, zu Hause zurück und zerfetzt liegen gelassene Manuskripte, um ihre Fetzen rückseitig auf seine Art neu zu beschriften.

Wiederum fragt sich: Ist selbst diese Vermarktbarkeit etwas, das uns einen Grundzug der Romantik verstehen hilft? Durchschauen wir dadurch ihre folkloristische Seite, die sie zunächst nicht hatte, die ihr aber zuwuchs und die sie nährte, als sie ihre ›Volksverbundenheit‹ entdeckte? Dabei hat es nur das Deutsche verstanden, den Begriff »Volk« bis zur Unerträglichkeit zu verunstalten und ideologisch zu pervertieren. Was »im Namen des Volkes« an Verbrechen begangen wurde, übersteigt bis heute jedes Verstehen. Doch können wir daraus nicht ableiten, dass der Volk-Bezug in der europäischen Romantik pauschal verwerflich wäre. Das wäre ebenso anachronistisch wie absurd. ›Volk‹ bedeutete für die Romantik kulturelle Legitimierung, Emanzipation von aristokratischer Autokratie, bevor sie ›das Volk‹ – vor allem in deutschen Regionen – in pseudo-mittelalterliche Mythen einbettete und zum Teil versinken ließ. Abzuleiten ist daraus ein reflektierter, besonnener, *nie* emphatischer Umgang mit dem Wort ›Volk‹; denn das Volk ist keineswegs ›alles‹; es existiert nur durch die Einzelnen. Und das gilt nicht nur für den deutschen Sprachgebrauch.

Was bedeutet es für unser Verständnis vom Romantischen, wenn wir seine Steigerungsfähigkeit betonen? Erzromantisch, *wildromantisch* etwa ist Bad Gastein, in dessen Wasserfällen angeblich eine fertige Symphonie Franz Schuberts verloren ging. Wildromantisch ist es in Yorkshire, wo Emily Brontë den Regen über das karge Hochland von *Wuthering Heights* (*Sturmhöhe*, 1847) peitschen ließ. Romantische Stoffe sind außerdem eminent leinwandtauglich, mustergültig zeigt das Jane Campions Verfilmung des Lebens von John Keats: *Bright Star* (2009) mit Ben Whishaw als Keats und Abbie Cornish als seine angebetete, aber unerreichbare Fanny Brawne.[4] Als ›romantisch‹ gilt der wohlige Schmeichelton in der zeitgenössischen Therapiemusik à la Ludovico Einaudi.

Sprich: Romantik ist wie kaum eine andere Epoche oder ein anderes Stilgefühl kommerzialisierbar. Und doch, was ist damit gesagt?

Dass die Romantik in Form des ›romantischen‹ Gefühls offenbar ein menschliches Grundbedürfnis gerade in Zeiten fortschreitender Digitalisierung und Anonymisierung stillt. Dass das Romantische adaptierbar ist, scheinbar zeitlos, landschaftsorientiert, aber auch in urbanen Bezirken anzutreffen. Das Romantische entsteht in Projektionen; in manchen Fällen besteht es nur daraus.

Romantik, das ist »Liebeszauber« wie im Sopranlied von Clara Schumann und »Liebestraum« wie in Liszts Klavierstück, das ist der Wagner'sche »Liebestod« aus *Tristan und Isolde* oder die kleine gefühlvolle Geste zwischen Liebenden. Aber es ist auch das Schmerzvolle im Lieben, wie es im *Tonio Kröger* von Thomas Mann heißt: »Wer am meisten liebt, ist der Unterlegene und muß leiden.« Oder das unbeschreiblich Sehnsuchtsvolle einer ungarischen Rhapsodie …

Doch wie gehen wir in zunehmend nüchterner Zeit mit diesen romantischen Essenzen um, mit diesen durchfühlten Vielheiten ihrer Erscheinungsweisen? Die Antwort darauf lautet schlicht: Man muss das Romantische quasi an Leib und Seele erfahren haben, um es zu erfassen, gar zu verstehen. Man muss in die Kammern des eigenen Herzens vorgedrungen sein, um einen Sinn zu bekommen für die Anatomie der Gefühle, mit der sich die historische Romantik befasste. Zudem erfordert dieser Gang ins Eigene und seine Gefühlswelt ein vergleichendes Einfühlen, genauer: Einempfinden in die Gefühlsbereiche des anderen, um ein Gespür dafür zu entwickeln, wie gefühlsbedingt unser Denken und Handeln in Wahrheit ist.

Oder bedarf es – zumindest zeitweise – einer radikalen Abkehr von der emotiven Subjektivität, um hinter das Geheimnis der ›blauen Blume‹ zu kommen? Flaubert hatte in seiner *Éducation sentimentale* die absolute Enthaltsamkeit des Autors in Sachen ›Intervention‹ in den Erzählablauf unter Beweis gestellt, auch wenn das Erzählen selbst natürlicherweise Autorensache blieb. Man hat dieses Verfahren – mit Alfred Andersch – »kalte Romantik« genannt.[5] Nur der Stil sollte den Zusammenhalt des Textes gewährleisten. Sagen wir es anders: Damit sich die europäische Romantik in die Moderne einbringen konnte, bedurfte es ihrer Entzauberung, ja Selbstentfremdung. Letztere vollzog sich am radikalsten in Frankreich bei Flaubert, auch bei Baudelaire – und das, obwohl er der letzte Gewährsmann der Romantik war mit seinen Reflexionen zu Wagners *Tannhäuser* und seinen Überlegungen zu Delacroix.[6]

Im deutschen Sprachraum blieb die Romantik ein Dauerzwischenfall mit weitreichenden Folgen, deren nationalistische Instrumentalisierung und letztliche Blut-und-Boden-Verankerung die Perversion einer unerreichten Kulturleistung, ideologisch hochgerüstet und gerade deswegen geistig und ästhetisch korrumpiert, vorführte. Der Wortschatz der Romantik lebte im Deutschen hartnäckiger weiter als in anderen europäischen Sprachen, wobei einzelne Schlüsselwörter ein Bedeutungsgeflecht ausbildeten, das sich nur zu leicht mit politischem Dogmatismus verfilzte.

»Glotzt nicht so romantisch«, ein Spruchband mit dieser Aufschrift prangte 1922 in Münchens Augustenstraße über den alten Kammerspielen, wo Otto Falckenberg das Stück *Trommeln in der Nacht* des jungen Bertolt Brecht zur Uraufführung brachte, die der neben Alfred Kerr bedeutendste Theaterkritiker der Weimarer Republik, Herbert Ihering, bejubeln sollte. Diese plakative Forderung erfolgte in jenem Jahr, in dem Thomas Mann in seiner großen Rede »Von deutscher Republik«, die einem Akt der Selbstüberwindung des vermeintlich »Unpolitischen« gleichkam, im Namen der Romantik und vor allem mit Novalis Stimmung für die neue deutsche Demokratie machte.

Immer wieder ist ›Romantik‹ – wie auch wieder in unserer Zeit – *en vogue*. Im Französischen entscheidet pikanterweise ein Vokal über den Unterschied zwischen ›Mode‹ und ›Welle‹; *la vogue* und *la vague*. Und in Modewellen bewegt sich auch die Beliebtheitskurve der Romantik. Wenn beispielsweise Patrick Roth in seiner phantasierenden Auseinandersetzung mit einem der bekanntesten Fragmente des Novalis (»Die Welt muß romantisirt werden«) konstatiert: »Die Welt muß digitalisiert werden«, dann ist damit auch ausgesprochen, dass das Romantische vor erklärtermaßen unromantischen Phänomenen nicht Halt macht.

Überhaupt darf das Projekt »Autoren der Gegenwart im Dialog mit Handschriften der Romantik«, veranstaltet vom Freien Deutschen Hochstift (2017) und Teil des Schwerpunktthemas »Impuls der Romantik« im Rhein-Main-Gebiet als eine besonders wertvolle Art der Konfrontation von Zeugnissen des romantischen Zeitalters mit

Autoren von heute gelten.[7] Vergleichbare Initiativen gibt es in Jena/ Thüringen, am Bodensee und in anderen Regionen.

Ein Phänomen der Wiederaufnahme romantischer Kultur ist ihre betonte Regionalisierung, die man als mehr oder weniger ironische Antwort auf den universalisierenden Anspruch so vieler Romantiker werten kann. Seine Parzellierung führt freilich dazu, dass das Romantische fassbarer wird. »Indem ich dem Gemeinen einen hohen Sinn, dem Gewöhnlichen ein geheimnißvolles Ansehn, dem Bekannten die Würde des Unbekannten, dem Endlichen einen unendlichen Schein gebe so romantisire ich es.« Novalis sieht in diesem Prozess den Versuch, das Außergewöhnliche und Gewohnte durch wechselseitige »Erhöhung und Erniedrigung« auch sprachlich »geläufiger« zu machen. Die *lingua romana*, die er einfordert, soll genau diese Funktion erfüllen.[8]

Doch haben wir damit dem Romantischen auch nur annähernd Genüge getan? Ist die These wirklich zu gewagt, dass wir erst in unserer Zeit, also *nach* der völkisch-ideologischen Indienstnahme der Romantik, in unserer Zeit mit ihrer kommerziell-touristischen Verunstaltung und *mitten* im drohenden Kollaps des ökologischen Gleichgewichts, der Vernichtung ganzer Biosphären, einen Sinn für das Romantische, seinen Naturbegriff und seine Wertschätzung des Emotiven, gewonnen haben? Begreifen wir den Sinn des Romantischen, weil wir dabei sind, ihn unwiderruflich zu verlieren, und nicht nur wie so oft in der Vergangenheit für scheintot erklären?

Oder ist das Romantische eine solchermaßen »anthropologische Konstante« (Helmuth Plessner), dass es unverlierbar, wohl aber modifizierbar, eben auch aus sich heraus anpassungs- und verwandlungsfähig ist? Was gilt (noch oder wieder oder neu) als ›romantisch‹ im digitalen Zeitalter? Was ist ›romantische Liebe‹ unter den Voraussetzungen pandemisch erzwungener, digital instrumentierter Distanzregeln, die das bloße Berühren des Anderen ächten? Verlagert sich damit (wieder) alles in den Blick, vermittelt durch das Auge der im Rechner installierten digitalen Kamera? Gibt es sie noch, die »Waldeinsamkeit«, seit Ludwig Tieck ein Merkmal ›wahrer‹ Romantik, die sich noch in der – selten ideologiefreien – Sorge um den (allzu) »deutschen Wald« äußerte?[9]

Die Frage der Fragen: das Verstehen

Man kann behaupten, wie oben geschehen, dass die Romantik nur verstehe, wer Romantisches in sich wahrgenommen habe, sei es in einer Gefühlslandschaft, durch eine Stimmung oder einen Anflug von Gestern in einem übertechnisierten Heute und (wohl auch) Morgen. Und doch gewinnt man den bestimmten Eindruck, als seien wir dem Romantischen gerade im Kapitel über die Wissenschaft oder die romantische Art, Wissen im Geiste enzyklopädischer Zusammenhänge in Form von Vernetzungen zu schaffen, am nächsten gekommen, auch wenn die Überlegungen zur Musik, zur bildenden Kunst, zum Roman, vielleicht am romantikaffinsten sein *sollten*.

Noch sind nicht alle, wenngleich wohl die meisten Schätze editorisch gehoben, geschweige digitalisiert, die das romantische Zeitalter hervorgebracht hat. Wer hat schon 2019 mit dem Kleinod romantischer Briefkunst gerechnet, das seither als Bettine von Arnims und Julius Dörings Liebesbriefwechsel unter dem Titel *Letzte Liebe* funkelt?[10] Dessen Veröffentlichung war wohl *das* Ereignis im Bereich der Briefedition aus romantischer Zeit, von den editorischen Großprojekten, die sich den Nachlässen der Schlegel-Brüder widmen, einmal abgesehen. Doch auch wenn insbesondere *Letzte Liebe* mühelos geläufige Liebesromane in den Schatten stellt, dergleichen Großtaten nützlicher editorischer Kunst bleiben in ihrer Wirkung auf einen kleinen Kreis beschränkt. Aber das war, wie beschrieben, auch im romantischen Geselligkeitszeitalter wenig anders.

Modifizieren wir das zur ›Wissenschaft‹ Gesagte weiter, um uns der Bedeutung des romantischen Ansatzes in diesem Bereich für unsere Zeit zu versichern. Dabei zeigt sich, dass sich im romantischen Zeitalter eine differenzierte Kultur des Verstehens herausbildete. Sowohl Friedrich Schlegel als auch Friedrich Schleiermacher haben das Verstehen eigens thematisiert, Schlegel, indem er ausdrücklich das Unverständliche und damit das Nicht-Verstehen aufwertete, Schleiermacher, indem er eine Theorie des Verstehens entwarf, die für die moderne Hermeneutik maßgeblich werden sollte. Es bedarf an dieser Stelle keines neuerlichen Nachzeichnens dieser Traditionslinien einer Verstehenstheorie, die von Schleiermacher über Wilhelm

Dilthey, Otto Friedrich Bollnow, Hans-Georg Gadamer bis zu Peter Szondi und Werner Hamacher führen.[11]

Im frankophonen Kontext kam das strukturelle beziehungsweise fragmentierte Verstehen eines Jacques Derrida und Roland Barthes im Wesentlichen unterstützend hinzu, wohingegen im angelsächsischen Sprachraum Susan Sontag mit einem Paukenschlag gegen das ›Prinzip Hermeneutik‹ aufwartete. In *Against Interpretation* (1966) argumentierte sie, dass sich die Moderne intellektualistischem Interpretieren geradezu anbiedere, ja, dass sie dieses auf Kosten der sinnlichen Erfahrung von Kunst verlange. Die Zerebralität und daraus entstandene Abstraktheit der Kunstproduktion, kruder gesagt: die Verhirnung des Künstlerischen, zusammen mit der Massenproduktion ästhetischer Erzeugnisse habe das Sinnliche verkümmern lassen.[12]

Nun kann man beide Positionen zum Verstehensproblem auf die Romantik zurückführen, wobei sich ein zentrales Spannungsfeld in der Ästhetik der Frühromantik und besonders bei Friedrich Schlegel zeigt, nämlich jenes zwischen Sinnlichkeit und Kritik, Physis und Intellekt. Mit dem Gebot des ›Romantisierens‹ hatte vor allem Novalis versucht, diese Spannung zu entschärfen; Entsprechendes galt für Schlegels Versuch, das Poetisieren oder Poetische als Hauptwirkkraft in der Symbiose der Disziplinen zu etablieren. Aber dennoch blieb diese Spannung virulent.

Neben Schleiermachers systematisch-hermeneutischem Ansatz kommt bei dieser Thematik, wie zu Beginn dieses Schlusskapitels bereits bemerkt, Friedrich Schlegels Versuch *Über die Unverständlichkeit* (1800) eine besondere Bedeutung zu. Im Sinne einer differenzierten Symbiotik, also einer Lehre vom symbiotischen Denken, schließt Schlegel seinen Versuch mit einer poetischen Glosse nach spanischem Vorbild, einer ironischen Fortsetzung von Goethes Versen in vier zehnzeiligen Strophen (!):

Eines schickt sich nicht für alle,
Sehe jeder wie er's treibe,
Sehe jeder wo er bleibe,
Und wer steht daß er nicht falle.

Schlegel knüpft daran die folgende Hoffnung: »[U]nd es bleibt nun nichts zu wünschen übrig, als daß einer unsrer vortrefflichen Komponisten die meinige würdig finden mag, ihr eine musikalische Begleitung zu geben. Schöneres gibt es nichts auf der Erde, als wenn Poesie und Musik in holder Eintracht zur Veredlung der Menschheit wirken.«[13]

Man wird auch diese ›Hoffnung‹ zu den Schlegel'schen Ironien rechnen müssen, da es sich um eine poetische Glosse handelt, die zu seinen mit Abstand schwächsten Gedichten gehört. Sie ist aber derart trivial, dass man den Eindruck gewinnt, diese Trivialität und Plattheit habe Methode bzw. sei beabsichtigt, um einen parodistischen Kontrast zu Goethe zu schaffen – und das klingt dann so:

> Mögen sie geläufig schwatzen,
> Was sie dennoch nicht begreifen.
> Manche müssen irre schweifen,
> Viele Künstler werden platzen.
> Jeden Sommer fliegen Spatzen,
> Freuen sich am eignen Schalle:
> Reizte dir dies je die Galle?[14]

Immerhin, diese Zeilen thematisieren das ›Verstehen‹: Es geht um das Reden über etwas, das man nicht erfasst hat, wohingegen der Essay selbst an vielen Stellen schwadroniert und das Problem der Ironie thematisiert, ohne es auch nur mittelbar auf das Unverständliche zu beziehen. Man könnte es aber auch als Ironie der Ironie werten, dass gerade bei einem Versuch über das Unverständliche passagenweise gar nicht davon die Rede zu sein scheint. Dennoch erklärt der Versuch gerade die Ironie zum Hauptgrund dafür, dass vielen Zeitgenossen das *Athenäum*, das publizistische Hauptorgan der frühen Romantik, »unverständlich« erschien. Dabei zeigt sich, dass Schlegel nichts wichtiger war, als durch sein *Athenäum* verstanden worden zu sein – daher die zahlreichen Selbstzitate aus seinen *Athenäum*-Fragmenten und seine Bemühung, ihre Bedeutung zu erklären. So versucht er am Beispiel des Begriffs ›Tendenz‹ zu verdeutlichen, was (Miss-)Verstehen bedeutet, wobei er sich auf das schon damals als zentral erachtete Fragment (»Die Französische Revolution, Fichtes Wissenschaftslehre und Goethes Meister sind die größten Tendenzen des Zeitalters«) bezieht, von dem er sagt, dass er es selbst »für gut halte«. Dreh- und Angelpunkt dieses Satzes sei, das betont Schlegel in seiner Selbstinterpretation, die »Tendenz«. Im »Dialekt der Fragmente« – und einen solchen, also eine bestimmte sprachliche Einfärbung der Fragmente, hält er für gegeben – sei alles »nur noch Tendenz, das Zeitalter sei das Zeitalter der Tendenzen«.[15] Implizit erklärt Schlegel aber auch das Fragment selbst zu einer Form-Tendenz und die Ironie – als »Form des Paradoxen« – zu seinem Aussagemodus.

Diese Bemühung Schlegels um das »Unverständliche« läuft letztlich hinaus auf dessen Aufwertung. Entsprechend fragt er: »Aber ist denn die Unverständlichkeit etwas so durchaus Verwerfliches und Schlechtes?« Und er antwortet sich selbst sowie seinen Kritikern: »Wahrlich, es würde euch bange werden, wenn die ganze Welt, wie ihr es fordert, einmal im Ernst durchaus verständlich würde. Und ist sie selbst diese unendliche Welt nicht durch den Verstand aus der Unverständlichkeit oder dem Chaos gebildet?«[16]

Wahrlich – Schlegel schlägt die Tonlage des Propheten einer neuen Zeit an, die er als »schnellfüßig, sohlenbeflügelt« kennzeichnet; denn »die Morgenröte hat Siebenmeilenstiefel angezogen«. Doch damit nicht genug. Er sieht eine Art apokalyptische Vollendung der Idee der Poesie heraufziehen, ein bleibendes Ereignis, das alle Ironien und Unverständlichkeiten ›verschluckt‹, wie er schreibt. Und dann, alle Regeln diskursiven Argumentierens ignorierend, geht der rhetorische Bilderschwung mit ihm durch mit einem Ergebnis, dem man sprachliche Grandiosität schwerlich absprechen kann:

Lange hat es gewetterleuchtet am Horizont der Poesie; in eine mächtige Wolke war alle Gewitterkraft des Himmels zusammengedrängt; jetzt donnerte sie mächtig, jetzt schien sie sich zu verziehen und blitzte nur aus der Ferne, um bald desto schrecklicher wiederzukehren: bald aber wird nicht mehr von einem einzelnen Gewitter die Rede sein, sondern es wird der ganze Himmel in einer Flamme brennen und dann werden euch alle eure kleinen Blitzableiter nicht mehr helfen. Dann nimmt das neunzehnte Jahrhundert *in der Tat* seinen Anfang, und dann wird auch jenes kleine Rätsel von der Unverständlichkeit des ATHENAEUMS gelöst sein. Welche Katastrophe! Dann wird es Leser geben [,] die lesen können.[17]

Bevor das Deutsche sich noch einmal zu dergleichen poetisch-rhetorischen Höhen aufschwingen konnte, musste es bis zur denkkünstlerischen Prosa Nietzsches warten. Was hier *in der Tat* seinen Anfang nimmt, ist die Autonomisierung der metaphorischen Sprache. Denn was Schlegel inmitten seines Versuchs über die Unverständlichkeit vollbringt, ist eine diskursiv-poetische Tat höchsten Ranges, die sich zuletzt wieder souverän ironisch in Szene setzt (»Dann wird es Leser geben [,] die lesen können.«). Nun kann er auch eines seiner frühen *Athenäum*-Fragmente zitieren, weil das, wovon in diesem Fragment die Rede ist, sich auf das gesamte *Athenäum* beziehen lässt: »Eine klassische Schrift muß nie ganz verstanden werden können. Aber die welche gebildet sind und sich bilden, müssen immer mehr draus lernen wollen.« Die Implikation lautet unverhohlen: Wer wirklich ›lesen‹ kann und sich bilden will, der wird das *Athenäum* für eine »klassische Schrift« halten *müssen*.

Doch ruft sich Schlegel sogleich wieder zur rational operierenden Ordnung, wenn er, der abtrünnige, aber doch noch irgendwie verkappte Kantianer, eine Interpretation seines gewaltigen Sprachbildes verwirft und betont, dass im neuen Jahrhundert die »Scheidung des Verstandes und des Unverstandes« noch klarer als in der Aufklärung werden würde. Ja, er schreibt dem Verstand sogar »Allmacht« zu, weil dieser »das Gemüt zum Charakter, das Talent zum Genie adelt, das Gefühl und die Anschauung zur Kunst läutert«.[18]

Diese post-rationalistische Ermächtigung des Verstandes überrascht aus dem Munde dieses Frühromantikers und Verfassers der *Lucinde*. Doch belegt sie zweierlei: die Verflochtenheit des frühen romantischen Denkens mit der Aufklärung und die Zweckdienlichkeit des Verstandes im Hinblick auf die Kunstproduktion als Mittel der Läuterung. Die zuvor zitierte Frage Schlegels, ob es wirkliche Mitteilung geben könne, kehrt nun wieder: Ein ›gelungenes‹ Mitteilen liegt dann vor, wenn bei aller Verstandesläuterung ein unverstandener Rest als etwas Kommunikationsförderndes begriffen werden kann.

Als der bedeutendste Theoretiker des Verstehens in der Romantik als hermeneutische Praxis sollte Friedrich Schleiermacher das Problem des Mitteilens samt der sachgerechten und dabei dennoch gefühlsaffinen Form der Vermittlung systematisieren. Es ist das Reden – nicht das Schweigen Eichendorffs –, das Schleiermacher in den Mittelpunkt seiner Überlegungen stellte. Reden nannte er »die Vermittlung für die Gemeinschaftlichkeit des Denkens«, wobei er zunächst von der »inneren Rede« ausgeht, dem Selbstgespräch eigentlich, das jedoch auch schon »Auslegung« verlange.[19] Schleiermacher war der Erste, der einen Zusammenhang herstellte zwischen Rhetorik und Hermeneutik, indem er eine »Kunst des Verstehens« zu etablieren versuchte. Analog zum Sprechakt, wie ihn die moderne Linguistik versteht, ließe sich bei Schleiermacher von einem kunstvollen und kunstgerechten Deutungsakt sprechen.

Die Tätigkeit und eigentliche Ausführung des Auslegens von (biblischen) Texten« trug für ihn den »*Charakter* der Kunst« an sich.[20] ›Romantisch‹ daran ist der ästhetisch geprägte Blickwinkel. Die Poetik des Deutens erweist sich als die eines Kunstakts. Das Deuten selbst kann so ›Poesie‹ im Sinne Schlegels sein und bleiben. Schleiermacher ergänzt diesen Ansatz jedoch um das Interesse einer kritischen Philologie, die den Textvergleich einschließt, zunächst also das buchstaben- und zeichengenaue *Herstellen* eines gesicherten Textes. Denn auch dieses Herstellen gehört zur Poetik der Hermeneutik, weil es sich um ein *poéin* handelt, um ein Tun mit dem Ziel, eine verlässliche Textgrundlage zu erarbeiten, ohne die jegliche Auslegung verfehlt wäre.

Schleiermachers Hermeneutik erweist sich im Rückblick als ein Parallelprojekt zu den poetologischen, sprachphilosophischen und übersetzungspraktischen Projekten der Brüder Schlegel sowie Ludwig Tiecks, aber auch zu der – paradox gesagt – enzyklopädischen Fragmentarik eines Novalis. Verstehen war für Novalis ein punktuelles Ereignis, etwas Blitzartiges, eine jähe Einsicht eher als das Ergebnis langer Herleitungen. Auf ihre je eigene Weise warben Schlegel, Schleiermacher und Novalis um Verständnis für das Verstehen – als hätten sie geahnt, dass dies auch für ihre ›Tendenz‹, das Romantische an sich, einmal nötig sein könnte.

Als eine »ewige Hieroglyphe« habe er die »Natur der Liebe« in seiner *Lucinde* dargestellt, befand Friedrich Schlegel und fügte hinzu, dies sei in »jugendlicher Unbesonnenheit« geschehen.[21] Aber bedarf es nicht von Zeit zu Zeit eines solchen Übermutes, einer solchen »Jugendlichkeit«, um überhaupt etwas in Gang zu setzen? Seinen Roman bezeichnete er dabei als ein »populäres Medium«, dessen es bedurft habe, »um den heiligen, zarten, flüchtigen, luftigen, duftigen, gleichsam imponderablen Gedanken«, jenen der Liebe eben, »chemisch zu binden«.[22]

Das Besondere an dieser Aussage ist weniger die Reihung der Eigenschaftswörter, die den »Gedanken« namens Liebe näher kennzeichnen, ihn geradezu einzukreisen, sondern die Aussage, das Schreiben sei ein chemischer Prozess, womit in erster Linie die organische Chemie gemeint war.[23] Schlegel konnte dies in deutlicher Anlehnung vor allem an Novalis behaupten, der in der Chemie eine Grundlagenwissenschaft auch für das Verstehen geistiger Prozesse sah. Hätte Novalis das Erscheinen von Goethes Roman *Die Wahlverwandtschaften* erlebt, in dem das »chemische Prinzip« zur Leitidee *aller* Beziehungen erhoben werden sollte,[24] er hätte seine Goethe-Kritik dann nicht mehr aufrechterhalten können.[25]

Wie kann dieses Buch enden? Um uns noch einmal vor Augen zu führen, was die Romantik vermochte, mit einem krassen Gegensatz zum liebessinnlichen, gefühlsschwelgerischen Roman *Lucinde* und seiner Welt poetischer Harmonie, soll es das mit einem staunenden Blick auf Mary Shelleys *Frankenstein oder der moderne Prometheus* (1818) tun. Denn mit diesem Roman gelang der Neunzehnjährigen, die chaotischen Familienverhältnissen entstammte, dem intellektuell-kämpferischen Milieu des politischen Radikalismus in England in Gestalt seiner Hauptvertreter, ihrer Eltern William Godwin und Mary Wollstonecraft, ein Werk schrillster Dissonanzen, das uns in einen der Kernbereiche der Romantik zurückführt. Es bringt uns zurück zu ihrer Tendenz zur Wissenschaft, das aber in Form einer grausigen Wissenschaftsparodie.[26]

Erst in letzter Zeit hat man sich intensiver mit der Autorin und dem eigentlichen Roman auseinandergesetzt, nachdem sich die populäre Mythenbildung durch filmische Adaptionen, maßgeblich seit der Filmfassung von 1931 mit Boris Karloff als Frankensteins Monster, verselbständigt hatte.[27] Von allen in der Romantik erschienenen Romanen hatte Mary Shelleys Roman fraglos die spektakulärste Würdigung wissenschaftlichen Forschens zu bieten. Dabei ist Christian Grawes Urteil zuzustimmen, wenn er *Frankenstein* »ein hochoriginelles Werk romantischer Einbildungskraft« nennt, »eine Art Kompendium romantischer Ideen und Motive, in dem viele geistige Ströme zusammengeflossen sind«.[28]

Es geht mir weniger um das biographische, quellenorientierte und genrespezifische Einflussumfeld dieses Romans, das inzwischen als erforscht gelten darf. Dass Mary Shelley in jener Inkubationszeit für ihren Roman im besagten regenreichen, winterlich kalten Sommer 1816 am Genfersee im Kreis um Byron und ihren Dichtergatten Shelley in der Villa Diodati dem Schauerromancier Matthew Lewis zugehört haben dürfte, als er aus seiner im Entstehen begriffenen Übersetzung aus Goethes *Faust* vortrug, und dass Shelley mit der einschlägigen Literatur zur Chemie in ihrer Zeit, namentlich Humphrey Davys *Elements of Chemical Philosophy* (1812), vertraut war, mag genügen.[29]

Rein formal betrachtet ist *Frankenstein* europäisch dimensioniert. Es finden beinahe zwanzig Städte in Europa Erwähnung, die jedoch keinerlei Beschreibung gewürdigt werden. Eher bilden sie eine europäische Horizontlinie. Unsere »topologische Imagination« (Georg Klein) ist entsprechend gefordert, wenn wir die Briefberichte zweier Besessener, des Nordpolforschers Robert Walton und seines Überraschungspassagiers, des Wissenschaftlers Victor Frankenstein, lesen: Von der Montblanc-Region bis zu den schottischen Orkney-Inseln, von Sankt Petersburg bis zur Universität Ingolstadt, der Studien- und verhängnisvollen Wirkungsstätte Frankensteins, oder nach Paris und Genf, wo Letzterer herstammt und dessen Familie wohnt, vor allem aber von den alpinen Gletscherzonen bis zum Polareis reicht der Horizont dieser ›unerhörten Begebenheiten‹. Die Hauptprotagonisten, Walton, Frankenstein und sein Monster, das keinen Namen verdient, kommen und gehen in die Kälte. Dabei erreichen in Frankenstein und seinem Monster die Emotionen bedenkliche Intensitätsgrade, die bis zur Überhitzung reichen.

Frankenstein ist ein Forscher, der sich nicht mit Analyse begnügt. Seine ›Lebenswissenschaft‹ will er in Gestaltung umsetzen, er will selbst Leben aus toter Materie schaffen. Waltons Forschungsunternehmung dagegen bleibt eher unbestimmt; er will die Polarregionen erforschen, vermessen womöglich, wobei er dieses Unterfangen als einen Dienst an der Menschheit bezeichnet; den Nachweis für diese Behauptung bleibt er schuldig. Es erweist sich freilich, dass der Hauptnutzen, den Waltons Expedition erbringt, im Aufnehmen des schiffbrüchigen Frankenstein liegt, der verzweifelt seiner Kreatur nachjagt, um sie für ihre Untaten, ihre Morde an Frankenstein nahestehenden Menschen, zu bestrafen. Doch indem er dies versucht, muss er sich eingestehen, dass er in Wahrheit sich selbst bestraft für sein eigenes Unvermögen, ein (menschen-)würdiges Geschöpf geschaffen zu haben. Dieser ›neue Prometheus‹ schuf keinen wirklichen ›neuen Menschen‹, sondern ein Ungeheuer. Ein Ebenbild seines Schöpfers ist dieses Monster nur insofern, als es die finsteren Seiten Frankensteins in verstörender Form in sich vereinigt, ja aus ihnen besteht.

In ihrer Einleitung zur überarbeiteten Ausgabe des *Frankenstein* von 1831 spricht Mary Shelley davon, sie habe mit dieser Geschichte »die mysteriösen Ängste unserer Natur« ansprechen und »schauerliches Grauen erwecken« wollen. Zu diesen »Ängsten« gehörte in ihrem Fall offenbar auch das traumatische Wissen darüber, dass ihre intellektuell und aktivistisch bedeutende Mutter bei, nein: an ihrer Geburt gestorben war. Mary hatte demnach die verhängnisvolle Seite des Wissen-Wollens an sich selbst erfahren. Und dass sie die Einsamkeit ihrer Protagonisten selbst in sich trug, dies aber zum Zeitpunkt der Niederschrift ihres *Frankenstein* wohl noch nicht wusste. Erst nach Shelleys und Byrons frühzeitigem Tod (1822 und 1824) sowie zahlreichen bitteren persönlichen Enttäuschungen erkannte sie, wie stark sie selbst im Einsamen verfangen war:

> Gebe Gott, dass ich jung sterbe! Eine neue Generation entsteht rund um mich herum. Im Alter von 26 bin ich in der Lage eines alten Menschen. Alle meine alten Freunde sind dahin. Ich habe nicht den Wunsch, neue kennenzulernen. Ich klammere mich an die wenigen mir verbleibenden, aber sie entgleiten mir, und mein

Herz versagt, wenn ich bedenke, wie wenige Bande mich noch an die Welt fesseln.³⁰

Von dieser privaten Ebene abstrahierend, fragt Mary Shelley sich 1831, was poetische Erfindung leisten könne, und antwortet darauf in einer Art, die unmittelbar zur romantischen Produktionsästhetik gehört:

> Sie kann den dunklen, formlosen Substanzen Form verleihen, aber nicht die Substanz selbst erzeugen. Bei allem, was Entdeckungen und Erfindungen betrifft, auch jenen, die der Fantasie angehören, werden wir unablässig an die Geschichte von Kolumbus und dem Ei erinnert. Erfindung besteht aus der Fähigkeit, die Potenziale eines Gegenstands zu erkennen, und in der Macht, entsprechende Ideen zu formen und zu gestalten. (410)

Aus den »luftigen Gestalten meiner Vorstellungskraft«, die ihre ersten Geschichten bestimmten, bestehend aus »Luftschlössern« und »Wachträumen« ebenso wie den daraus resultierenden »Gedankenketten«, waren psychologisch motivierte Schreckensszenarien geworden. Um sie zu umrahmen, brauchte die Autorin nicht mehr als Landschaften charakterisierende Versatzstücke, wie sie sie aus der romantischen Literatur ihrer Zeit kannte. Nichts sollte von der inneren Dramatik des Geschehens ablenken, daher verzichtete sie auch auf ausschmückende Stadtschilderungen; die durchaus eindrücklichen Beschreibungen der alpinen Landschaft um Chamonix dienten ausschließlich dem Zweck, die innere Zerrissenheit ihrer beiden Hauptfiguren, Frankenstein und sein Monster, zu illustrieren. Die klaffenden Gletscherspalten liefern dafür ein anschauliches Beispiel. Denn die Natur besteht in diesem Roman nur noch aus Beklemmungen; selbst die Idylle am meist verregneten Genfersee schlägt immer wieder in bedrohliche Stimmungen um.

Im Jahr der Urfassung des *Frankenstein*, die chronologische Koinzidenz will es so, 1818, entsteht auch Schopenhauers philosophische ›Urschrift‹ *Die Welt als Wille und Vorstellung*. Und vom Willen handelt Mary Shelleys Roman ebenfalls, von (zwanghaften) Vorstellungen zumal. Für Frankenstein verändert sich die Welt radikal, als es ihm gleichermaßen gelingt und misslingt, seine willensgetriebene, von wissenschaftlichen Erkenntnissen bedingte Vorstellung in die Praxis umzusetzen. Damit gelang Mary Shelley jedoch etwas in ihrer Zeit Besonderes, das in umfassenderer Form tatsächlich nur Goethe im *Faust* präsentierte: Sie übt keine pauschale Wissenschaftskritik, sondern lediglich Kritik daran, wissenschaftliche Einsichten unbedingt anwenden zu müssen.

Identifizieren wir nun die wissenschaftsbezogenen ›romantischen‹ Essenzen im *Frankenstein*, und fragen wir nach ihrem Aussagewert für unseren Themenzusammenhang. Frankenstein vertraut sich Kapitän Walton bereitwillig an, froh darüber, endlich einen Menschen gefunden zu haben, zudem noch im Polareis, dem er sich ganz anvertrauen kann. In seinen Bekenntnissen spielt die »seltsame Natur« des Wissens eine entscheidende Rolle (201). Es, das Wissen, hefte sich »an den Verstand [...], wie die Flechte an den Felsen« (202). Damit ist vor allem etwas ausgesprochen Romantisches gesagt, nämlich dass man dieser »Natur« am sinnfälligsten durch Metaphern beikommen könne.

Walton vermutet schon früh, dass Frankenstein ein »Doppelleben« führe (36), wobei Letzterer sich vor allem mit einer Doppelung auseinandersetzt, jener zweier Wissensebenen: einer spekulativ-alchemistischen und einer analytisch-erkenntniskritischen. Die »wilden Fantastereien« in Sachen Wissen über die Natur eines Cornelius Agrippa, Paracelsus und Albertus Magnus liegen im jungen Frankenstein im Widerstreit mit den Einsichten der neuen Wissenschaften (Lavoisier, Dalton, Davy), eine Konfrontation, die bei seinem Studium in Ingolstadt akut wird. Einer seiner Lehrer bringt das Problem auf folgende, die Chemie betreffende Formel: »Die frühen Lehrmeister dieser Wissenschaft versprachen das Unmögliche und vollbrachten nichts. [...] Die modernen Wissenschaftler versprechen sehr wenig«, vollbringen aber erkenntnisgesättigte »Wunder« (64/65). Wichtig ist, dass die Ambition des jungen Frankenstein, ein menschliches Wesen zu erschaffen, aus diesem Zusammentreffen von alten und neuen Verfahren entsteht. Sowohl anatomische Studien als auch Einsichten in das, was den Köper im Innersten zusammenhält bzw. was seinen Verfall bedingt, verlangen zwei Arten von Laboratorien: das universitäre und den Friedhof, als »Lager für leblose Körper«, die er studiert.

Das ist keine Nekrophilie, sondern eher Nekrologie; denn die tote Materie spricht zu ihm. Es überkommt ihn ein »Rausch«, aber auch ein »erbarmungsloser und fast wahnsinniger Drang«, eine lebensfähige Kreatur zu produzieren, wobei er dessen eigentliche Gestalt nicht nach einer Ästhetik des Physischen formt; das Schöne interessiert ihn nicht, denn der besagte »Drang« hat ihm seine »Empfindungsfähigkeit« genommen (77). Er will nichts als Leben schaffen – und das geradezu auf Kosten der Schönheit. Die Hässlichkeit der entstehenden Kreatur soll sich dann als deren schwerste Hypothek erweisen. In Umkehrung des Narziss-Mythos wird das Monster entsetzt sein »Abbild in dem klaren Wasser des Teiches erblicken« und sich nicht in sich selbst verlieben, sondern sich hassen lernen, genauer gesagt wird es verstehen, weshalb es und seine »Missgestalt« die anderen hassen (189). Man könnte geradezu von einem Einspruch gegen die Ideologie des Schönen sprechen, wie sie der Idealismus ebenso wie die Romantik seit 1800 vertrat.[31]

Was jedoch Frankenstein, über dessen Äußeres wir so gut wie nichts erfahren, seinem Geschöpf von sich mitgibt, sind »Wille und Macht« – nicht um zu schaffen, sondern um zu töten, und zwar die Menschen, die Frankenstein lieb und teuer sind. Damit wird sich die Kreatur an ihrem Schöpfer rächen, weil dieser sich weigert, der Kreatur ein weibliches Gegenstück zu produzieren. Georg Klein hat zu Recht darauf hingewiesen, dass Mary Shelley damit die Geschlechtlichkeit des Monsters und seine sexuelle Frustration, sein »auf das Weibliche gerichtete Begehren« betont habe (452). Dadurch konstatiert die Autorin den Verfall der romantischen Liebe. Das »Entsetzliche« der Einsamkeit des Monsters entspricht seinem erschreckenden Aussehen. Es fällt auf, dass Mary Shelley in der unmittelbaren ersten Konfrontation des grauenerregenden Geschöpfs mit seinem Schöpfer Ersterem die deutlich überzeugenderen Argumente in den Mund legt. Des Monsters Geschichte ist nichts als eine Leidensgeschichte, es leidet an den Ergebnissen einer auf krude Weise umgesetzten Wissenschaft.

Seiner körperlichen Missbildung, verursacht durch den mangelnden Schönheitssinn seines Schöpfers, vermag der Namenlose immerhin eine Art Selbstbildung entgegenzusetzen, bringt er es doch zu einer Sprachfertigkeit, die ihm nicht nur rhetorische Überlegenheit verleiht, sondern auch die Lektüre von Miltons Epos *Das verlorene Paradies*, Plutarchs *Lebensläufen* und Goethes *Leiden des jungen Werther* ermöglicht. Besonders die *Werther*-Lektüre vermittelt ihm »viel über meine eigenen Gefühle und meine persönliche Verfassung« (215). Seine Selbsterkenntnis besteht aus für ihn unbeantwortbaren Fragen: »Mein Äußeres war scheußlich, meine Gestalt monströs: Was hatte das zu bedeuten? Wer war ich? Was war ich? Woher stammte ich? Wohin sollte ich gehen?«

Herkunfts- und daher zukunftslos wird diese Kreatur zum Immoralisten, der sich aber selbst zu durchschauen versteht: »Ich bin bösartig, weil ich unglücklich bin. [...] Wenn ich keine Liebe erwecken kann, will ich Angst verbreiten, und insbesondere dir gegenüber, meinem Erzfeind und Schöpfer, schwöre ich unauslöschlichen Hass.« (247)

Frankensteins Kreatur bleibt – trotz *Werther*-Lektüre – eine wirkliche Herzensbildung versagt. Stattdessen besteht sie aus jenen antiromantischen Substanzen, die aus ihr den Antihumanisten schlechthin werden lassen. Das Geschöpf, das nur aus ›dunkler Materie‹ besteht, rein triebgebunden scheint, verkörpert *den* Widerspruch im Romantischen überhaupt. Mit dieser Kreatur beschreibt Mary Shelley die Ausgeburt der Negativität und hält dem romantischen Geniekult einen Zerrspiegel vor.

Frankensteins Kreatur verliert sich »in Finsternis und Ferne« nachdem ihr Schöpfer auf dem Schiff des Robert Walton gestorben ist, einem Verwandten des »Ancient Mariner«, des alten Seemanns in Coleridges epischem Gedicht. Walton, der entschlossen ist, seine gescheiterte Expedition abzubrechen und umzukehren, ist der »letzte Mensch«, den die Kreatur vor ihrem Verschwinden sieht. Als einziger unvorhergesehener ›Ertrag‹ dieser Polarexpedition erwies sich der Umstand, dass sich auf Waltons Schiff die entscheidenden Gespräche und dramatischen Schlussszenen in Frankensteins Leben abspielten. Von Interesse sind nur Waltons Gesprächsaufzeichnungen mit Frankenstein, nicht seine eigenen Beobachtungen und Erkundungen. Seine Polarexpedition erweist sich als eine Expedition in die Abgründe der Psyche seiner unverhofften Passagiere im ›ewigen Eis‹ der Gefühlskälte.

Ausblicke

Zwar ist Mary Shelleys Roman kein Fragment, doch das Verschwinden oder Sich Verlieren von Frankensteins Kreatur in den Polarregionen eines damals noch als ›ewig‹ zu bezeichnenden Eises deutet auf Unabschließbares hin. Ricarda Huch meinte, die Geschichte der Romantik verweise stets auf »ein Weiteres, auf ein Fortschreiten«.[1] Wie treffend, denn weder das »Poetisieren« noch das »Romantisieren« kann jemals abgeschlossen sein.

Mit Novalis arbeitet auch die Literatur der Gegenwart weiter an einem »unendlichen Roman«, dessen Protagonist unsere Kultur ist, wobei wir immer nur neue Anfänge dazu entwerfen. Die Zufälle des Lebens, die Überraschungen und Täuschungen, die Gegenwart der Ahnung – sie waren den Romantikern Material für die Arbeit an einem solchen Roman, und sie sind es geblieben.

Die Romantik kannte keine Ursachen, nur Reize; das Kausalitätsprinzip war ihr fremd. Aus ihren Wahrnehmungen und Vorstellungen bildete sie Beziehungen, Intervalle, die sie schillern und klingen, will sagen: spielen ließ.

Weiterhin beschäftigt uns ein Schlüsselbegriff im romantischen Verhältnis zur Welt, den Novalis erstmals verwendet hat: die Einfühlung. Wilhelm Worringer hatte ihn 1908 für die psychologische Ästhetik reklamiert, wobei er auf Theodor Lipps Verständnis von Ästhetik als dem »Gefühl selbst, der inneren Bewegung, des inneren Lebens und der inneren Selbstbetätigung« zurückgreifen konnte.[2] Die Karriere dieses Begriffs setzte sich durch seine Übersetzung mit *empathy* (1922) fort, die dann wiederum als »Empathie« ins Deutsche zurückfand.[3]

Überdies hatte es Shelleys Begriff *mutability* bereits an den Tag gebracht: Zum romantischen Empfinden gehörte die Einsicht, dass Gewissheiten, wenn nicht hinfällig, so doch fiktiv geworden seien. Romantische Kunst liefert Beispiele dafür, wie mit diesem Zustand umgegangen werden kann. Im Wechselhaften liegt die Möglichkeit des Verwandelbaren, das die Romantiker auszuschöpfen verstanden, parodistisch tat das etwa Wilhelm Hauff (1802–1827) in seinem Märchen *Kalif Storch* (1826). Darin hängt alle Verwandlung, in diesem Fall die Rückverwandlung vom Tierischen ins Menschliche, von einem Zauberwort ab: *mutabor*.[4]

Dass sie ihre Abhängigkeit vom Wort bejahten, unterscheidet die Romantik von der Sprachskepsis der Moderne. Romantiker zweifelten nicht ernsthaft an der Bezeichnungsfähigkeit und Aussagekraft der Sprache. Das Dichten unter der Voraussetzung profunder Sprachkritik sollte erst zur wesentlichen Herausforderung für die literarische Moderne werden. Die romantische Tonkunst hingegen arbeitete bereits mit Dissonanzen, enharmonischen Verwechslungen und Kürzestkompositionen (Schumanns *Bunten Blättern* etwa), die das Zweideutige ihres Materials geradezu avantgardistisch zum Thema erklärten und musikästhetische Tendenzen der Moderne antizipierten. Dass sich die romantische Bildkunst wiederum phasenweise als Vorläufer des Surrealismus empfahl, belegte das Beispiel Clemens Brentanos und seiner Skizzen für Märchenillustrationen. Und die Farbenkosmologie eines Philipp Otto Runge weist auf das voraus, was Paul Klee in seinen Farbexperimenten vorführte: die Variabilität farblicher Perspektivik.

Es hat den Anschein, als habe die romantische Kunstperiode aus Schlüsselmomenten bestanden, aus einer Vielzahl von längeren Augenblicken, aus denen sich dann ein rahmenloses Gesamtbild mal wie ein Vexierglas, mal kaleidoskopisch zusammensetzte. Im Rückblick scheint es, als hätten diese Augenblicke Wurzeln geschlagen, die tief ins Herz der Gefühlskultur vordrangen und sich darin verankerten. Bis heute keimen aus ihr tröstliche bis verstörende Gewächse – nach Art der Bilder einer Frida Kahlo –, unverhofft, wunderlich, vorstellungskräftig. Und doch kommt man immer wieder auf ein Bild zurück, das mitten in der noch frühen Phase der Romantik entstand und an Radikalität alles in den Schatten stellt, was selbst die Moderne hervorgebracht hat: Caspar David Friedrichs Gemälde »Wanderer am Gestade des Meeres« oder: »Mönch am Meer« (s. Abb. 15).[5] Es muss einer von jenen oben erwähnten Augenblicken gewesen sein, als zwei Freunde, Clemens Brentano und Achim von Arnim, vor diesem Bild standen, fassungslos, aber nicht schweigend vor dieser magischen Leere.

Sie verfassten einen Text darüber, eine kritische Bilderzählung, die sie Kleist für seine *Abendblätter* gaben. Jener verfuhr allerdings nach dem *mutability*-Prinzip, hielt nichts für gewiss und schrieb den Text über ein radikales, alle landschaftsmalerischen Prinzipien verwerfendes Gemälde radikal um.

Ein Einsamer, Kleist, schreibt also über den Einsamen, kaum Sichtbaren. Leicht erhöht steht er am Meer auf einer grauweißen Düne, »der einzige Lebensfunke im weiten Reiche des Todes, der einsame Mittelpunkt im einsamen Kreis«. Vermutlich ist es Winter; womöglich aber haben sich die Jahreszeiten verabschiedet, sind aufgegangen in der Weite des Meeres und des Himmels; ein paar Schaumkronen deuten Wellen an; aber ›romantisch‹ rauscht hier nichts. Und rauschte das Meer wirklich, dann würde es nur die Stille verstärken. Kleist gebraucht zweimal das Wort »Abbruch« in einem Text, der zu seinem geworden ist. Brentano und Arnim hat er sich redigierend, umschreibend anverwandelt. Er spricht vom Abbruch, »den Einem die Natur thut«, und dem Abbruch, »den mir das Bild that«. Man beachte den Tempuswechsel: Das, was vor ihm sich als Bild aufspannt, gerät ihm unmittelbar zur Vergangenheit, wogegen der Hintergrund, die unberechenbare, ungewisse »Natur« gegenwärtig bleibt.

Zweimal erscheint auch das Wort »Anspruch« in diesem Text, der selbst Bild sein will, zweimal als »Anspruch des Herzens« – an die Natur und an das Bild. Anspruch und Abbruch bleiben negativ aufeinander bezogen: Der Anspruch versiegt in der Weite der Leere. Auch er wirkt wie abgebrochen. Aber die qualvollste Metapher folgt noch, das Bild außerhalb des Bildes: Es ist, »als ob Einem die Augenlieder weggeschnitten wären«, findet Kleist. Das Bild foltert seinen Betrachter. Auch wenn die Schreibung *Augenlieder* nach damaliger Gepflogenheit und durch das Adelung'sche Wörterbuch beglaubigt korrekt war (wohingegen Augenlider erst in *Duden*-Zeiten Eingang in die Rechtschreibung fand), dürfte Kleist der Doppelsinn von »Augenlied« entgegengekommen sein: ›Romantisch‹ wäre es, an ein stilles Lied des betrachtenden Auges zu denken; es ist abgeschnitten, stumm, verendet. »Doch meine eigenen Empfindungen, über dieses wunderbare Gemälde, sind zu verworren.«

Lieber belauscht dieser Einsame die Besucher, die – wie seine Beinahe-Beiträger zu den *Abendblättern*, Brentano und Arnim – »paarweise, von Morgen bis Abend, daran vorübergehen«, um sich von anderen, fiktiven Betrachtern belehren zu lassen – als könnte auch nur einer von ihnen diese sprachliche Bildreflexion übertreffen. (Im *Lovesong of J. Alfred Prufrock* von T. S. Eliot finden sich die mit Kleists Textausklang verwandten, auch auf einen Museumssaal bezogenen

Zeilen: »Im Zimmer kommen die Frauen und gehen / Reden von Michelangelo.«[6]) Ob Kleist durch seine guten Kontakte zur preußischen Königsfamilie noch erfuhr, dass der fünfzehnjährige Kronprinz und spätere Friedrich Wilhelm IV., der Romantiker-König und zeitweilige Freund Bettine von Arnims, seinen kunstfernen Vater inmitten der napoleonischen Nöte dazu bewegen konnte, dieses Gemälde für einen erheblichen Betrag anzukaufen? Man weiß es nicht. (Eine Biographie dieses Königs, der auf seinem Thron zu einem Anachronisten wurde, müsste zwingend mit diesem ›Augenblick‹ beginnen: Der junge Prinz vor *diesem* Bild stehend, sinnierend, erstmals erahnend, was ›Romantik‹ bedeutet …)

Maßgeblicher für die Interpretation dieses Gemäldes ist wohl, was Caspar David Friedrich selbst darüber schrieb, in einem Brief an den preußischen Kulturbeamten Johannes Schulze im Februar 1809, also Monate vor der ersten öffentlichen Präsentation des Gemäldes:

> Da hier einmal von Beschreibungen die Rede ist, so will ich Ihnen eine meiner Beschreibungen mitheilen, über eins meiner Bilder so ich nicht läng[s]t [unlängst] Vollendet habe; oder eigentlich, meine Gedanken, über ein Bild; den[n] Beschreibung kann es wohl nicht genannt werden. Es ist nemlich ein Seestük, Vorne ein öder sandiger Strand, dann, das bewegte Meer, und so die Luft. Am Strande geht Tiefsinnig ein Mann, im schwarzen Gewande; Möfen fliegen ängstlich schreient um ihn her, als wollten sie Ihm warnen, sich nicht auf ungestümmen Meer zu wagen. – Dies war die Beschreibung, nun kommen die Gedanken: Und sännest Du auch vom Morgen bis zum Abend, vom Abend bis zur sinkenden Mitternacht; dennoch würdest du nicht ersinnen, nicht ergründen, das unerforschliche Jenseits! Mit übermüthigen Dünkel, wennest [wähnst] du der Nachwelt ein Licht zu werden, zu enträzlen der Zukunft Dunkelheit! Was heilige Ahndung nur ist, nur im Glauben gesehen und erkannt; endlich klahr zu wissen und zu Verstehn! Tief zwar sind deine Fußstapfen am öden sandigen Strandte; doch ein leiser Wind weht darüber hin, und deine Spuhr wird nicht mehr gesehen: Thörigter Mensch voll eitlem Dünkel![7]

Den Anspruch, das, was »Ahndung« war, *verstehen*, die Dunkelheit der Zukunft erhellen und enträtseln zu wollen, obzwar er in diesem Gemälde, einem »Seestük«, liegen mag, verwirft der Künstler sogleich als anmaßend. Es will einem so vorkommen, als habe Kleist von diesem Brief Kenntnis gehabt, diesem betonten »von Morgen bis Abend«, der Verbindung von Bildbeschreibung und eigenwilliger Deutung. Bezeichnend ist zumindest, dass Friedrich darin mit zentralen Begriffen der Romantik arbeitet: der subjektiven Perspektive, dem Hell-Dunkel-Phänomen, dem Verstehen-Wollen und der Einsicht, dass das Entscheidende unergründlich bleibt.

Ein Aprèslude

In allen Sinnen, in unserem Empfindungs- und Reflexionsvermögen, wirkt die Romantik nach; denn sie hat durch all ihre Künste und wissenschaftlichen Leistungen, durch ihr kritisches Vermögen und poetisches Transformieren von Alltagserfahrungen eben diese Sinne und dieses Vermögen aktiviert, ja mobilisiert. Und wozu? Um die andere Seite einer Kultur wirken zu lassen, die glaubt, in der vermeintlich ›rationalen‹ Technisierung den Höhepunkt der Zivilisation erreicht zu haben. Die Irrwege der Wissenschaft, die Automatisierung des Lebens – die Romantiker, vertreten durch Mary Shelley und E. T. A. Hoffmann, haben dies ebenso dargestellt wie die problematische Verstiegenheit einer rein emotional bedingten Gefühlskultur.

Keine der romantischen Künste hat eindrücklicher als die Musik gezeigt, wie diese europäische Kulturphase ihre eigenen Ausdrucksmittel auflöste. Von den letzten Kompositionen Robert Schumanns (den Bettine von Arnim gewidmeten fünf *Gesängen der Frühe*, 1853[1], und den *Geistervariationen*, 1854) bis zu den sich anscheinend selbst transzendierenden späten Klavierstücken Franz Liszts (etwa den »Nuages Gris«, 1881, den venezianischen »Gondelliedern« 1882 sowie der »Bagatelle Sans Tonalité«, 1885) verengten diese Komponisten wohl bewusst ihr Ausdrucksspektrum, als wollten sie den Abschied von dieser ihrer Epoche intonieren. Doch auch das Gegenteil ist bezeugt, ein (letztes) Aufwallen, Expandieren dessen, was ›Romantik‹ bedeutete. So geschah es, als im November 1874 Anton Bruckner die erste Fassung der Vierten Symphonie in Es-Dur abschloss und sie die »Romantische« nannte. Es ist, als wollten die Waldhörner gleich zu Beginn der Symphonie noch einmal die Geister der Romantik herbeirufen, auf dass sie sich musikalisch noch einmal ausleben und bleibende Wirkung entfalten können.

Kaum eine Kulturepoche ist präsenter geblieben als die Romantik, wenngleich sie oft genug einseitig dargestellt und wahrgenommen wurde. Zu Anfang des 20. Jahrhunderts versuchte sich eine regelrechte Neoromantik zu etablieren[2] – zwischen Symbolismus und Jugendstil, und auch in den ersten beiden Jahrzehnten des 21. Jahrhunderts verbinden sich der Zweifel am Fortschrittsglauben, die Neuorientierung an der Natur und die Zivilisationskritik zu dem, was als »Rückkehr der Romantik« bis in die Feuilletons Schlagzeilen gemacht hat.[3] Die quasi-romantische »Rehabilitation der Gefühle in den Wissenschaften« diagnostizierte Daniel Goleman in seiner Studie *Emotionale Intelligenz*.[4] ›Romantische‹ Objekte in der ökologisch ausgerichteten Kulturtheorie wurden neu identifiziert.[5] Die unmittelbare Konfrontation der Romantik mit der Moderne vor allem in der bildenden Kunst sieht sich wiederholt thematisiert.[6] In der Veranstaltungskultur bleibt die Romantik fest etabliert, wie etwa das umfassende Bodenseefestival im Frühjahr 2004 unter Beweis stellte, das ausschließlich der Romantik gewidmet war. Und selbst in der Rapper-Szene hat das Romantische eine unverhoffte Renaissance gefunden unter dem Motto »Weich ist hart«, vertreten von Capo & Nimo.[7]

Es braucht einem um die Zukunft der Romantik nicht bange zu sein, weil Zukunft selbst als Thema zusammen mit dem Problem von Zeitlichkeit als Wechselspiel von Prophetie und kulturellem Erbe bereits wesentlich in ihr enthalten war (Evy Varsamopoulou). Zur pluralektischen und eben nicht nur *dia*lektischen Vielfalt der Romantik gehört das In-Beziehung-Setzen des Disparaten und Entgegengesetzten, des Rückgriffs auf Gewesenes und des Vorgriffs auf Mögliches. Das Kaleidoskopartige ihres Erscheinungsbildes, seine farblichen Abstufungen und nuancierten Stimmungen prägen auch weiterhin unser Bewusstsein von der Romantik als einem der reichhaltigsten und folgenreichsten europäischen Kulturphänomene der Neuzeit.

Anmerkungen

Préludes mit weiblicher Note

1 E. T. A. Hoffmann, *Fantasiestücke in Callot's Manier. Werke 1814*, hrsg. von Hartmut Steinecke unter Mitarbeit von Gerhard Allroggen und Wulf Segebrecht, Frankfurt a. M. 2006, S. 371–375, hier: S. 371 f.
2 Dazu u. a. Dirk von Petersdorff, *Mysterienrede. Zum Selbstverständnis romantischer Intellektueller*, Tübingen 1999.
3 Vgl. u. a.: Herbert Uerlings, »Das Europa der Romantik. Novalis, Friedrich und August Wilhelm Schlegel, Manzoni«, in: *Das Europa-Projekt der Romantik und die Moderne. Ansätze zu einer deutsch-italienischen Mentalitätsgeschichte*, hrsg. von Silvio Vietta, Dirk Kemper und Eugenio Spedicato, Tübingen 2005 (Reihe der Villa Vigoni, Bd. 17), S. 39–72.
4 Vgl. Theodore Ziolkowski, *European Romanticism. Cultural Synchronicity Across the Arts, 1798–1848*, Cambridge 2019.
5 Zit. nach: Richard Faber, »Werner Krauss' Beitrag zur kritischen Romantik-Forschung«, in: R. F., *Von Brecht, Hauff und Koeppen über Melville, Ovid und Vergil bis zu Benjamin, Krauss und Minder. Ausgewählte Beiträge zur Literaturwissenschaft und Literaturwissenschaftsgeschichte 1982–2014*, Würzburg 2018, S. 337–350, hier: S. 341.
6 Renate Möhrmann, *Die andere Frau. Emanzipationsansätze deutscher Schriftstellerinnen im Vorfeld der Achtundvierziger Revolution*, Stuttgart 1977; Barbara Becker-Canarino, »›Priesterin und Lichtbringerin‹: Zur Ideologie des weiblichen Charakters in der Frühromantik«, in: *Die Frau als Heldin und Autorin. Neue kritische Aufsätze zur deutschen Literatur*, hrsg. von Wolfgang Paulsen, Bern 1979, S. 111–124. Vgl. auch: Hannelore Schlaffer, »Frauen als Einlösung der romantischen Kunsttheorie«, in: *Jahrbuch der deutschen Schillergesellschaft* 21 (1977) S. 274–296.
7 Vgl. Hannah Arendt, *Rahel Varnhagen. Lebensgeschichte einer deutschen Jüdin aus der Romantik*, München 1959; Henriette Herz, *Berliner Salon. Erinnerungen und Portraits*, Frankfurt a. M. 1984; Carola Stern, »*Ich möchte mir Flügel wünschen«. Das Leben der Dorothea Schlegel*, Reinbek b. Hamburg 1990; Ingeborg Drewitz, *Berliner Salons. Gesellschaft und Literatur zwischen Aufklärung und Industriezeitalter*, Berlin 1979; der ›romantische Salon‹ im Vergleich mit späthöfischer Kultur, vgl. Astrid Köhler, *Salonkultur im klassischen Weimar. Geselligkeit als Lebensform und literarisches Konzept*, Stuttgart 1996.
8 Klaus Günzel, *König der Romantik. Das Leben des Dichters Ludwig Tieck in Briefen, Selbstzeugnissen und Berichten*, Tübingen 1981; Roger Paulin, *Ludwig Tieck*, Stuttgart 1987.
9 Eine eingehende Bildbeschreibung liefert Gerda Wendermann, »Josef Danhauser: Liszt am Flügel«, in: Detlev Altenburg (Hrsg.), *Franz Liszt. Ein Europäer in Weimar. Katalog der Landesausstellung Thüringen im Schiller-Museum und Schlossmuseum Weimar 24. Juni – 31. Oktober 2011*, Köln 2011, S. 80–83.
10 Zit. nach: Beate Angelika Kraus, »Beethoven in Paris«, in: Altenburg (Hrsg.), *Franz Liszt*, S. 84.
11 Vgl. Hans Joachim Kreutzer, *Faust. Mythos und Musik*, München 2003.
12 Vgl. Paul Kildea, *Chopin's Piano. A Journey Through Romanticism*, London 2018.
13 In: Michael Meredith (Hrsg.), *A Centenary Selection from Robert Browning's Poetry*, London 1989, S. 58–61.

14 Dennis Rasmussen, *The Pragmatic Enlightenment*, Cambridge 2014; David Sorkin, *The Religious Enlightenment: Protestants, Jews, and Catholics from London to Vienna*, Princeton 2011.

15 Dazu u. a. Ernst Behler, *Frühromantik*, Berlin / New York 1992, S. 157–163 (»Das wahrhaft Poetische«).

16 Manfred Frank, *Einführung in die frühromantische Ästhetik. Vorlesungen*, Frankfurt a. M. 1989, S. 127 f. (Achte Vorlesung.)

17 Stern, »*Ich möchte mir Flügel wünschen*«, S. 174.

18 Ebd., S. 174 f.

19 Ebd., S. 185.

20 Innerhalb der Heidelberger Burschenschaft etwa gab es jedoch auch eine anti-nationale Richtung, angeführt von Hegels erstem Assistenten, Friedrich Wilhelm Carové, der dann auch in seiner Rede auf dem Wartburgfest (1817) das liberal-republikanische Ideal über das nationale stellte. Vgl. Klaus Vieweg, *Hegel. Der Philosoph der Freiheit. Biographie*, München 2019, S. 19.

21 Zit. nach Stern, »*Ich möchte mir Flügel wünschen*«, S. 201.

22 Margarete Susman, *Frauen der Romantik*, Neuausg. mit einem Nachw. von Barbara Hahn, Frankfurt a. M. 1996. Vgl. den wichtigen Überblicksaufsatz von Irmela von der Lühe, »›Das klingt bemerkenswert modern ...‹ Traditionsbrüche im Bild romantischer Frauen«, in: Heinz Ludwig Arnold (Hrsg.), *Aktualität der Romantik. Text + Kritik*, Bd. 143, München 1999, S. 48–59. Vgl. auch die beiden Anthologien Duncan Wu (Hrsg.), *Romantic Women Poets*, Oxford 1998; Paula R. Feldman (Hrsg.), *British Women Poets of the Romantic Era*, Baltimore 1998.

23 Cornelia Klettke, »Germaine de Staël: Corinne ou l'Italie – Grenzüberschreitung und Verschmelzung der Künste im Sinne der frühromantischen Universalpoesie«, in: *Romanische Forschungen* 115 (2003) H. 2, S. 172–193. Zum Problem des Kulturtransfers in diesem thematischen Zusammenhang vgl. auch: Jörn Steigerwald, »Verräumlichte Augen-Blicke: Narrative Visualisierungsstrategien in Mdme de Staëls ›Corinne‹ und Goethes ›Wahlverwandtschaften‹«, in: Erich Kleinschmidt (Hrsg.), *Die Lesbarkeit der Romantik. Material, Medium, Diskurs*, Berlin 2009, S. 251–272, bes. S. 258–260.

24 Fritz Strich, *Deutsche Klassik und Romantik, oder Vollendung und Unendlichkeit. Ein Vergleich*, München 1922.

25 Rüdiger Safranski, *Friedrich Schiller oder Die Erfindung des Deutschen Idealismus*, München 2004, S. 487.

26 Vgl. Johannes Willms, *Napoleon. Verbannung und Verklärung*, München 2000.

27 Safranski, *Schiller*, S. 486.

28 Charles Dickens, *Bleak House*, hrsg., mit einer Einl und Anm. von Nicola Bradbury, Vorw. von Terry Eagleton, London 2003, S. 13–15 und S. 7. [Übers. d. Verf.]

Kapitel I
Bestimmungsversuche: Zugänge zur Romantik

1 Vgl. dazu u. a. die materialreiche Aufarbeitung des Themas unter Einbeziehung – möglicher – Einflüsse französischer Quellen der Aufklärung zum Fragment auf die Frühromantik von Johannes Weiß, *Das frühromantische Fragment. Eine Entstehungs- und Wirkungsgeschichte*, München/Paderborn 2015.

2 Frederick Burwick, *Romanticism: Keywords*, Hoboken/Oxford 2015. Burwick hat

auch gezeigt, wie ein bestimmter Begriff, der gemeinhin gerade nicht mit der Romantik in Verbindung gebracht wird, die Mimesis, zu wesentlichen literaturästhetischen Aussagen über diese Epoche führen kann: F. B., *Mimesis and its Romantic Reflections*, Pennsylvania 1997. Vgl. auch: Herbert Uerlings, *Theorie der Romantik*, Stuttgart 2000; Karl Heinz Bohrer, *Die Kritik der Romantik: Der Verdacht der Philosophie gegen die literarische Moderne*, Frankfurt a. M. 1989. Dagegen ließe sich mit Jorge Luis Borges einwenden, dass ›modern‹ ist, wer in der Gegenwart lebt. In: J. L. B., *Das Handwerk des Dichters*, aus dem Engl. übers. von Gisbert Haefs, München/Wien 2000, S. 84: »Außerdem sind wir durch die ganz einfache Tatsache modern, daß wir in der Gegenwart leben. Noch hat keiner die Kunst gemeistert, in der Vergangenheit zu leben, und nicht einmal die Futuristen haben das Geheimnis entdeckt, wie man in der Zukunft leben kann. Wir sind modern, ob wir wollen oder nicht. Vielleicht ist die bloße Tatsache, daß ich jetzt die Modernität attackiere, eine Art, modern zu sein.« Bohrer als dem Verfasser einer Studie über das absolute Präsens dürfte diese Argumentation doch entgegenkommen (Karl Heinz Bohrer, *Das absolute Präsens: Die Semantik der ästhetischen Zeit*, Frankfurt a. M. 1994).

3 E. T. A. Hoffmann, *Die Elixiere des Teufels. Lebens-Ansichten des Kater Murr. Zwei Romane*, hrsg. von Walter Müller-Seidel und Wolfgang Kron, München ²1978, S. 120.

4 Vgl. das Nachwort zu dieser Ausgabe, ebd., S. 670.

5 In: Friedrich Schlegel, *Kritische Ausgabe*, hrsg. von Ernst Behler unter Mitwirkung von Jean-Jacques Anstett und Hans Eichner, Bd. II: *Charakteristiken und Kritiken I*, München/Paderborn/Wien 1967, S. 182.

6 Ebd.

7 Richard Faber, »Kritik der Romantik. Zur Differenzierung eines Begriffs«, in: R. F., *Von Brecht*, S. 61–83, hier: S. 61.

8 Johann Peter Hebel, *Kalendergeschichten*, eingel. und hrsg. von Hermann Bausinger, Tübingen 2009, S. 35.

9 In: August Wilhelm Schlegel, *Berliner Vorlesungen über schöne Literatur und Kunst*, 3 Bde., hrsg. von Jakob Minor, Bd. 1, Heilbronn 1884, S. 102.

10 Vgl. Alois Stockmann, *Die deutsche Romantik. Ihre Wesenszüge und ihre ersten Vertreter*, Freiburg i. Br. 1921, S. 14.

11 Charles-Louis de Secondas, Baron de la Brède et de Montesquieu: *Persische Briefe*, übers. und hrsg. von Peter Schunck, bibliograph. erg. Ausg., Stuttgart 2004.

12 Dazu u. a.: Marilyn Butler, *Romantics, Rebels & Reactionaries. English Literature and its Background 1760–1830*, Oxford / New York 1981; David Simpson, *Romanticism and the Question of the Stranger*, Chicago 2013; Mary Fairclough, *The Romantic Crowd. Sympathy, Controversy and Print Culture*, Cambridge 2013.

13 Immanuel Kant, »Beantwortung der Frage: Was ist Aufklärung?«, in: *Berlinische Monatsschrift* (1784) H. 12, S. 481–494.

14 Georg Brandes, *Die Hauptströmungen der Litteratur des neunzehnten Jahrhunderts*, Bd. II: *Die romantische Schule in Deutschland*, übers. und eingel. von Adolf Strodtmann, Berlin 1900, S. 5. Vgl. auch meinen Aufsatz: »›Die Kosmogenie des freien romantischen Ichs‹. Georg Brandes' Romantische Schule in Deutschland. Ein Vermessungsversuch«, in: Rüdiger Görner, »*Bruchflächen funkeln lassen«. Aufsätze zu einer literarischen Morphomatik*, Freiburg i. Br. / Berlin / Wien 2014, S. 111–122.

15 Vgl. den einführenden Kommentar von Eichner in: Schlegel, *Kritische Ausgabe*, S. LVII.

16 »Être romantique, c'est dédaigner les filiations consacrées, transgresser les interdits

formels, ignorer les poétiques qui oppriment l'esprit et brident le génie, c'est cho-
quer les habitudes, oser innover pour proposer des œuvres vivantes, en prise directe
sur les urgences et les problèmes du jour [...] Le romantique dans tous les arts, c'est
ce qui représente les hommes d'aujourd'hui, et non ceux des temps héroïques si loin
de nous, et qui probablement n'ont jamais existé.« In: Stendhal, »Critique amère du
salon de 1824, par M. Van Eube de Molkirk«, in: *Salons par Stéphane Guegan et Martine Reid*, Paris 2002, S. 140. Vgl. dazu: Chandranandinee Tushar, »Stendhal's ›Racine et Shakespeare‹, the Classicist-Romantic Conflict and Racine as the Overlooked Mystical Romantic«, in: *Research and Criticism. Journal of the Department
of English*, Banaras Hindu University (2007) S. 13–31.

17 Grundlegend Behler, *Frühromantik*, und: Frank, *Einführung in die frühromantische
Ästhetik*. Vgl. u. a. auch: Silvio Vietta (Hrsg.), *Die literarische Frühromantik*, Göttingen 1983.

18 Eine selten rühmliche Ausnahme: Paul Hamilton, *Realpoetik. European Romanticism and Literary Politics*, Oxford 2013.

19 Ricarda Huch, *Die Romantik. Blütezeit Ausbreitung Verfall*, Tübingen 1951. Neuausg. mit einem Nachw. von Tilman Spreckelsen, Berlin 2017.

20 Brandes, *Die romantische Schule in Deutschland*.

21 Rudolf Haym, *Die romantische Schule: ein Beitrag zur Geschichte des deutschen
Geistes*, Berlin 1870.

22 Brandes, *Die romantische Schule in Deutschland*, S. 361.

23 Rudolf Kassner, *Englische Dichter*, Leipzig 1920.

24 Carl Schmitt, *Politische Romantik*, Berlin ⁴1982.

25 Thomas Mann, »Von deutscher Republik«, in: Th. M., *Gesammelte Werke in dreizehn Bänden*, Bd. XI, Frankfurt a. M. 1990, S. 809–852.

26 Dazu u. a. Rüdiger Safranski, *Romantik. Eine deutsche Affäre*, München 2007,
S. 348–394, bes. S. 389–392.

27 Anira Brookner, *Romanticism and its Discontents*, London 2000.

28 Ayn Rand, *The Romantic Manifesto. A Philosophy of Literature*, New York / Cleveland 1969.

29 Christian Aspalter / Wolfgang Müller-Funk / Edith Saurer / Wendelin Schmidt-
Dengler / Anton Tantner (Hrsg), *Paradoxien der Romantik. Gesellschaft, Kultur und
Wissenschaft in Wien im frühen 19. Jahrhundert*, Wien 2006.

30 Kleinschmidt (Hrsg.), *Lesbarkeit der Romantik*.

31 Isaiah Berlin, *The Roots of Romanticism*, London 1999, S. 1.

32 So gut das Verhältnis Thomas Manns zur Romantik erforscht ist, ja geradezu über
eine eigene Forschungstradition verfügt, diese Stellen in seinem ersten großen
Freud-Essay werden selten berücksichtigt. Vgl. die beiden Pionierleistungen:
Friedrich Ernst Peters, *Thomas Mann und die Romantik*, Typoskript, Schleswig
1926, aus dem Nachlass Friedrich Ernst Peters der Schleswig-Holsteinischen Landesbibliothek in Kiel, Universität Potsdam 2013, sowie Käte Hamburger, *Thomas
Mann und die Romantik: eine problemgeschichtliche Studie*, Berlin 1932. Zur neueren
Forschung: Jens Ewen / Tim Lörke / Regine Zeller (Hrsg.), *Im Schatten des Linden-
baums: Thomas Mann und die Romantik*, Würzburg 2016.

33 Mann, *Gesammelte Werke*, Bd. X: *Reden und Aufsätze 2*, S. 266–268.

34 Dazu ausführlich: Friederike Reents, »Zwischen serapiontischem und grünlichem
Prinzip: E. T. A. Hoffmanns Bedeutung für Tony Buddenbrooks erste Eheschließung«, in: *Thomas Mann-Jahrbuch* 24 (2011) S. 155–172, bes. S. 162–167.

35 E. T. A. Hoffmann, *Die Serapions-Brüder*, nach dem Text der Erstausg. 1819–21 un-

ter Hinzuziehung der Ausg. von Carl Georg von Maassen und Georg Ellinger, mit einem Nachw. von Gerhard Neumann, Wulf Segebrechts Anm., rev. und erg. von Ethel Matala de Mazza, Düsseldorf ⁶2007, S. 854.

36 E. T. A. Hoffmann, *Tagebücher*, nach der Ausg. Hans von Müllers mit Erl. hrsg. von Friedrich Schnapp, München 1971, S. 107 (Tagebucheintrag vom 6. 11. 1809).

37 Originaltext: »Demain, dès l'aube, à l'heure où blanchit la campagne, / Je partirai. Vois-tu, je sais que tu m'attends. / J'irai par la forêt, j'irai par la montagne. / Je ne puis demeurer loin de toi plus longtemps. / / Je marcherai les yeux fixés sur mes pensées, / Sans rien voir au dehors, sans entendre aucun bruit, / Seul, inconnu, le dos courbé, les mains croisées, / Triste, et le jour pour moi sera comme la nuit. / / Je ne regarderai ni l'or du soir qui tombe, / Ni les voiles au loin descendant vers Harfleur, / Et quand j'arriverai, je mettrai sur ta tombe / Un bouquet de houx vert et de bruyère en fleur.« In: Victor Hugo, *Les Contemplations, édition établie et annotée par Pierre Albouy*, Paris 1967. Neuausg.: *Œuvres poétiques, tome 2 : Les châtiments, Les contemplations*, Paris 1993, S. 34. [Übers. d. Verf.]

38 Novalis, *Werke, Tagebücher und Briefe Friedrich von Hardenbergs*, hrsg. von Hans-Joachim Mähl und Richard Samuel, Bd. 1: *Das dichterische Werk, Tagebücher und Briefe*, Darmstadt 1999, S. 153 (Nachweise im Text mit Band- und Seitenzahl beziehen sich auf diese Ausgabe).

39 Joseph von Eichendorff, *Werke in sechs Bänden*, hrsg. von Wolfgang Frühwald, Brigitte Schillbach und Hartwig Schultz, Bd. 6: *Geschichte der Poesie. Schriften zur Literaturgeschichte*, Frankfurt a. M. 1990, S. 127.

40 Vgl. dazu bes. Gisela Henckmann, »Das Problem des ›Antisemitismus‹ bei Achim von Arnim«, in: *Aurora* 46 (1986) S. 48–69. In einem bezeichnenderweise erst postum veröffentlichten Bericht überlieferte Varnhagen von Ense ein besonders drastisches Beispiel von Arnims antijüdischem Verhalten gegenüber Moritz Itzig. In: Karl August Varnhagen von Ense, *Werke in fünf Bänden*, hrsg. von Konrad Feilchenfeldt, Bd. 4: *Biographien, Aufsätze, Skizzen, Fragmente*, Frankfurt a. M. 1990, S. 674–680.

41 Heinrich Heine, *Sämtliche Schriften*, Bd. VI/1, hrsg. von Klaus Briegleb, München 1997, S. 648 (»Aufzeichnungen«).

42 Vgl. Günter Oesterle, »Juden, Philister und romantische Intellektuelle. Überlegungen zum Antisemitismus in der Romantik«, in: *Athenäum. Jahrbuch für Romantik* 2 (1992) S. 55–89.

43 Vgl. Vieweg, *Hegel*, S. 438–441.

44 Liszt erkannte jedoch, dass gerade dieses Musikdrama die Romantik nicht nur ›erfüllte‹, sondern über sie hinauswies. Diese Musik wirke auf die Gedanken, ihre Sinnlichkeit auf den Intellekt. Man denke dieser Musik nach und begreife sie gleichzeitig als Realie, so gegebe wie die Natur. In: Franz Liszt, *Gesammelte Schriften*, 6 Bde., hrsg. von L. Ramann, Leipzig 1880–83, hier: Bd. 3, S. 93.

45 Gordon W. Allports, *The Nature of Prejudice (1954)*, Cambridge ²⁵1971. Dt. Fassung: G. W. A., *Die Natur des Vorurteils*, Köln 1971.

46 Vgl. Monika Ritzer, *Friedrich Hebbel. Der Individualist und seine Epoche. Eine Biographie*, Göttingen 2018, S. 651.

47 Friedrich Hebbel, *Tagebücher*, ausgew. und hrsg. von Anni Meetz, mit einem Nachw. und einer Zeittafel von Wolfgang Ranke, Stuttgart 2013, S. 319.

48 Heine, *Sämtliche Schriften*, Bd. III, S. 703 (»Elementargeister«). Eine erste systematische Auseinandersetzung mit Heines Romantik-Verständnis bietet: Otto zur Linde, *Heinrich Heine und die deutsche Romantik*, Diss., Freiburg i. Br. 1899. Heines Tieck-Kritik steht im Zusammenhang mit seiner Auseinandersetzung mit dem

Tannhäuser-Stoff. Vgl. dazu bes. Karin Tebben, *Tannhäuser: Biographie einer Legende*, Göttingen 2011, bes. S. 56–70.

49 Friedrich Hebbel, *Werke in drei Bänden*, hrsg. von Joachim Müller, Bd. 3, Berlin/ Weimar ⁴1971, S. 253.

50 Ebd., S. 254.

51 Diesen Ansatz verfolgte sogar noch Safranski, *Romantik*. Die bündigste kritische Auseinandersetzung mit diesem verfehlten Konzept findet sich bei Paul Michael Lützeler, »Nicht nur der Deutschen Wunderhorn. Rüdiger Safranski untersucht die Romantik und das Romantische, doch er vergisst Europa«, in: *Die Literarische Welt*, 1. 9. 2007.

52 Vgl. Brian E. Vick, *The Congress of Vienna. Power and Politics After Napoleon*, Harvard 2014.

53 In: Clemens Brentano, *Sämtliche Erzählungen*, hrsg. und mit einem Nachw. von Gerhard Schaub, München 1984, S. 79–111. Vgl. bes. S. 326 f. Schaub sieht in seinem instruktiven Nachwort diese Novelle als eine dezidierte »Restaurations-Erzählung«. Ebd., S. 328. Für eine ausführliche Interpretation vgl. G. S., »›Die Schachtel mit der Friedenspuppe‹. Clemens Brentanos Restaurations-Erzählung«, in: Hartwig Schultz (Hrsg.), *Clemens Brentanos Landschaften. Beiträge des ersten Koblenzer Brentano-Kolloquiums*, Koblenz 1986, S. 83–122.

54 Dazu ausführlich: Munro Price, *Napoleon. The End of Glory*, Oxford 2014.

55 So auch von dem sonst so sorgfältig und umsichtig interpretierenden Schaub.

56 Dazu Schaub, »›Die Schachtel mit der Friedenspuppe‹«, S. 101.

57 Brentano, *Sämtliche Erzählungen*, S. 107.

58 Eichendorff, *Werke*, Bd. 6, S. 254.

59 Dazu u. a. Jens Malte Fischer, »›Selbst die schönste Gegend hat Gespenster‹. Entwicklung und Konstanz des Phantastischen bei Ludwig Tieck«, in: Christian W. Thomson / J. M. F. (Hrsg.), *Phantastik in Literatur und Kunst*, Darmstadt 1980, S. 131–149.

60 Eichendorff, *Werke*, Bd. 6, S. 141.

61 Heine, *Sämtliche Schriften*, Bd. III, S. 440.

62 Ebd.

63 Eichendorff, *Werke*, Bd. 6, S. 253.

64 Vgl. dazu: Kaltërina Latifi, *Perspektivische Ambiguitäten. E. T. A. Hoffmanns Erzählästhetik*, Baden-Baden 2021.

65 Zit. in: Marcel Schneider, *La Littérature fantastique en France*, Paris 1964, S. 157. [Übers. d. Verf.]

66 Honoré de Balzac, *Le Chef-d'Œuvre inconnu suivi de La Leçon de violon d'E. T. A. Hoffmann. Présentation et notes de Maurice Bruézière*, Paris 2019. Dt. Fassung: H. d. B., *Das unbekannte Meisterwerk*, aus dem Franz. übers. von Herma Goeppert-Frank, hrsg. von Sebastian Goeppert und Herma Goeppert-Frank, Frankfurt a. M. 1987 (mit Illustrationen von Pablo Picasso, die dieser auf Anregung des Kunsthändlers Ambroise Vollard zwischen 1926 und 1930 geschaffen hatte – so gesehen, ein veritables Zeugnis der Nachwirkung der Romantik in der bildkünstlerischen Moderne).

67 Hoffmann, *Serapions-Brüder*, S. 863.

68 Horaz, *De arte poetica. Die Dichtkunst*, übers. von Horst Rüdiger, Zürich 1961, S. 13 (v. 6–8). Verweis bei Hartmut Steinecke, »Meister Floh. Ein humoristisches Märchen aus Frankfurt«, in: Günter Saße (Hrsg.), *E. T. A. Hoffmann. Romane und Erzählungen*, Stuttgart 2004, S. 271–288, hier: S. 284.

69 Hoffmann, *Serapions-Brüder*, S. 860.

70 Brandes, *Die romantische Schule in Deutschland*, S. 49.
71 Friedrich Hölderlin, *Sämtliche Werke und Briefe*, 3 Bde., hrsg. von Jochen Schmidt, Bd. 1, Frankfurt a. M. 1992, S. 1033.
72 Ebd., S. 355 f. (V. 182 und 203/204).
73 Vgl. dazu Kaltërina Latifi, *Fragmentarik. Poetische Phänomenologie des Fragments*, Habilitationsschrift, Universität Göttingen (in Vorb.).
74 Heine, *Sämtliche Schriften*, Bd. I, S. 135.
75 Ebd., S. 340.
76 Ebd., S. 341.
77 Vgl. Sandra Kerschbaumer, *Heines moderne Romantik*, Paderborn/München/ Wien/Zürich 2000.
78 Heine, *Sämtliche Schriften*, Bd. I, S. 400.
79 Ebd.
80 Vgl. Barbara Thums, »›Ende der Kunstperiode?‹ Heinrich Heines ›Florentinische Nächte‹«, in: *Heine-Jahrbuch* (2007) S. 46–66.
81 Heine, *Sämtliche Schriften*, Bd. I, S. 578.
82 Ebd., S. 575.
83 Ebd., S. 580.

Kapitel II
Britisch-deutsche Verschlingungen in der Romantik

1 William Wordsworth, *The Prelude. The Four Texts*, hrsg. von Jonathan Wordsworth, London 1995, S. 6 (»Was it for this«, V. 124–131). [Übers. d. Verf.]
2 In: Novalis, *Werke*, S. 680.
3 Ebd., S. 684.
4 Ebd., S. 680.
5 Ebd., S. 685.
6 Ebd., S. 686.
7 Ulrich Hufeld (Hrsg.): *Der Reichsdeputationshauptschluss von 1803. Eine Dokumentation zum Untergang des Alten Reiches*, Böhlau/Köln 2003.
8 Schmitt, *Politische Romantik*, S. 139 und S. 179.
9 Thomas de Quincey, *Recollections of the Lakes and the Lake Poets*, hrsg. und mit einer Einl. von David Wright, Harmondsworth 1985.
10 Und zwar durch eine Studie von John Barrell, *The Infection of Thomas de Quincey. A Psychopathology of Imperialism*, New Haven / London 1991.
11 Vgl. ebd., S. 391 f.
12 Fred Burwick, zit. in: Jane Darcy, »True Confessions? Why Thomas de Quincey's Revelatory Writing Deserves Greater Attention«, in: *Times Literary Supplement*, 30. 10. 2020, S. 4 f., hier: S. 5.
13 Die rühmliche Ausnahme: Roman Lach, »Walter Scott gegen E. T. A. Hoffmann. Warum jeder Roman ein historischer ist«, in: *Neue Rundschau* 118 (2007) H. 1, S. 138–156. Themenheft »Historische Stoffe«.
14 Walter Scott, »On the Supernatural in Fictitious Composition; and Particularly on the Works of Ernest Theodore William Hoffmann«, in: *On Novelists and Fiction*, hrsg. von Ioan Williams, New York 1968, S. 312–353.
15 Julius Eduard Hitzig, *E. T. A. Hoffmanns Leben und Nachlass*, mit Anm. zum Text und einem Nachw. von Wolfgang Held, Frankfurt a. M. 1986, S. 336.

16 Lach, »Walter Scott gegen E. T. A. Hoffmann«, S. 141. Textnachweis: E. T. A. Hoffmann, »Die Seraptionsbrüder«, in: E. T. A. H., *Sämtliche Werke in sechs Bänden*, Bd. 4, hrsg. von Hartmut Steinecke und Wulf Segebrecht, Frankfurt a. M. 2001, S. 1113.

17 Hierzu vor allem: Butler, *Romantics, Rebels & Reactionaries.*

18 Connell, P., »›A Voice From Over the Sea‹: Shelley's Mask of Anarchy, Peterloo, and the English Radical Press«, in: *The Review of English Studies*, 1. 9. 2019. Die eindrucksvollste mir bekannte Übersetzung stammt von Günter Plessow. In: Percy Bysshe Shelley, *Oden, Sonette, Stanzen. The Masque of Anarchy*, zweisprachig, ausgew., übers. und hrsg. von Günter Plessow, Dozwil 2018, S. 76–111.

19 Thomas Love Peacock, *Nachtmahr-Abtei*, aus dem Engl. übers. von Matthias Müller, mit einem Nachw. von Werner Morlang, Zürich 1989, S. 30. Originaltext: »The terrace terminated at the south-western tower, which […] was ruinous and full of owls. Here would Scythrop take his evening seat, on a fallen fragment of mossy stone, with his back resting against the ruined wall […], – and the Sorrows of Werter in his hand. […] He began to devour romances and German tragedies, and, by the recommendation of Mr Flosky, to pore over ponderous tomes of transcendental philosophy, which reconciled him to the labour of studying them by their mystical jargon and necromantic imagery.« In: Thomas Love Peacock, *Nightmare Abbey / Crotchet Castle*, hrsg. und mit einer Einl. von Raymond Wright, Harmondsworth 1986, S. 46.

20 Vgl. dazu: Rüdiger Görner, »›Sympoesie‹ und andere hybride Romantizismen. Pluralektische Ansätze für unsere Zeit«, in: *Serapion* 1 (2020) S. 39–66.

21 Stockmann, *Die deutsche Romantik*, S. 17.

22 In: Adam Müller, »Die Lehre vom Gegensatz«, in: A. M., *Gesammelte Werke*, hrsg. von Walter Schroeder und Werner Siebert, Bd. 2: *Kritische/ästhetische und philosophische Schriften*, Neuwied/Berlin 1967.

23 In: Brandes, *Die romantische Schule in Deutschland*, S. 179. Dazu neuerdings grundlegend: Latifi, *Perspektivische Ambiguitäten*, Anm. 64 Kap. I.

24 In: *Letters of John Keats. A Selection Edited by Robert Gittings*, Oxford 1977, S. 157 f. [Übers. d. Verf.]

25 Claudia Taszus: »Lorenz Okens Isis (1816–1848). Zur konzeptionellen, organisatorischen und technischen Realisierung der Zeitschrift«, in: *Blätter der Gesellschaft für Buchkultur und Geschichte*, 12./13. Jahrgang, Rudolstadt 2009, S. 85–154.

26 Zur Titelfrage, ob ›Afterdingen‹ oder ›Ofterdingen‹, vgl die entsprechende Passage im dritten Kapitel dieses Buches, Anm. 56 und 57.

27 In: Novalis, *Werke*, S. 284.

28 Anne Bohnenkamp, »Universelle Poesie oder Weltliteratur? Anmerkungen zu August Wilhelm Schlegel und Goethe«, in: *Zeitschrift für Deutsche Philologie*, Sonderheft zum Bd. 137: *August Wilhelm Schlegel und die Philologie*, hrsg. von Matthias Buschmeier und Kai Kauffmann, Berlin 2019, S. 55–70.

29 Ebd., S. 70.

30 Vgl. dazu neuerdings die Einführung von Kaltërina Latifi zu *Serapion. Zweijahresschrift zur europäischen Romantik*, Heidelberg 2020.

31 Johann Christoph Wagenseil, *Buch von der Meister-Singer Holdseligen Kunst* (Litterae. Bd. 38), hrsg. von Horst Brunner, Göppingen 1975.

32 Hoffmann, *Serapions-Brüder*, S. 315–317.

33 Ebd., S. 345 f.

34 Ebd., S. 345.

35 Ebd., S. 364.

Kapitel III
Romanhafte Romantik

1 In: Novalis, *Werke*, Bd. 2, S. 835.

2 Karl Morgenstern, *Der Bildungsroman. Die beiden grundlegenden Vorträge über einen global gebräuchlichen Begriff*, hrsg. von Dirk Sangmeister, Eutin 2020.

3 Vgl. dazu u. a. Niklas Holzberg, *Der antike Roman. Eine Einführung*, Düsseldorf/ Zürich 2001.

4 Mann, *Gesammelte Werke*, Bd. XI: *Reden und Aufsätze 3*, S. 701 (»›Der autobiographische Roman‹ – Einführung zu einer Lesung aus dem ›Felix Krull‹-Fragment«).

5 Vgl. Adam Thirlwell, *Der multiple Roman. Vergangene und zukünftige Abenteuer der Romankunst, verortet auf fast allen Kontinenten, in zehn Sprachen mit einem gigantischen Ensemble von Schriftstellern, Übersetzern & anderen Phantasiewesen*, aus dem Engl. übers. von Hannah Arnold, Frankfurt a. M. 2013. Allein der Untertitel weist diesen Großversuch als eine der avanchiertesten poststrukturalistischen Erzählpoetiken aus, die in der romantischen Ästhetik wurzelt und als ihr Modell Laurence Sternes *Tristram Shandy* angibt.

6 Novalis, *Werke*, Bd. 2, S. 413 f.

7 Stendhal, *Über die Liebe*, vollständige Ausg., aus dem Franz. übers. und mit einer Einf. von Walter Hoyer, Leipzig 1950, S. 43 f.

8 Ebd., S. 48.

9 Ebd., S. 218.

10 Ebd., S. 219.

11 Ebd., S. 226.

12 Ebd., S. 317.

13 Madame de Staël, *Corinne ou l'Italie. Ed de Simone Balayé*, Paris 1985.

14 George Sand, *Ein Winter auf Mallorca. Tage mit Frédéric Chopin*, aus dem Franz. übers. von Maria Dessauer, Frankfurt a. M. / Leipzig 1999, S. 103.

15 Dorothea Schlegel, *Florentin*, hrsg. von Wolfgang Nehring, Stuttgart 1993. Den Beitrag dieses Romanfragments zur Idee des »Wechselerweises« untersucht ausführlich: Laurie Johnson, »Dorothea Veit's ›Florentin‹ and the Early Romantic Model of Alterity«, in: *Monatshefte* 97 (2005) H. 1, S. 33–62.

16 Schlegel, *Florentin*, S. 145 f.

17 Guido Naschert, »Friedrich Schlegel über Wechselerweis und Ironie (Teil 1)«, in: *Athenäum. Jahrbuch für Romantik* (1996) S. 47–90.

18 In: Varnhagen von Ense, *Werke*, Bd. 4, S. 613.

19 Vgl. zur Forschung u. a. Manfred Engel, »Friedrich Schlegel, ›Lucinde‹: ›Wie in einer endlosen Reihe von Spiegeln‹ (Frühromantische Potenzierung)«, in: M. E., *Der Roman der Goethezeit*, Bd. 1: *Anfänge in Klassik und Frühromantik*, Stuttgart 1993, S. 381–443, sowie Mark-Georg Dehrmann, »Lucinde«, in: Johannes Endres (Hrsg.), *Friedrich-Schlegel-Handbuch. Leben – Werk – Wirkung*, Stuttgart 2017, S. 171–179. Vgl. *Schleiermachers vertraute Briefe über die Lucinde*, mit einer Vorrede von Karl Gutzkow, Hamburg 1835 (https://reader.digitale-sammlungen.de).

20 Friedrich Schlegel, »Lucinde. Bekenntnisse eines Ungeschickten«, in: F. S., *Dichtungen. Kritische Friedrich-Schlegel-Ausgabe*, Bd. V, 1. Abt., hrsg. von Ernst Behler unter Mitwirkung von Jean-Jacques Anstett und Hans Eichner. München/Paderborn/ Wien/Zürich/Darmstadt 1962, S. 9.

21 Roland Barthes, *Fragmente einer Sprache der Liebe*, übers. von Hans-Horst Henschen, Frankfurt a. M. 1984, S. 97–101, hier: S. 98.

22 Schlegel, »Lucinde«, S. 10.

23 Barthes, *Fragmente*, S. 172.

24 Ebd., S. 174.

25 Schlegel, »Lucinde«, S. 54.

26 Ebd., S. 14.

27 Ebd.

28 Ebd., S. 14 f.

29 Ebd., S. 19.

30 Vgl. dazu: Wolfgang Kayser, *Geschichte des deutschen Verses. Zehn Vorlesungen*, München ²1960, S. 109.

31 Schlegel, »Lucinde«, S. 21.

32 Ebd., S. 24 f.

33 Ebd., S. 46.

34 Rüdiger Bubner, »Einführung«, in: Georg Wilhelm Friedrich Hegel, *Vorlesungen über die Ästhetik. Erster und zweiter Teil*, mit einer Einf. hrsg. von Rüdiger Bubner, Stuttgart 1977, S. 3–30, hier: S. 24.

35 Schlegel, »Lucinde«, S. 56.

36 Ebd., S. 59.

37 Ebd., S. 72.

38 Ebd., S. 7.

39 Rüdiger Görner, *Die Pluralektik der Romantik. Studien zu einer epochalen Denk- und Darstellungsform*, Wien/Köln/Weimar 2010.

40 Wilhelm Heinrich Wackenroder / Ludwig Tieck, *Herzensergießungen eines kunstliebenden Klosterbruders*, hrsg. von Richard Benz, Stuttgart 1979, S. 59.

41 In: August Wilhelm Schlegel, *Über Literatur, Kunst und Geist des Zeitalters. Eine Auswahl aus den kritischen Schriften*, hrsg. von Franz Finke, Stuttgart 1994, S. 26 (»Allgemeine Übersicht des gegenwärtigen Zustandes der deutschen Literatur«).

42 In: Johann Wolfgang Goethe, *Werke*, Hamburger Ausgabe in 14 Bänden, hrsg. von Erich Trunz, Bd. III, München 1988, S. 134 (V. 4275–4278).

43 Hölderlin, *Sämtliche Werke*, Bd. 2, S. 168 (»Handwerker siehst du, aber keine Menschen, Denker, aber keine Menschen, Priester, aber keine Menschen, Herrn und Knechte, Jungen und gesetzte Leute, aber keine Menschen.«).

44 Ugo Foscolo, *Letzte Briefe des Jacopo Ortis*, aus dem Ital. übers. von Heinrich Luden (1807), neu durchges., übers., erg. und mit einer Nachbem. vers. von Roland Erb, Leipzig 1984, S. 130.

45 Benjamin Constant, *Adolphe. Anekdote. Gefunden in den Papieren eines Unbekannten*, aus dem Franz. übers. von Eveline Passet, mit einem Nachw. von Manfred Gsteiger, Zürich 1998, S. 130.

46 Ebd., S. 206.

47 Ebd., S. 49.

48 Clemens Brentano, *Godwi oder Das steinerne Bild der Mutter. Ein verwilderter Roman*, hrsg. von Ernst Behler, Stuttgart 1995, S. 292 (alle folgenden Zitate: S. 289 f.).

49 Ebd. Vgl. u. a. Dirk von Petersdorff, »Ein Knabe saß im Kahne, fuhr an die Grenzen der Romantik. Clemens Brentanos Roman ›Godwi‹«, in: Arnold (Hrsg.), *Aktualität der Romantik*, S. 80–94.

50 Ebd., S. 294.

51 Charlotte Brontë, *Shirley. Roman*, aus dem Engl. übers. von Andrea Ott, Zürich 1989, S. 7.

52 Lew N. Tolstoi, *Kindheit und Jugend*, aus dem Russ. übers. von Karl Bannwitz und Eva Luther, mit einem Nachw. von Caroline Lusin, Düsseldorf 2008, S. 42.
53 Ebd., S. 13.
54 Alexander Knopf, *Begeisterung der Sprache. Friedrich von Hardenberg (Novalis): Heinrich von Afterdingen. Textkritische Edition und Interpretation*, Frankfurt a. M. / Basel 2015. Vgl. dazu auch die ausgezeichnete Besprechung von Johannes Schmidt, »Das A und O der Dinge«, in: *Literaturkritik.de* 3 (März 2016). [Aufgerufen am 17. 2. 2020.]
55 Alle gängigen Novalis-Ausgaben beharren auf Tiecks Version. Die Ausgabe der Werke, Tagebücher und Briefe vermerkt nur an einer Stelle die korrekte Formulierung (Novalis, *Werke*, Bd. 1, S. 390). Knopfs Argumentation, statt ›Ofterdingen‹ endlich die von Novalis gewünschte Form ›Afterdingen‹ zu verwenden, ist in sich schlüssig und überzeugt. Ich schließe mich ihr daher an. Was gegen diese Lesart spricht, ist einzig der Umstand, dass Novalis sonst kaum Zusammensetzungen mit »After« gebrauchte – etwa das seinerzeit durchaus gebräuchliche Wort ›Aftergedanken‹. Dass aber die gesamte Anlage der Figur Heinrichs auf ein »Danach«, also »After« zielt, ist zutreffend. Eher fraglich ist, ob in diesem Zusammenhang wirklich die mittelalterlich-rechtliche Bedeutung von »Ding«/»Thing« in »Afterdingen« eine Rolle spielt, wie Knopf vermutet (vgl. seine Edition *Begeisterung der Sprache*, S. 262). Wertvoller wäre m. E. die Deutung, dass sich Heinrich auf dem Weg zu einer Seinsverfassung »nach den Dingen« befindet. Wie dem auch sei, an der Namensschreibung *Afterdingen* ist fortan festzuhalten.
56 Novalis, *Werke*, Bd. 1, S. 341.
57 Novalis, *Werke*, Bd. 2, S. 754 (17).
58 Ebd. (21).
59 Ebd., S. 814 (360).
60 Ebd., S. 405 (»Vorarbeiten« 1798, Nr. 425).
61 Novalis, *Werke*, Bd. 1, S. 249. Vgl. Rüdiger Görner, *Grenzen, Schwellen, Übergänge. Zur Poetik des Transitorischen*, Göttingen 2001.
62 Novalis, *Werke*, Bd. 2, S. 754 (»Fragmente und Studien 1799/1800«, Nr. 19).
63 Novalis, *Werke*, Bd. 1, S. 201.
64 Ebd.
65 Ebd., S. 202.
66 Ebd., S. 203.
67 Ebd., S. 205.
68 Ebd., S. 223 f.
69 Vgl. Wolf Lepenies, *Sainte-Beuve. Auf der Schwelle zur Moderne*, München 1997, S. 461.
70 Dazu vor allem: Barbara Neymeyr, »Narzißtische Destruktion. Zum Stellenwert von Realitätsverlust und Selbstentfremdung in E. T. A. Hoffmanns Nachtstück ›Der Sandmann‹«, in: *Poetica* 29 (1997) S. 499–531, und: Christa Karoli, *Ideal und Krise enthusiastischen Künstlertums in der deutschen Romantik*, Bonn 1968.
71 Hoffmann, *Elixiere des Teufels*, S. 59.
72 Hoffmann, *Fantasiestücke*, S. 805.
73 Dazu ausführlich der Kommentar von Steinecke, in: Ebd., bes. S. 560–595.
74 Vgl. dazu die mustergültige historisch-kritische Edition von Kaltèrina Latifi (Hrsg.), *Jean Paul. Vorrede zu E. T. A. Hoffmann, Fantasiestücke in Callot's Manier*, Frankfurt a. M. 2013.
75 Hoffmann, *Fantasiestücke*, S. 325.

76 Ob deswegen der Enthusiast als »Bearbeiter der ›Geschichte vom verlornen Spiegelbilde‹ gelten kann«, wie Neymeyr im Nachwort zu ihrer Ausgabe der *Abentheu-*
er der Sylvester-Nacht behauptet, ist zumindest fraglich. In: E. T. A. Hoffmann, *Die*
Abentheuer der Sylvester-Nacht, Stuttgart 2005, S. 67. Diese These hatte sie ein Jahr
zuvor noch nicht vertreten. Vgl. B. N., »Die Abentheuer der Sylvester-Nacht. Romantische Ich-Dissoziation und Doppelgänger-Problematik«, in: Saße (Hrsg.),
E. T. A. Hoffmann, S. 60–74.

77 Hoffmann, *Fantasiestücke*, S. 330.

78 Ebd., S. 336.

79 Ebd., S. 334.

80 Vgl. Ricarda Schmidt, »Narration – Malerei – Musik. Mediale Interferenz am Beispiel E. T. A. Hoffmanns«, in: *KulturPoetik* 1 (2002) S. 182–213, bes. S. 187–193.

81 Gilles Deleuze, *Die Falte. Leibniz und der Barock*, aus dem Franz. übers. von Ulrich
Johannes Schneider, Frankfurt a. M. [5]2000.

82 Hoffmann, *Fantasiestücke*, S. 344.

83 Barbara Neymeyer, »Nachwort«, in: E. T. A. Hoffmann, *Die Abentheuer der Sylves-*
ter-Nacht, Stuttgart 2005, S. 68.

84 Hoffmann, *Fantasiestücke*, S. 358 f.

85 Ebd., S. 359.

86 Vgl. Fischer, »›Selbst die schönste Gegend hat Gespenster‹«, S. 131–149.

87 Hans Christian Andersen, *Peer im Glück. Fußreise von Holmens Kanal zur Ostspit-*
ze von Amager in den Jahren 1828 und 1829. Tante Zahnweh. Ein Roman und zwei
Erzählungen, aus dem Dän. übers. von Renate Bleibtreu und Gisela Perlet, mit einem Nachw. von Rüdiger Görner, Zürich 2005, S. 139.

88 Zit. nach: Erling Nielsen, *Hans Christian Andersen*, Hamburg [5]2000, S. 176.

89 Vgl. Gisela Perlet, »Nachwort«, in: Hans Christian Andersen, »*Ja, ich bin ein seltsa-*
mes Wesen ...«. *Tagebücher 1825–1875*, ausgew., hrsg. und übers. von Gisela Perlet,
2. Bd., Göttingen 2000, S. 717.

90 Andersen, *Peer im Glück*, S. 218.

91 Ebd., S. 7.

92 Andersen, *Tagebücher*, 1. Bd., S. 249.

93 In: Hans Christian Andersen, *Schräge Märchen*, ausges. und aus dem Dän. übers.
von Heinrich Detering, mit einem Essay von Michael Maar, München [2]2002,
S. 9–23, hier: S. 16.

94 Vgl. dazu: Kaltërina Latifi / Rüdiger Görner, *Im Davor. Eine Ästhetik des Antizipa-*
torischen, Göttingen 2021.

95 In: Maxim Gorki, *Wie ich schreibe. Literarische Porträts, Aufsätze, Reden und Brie-*
fe, aus dem Russ. übers. von Erich Boehme [u. a.], mit einem Nachw. von Helene
Imendörffer, München 1978, S. 192 f.

96 Ebd., S. 367 f.

97 Alexander N. Afanasjew, *Russische Volksmärchen*, übers. von Werner von Grimm,
mit farbigen Illustrationen von Ivan Bilibin, Frankfurt a. M. 1990, S. 7.

98 In: Alexander S. Puschkin, *Erzählungen*, aus dem Russ. übers. von Fred Ottow, mit
einem Nachw. von Dmitrij Tschizewskij, München [3]1979, S. 422.

99 Ebd., S. 397.

100 Ebd., S. 206.

101 Vgl. Rictor Norton, *Mistress of Udolpho: The Life of Ann Radcliffe*, Leicester/Lon-
don 1999.

102 Puschkin, *Erzählungen*, S. 143.

103 Ebd., S. 141.
104 Ebd., S. 94.
105 Ebd., S. 429.
106 Ebd., S. 430.
107 Ebd., S. 431.
108 Ebd., S. 436.
109 Ebd., S. 436.
110 Zit. nach: Sigismund von Radecki, »Vorwort«, in: Nikolaj Gogol, *Meistererzählungen*, aus dem Russ. übers. von Sigismund von Radecki, Zürich 1979, S. 11.
111 Gogol, *Meistererzählungen*, S. 206 (beide Zitate).
112 Ebd., S. 207.
113 Ebd., S. 226.
114 Ebd., S. 249.

Kapitel IV
Lyrische Weltbezüge oder: »Schläft ein Lied in allen Dingen«

1 Vgl. Stefan Büttner, »Mit den poetischen Werken ist es ›wie mit den mathematischen Formeln – Sie machen eine Welt für sich aus‹. Die frühromantische Philosophie und Dichtungstheorie als erkenntnisphilosophisch-ästhetischer Ausgangspunkt der ›modernen Lyrik‹«, in: Arnold (Hrsg.), *Aktualität der Romantik*, S. 26–28.
2 Zit. nach Kayser, *Geschichte des deutschen Verses*, S. 116.
3 Heine, *Sämtliche Schriften*, Bd. VI/1, S. 625 (»Aufzeichnungen«).
4 Novalis, *Werke*, S. 272.
5 Fjodor M. Dostojewskij, *Die Dämonen*, aus dem Russ. übers. von Marianne Kegel, mit einem Nachw. von Hort-Jürgen Gerigk, München ²1978, S. 5 und S. 10 f.
6 Jean Paul, *Vorschule der Ästhetik*, nach der Ausg. von Norbert Miller hrsg., textkritisch durchges. und eingel. von Wolfhart Henckmann, Hamburg 1990, S. 306.
7 Georg Wilhelm Friedrich Hegel, *Vorlesungen über die Ästhetik*, 3. Tl.: *Die Poesie*, hrsg. von Rüdiger Bubner, Stuttgart 1977 (Nachweise im Text beziehen sich auf diese Ausgabe).
8 Vgl. dazu bes. Klaus Vieweg, »Humor als ›ver-sinnlichte‹ Skepsis – Hegel und Jean Paul«, in: Dieter Wandschneider (Hrsg.), *Das Geistige und das Sinnliche in der Kunst. Ästhetische Reflexion in der Perspektive des Deutschen Idealismus*, Würzburg 2005, S. 133–154.
9 Herta Nagl-Docekal / Annemarie Gethmann-Siefert / Erzsébet Rósa / Elisabeth Weisser-Lohmann (Hrsg.), *Hegels Ästhetik als Theorie der Moderne*, Berlin/Boston 2013.
10 Betont man gewöhnlich das problematische Verhältnis Hegels zur Romantik – womöglich im Einklang mit Goethes Romantik-Skepsis – (maßgeblich für diesen Ansatz ist Otto Pöggeler, *Hegels Kritik der Romantik*, überarb. Neuaufl., München/Paderborn 1999), steht hier eher dessen konstruktives Verhältnis im Mittelpunkt. Zuletzt äußerte sich dieses noch in Hegels in seinem Todesjahr verfasster umfangreicher Rezension zu »Solgers nachgelassenen Schriften und Briefwechsel« in den *Jahrbüchern für wissenschaftliche Kritik*, in denen er den zehn Jahre zuvor verstorbenen Denker ohne negativen Unterton als den Philosophen der Romantik vorstellte. In: Georg Wilhelm Friedrich Hegel, *Werke*, Bd. 11, Frankfurt a. M. 1979, S. 205–274. Hegel widmet sich in dieser abhandlungshaften Besprechung vor allem dem Verhältnis

von Solger zu Tieck, wobei er – scheinbar *en passant* – Wesentliches z. B. zur romantischen Ironie sagt, etwa: »Die selbstbewußte Vereitelung des Objektiven hat sich Ironie genannt« (ebd., S. 232), und gleichzeitig vor einer Überstrapazierung der ›sokratischen Ironie‹ warnt. Gleichzeitig betont er, Solger habe sich weder von Schlegels *Lucinde* einnehmen lassen noch von der »Fratzenhaftigkeit«, »zu welcher der Humor in den Hoffmannschen Produktionen« sich gesteigert habe (ebd., S. 213).

11 Justinus Kerner, *Die Reiseschatten*, hrsg. und mit einem Nachw. von Gunter E. Grimm, Frankfurt a. M. / Leipzig 1996 (Seitenangaben im Text beziehen sich auf diese Ausgabe).

12 In: Julius Hartmann (Hrsg.), *Uhlands Briefwechsel. Teil 1-4*, hier Bd. 1, Stuttgart/ Berlin 1911–16, S. 26.

13 In: Ebd., S. 178.

14 Zit. nach: David Friedrich Strauss, *Justinus Kerner. Zwei Lebensbilder aus den Jahren 1839 und 1862*, Erl. und Nachw. von Herman Niethammer, March 1953, S. 43 f.

15 Brentano, *Godwi*, S. 143.

16 Beide Zitate in: Ludwig Tieck, *Kritische Schriften. Zum erstenmal gesammelt und mit einer Vorrede herausgegeben von Ludwig Tieck*, 2 Bde., hier: Bd. 1, Leipzig 1848, S. 82.

17 Ludwig Tieck, *Franz Sternbalds Wanderungen. Studienausgabe*, hrsg. von Alfred Anger, Stuttgart 2004, S. 162 f.

18 Ebd., S. 163.

19 Ebd., S. 169 f.

20 In: Eduard Mörike, *Sämtliche Werke in zwei Bänden. Nach den Originaldrucken zu Lebzeiten Mörikes und nach den Handschriften*, Bd. 1, hrsg. von Helmut Koopmann, Darmstadt [6]1997, S. 670.

21 Eichendorff, *Werke*, Bd. 1, S. 328.

22 Huch, *Die Romantik*, S. 108.

23 Annette von Droste-Hülshoff, *Sämtliche Werke in zwei Bänden. Nach dem Text der Originaldrucke und der Handschriften*, hrsg. von Günther Weydt und Winfried Woesler, Bd. 1, München 1973, S. 599.

24 In: Annette von Droste-Hülshoff, *Gedichte und Prosa*, Ausw. und Nachw. von Emil Staiger, Zürich [6]1988, S. 62. Zur Interpretation dieses epischen Gedichts vgl. bes. Ingrid Lotze, »Annette von Droste-Hülshoffs Epos ›Das Vermächtnis des Arztes‹. Eine mystische Interpretation«, in: *The German Quarterly* 46 (1973) H. 3, S. 345–367. Lotze hat überzeugend nachgewiesen, dass Droste hier ihre Kenntnis Jakob Böhmes einbrachte, die diesen ›dunklen‹, sprich: mystischen Ton begründet.

25 Eine Hauptthese Emil Staigers zum Werk der Droste, vgl. das Nachwort zu seiner Auswahlausgabe *Gedichte und Prosa*, S. 347 f.

26 Eichendorff, *Werke*, Bd. 1, S. 146.

27 Mörike, *Sämtliche Werke*, Bd. 1, S. 681.

28 Eichendorff, *Werke*, Bd. 1, S. 299.

29 Eichendorff, *Werke*, Bd. 2, S. 574–576.

30 Eichendorff, *Werke*, Bd. 1, S. 173; Theodor W. Adorno, »Zum Gedächtnis Eichendorffs«, in: Th. W. A., *Noten zur Literatur. Gesammelte Schriften*, Bd. 11, hrsg. von Rolf Tiedemann unter Mitwirkung von Gretel Adorno, Susan Buck-Morss und Klaus Schultz, Frankfurt a. M. 2003, S. 69–94. Zum Problem des Spätstils vgl. vor allem: Ben Hutchinson, *Lateness and Modern European Literature*, Oxford 2017; Gordon McMullan / Sam Smiles (Hrsg.), *Late Style and its Discontents. Essays in Art, Literature and Music*, Oxford 2017. Vgl. dazu auch die thematisch weiterführen-

de Besprechung von Joe Paul Kroll, »Sorry They're Late. Modernism's Permanent State of Being ›After‹«, in: *Times Literary Supplement*, 5. 1. 2018, S. 12.

31 In: Heine, *Sämtliche Schriften*, Bd. IV, S. 357, 358 und 359.

32 Ebd., S. 375. ›Childe‹ ist nicht zu verwechseln mit ›Kind‹; es handelt sich vielmehr um die Bezeichnung für den Sohn eines Adeligen, der den Titel erben wird, altengl. *cild*.

33 Heine, *Sämtliche Schriften*, Bd. VI/1, S. 643 f. und 645.

34 Adam Mickiewicz, *Dichtung und Prosa. Ein Lesebuch von Karl Dedecius*, Frankfurt a. M. 1994, S. 57.

35 Ebd.

36 Vgl. Norbert Hummelt, »›In der Fremde‹. Krisenbewußtsein und poetischer Widerstand als Elemente ›romantischer‹ Weltsicht«, in: Arnold (Hrsg.), *Aktualität der Romantik*, S. 39–47.

37 Vgl. Mark Mazower, »Revolutionary Reckonings. Greek Independence, 1821 and the Historians«, in: *Times Literary Supplement*, 26. 3. 2021, S. 12 f. (mit ausführlichen Literaturverweisen). Mazowers Untersuchung »The Greek Revolution: 1821 and the Making of Modern Europe« ist in Vorbereitung.

38 Heine, *Sämtliche Schriften*, Bd. III, S. 372 f.

39 In: Elfi Hartenstein (Hrsg.), *Deutsche Gedichte über Polen*, Frankfurt a. M. 1994, S. 201 f., hier: S. 201.

40 In: Ebd., S. 208.

41 Karl Voss, *Wege der französischen Literatur*, Berlin 1965, S. 279–281.

42 *Auserlesene Gedichte von Alphonse de Lamartine*, metrisch übers. von Gustav Schwab, mit beigefügtem franz. Texte, Stuttgart/Tübingen 1826. Eine ironische Pointe ist, dass schließlich auch der eher kulturnational orientierte Georg Herwegh zwischen 1839 und 1843 Lamartines *Sämtliche Werke* in einer sechsbändigen Ausgabe seiner Übersetzungen vorlegen sollte.

43 *Auserlesene Gedichte*, S. 285. Originaltext: »Il est une heure de silence / Où la solitude est sans voix, / Où tout dort, meme l'espérance; / Où nul zephyr ne se balance / Sous l'ombre immobile du bois; / / Il est un âge où de la lyre / L'âme aussi semble s'endormir, / Où du poétique délire / Le soufflé harmonieux expire / Dans le sein qu'il faisoit frémir. / / L'oiseau qui charme le bocage, / Hélas! Ne chante pas toujours: / A midi, chaché sous l'ombrage, / Il n'enchante de son ramage / Que l'aube et le déclin des jours.« (Ebd., S. 284).

44 Shelley, *Oden, Sonette, Stanzen*, S. 81.

45 Ebd., S. 27.

46 Ebd., S. 15.

47 Nietzsche, *Sämtliche Werke*, kritische Studienausgabe in 15 Bänden, hrsg. von Giorgio Colli und Mazzino Montinari, München 1988, S. 207 f. (»Den ziehenden Wolken bin ich gram, diesen schleichenden Raub-Katzen: sie nehmen dir und mir, was uns gemein ist, – das ungeheure unbegrenzte Ja- und Amen-sagen. Diesen Mittlern und Mischern sind wir gram, den ziehenden Wolken: diesen Halb- und Halben […].« Ebd., S. 208.)

48 Shelley, *Oden, Sonette, Stanzen*, S. 15. Originaltext: »Or like forgotten lyres, whose dissonant strings / Give various response to each varying blast, / To whose frail frame no second motion brings / One mood or modulation like the last.«

49 Paul, *Vorschule der Ästhetik*, S. 271–275.

50 Samuel Taylor Coleridge, *Selected Poetry*, hrsg. von Richard Holmes, Harmondsworth 1996, S. 23 f. (»The Eolian Harp«, 1796).

51 Ebd., S. 23: »A light in sound, a sound-like power in light.«

52 Mörike, *Sämtliche Werke*, Bd. 1, S. 689 f. Zur Interpretation vgl. vor allem: Georg Braungart, »An eine Äolsharfe«, in: Mathias Mayer (Hrsg.), *Gedichte von Eduard Mörike*, Stuttgart 1999, S. 103–129 (darin auch wichtige weiterführende Literatur).

53 Georg Trakl, *Dichtungen und Briefe*, Bd. 1, historisch-kritische Ausg., hrsg. von Walther Killy und Hans Szklenar, 2., erg. Aufl. Salzburg 1987, S. 241 (in der ›Sammlung 1909‹).

54 Annette von Droste-Hülshoff, *Gedichte*, hrsg. von Bernd Kortländer, Stuttgart 2012, S. 109.

55 Vgl. Braungart, »An eine Äolsharfe«, S. 122 f.

56 Justinus Kerner, *Ausgewählte Werke*, hrsg. von Gunter Grimm, Stuttgart 1981, S. 25.

57 Paul, *Vorschule der Ästhetik*, S. 56.

58 Im deutschen Sprachraum ermöglicht das nun die vorzügliche Auswahlausgabe: John Clare, *A Language That is Ever Green*, hrsg., übers. und eingel. von Manfred Pfister, Berlin 2021. Unter den greifbaren Auswahlausgaben im Englischen zählt die Folgende zu den informativsten: John Clare, *Selected Poems*, hrsg. mit einer Einl. und Anm. von Geoffrey Summerfield, Harmondsworth 2000.

59 So Manfred Pfister in seiner vorzüglichen Einleitung in Clare, *A Language*, S. 15.

60 Paul Chirico, »Writing for Money. The Correspondence of John Clare and Earl Spencer«, in: *Times Literary Supplement*, 17. 11. 2000, S. 15 f.

61 Clare, *A Language*, S. 86 f. Originaltext: »The wild flower ›neath the shepherd's feet / Looks up and gives him joy«.

62 Ebd., S. 88–91. Originaltext: »The poet in his fitful glee / And Fancy's many moods / Meets it as some strange melody, / A poem of the woods, / / And now a harp that flings around / The music of the wind; / The poet often hears the sound / When beauty fills the mind.«

63 Heinrich Henel zum Beispiel argumentierte, Rückert habe vorgebildet, was sich dann bei C. F. Meyer, Hofmannsthal, Rilke und Gottfried Benn als »statische Lyrik« vollendet habe, wogegen die romantische Lyrik fließenden Formen verpflichtet gewesen sei. In: Heinrich Henel, »Epigonenlyrik: Rückert und Platen«, in: *Euphorion* 55 (1961) S. 260–278. Ähnlich Johannes Pfeiffer, der auf die Traditionslinie Friedrich Rückert – Rudolf Borchardt – Oskar Loerke – Hermann Hesse – Rudolf Alexander Schröder verweist. In: Friedrich Rückert, *Gedichte*, Ausw. und Nachw. von Johannes Pfeiffer, Stuttgart 1969, S. 69.

64 In: Birgit Weißenborn (Hrsg.), »*Ich sende Dir ein zärtliches Pfand*«. Die Briefe der Karoline von Günderrode, Frankfurt a. M. 1992, S. 82 (Brief an Gunda Brentano vom 20. 10. 1801).

65 Zit. nach Pfeiffer, Nachwort zu Rückert, *Gedichte*, S. 71.

66 Vgl. Gert Ueding, »Weltpoesie ist Weltversöhnung. Friedrich Rückert zum 200. Geburtstag«, in: *Frankfurter Allgemeine Zeitung*, 14. 5. 1988 (Tiefdruckbeilage »Bilder und Zeiten«).

67 Friedrich Rückert, *Kindertodtenlieder*, mit einer Einl. neu hrsg. von Hans Wollschläger, Nördlingen 1988; zu ihrer Bedeutung vgl. vor allem: Jens Malte Fischer, *Gustav Mahler. Der fremde Vertraute*, Wien 2003, S. 222–224.

68 Dazu: Dagmar von Gersdorff, »*Die Erde ist mir Heimat nicht geworden*«. Das Leben der Karoline von Günderrode, Frankfurt a. M. / Leipzig 2006, bes. S. 53–58.

69 Bettine von Arnim, *Clemens Brentano's Frühlingskranz / Die Günderode*, hrsg. von Walter Schmitz, Frankfurt a. M. 2006, S. 548 f.

70 Ebd., S. 549.

71 Ebd., S. 548 f.

72 Ebd., S. 431 f.

73 In: Karoline von Günderrode, *Sämtliche Werke und Ausgewählte Studien*, historisch-kritische Ausg., hrsg. von Walter Morgenthaler, unter Mitarbeit von Karin Obermeier und Marianne Graf, Bde. I–III, Basel / Frankfurt a. M. 1990–91, hier: Bd. I, S. 375.

74 Arnim, *Die Günderode*, S. 411.

75 In: Günderrode, *Sämtliche Werke*, Bd. I, S. 381, 383, 77.

76 Gersdorff, *»Die Erde ist mir Heimat nicht geworden«*, S. 95.

77 In: Arnim, *Die Günderode*, S. 540. Als mögliches Entstehungsdatum gilt das Jahr 1802. Vgl. dazu den Kommentar in derselben Ausgabe, S. 1111.

78 In: Günderrode, *Sämtliche Werke*, Bd. I, S. 109.

79 Ebd., S. 335.

80 In: *Gesammelte Werke der Karoline von Günderrode*, hrsg. von Leopold Hirschberg, 3 Bde., Berlin 1920–22, Bd. 1, S. 123–147, hier: S. 123.

81 *Gesammelte Werke*, Bd. 3, S. 40 f.

82 In: Friedrich Rückert, *Gedichte*, ausgew. und eingel. von Heinrich Henel, Königstein i. Ts. 1983, S. 95.

83 Ebd., S. 83.

Kapitel V
Schwellentanz: Das romantische Ballett als symbolische Kunstform

1 Zit. nach: Bettine von Arnim, *»Meine Seele ist eine leidenschaftliche Tänzerin«*, ausgew. und eingel. von Otto Betz, Freiburg/Basel/Wien 1982, S. 54.

2 Vgl. dazu u. a. Wolfgang Müller-Funk, »Im Schatten der Revolution. Friedrich Schlegels Konzept einer konservativen Wende (1820–1823)«, in: Aspalter [u. a.] (Hrsg.), *Paradoxien der Romantik*, S. 202–226.

3 Vgl. den Artikel von Anna Kisselgoff anlässlich einer New Yorker Ausstellung zu Elßler: »Dance View. Taglioni and Elssler Were 19th Century Superstars«, in: *New York Times*, 6. 5. 1984, Section 2, S. 9.

4 Dazu u. a. Ivor Guest, *The Dancer's Heritage. A Short History of Ballet*, mit einem Vorw. von Dame Margot Fonteyn, London/Edinburgh ³1967, S. 33–46 (»The Romantic Ballet«); I. G., *The Romantic Ballet in England*, London/Edinburgh 1972, bes. S. 56–69; I. G., *Fanny Elssler*, London 1970.

5 Dazu u. a. Elisabeth Hilscher, »Feste und Musik am Wiener Kongreß«, in: Agnes Husslein-Arco / Sabine Grabner / Werner Telesko (Hrsg.), *Europa in Wien. Der Wiener Kongress 1814/15*, Wien 2015, S. 287–293; Friedrich Dieckmann, »›Europa steht!‹ Beethoven in Krieg und Frieden«, in: *Lettre International* Winter 2014, S. 50–53; Rüdiger Görner, »Intellektuelle Zaungäste am Rande tanzender Diplomatie. Nebenschauplätze auf dem Wiener Kongress 1814/15«, in: Michael Braun (Hrsg.), *Deutsche Literatur und europäische Zeitgeschichte. Festschrift für Paul Michael Lützeler*, Tübingen 2018, S. 113–128.

6 Vgl. Golo Mann, *Friedrich von Gentz. Gegenspieler Napoleons, Vordenker Europas*, aktual. Neuausg., Frankfurt a. M. 1995, S. 360–366 und 374–376; desgleichen das Kapitel »The Last Love of Friedrich von Gentz«, in: Guest, *Fanny Elssler*, S. 26–48.

7 Zit. nach: Guest, *Fanny Elssler*, S. 82.

8 Niveauvolle Diskurse über den Tanz hätten an Friedrich Schillers Elegie »Der Tanz«

(1796) anknüpfen können. In: Friedrich Schiller, *Sämtliche Werke*, hrsg. von Gerhard Fricke und Herbert G. Göpfert, Bd. 1, 8., durchges. Aufl. Darmstadt 1987, S. 237 f. Schillers Freund, Christian Gottfried Körner, verhandelte den Tanz im Zusammenhang mit seinem Versuch über die »Charakterdarstellung in der Musik«. Vgl. bes. Jürgen Barkhoff, »Tanz der Körper – Tanz der Sprache. Körper und Text in Friedrich Schillers Gedicht ›Der Tanz‹«, in: *Jahrbuch der Deutschen Schillergesellschaft* 45 (2001), S. 147–163.

  9 Zit. nach: Ebd., S. 83.

10 Charles Baudelaire, *Die Tänzerin Fanfarlo und Der Spleen von Paris. Prosadichtungen*, aus dem Franz. übers. von Walther Küchler, Zürich 1977, S. 7–62.

11 Ebd., S. 9.

12 Ebd., S. 13.

13 Ebd., S. 12 f.

14 Ebd., S. 26.

15 Ebd., S. 42.

16 Vgl. Roman Luckscheiter (Hrsg.), *L'art pour l'art. Der Beginn der modernen Kunstdebatte in französischen Quellen der Jahre 1818 bis 1847*, Bielefeld 2003, bes. S. 9–36.

17 Hierher gehört auch die betont kritische »Monographie de la Presse Parisienne« von Honoré de Balzac, *Les Journalistes (1836)*, Paris 1991.

18 Baudelaire, *Die Tänzerin Fanfarlo*, S. 44.

19 Ebd., S. 48.

20 Ebd. S. 48 f.

21 Ebd., S. 49.

22 Ebd., S. 49.

23 In: Luckscheiter, *L'art pour l'art*, S. 77.

24 Ebd., S. 81.

25 Ebd., S. 56.

26 Karl Rosenkranz, *Die Ästhetik des Häßlichen*, Königsberg 1853, S. III.

27 Dazu umfassend: Ocksook Shim, *Der Tanz bei Heinrich Heine: Heines Tanzfiguren und Zeitdiagnose*, Riga/Düsseldorf 2008.

28 In: Heine, *Sämtliche Schriften*, Bd. I, S. 187.

29 In: Ebd., S. 601.

30 Heine, *Sämtliche Schriften*, Bd. III, S. 655.

31 Heine, *Sämtliche Schriften*, Bd. VI/1, S. 392.

32 So zum Beispiel für die erste Schaffensphase: Karin Sousa, *Heinrich Heines »Buch der Lieder«. Differenzen und die Folgen*, Berlin/Boston 2007.

33 Heine, *Sämtliche Schriften*, Bd. VI/1, S. 372.

34 Ebd., S. 371.

35 Ebd., S. 368.

36 Ebd., S. 358 und 359.

37 Ebd., S. 360.

Kapitel VI
Romantisch Wissen schaffen

  1 Iwan A. Gontscharow, *Eine alltägliche Geschichte. Roman*, aus dem Russ. übers. von Ruth Fritze-Hanschmann, München 1989, S. 78 f.

  2 In: Gustave Flaubert, *Die Erziehung des Herzens. Geschichte eines jungen Mannes*,

aus dem Franz. übers. von E. A. Rheinhardt, mit den Rezensionen von Jules Barbey d'Aurevilly, George Sand und Émile Zola sowie einem Glossar im Anhang, Zürich 1979, S. 590 (Besprechung vom 22.12.1869 in *La Liberté*).

3 Gustave Flaubert, *Bouvard und Pécuchet*, aus dem Franz. übers. von Thomas Dobberkau, Berlin 1980, S. 146.

4 Einen wichtigen Überblick geben Gabriele Brandstetter / Gerhard Neumann (Hrsg.), *Romantische Wissenspoetik. Die Künste und die Wissenschaft um 1800*, Würzburg 2004.

5 Mike Jay, *The Atmosphere of Heaven: The Unnatural Experiments of Dr. Beddoes and His Sons of Genius*, Yale 2009. Vgl. dazu die inhaltsreiche Besprechung von Jenny Uglow, »Romantic Scientists«, in: *The London Review of Books*, 14.1.2010, S. 57–59.

6 Vgl. Wolfgang Behringer, *Tambora und das Jahr ohne Sommer*, München ⁵2018. Dazu bereits: Reinhard Kaiser, »Gespenstersommer. Über das Wetter und die Literatur im kalten Jahr 1816«, in: *Frankfurter Rundschau*, 10.11.1990, S. 3.

7 Ebd.

8 Zur Verbildlichung dieses Phänomens vgl. u. a. Martin Myrone (Hrsg.), *Gothic Nightmares – Fuseli, Blake and the Romantic Imagination*, mit Beiträgen u. a. von Christopher Frayling und Marina Warner, London 2006. Dazu die vorzügliche Besprechung von Georges Waser, »Füssli und der Reiz des grauenvoll Schönen«, in: *Neue Zürcher Zeitung*, 11./12.3.2006, S. 69.

9 Originaltext:
»I had a dream, which was not all a dream.
The bright sun was extinguish'd, and the stars
Did wander darkling in the eternal space,
Rayless, and pathless, and the icy earth
Swung blind and blackening in the moonless air [...]«

10 Eric Hobsbawm spricht von »collective bargaining by riot«, in: »The Machine Breakers«, in: E. H., *Labouring Men*, London 1964, S. 5–25, hier S. 7. Zum allgemeinen Kontext vgl. bes. Rolf Peter Sieferle, *Fortschrittsfeinde? Opposition gegen Technik und Industrie von der Romantik bis zur Gegenwart* (Die Sozialverträglichkeit von Energiesystemen. 5), München 1984; David F. Noble, *Maschinenstürmer oder die komplizierten Beziehungen der Menschen zu ihren Maschinen*, Berlin 1986.

11 Vgl. Christina von Hodenberg: *Aufstand der Weber. Die Revolte von 1844 und ihr Aufstieg zum Mythos*, Bonn 1997.

12 In: Piero Sraffa (Hrsg.): *The Works and Correspondence of David Ricardo*, Bd. V, Cambridge 1952, S. 30.

13 Jean-Charles-Léonard Simonde des Sismondi, *Neue Grundsätze der Politischen Ökonomie oder Der Reichtum in seinen Beziehungen zu der Bevölkerung*, Bd. 2, Berlin 1902, S. 239–258 (Buch VII, Kapitel VII: »Von der Bevölkerung, die durch die Erfindung der Maschinen überflüssig wird«). Die deutsche Erstausgabe erschien bereits 1827.

14 Zu den ›radikalen‹ Anfängen von Wordsworth vgl. Jonathan Bate, *Radical Wordsworth: The Poet Who Changed the World*, London 2020; zum Gesamtbild des Dichters vgl. die Neuausgabe der Biographie von Syehen Gill, *William Wordsworth: A Life*, Oxford 2020; ebenso: Stephen Coote, *John Keats: A Life*, London 1995 (Coote bezweifelt die rein medizinischen Gründe für Keats' Ausreise nach Italien).

15 In: Friedrich Wilhelm Joseph Schelling, *Schriften*, Bd. 1: *1794–1800*, Frankfurt a. M. 1985, S. 282 (Einleitung zu: *Ideen zu einer Philosophie der Natur als Einleitung in das Studium dieser Wissenschaft*).

16 Johann Gottfried Herder, *Sämmtliche Werke*, Bd. 14, hrsg. von Bernhard Suphan, Berlin 1884, S. 146.

17 Ebd., S. 297.

18 Klaus Behrens, *Friedrich Schlegels Geschichtsphilosophie (1794–1808). Ein Beitrag zur politischen Romantik*, Tübingen 1984, S. 76.

19 Grundlegend: Matthew Bell, *The German Tradition of Psychology in Literature and Thought 1700–1840*, Cambridge 2005.

20 Ausführlich untersucht bei Andreas Gailus, »A Case of Individuality: Karl Philipp Moritz and the Magazine for Empirical Psychology«, in: *New German Critique* 79 (2000) S. 67–105.Vgl. Laurie Ruth Johnson, »Die Lesbarkeit des romantischen Körpers. Über Psychosomatik und Text in Fallstudien von Karl Philipp Moritz und Friedrich Schlegel«, in: Kleinschmidt (Hrsg.), *Lesbarkeit der Romantik*, S. 105–136. Desgl. Raimund Bezold, *Popularphilosophie und Erfahrungsseelenkunde im Werk von Karl Philipp Moritz*, Würzburg 1984.

21 Novalis, *Werke*, Bd. 2, S. 410 (441). Hervorh. i. Orig.

22 Ebd. (440).

23 Novalis, *Werke*, Bd. 1, S. 201.

24 Ebd.

25 Vgl. dazu: Dieter Henrich, *Grundlegung aus dem Ich. Untersuchungen zur Vorgeschichte des Idealismus Tübingen – Jena 1790–1794*, Bd. 2, Frankfurt a. M. 2004, S. 1563.

26 Vgl. u. a. Torben Hviid Nielsen / Siv Frøydis Berg, »Goethe's Homunculus and Shelley's Monster. On the Romantic Prototypes of Modern Biotechnology«, in: *Notizie di Politeia* 63 (2001), S. 37–50.

27 Im Zusammenhang unter Aufarbeitung reichen Quellenmaterials dargestellt von Friedrich Weltzien, »Elektrische Menetekel. Ritters Abbreviaturen einer allgemeinen Schrift«, in: Kleinschmidt (Hrsg.), *Lesbarkeit der Romantik*, S. 185–209.

28 Vgl. Haru Hamanaka: *Erkenntnis und Bild – Wissenschaftsgeschichte der Lichtenbergischen Figuren um 1800*, Reihe: Stefan Brüdermann / Ulrich Joost (Hrsg.): *Lichtenberg-Studien*, Bd. 16, Göttingen 2015.

29 In: Georg Christoph Lichtenberg, *Briefwechsel*, hrsg. von Ulrich Joost und Albrecht Schöne, Bd. 1, München 1983, S. 440.

30 Ernst Florens Friedrich Chladni, *Entdeckungen über die Theorie des Klangs*, Wittenberg 1787.

31 Weltzien, »Elektrische Menetekel«, S. 195.

32 Johann Wilhelm Ritter, *Fragmente aus dem Nachlasse eines jungen Physikers. Ein Taschenbuch für Freunde der Natur*, hrsg. von Steffen Dietzsch und Birgit Dietzsch, Hanau 1984.

33 Dazu: Michael Eggers, »Von Pflanzen und Engeln. Friedrich Schlegels Sprachdenken im Kontext der frühen Biologie«, in: Kleinschmidt (Hrsg.), *Lesbarkeit der Romantik*, S. 159–183, bes. 163–169.

34 Carl Gustav Carus, *Psyche. Zur Entwicklungsgeschichte der Seele*, Pforzheim 1846, S. 98–111. In: Deutsches Textarchiv (http://www.deutschestextarchiv.de), abgerufen am 5.7.2020 (Seitenangaben im Text beziehen sich auf diese Ausgabe).

35 Vgl. Sigrid Oehler-Klein, *Die Schädellehre Franz Joseph Galls in Literatur und Kritik des 19. Jahrhunderts. Zur Rezeptionsgeschichte einer medizinisch-biologisch begründeten Theorie der Physiognomik und Psychologie*, Stuttgart / New York 1990 (Soemmering-Forschungen. 8).

36 Vgl. John Shannon Hendrix, *Unconscious Thought in Philosophy and Psychoanalysis*, Heidelberg 2015 (Kap. VI).

37 Huch, *Die Romantik*, S. 426–432.

38 Vgl. Fryderyk Chopin, *Briefe*, hrsg. von Krystyna Kobylańska, Berlin 1983, S. 118.

39 Zu Malfatti vgl. u. a. Friedrich Slezak, »Italiener in Wien«, in: *Wiener Geschichts-blätter 43. Verein für Geschichte der Stadt Wien*, Wien 1988.

40 Ignaz Paul Vital Troxler, *Elemente der Biosophie* [Reprint of the Original from 1808. Bern University Library], Leipzig 1808, S. VII und XXI f. Zu Troxler vgl. u. a. Daniel Furrer, *Ignaz Paul Vital Troxler. Der Mann mit Eigenschaften (1780–1866)*, Zürich 2010.

41 Troxler, *Elemente der Biosophie*, S. 13.

42 Ebd., S. 47.

43 Ebd., S. 61.

44 Ebd., S. 70. Hervorh. i. Orig.

45 Ebd., S. 115.

46 Huch, *Die Romantik*, S. 440.

47 Erst nach der Einführung des inzwischen gängigen Vorgangs der Organverpflan-zung wurde die Frage nach ›Identität‹ und ›Organ‹ virulent. Eine eindrucksvolle literarische Reflexion dazu findet sich im Roman *Leben* von David Wagner (Ham-burg 2013).

48 Vgl. u. a. Gereon Wolters (Hrsg.), *Franz Anton Mesmer und der Mesmerismus*, Kon-stanz 1988; Heinz Schott (Hrsg.), *Franz Anton Mesmer und die Geschichte des Mes-merismus*, Stuttgart 1985.

49 Vgl. u. a. Karl Christian Wolfart (Hrsg.), *Mesmerismus oder System der Wechselwir-kungen. Theorie und Anwendung des thierischen Magnetismus als die allgemeine Heilkunde zur Erhaltung des Menschen*, Berlin 1814; Alexander Ferdinand Kluge: *Versuch einer Darstellung des animalischen Magnetismus als Heilmittel*, Berlin 1818; Franz Josef Schelver, *System der allgemeinen Therapie im Grundsatz der magneti-schen Heilkunst*, Frankfurt a. M. 1831.

50 Vgl. u. a. Isabella Frances Romer, *Sturmer, a Tale of Mesmerism. To Which are Added Other Sketches From Life*, London 1841; George Sandby, *Mesmerism and Its Oppo-nents. With a Narrative of Cases*, London 1848.

51 Johann Karl Passavant, *Untersuchungen über den Lebensmagnetismus und das Hell-sehen*, Frankfurt a. M. 1821.

52 Überraschenderweise hat sich die Forschung dieser Novelle nur selten angenom-men. Vgl. bes. Josefine Nettesheim, »E. T. A. Hoffmanns Phantasiestück ›Der Ma-gnetiseur‹. Ein Beitrag zum Problem ›Wissenschaft‹ und Dichtung«, in: *Jahrbuch des Wiener Goethe-Vereins* 71 (1967) S. 113–127; Wolfgang Müller-Funk, »E. T. A. Hoffmanns Erzählung ›Der Magnetiseur‹. Ein poetisches Lehrstück zwischen Dä-monisierung und neuzeitlicher Wissenschaftskritik«, in: Schott (Hrsg.), *Franz Anton Mesmer*, S. 200–214.

53 Vgl. den Abschnitt »Quellen, Anregungen«, in: Hoffmann, *Fantasiestücke*, S. 727–730.

54 Vgl. Uwe Hendrik Peters, *Studies in German Romantic Psychiatry. Justinus Kerner as a Psychiatric Practitioner. E. T. A. Hoffmann as a Psychiatric Theorist. The 1988 Bithell Memorial Lecture. Institute of Germanic Studies, University of London*, Lon-don 1990, bes. S. 10–18.

55 Ebd., S. 11.

56 Julius Eduard Hitzig, *E. T. A. Hoffmanns Leben und Nachlass*, mit einem Nachw. von Wolfgang Held, Frankfurt a. M. 1986, S. 268.

57 Ebd., S. 273.

58 Ebd., S. 268 f.
59 Ebd., S. 9.
60 Hoffmann, *Fantasiestücke*, S. 179 (nachfolgende Verweise im Text beziehen sich auf diese Ausgabe).
61 Zit. nach: E. T. A. Hoffmann, *Nachtstücke. Klein Zaches. Prinzessin Brambilla. Werke 1816–1820*, hrsg. von Hartmut Steinecke unter Mitarbeit von Gerhard Allroggen, Frankfurt a. M. [2]2009, S. 1093 f. (Anm. 614,1).
62 Ebd., S. 679.
63 Online verfügbar unter: http://www.zeno.org/adelung-1793.
64 Zu einer – entgegen des Titels – ausgewogenen Kritik an Jones und seinem philologischen wie kulturpolitischen Vorgehen vgl. bes. Lyle Campbell, »Why Sir William Jones Got it all Wrong, or Jones' Role in How to Establish Language Families«, in: https://www.researchgate.net (abgerufen am 13.7.2020).
65 Vgl. Lothar Gall, *Wilhelm von Humboldt. Ein Preuße in der Welt*, Berlin 2011, S. 344 f.
66 Vgl. Hans Joachim Kreutzer, *Der Mythos vom Volksbuch. Studien zur Wirkungsgeschichte des frühen deutschen Romans seit der Romantik*, Stuttgart 1977.
67 Zu den frühesten kritischen Auseinandersetzungen mit diesem Autor vgl. Wilhelm Scherer, *Die Anfänge des deutschen Prosaromans und Jörg Wickram von Colmar. Eine Kritik*, Straßburg 1877.
68 Vgl. Reinhold Steig, »Georg Friedrich Benecke und die Heidelberger«, in: *Euphorion* 17 (1910) S. 351–363.
69 Clemens Brentano, *Der Goldfaden. Eine schöne alte Geschichte*, mit den Vignetten der Originalausg. 1809 von Ludwig Emil Grimm, hrsg., komm. und mit einem Nachw. von Karl-Heinz Habersetzer, Heidelberg 1986.
70 In: *Briefwechsel zwischen Jacob und Wilhelm Grimm aus der Jugendzeit*, hrsg. von Hermann Grimm und Gustav Hinrichs, 2., verm. und verb. Aufl., besorgt von Wilhelm Schoof, Weimar 1963, S. 101 (Brief vom 17.5.1809).
71 Bettine von Arnim, *Letzte Liebe. Das unbekannte Briefbuch. Korrespondenz mit Julius Döring*, hrsg. und mit einem Nachw. von Wolfgang Bunzel, Berlin 2019, S. 97.
72 Ebd., S. 130.
73 Vgl. u. a. Michel Chaouli, *Das Laboratorium der Poesie. Chemie und Poetik bei Friedrich Schlegel*, Paderborn 2004.
74 Vgl. Peter Schnyder, *Die Magie der Rhetorik. Poesie, Philosophie und Politik in Friedrich Schlegels Frühwerk*, Paderborn/München/Wien/Zürich 1999; Peter D. Krause, *Unbestimmte Rhetorik. Friedrich Schlegel und die Redekunst um 1800*, Berlin 2001.

Kapitel VII
Blühende Ruinenlandschaften, Nachtwelten und andere – auch theoretische – Kunsthorizonte

1 Georg Wilhelm Friedrich Hegel, *Frühe Schriften. Werke*, Bd. 1, hrsg. von Eva Moldenhauer und Karl Markus Michel, Frankfurt a. M. [9]2019, S. 614–618.
2 In: Albrecht von Haller, *Versuch Schweizerischer Gedichte*, Frauenfeld 1882, S. 19–42, hier: S. 33: »Dann hier, wo Gotthards Haupt die Wolken übersteiget / Und der erhabnern Welt die Sonne näher scheint«
3 Ebd., S. 616.
4 W. G. Fearnside (Hrsg.), *Geschichte und Topographie der Rheinufer von Cöln bis Mainz. In deutscher, französischer und englischer Sprache*, London 1832.

5   Tieck, *Franz Sternbalds Wanderungen*, S. 256.
6   In: Schultz (Hrsg.), *Clemens Brentanos Landschaften*, S. 65.
7   Vgl. Steffen Siegel (Hrsg.), *Neues Licht. Daguerre, Talbot und die Veröffentlichung der Fotografie im Jahr 1839*, München 2014.
8   Hans Rooseboom, *What's Wrong With Daguerre? Reconsidering Old and New Views on the Invention of Photography*, Amsterdam 2010.
9   Eugène Delacroix, *Das Jugendtagebuch 1822–1824*, aus dem Franz. übers. von Joachim Schultz, mit einem Nachw. von Ralph-Rainer Wuthenow, Frankfurt a. M. / Leipzig 1994, S. 55.
10 Einzelausgabe dieses Artikels: Eugène Delacroix, *Des Critiques en Matière d'Art*, Paris 1986, S. 13.
11 Vgl. u. a. Martin Bollacher, *Wackenroder und die Kunstauffassung der frühen Romantik*, Darmstadt 1983.
12 Jörg Traeger, *Philipp Otto Runge und sein Werk*, München 1975.
13 Vgl. dazu u. a. Heide Eilert, »Eduard Mörike › Maler Nolten‹«, in: *Romane und Erzählungen zwischen Romantik und Realismus. Neue Interpretationen*, hrsg. von Paul Michael Lützeler, Stuttgart 1983, S. 33–54.
14 Hoffmann, *Serapions-Brüder*, S. 63.
15 Mörike, *Sämtliche Werke*, Bd. 1, S. 8 (folgende Seitenangaben im Text nach dieser Ausgabe).
16 Irene Efremides, *Die Technik der Gemäldebeschreibungen in exemplarischen Erzählwerken des 19. Jahrhunderts anhand von Eduard Mörikes »Maler Nolten«, Adalbert Stifters »Der Nachsommer« und Gottfried Kellers »Der grüne Heinrich«*, Diss., Wien 1990.
17 Zit. nach: Mörike, *Sämtliche Werke*, Bd. 1, S. 1031.
18 Zit. nach: Ebd., S. 1027. [Hervorh. d. Verf.]
19 Koopmann, ebd., S. 1016.
20 Honoré de Balzac, *Das unbekannte Meisterwerk*, mit Illustrationen von Pablo Picasso, hrsg. und mit einem Nachw. von Sebastian Goeppert und Herma Goeppert Frank, aus dem Franz. übers. von Herma Goeppert-Frank, Frankfurt a. M. 1987, S. 33 (Seitenangaben im Text nach dieser Ausgabe).
21 Friedmar Apel, *Das Auge liest mit. Zur Visualität der Literatur*, München 2010, S. 66.
22 Ebd., S. 67.
23 Friedmar Apel (Hrsg.), *Romantische Kunstlehre. Poesie und Poetik des Blicks in der deutschen Romantik*, Bibliothek der Kunstliteratur Bd. 4, hrsg. von Gottfried Boehm und Norbert Miller, Frankfurt a. M. 1992, S. 713–760. Es handelt sich hierbei um die repräsentativste Auswahl bildkunsttheoretischer Schriften aus der Zeit der Romantik, wiederum jedoch nur mit Blick auf die deutsche Entwicklung.
24 So Friedmar Apel in seinem vorzüglichen Nachwort-Essay »Die romantische Schule des Sehens«, ebd., S. 756.
25 Schelling, *Schriften*, Bd. 2, S. 459.
26 Zum Begriff des Prozessualen vgl. Apel (Hrsg.), *Romantische Kunstlehre*, S. 713 und 758.
27 Hoffmann, *Nachtstücke*, S. 138.
28 Ebd., S. 139.
29 Ebd., S. 110.
30 Ebd., S. 129.
31 Ebd., S. 130.

32 In: Apel (Hrsg.), *Romantische Kunstlehre*, S. 170.

33 Ebd.

34 In: Ebd., S. 209 (folgende Seitenangaben im Text nach dieser Ausgabe).

35 Schelling, *Schriften*, Bd. 2, S. 201.

36 Grundlegend: Kenneth Clark, *Landscape Into Art*, 2., rev. Aufl., London 1979.

37 Vgl. Marianne Prause, *Carl Gustav Carus als Maler. Leben und Werk*, Berlin 1968.

38 Tieck, *Franz Sternbalds Wanderungen*, S. 256.

39 Ebd.

40 Vgl. Bernard Dieterle, *Erzählte Bilder. Zum narrativen Umgang mit Gemälden*, Marburg 1988.

41 Ebd., S. 257.

42 Ebd.

43 So Apel in seinem Kommentar, in: *Romantische Kunstlehre*, S. 747.

44 Dazu: Ebd., S. 800.

45 Einen Vorläufer davon erkennt Andrew Hui bereits in der Behandlung der Ruine im Zeitalter der Renaissance: A. H., *The Poetics of Ruins in Renaissance Literature*, New York 2016.

46 Vgl. Kenneth Clark, *The Romantic Rebellion. Romantic Versus Classic Art*, London ²1976.

47 In: Georg Simmel, *Gesamtausgabe. Aufsätze und Abhandlungen*, hrsg. von Alessandro Cavalli und Volkhard Krech, Frankfurt a. M. ²1997, S. 124 f.

48 Ebd., S. 126.

49 Ebd., S. 125.

50 Originaltext: »Through shattered galleries, ›mid roofless halls, / Wandering with timid footsteps oft betrayed, / The stranger sighs, nor scruples to upbraid / Old time, though he, gentlest among the thralls / Of destiny, upon these wounds hath laid / His lenient touches, soft as light that falls, / From the wan Moon, upon the towers and walls, / Light deepening the profoundest sleep of shade. / Relic of Kings! Wreck of forgotten wars, / To winds abandoned and the prying stars, / Time ›loves‹ Thee! at his call the Seasons twine / Luxuriant wreaths around thy forehead hoar; / And, though past pomp no changes can restore, / A soothing recompence, his gift, is thine!« [Übers. d. Verf.]

51 Tieck, *Franz Stermbalds Wanderungen*, S. 257.

52 Sir Thomas Browne, »Über Träume«, in: *Hydriotaphia – Urnenbestattung und andere Schriften*, hrsg., übers. und komm. von Manfred Pfister, Dozwil 2014, S. 383–389, hier: S. 383.

53 Ebd., S. 386.

54 In: Novalis, *Werke*, Bd. 1, S. 149.

55 Friedrich Nietzsche, *Sämtliche Werke*, kritische Studienausgabe Bd. 12, hrsg. von Giorgio Colli und Mazzino Montinari, München 1988, S. 178 f.

56 Ebd., S. 404.

57 Zit. nach dem Stichwort »Nacht« in: Barthes, *Fragmente*, S. 176. Vgl. auch: Jean Baruzi, *Saint Jean de la Croix*, Paris ²1931, S. 303.

58 Zit. nach ebd., S. 396.

59 Vgl. Fischer, *Gustav Mahler*, S. 343 f.

60 Mörike, *Sämtliche Werke*, Bd 1, S. 749.

61 Rückert, *Gedichte*, S. 45.

62 Ludwig Tieck, *Gedichte. Faksimile-Druck nach der Ausgabe von 1821–23*, Tl. 1, Heidelberg 1967, S. 114.

63 Richard Dehmel, *Weib und Welt*, Berlin 1896, S. 60–63.
64 Rainer Maria Rilke, *Gedichte an die Nacht*, hrsg. von Klaus. E. Bohnenkamp, Berlin 2016.
65 In: Rainer Maria Rilke, *Sämtliche Werke*, Bd. 2: *Gedichte. Zweiter Teil*, hrsg. von Rilke-Archiv in Verbindung mit Ruth Sieber-Rilke, bes. durch Ernst Zinn, Frankfurt a. M. 1987, S. 66–78, hier: S. 74 f.
66 In: Ebd., S. 72 (»Einmal nahm ich zwischen meine Hände / dein Gesicht ...«).
67 Ebd., S. 70.

Kapitel VIII
Da capo: die romantische Sprache der Musik, literarisch gehört

 1 Vgl. u. a. Rüdiger Görner, »Der ›blaue Ton‹ auf Winterreise. Schubert und die Klangformen des Romantischen«, in: Aspalter [u. a.] (Hrsg.), *Paradoxien der Romantik*, S. 320–332.
 2 Carl Czerny, *Systematische Anleitung zum Fantasieren auf dem Pianoforte. Faksimile der Originalausgabe von 1829*, hrsg. von Ulrich Mahlert, Wiesbaden 1993 (den Hinweis verdanke ich dem Musikkünstler Kolja Lessing, Würzburg).
 3 Kolja Lessing, *Czerny: Violinsonaten. Begleitheft zur Aufnahme der Sonate, S. 5. cpo 777-822-2*, Koproduktion mit BR-Klassik. Kolja Lessing, Violine; Rainer Maria Klaas, Klavier.
 4 Dazu u. a.: Bettina Winkler, *Musik und Widerstand (1)*, SWR2 Musikstunde, 7. 5. 2012. SWR2: https://www.swr.de. (aufgerufen am 30. 7. 2020).
 5 Schelling, *Schriften, Philosophie der Kunst*, S. 317.
 6 Einzeluntersuchungen zu Schellings Musikphilosophie sind – mit Ausnahme von Dahlhaus' Überlegungen im Zusammenhang mit seiner Studie zur *Idee der absoluten Musik* – spärlich. Eine der ersten Arbeiten dazu: P. Riesenfeld, »Schelling als Musikphilosoph«, in: *Allgemeine Musikzeitung* 40 (1913) S. 105–107 und 174–178.
 7 Vgl. Rüdiger Görner, »Klangdenken. Ludwig van Beethovens philosophische Sendung«, in: *Lettre International* Frühjahr 2020, S. 75–79.
 8 Vgl. hierzu die staunenswerte Dokumentation von Dietmar J. Ponert, *E. T. A. Hoffmann – Das bildkünstlerische Werk. Ein kritisches Gesamtverzeichnis in zwei Bänden*, Petersberg 2012.
 9 Vgl. u. a. Rüdiger Görner, »›Singen nach unsichtbaren Noten.‹ Hoffmanns Erzählen aus dem Geist der Musik«, in: *E. T. A. Hoffmann Jahrbuch* 26 (2018) S. 102–115.
10 In: Hoffmann, *Fantasiestücke*, S. 13; die beiden vorherigen Zitate auf S. 17 f. (im Text zitiert mit den Seitenzahlen).
11 Ritter, *Fragmente*, Bd. I, S. 224.
12 Hector Berlioz, *Schriften. Betrachtungen eines musikalischen Enthusiasten*, ausgew., hrsg. und komm. von Frank Heidlberger, übers. von Dagmar Kreher, Kassel/Stuttgart/Weimar 2002 (alle nachfolgenden Seitenangaben im Text beziehen sich auf diese Ausgabe).
13 Dazu: Hector Berlioz, *Lebenserinnerungen*, aus dem Franz. übers. und hrsg. von Hans Scholz, München 1914, S. 297.
14 Hoffmann, *Serapions-Brüder*, S. 397.
15 Berlioz, *Lebenserinnerungen*, S. 62. Grundlegend zum Libretto des *Freischütz*: Joachim Reiber, *Bewahrung und Bewährung: das Libretto zu Carl Maria von Webers »Freischütz« im literarischen Horizont seiner Zeit*, München 1990.

16 In dieser Arie kann man daher die Entsprechung in der Musik zu dem hören und sehen, was ich andernorts die »Pluralektik der Romantik« genannt habe. Vgl. Görner, *Die Pluralektik der Romantik*. Vgl. dagegen das an Adorno und Horkheimer kritisch ausgerichtete Festhalten an eher schematisch verstandenen Dialektikbegriff bei: Peter Murphy / David Roberts, *Dialectic of Romanticism*, London 2004.

17 Rainer Schmusch, *Hector Berlioz – Autopsie des Künstlers*, Musik-Konzepte Bd. 108, hrsg. von Heinz-Klaus Metzger und Rainer Riehn, München 2000, S. 9.

18 Vgl. dazu: Orlando Figes, *The Europeans. Three Lives and the Making of a Cosmopolitan Culture*, London 2020.

19 »Den Lebenden schulden wir Rücksichtnahme, den Toten nur die Wahrheit.«, in: Tomi Mäkelä / Christoph Kammertöns / Lena Esther Ptaszynski (Hrsg.), *Friedrich Wieck – Gesammelte Schriften*, Frankfurt a. M. 2019, S. 15–49, bes. S. 38 f.

20 Vgl. Jakob Starzinger, »Eine trügerische Nachtmusik: E. T. A. Hoffmanns ›Das Sanctus‹«, in: *E. T. A. Hoffmann-Jahrbuch* 14 (2006) S. 50–64.

21 Es dürfte sich um Haydns sogenannte Nelson-Messe handeln (Hob. XII/11) von 1798. Sie führt übrigens den Beinamen: *Missa in angustiis*, also: ›Messe in der Bedrängnis‹. Genau in eine solche Bedrängnis bringt sich Bettina selbst durch ihr ›sündiges‹ Verlassen des Sanctus.

22 In: Hoffmann, *Nachtstücke. Klein Zaches. Prinzessin Brambilla. Werke 1816–1820*, hrsg. von Hartmut Steinecke unter Mitarbeit von Gerhard Allroggen, Frankfurt a. M. 2009, ²2017, S. 148 (alle nachfolgenden Seitenangaben im Text beziehen sich auf diese Ausgabe).

23 Ludwig Bechstein, *Sämtliche Märchen*, hrsg. von Walter Scherf, Darmstadt 1983, S. 487–493 (alle Zitate ebd.).

24 Dazu Scherf, ebd., S. 844–846.

25 Bettine von Arnim, *Letzte Liebe*, S. 309 f.

26 Vgl. dazu u. a. Werner Keil, *Dissonanz und Harmonie in Romantik und Moderne*, München 2013.

27 Ebd., S. 57–89.

28 Franz Grillparzer, *Der arme Spielmann. Erzählung*, Anm. und Nachw. von Helmut Bachmaier, Stuttgart 2019, S. 6 (Seitennachweise im Text beziehen sich auf diese Ausgabe).

29 Die Außenseiterrolle betont Bachmaier in seinem Nachwort. In: Ebd., S. 70.

30 So Bachmaier, ebd., S. 72.

31 Ebd., S. 136 (Brief an Döring vom 5. – 8. 6. 1939).

32 Ebd.

33 *Bettine von Arnims Armenbuch*, hrsg. von Werner Vordtriede, Frankfurt a. M. 1981, S. 117.

34 In: Arnim, »*Meine Seele ist eine leidenschaftliche Tänzerin*«, S. 57.

35 Friedrich Theodor Vischer, *Kritische Gänge*, hrsg. von Robert Vischer, Bd. IV, München 1922, S. 159.

36 In: Tom Phillips, *Musik der Bilder. Von der Frühzeit bis zur Gegenwart*, München / London / New York 1998, S. 98.

37 Schelling, *Werke, Philosophie der Kunst*, S. 361.

38 Ebd., S. 319.

39 Schellings Zitat lautet: »Musica est raptus numerare se nescientis animae.« Im Original, Brief von Leibniz an Christian Goldbach vom 27. 4. 1712, lautet die Stelle: »Musica est exercitium arithmeticae occultum nescientis se numerare animi.« (›Die Musik ist eine verborgene Rechenkunst des seines Zählens unbewussten Geistes.‹) In:

Gottschalk Eduard Guhrauer: *Nachträge zu der Biographie. Gottfried Wilhelm Freiherr von Leibnitz*, Breslau 1846, S. 66.

40 Alle Zitate: Schelling, *Werke, Philosophie der Kunst*, S. 318.

41 Ebd., S. 326.

42 Ebd., S. 328.

Kapitel IX
›Productive Imagination‹ und religiöse Anklänge in der englischen und deutschen (Spät-)Romantik

1 Eine Würdigung Wolfgang Hildesheimers jüngsten Datums findet sich in Christian Linder, »Das Ende von Etwas. Vom Mangel an Schweigen und vom Verschwinden der Literatur«, in: *Lettre International* Herbst 2020, S. 84–95, bes. S. 89–95.

2 In: Wolfgang Hildesheimer, *Gesammelte Werke in sieben Bänden*, hrsg. von Christiaan Lucas Hart Nibbrig und Volker Jehle, Bd. IV, Frankfurt a. M. 1991, S. 14 (alle nachfolgenden Seitenangaben im Text beziehen sich auf diese Ausgabe).

3 Heinrich Heine, »Die Romantische Schule«, in: Heine, *Sämtliche Schriften*, Bd. III, S. 388.

4 Hegel, *Werke*, Bd. 11, S. 82–128. Zur immerwährenden Aktualität des Restaurativen vgl. u. a. den Artikel von Mark Siemons, »Die Wiederkehr des Unerwünschten. Restauration – die vielen Gesichter eines Mythos«, in: *Frankfurter Allgemeine Zeitung*, 10. 1. 1987 (»Bilder und Zeiten«).

5 Jürgen Habermas, *Auch eine Geschichte der Philosophie*, Bd. 1: *Die okzidentale Konstellation von Glauben und Wissen*, Bd. 2: *Vernünftige Freiheit. Spuren des Diskurses über Glauben und Wissen*, Berlin 2020.

6 Thomas M. Schmidt, »Glauben und Wissen. Jürgen Habermas und die Religion«, in: *zur debatte* 2 (2020) S. 27–31, hier: S. 28.

7 Ebd.

8 Vieweg, *Hegel*, S. 548.

9 Thomas de Quincey, *Confessions of an English Opium Eater*, hrsg. und mit einer Einl. von Alethea Hayter, Harmondsworth 1986, S. 103 [Übers. d. Verf.].

10 Thomas de Quincey, *Recollections of the Lakes*, S. 112. Originaltext: » My eye had been couched into a secondary power of vision, by misery, by solitude, by sympathy with life in all its modes, by experience too early won, and by the sense of danger critically won.« [Übers. d. Verf.]

11 Ebd., S. 120.

12 Ebd., S. 376. Originaltext: » a peculiar depth of organic sensibility to the effects of form and colour« [Übers. d. Verf.].

13 In: Charles Lamb, *Selected Prose*, hrsg. von Adam Phillips, Harmondsworth 1985, S. 155–161.

14 Ebd., S. 158.

15 Ebd., S. 203. Originaltext: »By this we mean, upon whom his subject has so acted, that it has seemed to direct him – not to be arranged by him.« [Übers. d. Verf.]

16 Vgl. etwa das DFG-Projekt »Ästhetische Eigenzeiten. Zeit und Darstellung in einer polychronen Moderne« (Michael Gamper und Reinhard Wegner), zur Projektbeschreibung: https://www.aesthetische-eigenzeiten.de.

17 Vgl. A. Lucas / J. Plesters, »Titian's ›Bacchus and Ariadne‹«, in: *National Gallery Technical Bulletin* Vol 2, S. 25–47.

18 Originaltext: »from the depth of the imaginative spirit« [Übers. d. Verf.].

19 In: Ernest de Sélincourt (Hrsg.), *The Poems of John Keats*, New York 1905, S. 191–193, hier: S. 192. Originaltext:
»Away! Away! For I will fly to thee,
Not charioted by Bacchus and his pards.«

20 Brief vom 22. 12. 1817. In: *Letters of John Keats. A Selection*, hrsg. von Robert Gittings, Oxford 1977, S. 43. Zur Interpretation der Ode vgl. u. a. Richard Fogle, »Keats's ›Ode to a Nightingale‹«, in: Jack Stillinger (Hrsg.), *Keats's Odes*, New Jersey 1968, S. 33–43. Originaltext: »when man is capable of being in uncertainties, mysteries, doubts, without any irritable reaching after fact & reason« [Übers. d. Verf.].

21 Sélincourt, *The Poems of John Keats*, S. 191.

22 »Nature is the soul of art. There is a strength in the imagination that reposes entirely on nature, which nothing else can supply«, in: »Whay the Arts are not Progressive«, in: William Hazlitt, *The Fight and Other Writings*, hrsg. von Tom Paulin und David Chandler, wmit einer Einl. von Tom Paulin, London 2000, S. 202–207, hier: S. 204.

23 Vgl. W. P. Albrecht, *Hazlitt and the Creative Mind*, Kansas City 1965. Originaltext: »romantic, ridiculous, vague, inflammatory« [Übers. d. Verf.].

24 Ebd., S. 248 (»My First Acquaintance With Poets«). Das literarische Fruchtbarmachen von ästhetischer Theorie im deutschen Kontext mit ausführlichen Bezügen zur englischen Szene, wie sie vor allem Coleridge repräsentiert, vgl. Silvio Vietta, »Novalis und E. T. A. Hoffmann: Produktive Ästhetik und Narrativik der Romantik und ihre Wirkungsgeschichte«, in: *Serapion* 1 (2020) S. 39–66.

25 Ebd., S. 295. Originaltext: »tattered piece of tapestry« [Übers. d. Verf.].

26 So Tom Paulin in seiner Einführung zu Hazlitts Essays, ebd., S. xi. Originaltext: »patchwork of quotations« [Übers. d. Verf.].

27 Vgl. dazu die wichtige Untersuchung von Helmut Viebrock, *Schöpferischer Identitätsverlust. Die Begriffe ›identity‹ und ›loss of identity‹ in der epistolarischen Poetik von John Keats*, Sitzungsberichte der Wissenschaftlichen Gesellschaft an der Johann Wolfgang Goethe-Universität Frankfurt am Main Bd. XX, Nr. 4, Stuttgart 1984, S. 25.

28 Heine, *Sämtliche Schriften*, Bd. III, S. 592.

29 Ebd.

30 Ebd., S. 394 f.

31 Ebd., S. 597.

32 Ebd., S. 606.

33 Vgl. Ulrich Pagel: »Die Editionen der Deutschen Ideologie im Wechselspiel von politischer Instrumentalisierung und historisch-kritischer Aufarbeitung«, in: Matthias Steinbach / Michael Ploenus (Hrsg.), *Prüfstein Marx. Zu Edition und Rezeption eines Klassikers*, Berlin 2013, S. 30–45.

34 Heinrich Heine, »Religion und Philosophie in Deutschland«, in: Heine, *Sämtliche Schriften*, Bd. III, S. 619.

35 Ebd., S. 606.

36 Ebd., S. 620.

37 Ebd., S. 622.

38 Ebd., S. 621 f.

39 In: Annette von Droste-Hülshoff, *Gedichte*, hrsg. von Bernd Kortländer, Stuttgart 2003, S. 138.

40 In: Friedrich Schlegel, *Dichtungen*, S. 301.

41 In: Apel (Hrsg.), *Romantische Kunstlehre*, S. 903.

42 Ebd., S. 466–477, hier: S. 466. Vgl. Herbert Schindler, *Nazarener, romantischer Geist und christliche Kunst im 19. Jahrhundert*, Regensburg 1982.

43 Hilfreiche Basisinformationen zu diesem Gemälde bietet die Webseite des Städel'schen Kunstinstituts in Frankfurt am Main: https://sammlung.staedelmuseum.de (aufgerufen am 18. 11. 2020).

44 Vgl. Mitchell B. Frank, »›Castrated Raphael‹: Friedrich Overbeck and Allegory«, in: *Word & Image* 18 (2002) H. 4, S. 87–98, bes. S. 91–93.

45 Dazu Béla Hassforther, »Overbecks ›Triumph der Religion in den Künsten‹ für das Städel in Frankfurt und die Kritik F. Th. Vischers«, in: http://www.bela1996.de (aufgerufen am 18. 11. 2020).

46 Zit. nach: Apel (Hrsg.), *Romantische Kunstlehre*, S. 466.

47 In: Glenn W. Most (Hrsg.), *Hesiod. Theogony*, Massachusetts 2006, S. 3.

48 In: Apel (Hrsg.), *Romantische Kunstlehre*, S. 473.

49 Ebd., S. 476.

50 William Wordsworth, *Selected Poems*, hrsg. von Walford Davies, London 1975, S. 40 (V. 61).

51 Dazu bereits: Douglas Bush, *Mythology and the Romantic Tradition in English Poetry*, London 1937, bes. S. 216–219 (mit besonderem Bezug auf das »Tiresias«-Gedicht von Tennyson).

52 Erstmals erschienen in Tennysons Sammlung *Poems* (1842). In: Alfred Lord Tennyson, *Selected Poems*, hrsg. von Aiden Day, London 1991, S. 79–87 (Zitatverweise im Text beziehen sich auf die Verszahlen).

53 Vgl. dazu die ausführliche und einzig nennenswerte Interpretation dieses epischen Gedichts von Lawrence J. Starzyk, »Tennyson's ›The Gardener's Daughter‹: The Exegesis of an Icon«, in: *Mosaic: An Interdisciplinary Critical Journal* 32 (1999) H. 3, S. 41–58, hier: S. 57.

54 Tennyson, *Selected Poems*, S. 95 (V. 18). Originaltext: »I am a part of all that I have met« [Übers. d. Verf.].

Kapitel X
Finale con moto oder: Wie die Romantik verstehen?

1 Zit. nach Eichners Kommentar in: Schlegel, *Kritische Ausgabe*, S. XCVII–C, hier: S. XCVIII.

2 Dazu Eichner, ebd.

3 Dazu grundlegend: Latifi, *Fragmentarik*.

4 Vgl. dazu das selten gelungene ›Buch zum Film‹, die Text- und Bilddokumentation (ohne Hrsg.!): *Bright Star. Die Geschichte von John Keats und Fanny Brawne*, mit einem Vorw. von Jane Campion, Frankfurt a. M. / Leipzig 2009.

5 Matthias Altenburg, »Über Gustave Flaubert und ›Die Erziehung der Gefühle‹«, in: *Die Zeit*, 14. 12. 2000.

6 Zur französischen literarischen Romantik und zur Stellung des Schriftstellers vgl, bes. Paul Bénichou, *Le Acre de l'écrivain (1750–1830): Essai sur l'avènement d'un pouvoir spirituel laïque dans la France moderne*, Paris 1996.

7 Konrad Heumann / Karoline Sinur (Hrsg.), *»Welch kleiner Teufel führt Ihre Hand?« Autoren der Gegenwart im Dialog mit Handschriften der Romantik*, mit Beitr. von Feridun Zaimoglu, Thea Dorn, Peter Härtling, Michael Lentz, Eva Demski, Sibylle

Lewitscharoff, Wolfgang Büscher, Katharina Hacker, Patrick Roth, Frankfurt a. M. 2017. Vgl. darin den Beitrag von Patrick Roth zu Novalis, S. 114–123, hier: S. 121.

8 Zit. nach: Ebd., S. 116.

9 Vgl. dazu u. a. Jeffrey K. Wilson, *The German Forest: Nature, Identity, and the Contestation of a National Symbol 1871–1914*, Toronto 2012; Ursula Breymayer / Bernd Ulrich, *Unter Bäumen. Die Deutschen und ihr Wald*, Dresden 2011; Roderich von Detten (Hrsg.), *Und ewig sterben die Wälder. Wie die Debatte zum Waldsterben das Land veränderte*, München 2012; Erhard Schütz, *In den Wäldern selig verschollen. Waldgänger in der deutschen Literatur seit der Romantik*, Pressburger Akzente, H. 3, Bremen 2013; Johannes Zechner, *Der deutsche Wald. Eine Ideengeschichte zwischen Poesie und Ideologie 1800–1945*, Darmstadt 2016; Ute Jung-Kaiser (Hrsg.), *Der Wald als romantischer Topos. 5. Interdisziplinäres Symposium der Hochschule für Musik und Darstellende Kunst Frankfurt am Main 2007*, Bern [u. a.] 2008.

10 Ebd.

11 Vgl. u. a. Friedrich Schleiermacher, *Hermeneutik und Kritik. Mit einem Anhang sprachphilosophischer Texte Schleiermachers*, hrsg. von Manfred Frank, Frankfurt a. M. 1977; Wilhelm Dilthey, »Die Entstehung der Hermeneutik«, in: *Gesammelte Schriften*, Stuttgart/Göttingen 1964; Otto Friedrich Bollnow, *Das Verstehen. Drei Aufsätze zur Theorie der Geisteswissenschaften*, Mainz 1949; Hans-Georg Gadamer, *Wahrheit und Methode. Grundzüge einer philosophischen Hermeneutik*, Tübingen ⁴1975. Dazu: Günter Figal (Hrsg.), *Hans-Georg Gadamer. Wahrheit und Methode*, Berlin 2007; Peter Szondi, *Einführung in die literarische Hermeneutik. Studienausgabe der Vorlesungen*, Bd. 5, hrsg. von Jean Bollack und Helen Stierlin, Frankfurt a. M. 1973; Werner Hamacher, *Entferntes Verstehen*, Frankfurt a. M. 1998; Jochen Hörisch, *Wut des Verstehens*, erw. Neuaufl., Frankfurt a. M. 1998. Vgl. auch: Achim Geisenhanslücke, »Literarische Hermeneutik? Schleiermacher – Szondi – Hamacher«, in: *Comparatio* 11 (2019) H. 2, S. 181–198.

12 Susan Sontag, *Against Interpretation and Other Essays*, New York 1966.

13 Schlegel, *Kritische Ausgabe*, S. 371.

14 Ebd., S. 372.

15 Ebd., S. 367.

16 Ebd., S. 370.

17 Ebd., S. 371 (Hervorh. d. Verf.).

18 Ebd.

19 Schleiermacher, *Hermeneutik und Kritik*, S. 76.

20 Ebd., S. 81.

21 Schleiermacher, *Kritische Ausgabe*, Bd. II, S. 364.

22 Ebd.

23 Vgl. bes. Reinhard Löw, »The Progress of Organic Chemistry During the Period of German Romantic Naturphilosophie (1797–1825)«, in: *Ambix* 27 (1980), online: www.tandfonline.com (aufgerufen am 10. 8. 2020).

24 Dazu grundlegend: Jeremy Adler, »*Eine fast magische Anziehungskraft«. Goethes »Wahlverwandtschaften« und die Chemie seiner Zeit*, München 1987.

25 In seinem kleinen Essay über Goethe (1798) vergleicht Novalis den Verfasser des *Wilhelm Meister* bekanntlich mit Wedgwood, dem englischen Porzellanhersteller, also mit Gebrauchskunsthandwerk. (In: Novalis, *Werke*, Bd. II, S. 412–414, hier: S. 412.)

26 Die beiden jüngsten – je auf ihre Weise hervorragenden – Übersetzungen ins Deutsche liegen in folgenden Ausgaben vor: Mary Shelley, *Frankenstein oder der moder-*

ne Prometheus. Die Urfassung von 1818. Roman, aus dem Engl. übers. und in neuer Überarb. hrsg. von Alexander Pechmann, Nachw. von Georg Klein, München 2017; Mary Shelley, *Frankenstein oder Der moderne Prometheus,* aus dem Engl. übers. von Ursula und Christian Grawe, Anm. und Nachw. von Christian Grawe, Stuttgart 2020. Gleichfalls herangezogen wurde die zugänglichste Originalausgabe: Mary Shelley, *Frankenstein or the Modern Prometheus,* hrsg. von Maurice Hindle, London 2003. Zitiert wird hier, soweit nicht anders vermerkt, nach der Übersetzung von Pechmann, da sie die für unsere Zwecke aussagekräftigere Urfassung bietet.

27 Vgl. dazu das informative, einsichtenreiche Nachwort von Christian Grawe, in: Shelley, *Frankenstein,* S. 311–344, bes. S. 311–314.

28 Ebd., S. 313.

29 Zur vertiefenden Lektüre vgl. Hans-Ulrich Mielsch, *Sommer 1816. Lord Byron und die Shelleys am Genfer See,* Zürich 1998; Miranda Seymour, *Mary Shelley,* London 2000; Muriel Spark, *Mary Shelley. Eine Biographie,* aus dem Engl. übers. von A. Beck, Frankfurt a. M. / Leipzig 1999; Alexander Pechmann, *Mary Shelley – Leben und Werk,* Neuausg., Berlin 2017; Fiona Sampson, *In Search of Mary Shelley. The Girl Who Wrote »Frankenstein«,* London 2018; Christopher Frayling, *Frankenstein. The First 200 Years,* London 2018.

30 Zit. nach Grawe, »Nachwort«, in: Shelley, *Frankenstein,* S. 341.

31 Dazu bes. Magdalena Boettcher: *Eine andere Ordnung der Dinge. Zur Ästhetik des Schönen und ihrer poetologischen Rezeption um 1800,* Würzburg 1998.

Ausblicke

1 Huch, *Die Romantik,* S. 660.

2 Zit. nach: Wilhelm Worringer, *Abstraktion und Einfühlung,* Neudruck, München 1948, S. 16 f.

3 Arnold Maddaloni, »The Meaning of Empathy«, in: *The American Imago* 18 (1961) H. 1, S. 19. Dazu: Viebrock, *Schöpferischer Identitätsverlust,* S. 13 f.

4 In: Wilhelm Hauff, *Sämtliche Märchen,* hrsg. von Heinz-Heino Ewers, Stuttgart 1986. Zur Interpretation vor allem: Walter Schmitz, »›Mutabor‹. Alterität und Lebenswechsel in den Märchen von Wilhelm Hauff«, in: Wolfgang Bunzel [u. a.] (Hrsg.), *Schnittpunkt Romantik: Text- und Quellenstudien zur Literatur des 19. Jahrhunderts. Festschrift für Sibylle von Steinsdorff,* Berlin/Boston 1997, S. 81–98.

5 Vgl. dazu u. a.: Helmut Börsch-Supan, »Bemerkungen zu Caspar David Friedrichs ›Mönch am Meer‹«, in: *Zeitschrift des Deutschen Vereins für Kunstwissenschaft* XIX (1965) S. 76–87.

6 Originaltext: »In the room the women come and go / Talking of Michelangelo.« [Übers. d. Verf.]

7 In: Herrmann Zschoche, *Caspar David Friedrich. Die Briefe,* Hamburg 2006, S. 45 f.

Ein Aprèslude

1 Vgl. dazu: Joachim Draheim, »Drei Fantasiestücke op. 111, Gesänge der Frühe op. 133«, in: *Schumann-Handbuch,* Stuttgart/Weimar 2006, S. 279.

2 Vgl. Damien Watford Davies / Richard Marggraf Turley (Hrsg.), *The Monstrous Debt: Modalities of Romantic Influence in Twentieth-Century Literature,* Detroit 2006.

3 Wieland Freund / Richard Kämmerlings, »Die Rückkehr der Romantik«, in: *Welt am Sonntag*, 7. 8. 2016, S. 13–16; Oliver Koerner von Gustorf, »Die neue Romantik in der Kunst«, in: *Welt am Sonntag*, 8. 5. 2005, S. 60 f.

4 Daniel Goleman, *Emotionale Intelligenz*, München 1996. Vgl. dazu auch: Michael Hampe, »Untiefen des Denkens«, in: *Neue Zürcher Zeitung*, 10./11. 3. 2001, S. 33.

5 Vgl. z. B. Mary Jacobus, *Romantic Things. A Tree, a Rock, a Cloud*, Chicago 2014.

6 Vgl. dazu etwa die Ausstellung im Berliner Kupferstichkabinett »Romantik und Moderne. Von Caspar David Friedrich bis Vincent van Gogh. Zeichnung als Kunstform«, hrsg. von Heinrich-Theodor Schule-Altcappenberg und Anna Marie Pfäfflin, Berlin 2016.

7 Dazu: Cigdem Toprak, »Frühromantik. Deutsche Rapper mit nichtdeutschen Wurzeln entdecken das Gefühl«, in: *Die Welt*, 26. 10. 2018, S. 10.

Literaturhinweise

Quellen

Andersen, Hans Christian: Peer im Glück. Fußreise von Holmens Kanal zur Ostspitze von Amager in den Jahren 1828 und 1829. Tante Zahnweh. Ein Roman und zwei Erzählungen. Aus dem Dän. übers. von Renate Bleibtreu und Gisela Perlet. Nachw. von Rüdiger Görner. Zürich 2005.
– Schräge Märchen. Ausges. und aus dem Dän. übers. von Heinrich Detering. Mit einem Essay von Michael Maar. München ²2002.
Arnim, Bettine von: Bettina von Arnims Armenbuch. Hrsg. von Werner Vordtriede. Frankfurt a. M. 1981.
– »Meine Seele ist eine leidenschaftliche Tänzerin«. Ausgew. und eingel. von Otto Betz. Freiburg/Basel/Wien 1982.
– Clemens Brentano's Frühlingskranz / Die Günderode. Hrsg. von Walter Schmitz. Frankfurt a. M. 2006.
– Letzte Liebe. Das unbekannte Briefbuch. Korrespondenz mit Julius Döring. Hrsg. und mit einem Nachw. vers. von Wolfgang Bunzel. Berlin 2019.
Balzac, Honoré de: Das unbekannte Meisterwerk. Mit Illustrationen von Pablo Picasso. Hrsg. und mit einem Nachw. vers. von Sebastian Goeppert und Herma Goeppert-Frank. Übers. von Herma Goeppert-Frank. Frankfurt a. M. 1987.
– »Monographie de la Presse Parisienne«. Les Journalistes. Paris 1991.
– Le Chef-d'Œuvre inconnu suivi de La Leçon de violon d'E. T. A. Hoffmann. Présentation et notes de Maurice Bruézière. Paris 2019.
Baudelaire, Charles: Die Tänzerin Fanfarlo und Der Spleen von Paris. Prosadichtungen. Aus dem Franz. übers. von Walther Küchler. Zürich 1977.
Bechstein, Ludwig: Sämtliche Märchen. Hrsg. von Walter Scherf. Darmstadt 1983.
Berlioz, Hector: Lebenserinnerungen. Aus dem Franz. übers. und hrsg. von Hans Scholz. München 1914.
– Schriften. Betrachtungen eines musikalischen Enthusiasten. Ausgew., hrsg. und komm. von Frank Heidlberger. Übersetzt von Dagmar Kreher. Kassel/Stuttgart/Weimar 2002.
Blake, William: Zwischen Feuer und Feuer. Poetische Werke. Zweisprachige Ausgabe. Aus dem Engl. neu übers. und mit Anm. hrsg. von Thomas Eichhorn. Mit einem Nachw. von Susanne Schmid. München 1996.
Brentano, Clemens: Sämtliche Erzählungen. Hrsg. und mit einem Nachw. vers. von Gerhard Schaub. München 1984.
– Der Goldfaden. Eine schöne alte Geschichte. Mit den Vignetten der Originalausgabe 1809 von Ludwig Emil Grimm. Hrsg., komm. und mit einem Nachw. vers. von Karl-Heinz Habersetzer. Heidelberg 1986.
– Godwi oder Das steinerne Bild der Mutter. Ein verwilderter Roman. Hrsg. von Ernst Behler. Stuttgart 1995.
Brontë, Charlotte: Shirley. Roman. Aus dem Engl. übers. von Andrea Ott. Zürich 1989.
Carus, Carl Gustav: Psyche. Zur Entwicklungsgeschichte der Seele. Pforzheim 1846. S. 98–111.
Chladni, Ernst Florens Friedrich: Entdeckungen über die Theorie des Klangs. Wittenberg 1787.
Chopin, Fryderyk: Briefe. Hrsg. von Krystyna Kobylańska. Berlin 1983.

Coleridge, Samuel Taylor: Selected Poetry. Hrsg. von Richard Holmes. Harmonds-
  worth 1996.
Constant, Benjamin: Adolphe. Anekdote. Gefunden in den Papieren eines Unbekann-
  ten. Aus dem Franz. übers. von Eveline Passet. Nachw. von Manfred Gsteiger.
  Zürich 1998.
Czerny, Carl: Systematische Anleitung zum Fantasieren auf dem Pianoforte. Faksimile
  der Originalausgabe von 1829. Hrsg. von Ulrich Mahlert. Wiesbaden 1993.
Delacroix, Eugène: Des Critiques en Matière d'Art. Paris 1986.
 – Das Jugendtagebuch 1822–1824. Aus dem Franz. von Joachim Schultz. Mit einem
  Nachw. von Ralph-Rainer Wuthenow. Frankfurt a. M. / Leipzig 1994.
Dostojewskij, Fjodor M.: Die Dämonen. Aus dem Russ. übers. von Marianne Kegel.
  Mit einem Nachw. von Hort-Jürgen Gerigk. München ²1978.
Droste-Hülshoff, Annette von: Sämtliche Werke in zwei Bänden. Nach dem Text der
  Originaldrucke und der Handschriften. Hrsg. von Günther Weydt und Winfried
  Woesler. Bd. 1. München 1973.
 – Gedichte und Prosa. Ausw. und Nachw. von Emil Staiger. Zürich ⁶1988.
 – Gedichte. Hrsg. von Bernd Kortländer. Stuttgart 2003.
 – Gedichte. Hrsg. von Bernd Kortländer. Stuttgart 2012.
Eichendorff, Joseph von: Werke in sechs Bänden. Hrsg. von Wolfgang Frühwald,
  Brigitte Schillbach und Hartwig Schultz. Bd. 6: Geschichte der Poesie. Schriften
  zur Literaturgeschichte. Frankfurt a. M. 1990.
Feldman, Paula R. (Hrsg.): British Women Poets of the Romantic Era. Baltimore 1998.
Flaubert, Gustave: Die Erziehung des Herzens. Geschichte eines jungen Mannes.
  Übers. von E. A. Rheinhardt. Mit den Rezensionen von Jules Barbey d'Aurevilly,
  George Sand und Émile Zola sowie einem Glossar im Anhang. Zürich 1979. [Be-
  sprechung vom 22. Dezember 1869 in La Liberté.]
 – Bouvard und Pécuchet. Aus dem Franz. übers. von Thomas Dobberkau.
  Berlin 1980.
Foscolo, Ugo: Letzte Briefe des Jacopo Ortis. Aus dem Ital. übers. von Heinrich Luden.
  Neu durchges., berichtigt, erg. und mit einer Nachbemerkung versehen von Roland
  Erb. Leipzig 1984.
Goethe, Johann Wolfgang: Werke. Hamburger Ausgabe in 14 Bänden. Hrsg. von Erich
  Trunz. München 1988.
Gontscharow, Iwan A.: Eine alltägliche Geschichte. Roman. Aus dem Russ. übers. von
  Ruth Fritze-Hanschmann. München 1989.
Grillparzer, Franz: Der arme Spielmann. Erzählung. Anm. und Nachw. von Helmut
  Bachmaier. Stuttgart 2019.
Grimm, Hermann / Hinrichs, Gustav (Hrsg.): Briefwechsel zwischen Jacob und Wil-
  helm Grimm aus der Jugendzeit. 2., verm. und verb. Aufl., besorgt von Wilhelm
  Schoof. Weimar 1963.
Günderrode, Karoline von: Gesammelte Werke der Karoline von Günderrode. Hrsg.
  von Leopold Hirschberg. 3 Bde. Bd. i. Berlin 1920–22.
 – Sämtliche Werke und Ausgewählte Studien. Historisch-kritische Ausgabe. Hrsg.
  von Walter Morgenthaler, unter Mitarbeit von Karin Obermeier und Marianne
  Graf. Bde. I–III. Basel / Frankfurt a. M. 1990–91.
Hartmann, Julius (Hrsg.): Uhlands Briefwechsel. Tl. 1–4. Stuttgart/Berlin 1911–16.
Hauff, Wilhelm: Sämtliche Märchen. Hrsg. von Heinz-Heino Ewers. Stuttgart 1986.
Hebbel, Friedrich: Werke in drei Bänden. Hrsg. von Joachim Müller. Bd. 3. Berlin/
  Weimar ⁴1971.

- Tagebücher. Ausgew. und hrsg. von Anni Meetz. Mit einem Nachw. und einer Zeittafel von Wolfgang Ranke. Stuttgart 2013.
Hebel, Johann Peter: Kalendergeschichten. Eingel. und hrsg. von Hermann Bausinger. Tübingen 2009.
Hegel, Georg Wilhelm Friedrich: Vorlesungen über die Ästhetik. Dritter Teil: Die Poesie. Hrsg. von Rüdiger Bubner. Stuttgart 1977.
- Werke. Bd. 11. Frankfurt a. M. 1979.
- Frühe Schriften. Werke. Bd. 1. Hrsg. von Eva Moldenhauer und Karl Markus Michel. Frankfurt a. M. ⁹2019.
Heine, Heinrich: Sämtliche Schriften. Hrsg. von Klaus Briegleb und Karl Pörnbacher. 3., durchges. Aufl. München 1997.
Herder, Johann Gottfried: Sämmtliche Werke. Bd. 14. Hrsg. von Bernhard Suphan. Berlin 1884.
Hoffmann, E. T. A.: Tagebücher. Nach der Ausgabe Hans von Müllers mit Erl. hrsg. von Friedrich Schnapp. München 1971.
- Die Elixiere des Teufels. Lebens-Ansichten des Kater Murr. Zwei Romane. Hrsg. von Walter Müller-Seidel und Wolfgang Kron. München ²1978.
- Die Serapionsbrüder. In: Sämtliche Werke in sechs Bänden. Bd. 4. Hrsg. von Hartmut Steinecke und Wulf Segebrecht. Frankfurt a. M. 2001.
- Die Abentheuer der Sylvester-Nacht. Stuttgart 2005.
- Fantasiestücke in Callot's Manier. Werke 1814. Hrsg. von Hartmut Steinecke unter Mitarbeit von Gerhard Allroggen und Wulf Segebrecht. Frankfurt a. M. 2006.
- Die Serapions-Brüder. Nach dem Text der Erstausgabe 1819–21 unter Hinzuziehung der Ausgaben von Carl Georg von Maassen und Georg Ellinger. Mit einem Nachw. von Gerhard Neumann. Anm. von Wulf Segebrecht. Rev. und erg. von Ethel Matala de Mazza. Düsseldorf ⁶2007.
- Nachtstücke. Klein Zaches. Prinzessin Brambilla. Werke 1816–1820. Hrsg. von Hartmut Steinecke unter Mitarbeit von Gerhard Allroggen. Frankfurt a. M. ²2009.
Hölderlin, Friedrich: Sämtliche Werke und Briefe. Drei Bände. Hrsg. von Jochen Schmidt. Bd. 1. Frankfurt a. M. 1992.
Kant, Immanuel: Beantwortung der Frage: Was ist Aufklärung? In: Berlinische Monatsschrift. 1784.
Keats, John: Letters of John Keats. A Selection Edited by Robert Gittings. Oxford 1977.
Kerner, Justinus: Ausgewählte Werke. Hrsg. von Gunter Grimm. Stuttgart 1981.
- Die Reiseschatten. Hrsg. und mit einem Nachw. von Gunter E. Grimm. Frankfurt a. M. / Leipzig 1996.
Kluge, Alexander Ferdinand: Versuch einer Darstellung des animalischen Magnetismus als Heilmittel. Berlin 1818.
Lamartine, Alphonse de: Auserlesene Gedichte von Alphonse de Lamartine. Metrisch übers. von Gustav Schwab. Mit beigefügtem französischem Texte. Stuttgart/ Tübingen 1826.
Lamb, Charles: Selected Prose. Hrsg. von Adam Phillips. Harmondsworth 1985.
Lichtenberg, Georg Christoph: Briefwechsel. Hrsg. von Ulrich Joost und Albrecht Schöne. Bd. 1. München 1983.
Liszt, Franz: Gesammelte Schriften. 6 Bde. Hrsg. von L. Ramann. Leipzig 1880–83. Hier: Bd. 3. S. 93.
Mäkelä, Tomi: »Den Lebenden schulden wir Rücksichtnahme, den Toten nur die Wahrheit.« In: T. M. / Christoph Kammertöns / Lena Esther Ptaszynski (Hrsg.): Friedrich Wieck – Gesammelte Schriften. Frankfurt a. M. 2019.

Meredith, Michael (Hrsg.): A Centenary Selection From Robert Browning's Poetry. London 1989.

Mörike, Eduard: Sämtliche Werke in zwei Bänden. Nach den Originaldrucken zu Lebzeiten Mörikes und nach den Handschriften. Bd. 1. Hrsg. von Helmut Koopmann. Darmstadt ⁶1997.

Müller, Adam: Die Lehre vom Gegensatz. In: A. M.: Gesammelte Werke. Hrsg. von Walter Schroeder und Werner Siebert. Bd. 2: Kritische/ästhetische und philosophische Schriften. Neuwied/Berlin 1967.

Novalis: Werke, Tagebücher und Briefe Friedrich von Hardenbergs. Hrsg. von Hans-Joachim Mähl und Richard Samuel. Bd. 1: Das dichterische Werk, Tagebücher und Briefe. Darmstadt 1999.

Passavant, Johann Karl: Untersuchungen über den Lebensmagnetismus und das Hellsehen. Frankfurt a. M. 1821.

Peacock, Thomas Love: Nightmare Abbey / Crotchet Castle. Hrsg. und mit einer Einl. von Raymond Wright. Harmondsworth 1986.
  – Nachtmahr-Abtei. Aus dem Engl. übers. von Matthias Müller. Nachw. von Werner Morlang. Zürich 1989.

Ritter, Johann Wilhelm: Fragmente aus dem Nachlasse eines jungen Physikers. Ein Taschenbuch für Freunde der Natur. Hrsg. von Steffen Dietzsch und Birgit Dietzsch. Hanau 1984.

Romer, Isabella Frances: Sturmer, a Tale of Mesmerism. To Which are Added Other Sketches From Life. London 1841.

Rückert, Friedrich: Gedichte. Ausw. und Nachw. von Johannes Pfeiffer. Stuttgart 1969.
  – Gedichte. Ausgew. und eingel. von Heinrich Henel. Königstein i. Ts. 1983.
  – Kindertodtenlieder. Mit einer Einl. neu hrsg. von Hans Wollschläger. Nördlingen 1988.

Sandby, George: Mesmerism and its Opponents. With a Narrative of Cases. London 1848.

Schelling, Friedrich Wilhelm Joseph: Schriften. Bd. 1: 1794–1800. Frankfurt a. M. 1985.

Schelver, Franz Josef: System der allgemeinen Therapie im Grundsatz der magnetischen Heilkunst. Frankfurt a. M. 1831.

Schiller, Friedrich: Sämtl. Werke. Hrsg. von Gerhard Fricke und Herbert G. Göpfert. Bd. 1. 8., durchges. Aufl. Darmstadt 1987.

Schlegel, August Wilhelm: Berliner Vorlesungen über schöne Literatur und Kunst. 3 Bde. Hrsg. von Jakob Minor. Bd 1. Heilbronn 1884.
  – Über Literatur, Kunst und Geist des Zeitalters. Eine Auswahl aus den kritischen Schriften. Hrsg. von Franz Finke. Stuttgart 1994.

Schlegel, Friedrich: Dichtungen. Kritische Friedrich-Schlegel-Ausgabe. Bd. v. Erste Abtl. Hrsg. von Ernst Behler unter Mitwirkung von Jean-Jacques Anstett und Hans Eichner. München/Paderborn/Wien/Zürich/Darmstadt 1962.
  – Lucinde. Bekenntnisse eines Ungeschickten. In: F. S.: Dichtungen. Kritische Friedrich-Schlegel-Ausgabe. Bd. v. Erste Abtl. Hrsg. von Ernst Behler unter Mitwirkung von Jean-Jacques Anstett und Hans Eichner. München/Paderborn/Wien/Zürich/Darmstadt 1962.
  – Kritische Ausgabe. Hrsg. von Ernst Behler unter Mitwirkung von Jean-Jacques Anstett und Hans Eichner. Bd. II: Charakteristiken und Kritiken 1. München/Paderborn/Wien 1967.

Schleiermacher, Friedrich: Schleiermachers vertraute Briefe über die Lucinde. Mit einer Vorrede von Karl Gutzkow. Hamburg 1835.

– Hermeneutik und Kritik. Mit einem Anhang sprachphilosophischer Texte Schleiermachers. Hrsg. von Manfred Frank. Frankfurt a. M. 1977.

Sélincourt, Ernest de (Hrsg.): The Poems of John Keats. New York 1905.

Shelley, Mary: Frankenstein or the modern Prometheus. Hrsg. von Maurice Hindle. London 2003.

– Frankenstein oder der moderne Prometheus. Die Urfassung von 1818. Roman. Aus dem Engl. übers. und in neuer Überarbeitung hrsg. von Alexander Pechmann. Nachw. von Georg Klein. München 2017.

– Frankenstein oder Der moderne Prometheus. Aus dem Engl. übers. von Ursula und Christian Grawe. Anm. und Nachw. von Christian Grawe. Stuttgart 2020.

Sraffa, Piero (Hrsg.): The Works and Correspondence of David Ricardo. Bd. V. Cambridge 1952.

Stendhal: Critique amère du salon de 1824, par M. Van Eube de Molkirk. In: Salons par Stéphane Guegan et Martine Reid. Paris 2002.

Tennyson, Alfred: Selected Poems. Hrsg. von Aiden Day. London 1991.

Tieck, Ludwig: Kritische Schriften. Zum erstenmal gesammelt und mit einer Vorrede hrsg. von Ludwig Tieck. 2 Bde., hier: Bd. 1. Leipzig 1848.

– Gedichte. Faksimile-Druck nach der Ausgabe von 1821–23. Tl. 1. Heidelberg 1967.

– Franz Sternbalds Wanderungen. Studienausgabe. Hrsg. von Alfred Anger. Stuttgart 2004.

Tolstoi, Lew N.: Kindheit und Jugend. Aus dem Russ. übers. von Karl Bannwitz und Eva Luther. Mit einem Nachw. von Caroline Lusin. Düsseldorf 2008.

Troxler, Ignaz Paul Vital: Elemente der Biosophie. [Reprint of the Original from 1808. Bern University Library.] Leipzig 1808.

Varnhagen von Ense, Karl August: Werke in fünf Bänden. Hrsg. von Konrad Feilchenfeldt. Bd. 4: Biographien, Aufsätze, Skizzen, Fragmente. Frankfurt a. M. 1990.

Vischer, Friedrich Theodor: Kritische Gänge. Hrsg. von Robert Vischer. Bd. IV. München 1922.

Wackenroder, Wilhelm Heinrich / Tieck, Ludwig: Herzensergießungen eines kunstliebenden Klosterbruders. Hrsg. von Richard Benz. Stuttgart 1979.

Weißenborn, Birgit (Hrsg.): »Ich sende Dir ein zärtliches Pfand«. Die Briefe der Karoline von Günderrode. Frankfurt a. M. 1992.

Wordsworth, William: Selected Poems. Hrsg. von Walford Davies. London 1975.

– The Prelude. The Four Texts. Hrsg. von Jonathan Wordsworth. London 1995.

Wu, Duncan (Hrsg.): Romantic Women Poets. Oxford 1998.

Zschoche, Herrmann (Hrsg.): Caspar David Friedrich. Die Briefe. Hamburg 2006.

Sekundärliteratur

Adelung, Johann Christoph: Grammatisch-kritisches Wörterbuch der Hochdeutschen Mundart. ²1793. [Online verfügbar unter: http://www.zeno.org/adelung-1793.]

Adler, Jeremy: »Eine fast magische Anziehungskraft«. Goethes *Wahlverwandtschaften* und die Chemie seiner Zeit. München 1987.

Adorno, Theodor W.: Zum Gedächtnis Eichendorffs. In: Th. W. A.: Noten zur Literatur. Gesammelte Schriften. Bd. 11. Hrsg. von Rolf Tiedemann unter Mitwirkung von Gretel Adorno, Susan Buck-Morss und Klaus Schultz. Frankfurt a. M. 2003. S. 69–94.

Afanasjew, Alexander N.: Russische Volksmärchen. Aus dem Russ. übers. von Werner von Grimm. Mit farbigen Illustrationen von Ivan Bilibin. Frankfurt a. M. 1990.

Albrecht, W. P.: Hazlitt and the Creative Mind. Kansas City 1965.

Allports, Gordon W.: The Natur of Prejudice (1954). Cambridge ²⁵1971. [Dt. Fassung: G. W. A.: Die Natur des Vorurteils. Köln 1971.]

Altenburg, Detlev (Hrsg.): Franz Liszt. Ein Europäer in Weimar. Katalog der Landesausstellung Thüringen im Schiller-Museum und Schlossmuseum Weimar 24. Juni – 31. Oktober 2011. Köln 2011. S. 80–83.

Altenburg, Matthias: Über Gustave Flaubert und *Die Erziehung der Gefühle*. In: Die Zeit. 14. 12. 2000.

Apel, Friedmar (Hrsg.): Romantische Kunstlehre. Poesie und Poetik des Blicks in der deutschen Romantik. Bibliothek der Kunstliteratur. Bd. 4. Hrsg. von Gottfried Boehm und Norbert Miller. Frankfurt a. M. 1992.

– »Die romantische Schule des Sehens«. In: Romantische Kunstlehre. Poesie und Poetik des Blicks in der deutschen Romantik. Bibliothek der Kunstliteratur. Bd. 4. Hrsg. von Gottfried Boehm und Norbert Miller. Frankfurt a. M. 1992. S. 713–760.

– Das Auge liest mit. Zur Visualität der Literatur. München 2010.

Arendt, Hannah: Rahel Varnhagen. Lebensgeschichte einer deutschen Jüdin aus der Romantik. München 1959.

Arnold, Heinz Ludwig (Hrsg.): Aktualität der Romantik. Text + Kritik. Bd. 143. München 1999.

Aspalter, Christian / Müller-Funk, Wolfgang / Saurer, Edith / Schmidt-Dengler, Wendelin / Tantner, Anton (Hrsg.): Paradoxien der Romantik. Gesellschaft, Kultur und Wissenschaft in Wien im frühen 19. Jahrhundert. Wien 2006.

Barkhoff, Jürgen: Tanz der Körper – Tanz der Sprache. Körper und Text in Friedrich Schillers Gedicht *Der Tanz*. In: Jahrbuch der Deutschen Schillergesellschaft 45 (2001) S. 147–163.

Barrell, John: The Infection of Thomas de Quincey. A Psychopathology of Imperialism. New Haven / London 1991.

Barthes, Roland: Fragmente einer Sprache der Liebe. Übers. von Hans-Horst Henschen. Frankfurt a. M. 1988.

Baruzi, Jean: Saint Jean de la Croix. Paris ²1931.

Bate, Jonathan: Radical Wordsworth: The Poet Who Changed the World. London 2020.

Becker-Canarino, Barbara: »Priesterin und Lichtbringerin«: Zur Ideologie des weiblichen Charakters in der Frühromantik. In: Die Frau als Heldin und Autorin. Neue kritische Aufsätze zur deutschen Literatur. Hrsg. von Wolfgang Paulsen. Bern 1979. S. 111–124.

Behler, Ernst: Frühromantik. Berlin / New York 1992.

Behrens, Klaus: Friedrich Schlegels Geschichtsphilosophie (1794–1808). Ein Beitrag zur politischen Romantik. Tübingen 1984.

Behringer, Wolfgang: Tambora und das Jahr ohne Sommer. München ⁵2018.

Bell, Matthew: The German Tradition of Psychology in Literature and Thought 1700–1840. Cambridge 2005.

Berlin, Isaiah: The Roots of Romanticism. London 1999.

Bezold, Raimund: Popularphilosophie und Erfahrungsseelenkunde im Werk von Karl Philipp Moritz. Würzburg 1984.

Boettcher, Magdalena: Eine andere Ordnung der Dinge. Zur Ästhetik des Schönen und ihrer poetologischen Rezeption um 1800. Würzburg 1998.

Bohnenkamp, Anne: Universelle Poesie oder Weltliteratur? Anmerkungen zu August Wilhelm Schlegel und Goethe. In: Zeitschrift für Deutsche Philologie. Sonderheft zum Band 137: August Wilhelm Schlegel und die Philologie. Hrsg. von Matthias Buschmeier und Kai Kauffmann. Berlin 2019. S. 55–70.

Bohrer, Karl Heinz: Die Kritik der Romantik: Der Verdacht der Philosophie gegen die literarische Moderne. Frankfurt a. M. 1989.

– Das absolute Präsens: Die Semantik der ästhetischen Zeit. Frankfurt a. M. 1994.

– Das Handwerk des Dichters. Aus dem Engl. übers. von Gisbert Haefs. München/ Wien 2000.

Bollacher, Martin: Wackenroder und die Kunstauffassung der frühen Romantik. Darmstadt 1983.

Bollnow, Otto Friedrich: Das Verstehen. Drei Aufsätze zur Theorie der Geisteswissenschaften. Mainz 1949.

Börsch-Supan, Helmut: Bemerkungen zu Caspar David Friedrichs »Mönch am Meer«. In: Zeitschrift des Deutschen Vereins für Kunstwissenschaft XIX (1965) S. 76–87.

Brandes, Georg: Die Hauptströmungen der Litteratur des neunzehnten Jahrhunderts. Bd. II: Die romantische Schule in Deutschland. Übers. und eingel. von Adolf Strodtmann. Berlin 1900.

Brandstetter, Gabriele / Neumann, Gerhard (Hrsg.): Romantische Wissenspoetik. Die Künste und die Wissenschaft um 1800. Würzburg 2004.

Braungart, Georg: An eine Äolsharfe. In: Mathias Mayer (Hrsg.): Gedichte von Eduard Mörike. Dichtungen und Briefe. Bd. 1. Historisch-kritische Ausgabe. Hrsg. von Walther Killy und Hans Szklenar. 2., erg. Aufl. Salzburg 1987.

– An eine Äolsharfe. In: Mathias Mayer (Hrsg.): Gedichte von Eduard Mörike. Stuttgart 1999.

Brentano, Clemens: Restaurations-Erzählung. In: Hartwig Schultz (Hrsg.): Clemens Brentanos Landschaften. Beiträge des ersten Koblenzer Brentano-Kolloquiums. Koblenz 1986. S. 83–122.

Brookner, Anira: Romanticism and its Discontents. London 2000.

Browne, Sir Thomas: Über Träume. In: Hydriotaphia – Urnenbestattung und andere Schriften. Hrsg., übers. und komm. von Manfred Pfister. Dozwil 2014. S. 383–389.

Bubner, Rüdiger: Einführung. In: Georg Wilhelm Friedrich Hegel: Vorlesungen über die Ästhetik. Erster und zweiter Teil. Mit einer Einf. hrsg. von Rüdiger Bubner. Stuttgart 1977. S. 3–30.

Burwick, Frederick: Mimesis and its Romantic Reflections. Pennsylvania 1997.

– Romanticism: Keywords. Hoboken/Oxford 2015.

Bush, Douglas: Mythology and the Romantic Tradition in English Poetry. London 1937.

Butler, Marilyn: Romantics, Rebels & Reactionaries. English Literature and its Background 1760–1830. Oxford / New York 1981.

Büttner, Stefan: Mit den poetischen Werken ist es »wie mit den mathematischen Formeln – Sie machen eine Welt für sich aus«. Die frühromantische Philosophie und Dichtungstheorie als erkenntnisphilosophisch-ästhetischer Ausgangspunkt der ›modernen Lyrik‹. In: Heinz Ludwig Arnold (Hrsg.): Aktualität der Romantik. Text + Kritik. Bd. 143. München 1999. S. 26–28.

Campbell, Lyle: Why Sir William Jones Got it All Wrong, or Jones' Role in How to Establish Language Families. In: https://www.researchgate.net [abgerufen am 13.7.2020].

Campion, Jane: Vorwort. In: Bright Star. Die Geschichte von John Keats und Fanny Brawne. Mit einem Vorw. von Jane Campion. Frankfurt a. M. / Leipzig 2009.

Chaouli, Michel: Das Laboratorium der Poesie. Chemie und Poetik bei Friedrich Schlegel. Paderborn 2004.

Clark, Kenneth: The Romantic Rebellion. Romantic Versus Classic Art. London ²1976.

– Landscape Into Art. 2., rev. Aufl. London 1979.

Connell, P.: ›A Voice From Over the Sea: Shelley's Mask of Anarchy, Peterloo, and the English Radical Press.‹ The Review of English Studies. 1. 9. 2019.

Coote, Stephen: John Keats: A Life. London 1995.

Dalai Lama: Wir müssen uns kümmern. Goethe-Vigoni-Discorsi. In: Frankfurter Allgemeine Zeitung. 4. 7. 2020.

Darcy, Jane: True Confessions? Why Thomas de Quincey's Revelatory Writing Deserves Greater Attention. In: Times Literary Supplement. 30. 10. 2020. S. 4 f.

Dehmel, Richard: Weib und Welt. Berlin 1896.

Dehrmann, Mark-Georg: Lucinde. In: Johannes Endres (Hrsg.): Friedrich-Schlegel-Handbuch. Leben – Werk – Wirkung. Stuttgart 2017. S. 171–179.

Deleuze, Gilles: Die Falte. Leibniz und der Barock. Aus dem Franz. übers. von Ulrich Johannes Schneider. Frankfurt a. M. ⁵2000.

Dickens, Charles: Bleak House. Hrsg., mit einer Einl. und Anm. von Nicola Bradbury. Vorw. von Terry Eagleton. London 2003.

Dieckmann, Friedrich: ›Europa steht!‹. Beethoven in Krieg und Frieden. In: Lettre International Winter 2014. S. 50–53.

Dieterle, Bernard: Erzählte Bilder. Zum narrativen Umgang mit Gemälden. Marburg 1988.

Dilthey, Wilhelm: Die Entstehung der Hermeneutik. In: W. D.: Gesammelte Schriften. Stuttgart/Göttingen 1964.

Drewitz, Ingeborg: Berliner Salons. Gesellschaft und Literatur zwischen Aufklärung und Industriezeitalter. Berlin 1979.

Efremides, Irene: Die Technik der Gemäldebeschreibungen in exemplarischen Erzählwerken des 19. Jahrhunderts anhand von Eduard Mörikes *Maler Nolten*, Adalbert Stifters *Der Nachsommer* und Gottfried Kellers *Der grüne Heinrich*. Dissertation. Wien 1990.

Eggers, Michael: Von Pflanzen und Engeln. Friedrich Schlegels Sprachdenken im Kontext der frühen Biologie. In: Erich Kleinschmidt (Hrsg.): Die Lesbarkeit der Romantik. Material, Medium, Diskurs. Berlin 2009. S. 159–183.

Eilert, Heide: Eduard Mörike. *Maler Nolten*. In: Romane und Erzählungen zwischen Romantik und Realismus. Neue Interpretationen. Hrsg. von Paul Michael Lützeler. Stuttgart 1983.

Engel, Manfred: Friedrich Schlegel, *Lucinde*: »Wie in einer endlosen Reihe von Spiegeln« (Frühromantische Potenzierung). In: M. E.: Der Roman der Goethezeit. Bd. 1: Anfänge in Klassik und Frühromantik. Stuttgart 1993.

Ewen, Jens / Lörke, Tim / Zeller, Regine (Hrsg.): Im Schatten des Lindenbaums: Thomas Mann und die Romantik. Würzburg 2016.

Faber, Richard: Werner Krauss' Beitrag zur kritischen Romantik-Forschung. In: R. F.: Von Brecht, Hauff und Koeppen über Melville, Ovid und Vergil bis zu Benjamin, Krauss und Minder. Ausgewählte Beiträge zur Literaturwissenschaft und Literaturwissenschaftsgeschichte 1982–2014. Würzburg 2018. S. 337–350.

– Kritik der Romantik. Zur Differenzierung eines Begriffs. In: R. F.: Von Brecht, Hauff und Koeppen über Melville, Ovid und Vergil bis zu Benjamin, Krauss und Minder. Ausgewählte Beiträge zur Literaturwissenschaft und Literaturwissenschaftsgeschichte 1982–2014. Würzburg 2018. S. 61–83.

Fairclough, Mary: The Romantic Crowd. Sympathy, Controversy and Print Culture. Cambridge 2013.

Fearnside, W. G. (Hrsg.): Geschichte und Topographie der Rheinufer von Cöln bis Mainz. In deutscher, französischer und englischer Sprache. London 1832.

Figal, Günter (Hrsg.): Hans-Georg Gadamer. Wahrheit und Methode. Berlin 2007.

Figes, Orlando: The Europeans. Three Lives and the Making of a Cosmopolitan Culture. London 2020.

Fischer, Jens Malte: Gustav Mahler. Der fremde Vertraute. Wien 2003.

– »Selbst die schönste Gegend hat Gespenster«. Entwicklung und Konstanz des Phantastischen bei Ludwig Tieck. In: Christian W. Thomsen / J. M. F. (Hrsg.): Phantastik in Literatur und Kunst. Darmstadt 1980.

Fogle, Richard: Keats's *Ode to a Nightingale*. In: Jack Stillinger (Hrsg.): Keats's Odes. New Jersey 1968. S. 33–43.

Frank, Manfred: Einführung in die frühromantische Ästhetik. Vorlesungen. Frankfurt a. M. 1989.

Frank, Mitchell B.: ›Castrated Raphael‹: Friedrich Overbeck and Allegory. In: Word & Image 18 (2002) H. 4. S. 87–98.

Frayling, Christopher: Frankenstein. The First 200 Years. London 2018.

Furrer, Daniel: Ignaz Paul Vital Troxler. Der Mann mit Eigenschaften (1780–1866). Zürich 2010.

Gadamer, Hans-Georg: Wahrheit und Methode. Grundzüge einer philosophischen Hermeneutik. Tübingen ⁴1975.

Gailus, Andreas: A Case of Individuality: Karl Philipp Moritz and the Magazine for Empirical Psychology. In: New German Critique 79 (2000) S. 67–105.

Gall, Lothar: Wilhelm von Humboldt. Ein Preuße in der Welt. Berlin 2011.

Gamper, Michael / Wegner, Reinhard: DFG-Projekt »Ästhetische Eigenzeiten. Zeit und Darstellung in einer polychronen Moderne«.

Geisenhanslücke, Achim: Literarische Hermeneutik? Schleiermacher – Szondi – Hamacher. In: Comparatio 11 (2019) H. 2. S. 181–198.

Gersdorff, Dagmar von: »Die Erde ist mir Heimat nicht geworden«. Das Leben der Karoline von Günderrode. Frankfurt a. M. / Leipzig 2006.

Gill, Syehen: William Wordsworth: A Life. Oxford 2020.

Gorki, Maxim: Wie ich schreibe. Literarische Porträts, Aufsätze, Reden und Briefe. Aus dem Russ. übers. von Erich Boehme [u. a.]. Mit einem Nachw. von Helene Imendörffer. München 1978.

Görner, Rüdiger: Grenzen, Schwellen, Übergänge. Zur Poetik des Transitorischen. Göttingen 2001.

– Der ›blaue Ton‹ auf Winterreise. Schubert und die Klangformen des Romantischen. In: Christian Aspalter / Wolfgang Müller-Funk / Edith Saurer / Wendelin Schmidt-Dengler / Anton Tantner (Hrsg.): Paradoxien der Romantik. Gesellschaft, Kultur und Wissenschaft in Wien im frühen 19. Jahrhundert. Wien 2006. S. 320–332.

– Die Pluralektik der Romantik. Studien zu einer epochalen Denk- und Darstellungsform. Wien/Köln/Weimar 2010.

– »Die Kosmogenie des freien romantischen Ichs«. Georg Brandes' Romantische Schule in Deutschland. Ein Vermessungsversuch. In: R. G.: »Bruchflächen funkeln lassen«. Aufsätze zu einer literarischen Morphomatik. Freiburg i. Br. / Berlin / Wien 2014. S. 111–122.

– »Singen nach unsichtbaren Noten«. Hoffmanns Erzählen aus dem Geist der Musik. In: E. T. A. Hoffmann Jahrbuch 26 (2018) S. 102–115.

– Intellektuelle Zaungäste am Rande tanzender Diplomatie. Nebenschauplätze auf dem Wiener Kongress 1814/15. In: Michael Braun (Hrsg.): Deutsche Literatur und europäische Zeitgeschichte. Festschrift für Paul Michael Lützeler. Tübingen 2018. S. 113–128.

– Klangdenken. Ludwig van Beethovens philosophische Sendung. In: Lettre International Frühjahr 2020. S. 75–79.

– »Sympoesie« und andere hybride Romantizismen. Pluralektische Ansätze für unsere Zeit. In: Serapion 1 (2020) S. 39–66.

Guest, Ivor: The Dancer's Heritage. A Short History of Ballet. Mit einem Vorw. von Dame Margot Fonteyn. London/Edinburgh ³1967.

– Fanny Elssler. London 1970.

– The Romantic Ballet in England. London/Edinburgh 1972.

Guhrauer, Gottschalk Eduard: Nachträge zu der Biographie Gottfried Wilhelm Freiherr von Leibnitz. Breslau 1846.

Günzel, Klaus: König der Romantik. Das Leben des Dichters Ludwig Tieck in Briefen, Selbstzeugnissen und Berichten. Tübingen 1981.

Habermas, Jürgen: Auch eine Geschichte der Philosophie. Bd. 1: Die okzidentale Konstellation von Glauben und Wissen. Bd. 2: Vernünftige Freiheit. Spuren des Diskurses über Glauben und Wissen. Berlin 2020.

Hamacher, Werner: Entferntes Verstehen. Frankfurt a. M. 1998.

Hamanaka, Haru: Erkenntnis und Bild – Wissenschaftsgeschichte der Lichtenbergischen Figuren um 1800. Reihe: Stefan Brüdermann / Ulrich Joost (Hrsg.): Lichtenberg-Studien. Bd. 16. Göttingen 2015.

Hamburger, Käte: Thomas Mann und die Romantik: eine problemgeschichtliche Studie. Berlin 1932.

Hamilton, Paul: Realpoetik. European Romanticism and Literary Politics. Oxford 2013.

Hartenstein, Elfi (Hrsg.): Deutsche Gedichte über Polen. Frankfurt a. M. 1994.

Hassforther, Béla: Overbecks »Triumph der Religion in den Künsten« für das Städel in Frankfurt und die Kritik F. Th. Vischers. In: http://www.bela1996.de (aufgerufen am 18. 11. 2020).

Haym, Rudolf: Die romantische Schule: ein Beitrag zur Geschichte des deutschen Geistes. Berlin 1870.

Hazlitt, William: The Fight and Other Writings. Hrsg. von Tom Paulin und David Chandler. Einl. von Tom Paulin. London 2000.

Henckmann, Gisela: Das Problem des ›Antisemitismus‹ bei Achim von Arnim. In: Aurora 46 (1986) S. 48–69.

Hendrix, John Shannon: Unconscious Thought in Philosophy and Psychoanalysis. Heidelberg 2015.

Henel, Heinrich: Epigonenlyrik: Rückert und Platen. In: Euphorion 55 (1961) S. 260–278.

Henrich, Dieter: Grundlegung aus dem Ich. Untersuchungen zur Vorgeschichte des Idealismus Tübingen – Jena 1790–1794. Bd. 2. Frankfurt a. M. 2004.

Herz, Henriette: Bertliner Salon. Erinnerungen und Portraits. Frankfurt a. M. 1984.

Heumann, Konrad / Sinur, Karoline (Hrsg.): »Welch kleiner Teufel führt Ihre Hand?« Autoren der Gegenwart im Dialog mit Handschriften der Romantik. Mit Beiträgen von Feridun Zaimoglu, Thea Dorn, Peter Härtling, Michael Lentz, Eva Demski, Sibylle Lewitscharoff, Wolfgang Büscher, Katharina Hacker, Patrick Roth. Frankfurt a. M. 2017.

Hildesheimer, Wolfgang: Gesammelte Werke in sieben Bänden. Hrsg. von Christiaan Lucas Hart Nibbrig und Volker Jehle. Bd. IV. Frankfurt a. M. 1991.

Hilscher, Elisabeth: Feste und Musik am Wiener Kongreß. In: Agnes Husslein-Arco / Sabine Grabner / Werner Telesko (Hrsg.): Europa in Wien. Der Wiener Kongress 1814/15. Wien 2015. S. 287–293.

Hitzig, Julius Eduard: E. T. A. Hoffmanns Leben und Nachlass. Mit Anm. zum Text und einem Nachw. von Wolfgang Held. Frankfurt a. M. 1986.

Hobsbawm, Eric: The Machine Breakers. In: E. H.: Labouring Men. London 1964. S. 5–25.

Hodenberg, Christina von: Aufstand der Weber. Die Revolte von 1844 und ihr Aufstieg zum Mythos. Bonn 1997.

Holzberg, Niklas: Der antike Roman. Eine Einführung. Düsseldorf/Zürich 2001.

Horaz: De arte poetica. Die Dichtkunst. Übers. von Horst Rüdiger. Zürich 1961.

Hörisch, Jochen: Wut des Verstehens. Erw. Neuaufl. Frankfurt a. M. 1998.

Huch, Ricarda: Die Romantik. Blütezeit Ausbreitung Verfall. Tübingen 1951. Neuausg. Mit einem Nachw. von Tilman Spreckelsen. Berlin 2017.

Hufeld, Ulrich (Hrsg.): Der Reichsdeputationshauptschluss von 1803. Eine Dokumentation zum Untergang des Alten Reiches. Böhlau/Köln 2003.

Hugo, Victor: Les Contemplations, édition établie et annotée par Pierre Albouy. Paris 1967. Neuausg.: Œuvres poétiques, tome 2: Les châtiments, Les contemplations. Paris 1993.

Hui, Andrew: The Poetics of Ruins in Renaissance Literature. New York 2016.

Hummelt, Norbert: »In der Fremde«. Krisenbewußtsein und poetischer Widerstand als Elemente ›romantischer‹ Weltsicht. In: Heinz Ludwig Arnold (Hrsg.): Aktualität der Romantik. Text + Kritik. Bd. 143. München 1999. S. 39–47.

Hutchinson, Ben: Lateness and Modern European Literature. Oxford 2017.

Jay, Mike: The Atmosphere of Heaven: The Unnatural Experiments of Dr. Beddoes and His Sons of Genius. Yale 2009.

Johnson, Laurie Ruth: Die Lesbarkeit des romantischen Körpers. Über Psychosomatik und Text in Fallstudien von Karl Philipp Moritz und Friedrich Schlegel. In: Erich Kleinschmidt (Hrsg.): Die Lesbarkeit der Romantik. Material, Medium, Diskurs. Berlin 2009. S. 105–136.

Kafka, Franz: Tagebücher 1910–1923. Hrsg. von Max Brod. Frankfurt a. M. 1983.

Kaiser, Reinhard: Gespenstersommer. Über das Wetter und die Literatur im kalten Jahr 1816. In: Frankfurter Rundschau. 10. 11. 1990.

Karoli, Christa: Ideal und Krise enthusiastischen Künstlertums in der deutschen Romantik. Bonn 1968.

Kassner, Rudolf: Englische Dichter. Leipzig 1920.

Kayser, Wolfgang: Geschichte des deutschen Verses. Zehn Vorlesungen. München ²1960.

Keil, Werner: Dissonanz und Harmonie in Romantik und Moderne. München 2013.

Kerschbaumer, Sandra: Heines moderne Romantik. Paderborn/München/Wien/Zürich 2000.

Kildea, Paul: Chopin's Piano. A Journey Through Romanticism. London 2018.

Kisselgoff, Anna: Dance View. Taglioni and Elssler Were 19th Century Superstars. In: New York Times. 6. 5. 1984. Section 2. S. 9.

Klettke, Cornelia: Germaine de Staël. Corinne ou l'Italie – Grenzüberschreitung und Verschmelzung der Künste im Sinne der frühromantischen Universalpoesie. In: Romanische Forschungen. Bd. 115 (2003) H. 2. S. 172–193.

Knopf, Alexander: Begeisterung der Sprache. Friedrich von Hardenberg (Novalis): Heinrich von Afterdingen. Textkritische Edition und Interpretation. Frankfurt a. M. / Basel 2015.

Köhler, Astrid: Salonkultur im klassischen Weimar. Geselligkeit als Lebensform und literarisches Konzept. Stuttgart 1996.

Kraus, Beate Angelika: Beethoven in Paris. In: Detlev Altenburg (Hrsg.): Franz Liszt. Ein Europäer in Weimar. Katalog der Landesausstellung Thüringen im Schiller-Museum und Schlossmuseum Weimar 24. Juni – 31. Oktober 2011. Köln 2011. S. 84–88.

Krause, Peter D.: Unbestimmte Rhetorik. Friedrich Schlegel und die Redekunst um 1800. Berlin 2001.

Kreutzer, Hans Joachim: Der Mythos vom Volksbuch. Studien zur Wirkungsgeschichte des frühen deutschen Romans seit der Romantik. Stuttgart 1977.

– Faust. Mythos und Musik. München 2003.

Kroll, Joe Paul: Sorry They're Late. Modernism's Permanent State of Being ›After‹. In: Times Literary Supplement. 5. 1. 2018.

Lach, Roman: Walter Scott gegen E. T. A. Hoffmann. Warum jeder Roman ein historischer ist. In: Neue Rundschau 118 (2007) H. 1. S. 138–156.

Latifi, Kaltërina (Hrsg.): Jean Paul. Vorrede zu E. T. A. Hoffmann, Fantasiestücke in Callot's Manier. Frankfurt a. M. 2013.

– zu *Serapion*. Zweijahresschrift zur europäischen Romantik. Heidelberg 2020.

– Perspektivische Ambiguitäten. E. T. A. Hoffmanns Erzählästhetik. Baden-Baden 2021.

– Fragmentarik. Poetische Phänomenologie des Fragments. Habilitationsschrift Universität Göttingen (in Vorb.).

Latifi, Kaltërina / Görner, Rüdiger: Im Davor. Eine Ästhetik des Antizipatorischen. Göttingen 2021.

Lepenies, Wolf: Sainte-Beuve. Auf der Schwelle zur Moderne. München 1997.

Lessing, Kolja: Czerny: Violinsonaten. Begleitheft zur Aufnahme der Sonate, S. 5. cpo 777-822-2. Koproduktion mit BR-Klassik. Kolja Lessing (Violine), Rainer Maria Klaas (Klavier).

Linde, Otto zur: Heinrich Heine und die deutsche Romantik. Dissertation. Freiburg i. Br. 1899.

Linder, Christian: Das Ende von Etwas. Vom Mangel an Schweigen und vom Verschwinden der Literatur. In: Lettre International Herbst 2020.

Lotze, Ingrid: Annette von Droste-Hülshoffs Epos *Das Vermächtnis des Arztes*. Eine mystische Interpretation. In: The German Quarterly 46 (1973) H. 3. S. 345–367.

Löw, Reinhard: The Progress of Organic Chemistry During the Period of German Romantic Naturphilosophie (1797–1825). In: Ambix 27 (1980).

Lucas, A. / Plesters, J.: ›Titian's *Bacchus and Ariadne*‹. In: National Gallery Technical Bulletin 2 (1978) S. 25–47.

Luckscheiter, Roman (Hrsg.): L'art pour l'art. Der Beginn der modernen Kunstdebatte in französischen Quellen der Jahre 1818 bis 1847. Bielefeld 2003.

Maddaloni, Arnold: The Meaning of Empathy. In: The American Imago 18 (1961) H. 1. S. 21–33.

Mann, Golo: »The Last Love of Friedrich von Gentz«. In: Ivor Guest: Fanny Elssler. London 1970. S. 26–48.

– Friedrich von Gentz. Gegenspieler Napoleons, Vordenker Europas. Aktual. Neuausg. Frankfurt a. M. 1995.

Mann, Thomas: Gesammelte Werke in dreizehn Bänden. Frankfurt a. M. 1990.

McMullan, Gordon / Smiles, Sam (Hrsg.): Late Style and its Discontents. Essays in Art, Literature and Music. Oxford 2017.

Mickiewicz, Adam: Dichtung und Prosa. Ein Lesebuch von Karl Dedecius. Frankfurt a. M. 1994.

Mielsch, Hans-Ulrich: Sommer 1816. Lord Byron und die Shelleys am Genfer See. Zürich 1998.

Möhrmann, Renate: Die andere Frau. Emanzipationsansätze deutscher Schriftstellerinnen im Vorfeld der Achtundvierziger Revolution. Stuttgart 1977.

Montesquieu, Charles-Louis de Secondat, Baron de la Brède et de: Persische Briefe. Übers. und hrsg. von Peter Schunck. Bibliographisch ergänzte Ausgabe. Stuttgart 2004.

Morgenstern, Karl: Der Bildungsroman. Die beiden grundlegenden Vorträge über einen global gebräuchlichen Begriff. Hrsg. von Dirk Sangmeister. Eutin 2020.

Most, Glenn W. (Hrsg.): Hesiod. Theogony. Cambridge/London 2006.

Müller-Funk, Wolfgang: E. T. A. Hoffmanns Erzählung *Der Magnetiseur*. Ein poetisches Lehrstück zwischen Dämonisierung und neuzeitlicher Wissenschaftskritik. In: Heinz Schott: Franz Anton Mesmer und die Geschichte des Mesmerismus. Stuttgart 1985. S. 200–214.

– Im Schatten der Revolution. Friedrich Schlegels Konzept einer konservativen Wende (1820–1823). In: Christian Aspalter / Wolfgang Müller-Funk / Edith Saurer / Wendelin Schmidt-Dengler / Anton Tantner (Hrsg.): Paradoxien der Romantik. Gesellschaft, Kultur und Wissenschaft in Wien im frühen 19. Jahrhundert. Wien 2006. S. 202–226.

Myrone, Martin (Hrsg.): Gothic Nightmares – Fuseli, Blake and the Romantic Imagination. Mit Beiträgen u. a. von Christopher Frayling und Marina Warner. London 2006.

Nagl-Docekal, Herta / Gethmann-Siefert, Annemarie / Rósa, Erzsébet / Weisser-Lohmann, Elisabeth (Hrsg.): Hegels Ästhetik als Theorie der Moderne. Berlin/Boston 2013.

Nettesheim, Josefine: E. T. A. Hoffmanns Phantasiestück *Der Magnetiseur*. Ein Beitrag zum Problem »Wissenschaft« und Dichtung. In: Jahrbuch des Wiener Goethe-Vereins 71 (1967) S. 113–127.

Neymeyr, Barbara: Narzißtische Destruktion. Zum Stellenwert von Realitätsverlust und Selbstentfremdung in E. T. A. Hoffmanns Nachtstück *Der Sandmann*. In: Poetica 29 (1997) S. 499–531.

– Nachwort. In: E. T. A. Hoffmann: Die Abentheuer der Sylvester-Nacht. Stuttgart 2005.

Nielsen, Erling: Hans Christian Andersen. Hamburg ⁵2000.

Nielsen, Torben Hviid / Berg, Siv Frøydis: Goethe's Homunculus and Shelley's Monster. On the Romantic Prototypes of Modern Biotechnology. In: Notizie di Politeia 63 (2001) S. 37–50.

Nietzsche, Friedrich: Sämtliche Werke. Kritische Studienausgabe in 15 Bänden. Hrsg. von Giorgio Colli und Mazzino Montinari. München 1988.

Noble, David F.: Maschinenstürmer oder die komplizierten Beziehungen der Menschen zu ihren Maschinen. Berlin 1986.

Norton, Rictor: Mistress of Udolpho: The Life of Ann Radcliffe. Leicester/London 1999.

Oehler-Klein, Sigrid: Die Schädellehre Franz Joseph Galls in Literatur und Kritik des

19. Jahrhunderts. Zur Rezeptionsgeschichte einer medizinisch-biologisch begründeten Theorie der Physiognomik und Psychologie. Stuttgart / New York 1990.

Oesterle, Günter: Juden, Philister und romantische Intellektuelle. Überlegungen zum Antisemitismus in der Romantik. In: Athenäum. Jahrbuch für Romantik 2 (1992) S. 55–89.

Pagel, Ulrich: Die Editionen der Deutschen Ideologie im Wechselspiel von politischer Instrumentalisierung und historisch-kritischer Aufarbeitung. In: Matthias Steinbach / Michael Ploenus (Hrsg.): Prüfstein Marx. Zu Edition und Rezeption eines Klassikers. Berlin 2013. S. 30–45.

Paul, Jean: Vorschule der Ästhetik. Nach der Ausgabe von Norbert Miller hrsg., textkritisch durchges. und eingel. von Wolfhart Henckmann. Hamburg 1990.

Paulin, Roger: Ludwig Tieck. Stuttgart 1987.

Pechmann, Alexander: Mary Shelley – Leben und Werk. Neuausg. Berlin 2017.

Perlet, Gisela: Nachwort. In: Hans Christian Andersen: »Ja, ich bin ein seltsames Wesen …«. Tagebücher 1825–1875. Ausgew., hrsg. und übers. von Gisela Perlet. Zweiter Band. Göttingen 2000.

Peters, Friedrich Ernst: Thomas Mann und die Romantik. Typoskript. Schleswig 1926. Aus dem Nachlass Friedrich Ernst Peters der Schleswig-Holsteinischen Landesbibliothek in Kiel. Universität Potsdam 2013.

Peters, Uwe Hendrik: Studies in German Romantic Psychiatry. Justinus Kerner as a Psychiatric Practitioner. E. T. A. Hoffmann as a Psychiatric Theorist. The 1988 Bithell Memorial Lecture. Institute of Germanic Studies, University of London. London 1990.

Petersdorff, Dirk von: Mysterienrede. Zum Selbstverständnis romantischer Intellektueller. Tübingen 1999.

Phillips, Tom: Musik der Bilder. Von der Frühzeit bis zur Gegenwart. München / London / New York 1998.

Plessow, Günter (Hrsg.): Percy Bysshe Shelley, Oden, Sonette, Stanzen. The Masque of Anarchy. Zweisprachig. Ausgew. und übers. von Günter Plessow. Dozwil 2018.

Pöggeler, Otto: Hegels Kritik der Romantik. Überarb. Neuaufl. München/Paderborn 1999.

Ponert, Dietmar J.: E. T. A. Hoffmann – Das bildkünstlerische Werk. Ein kritisches Gesamtverzeichnis in zwei Bänden. Petersberg 2012.

Prause, Marianne: Carl Gustav Carus als Maler. Leben und Werk. Berlin 1968.

Price, Munro: Napoleon. The End of Glory. Oxford 2014.

Puschkin, Alexander S.: Erzählungen. Aus dem Russ. übers. von Fred Ottow. Mit einem Nachw. von Dmitrij Tschizewskij. München ³1979.

Quincey, Thomas de: Recollections of the Lakes and the Lake Poets. Hrsg. und mit einer Einl. von David Wright. Harmondsworth 1985.

Radecki, Sigismund von: Vorwort. In: Nikolaj Gogol: Meistererzählungen. Aus dem Russ. übers. von Sigismund von Radecki. Zürich 1979.

Rand, Ayn: The Romantic Manifesto: A Philosophy of Literature. New York / Cleveland 1969.

Rasmussen, Dennis: The Pragmatic Enlightenment. Cambridge 2014.

Reents, Friederike: Zwischen serapiontischem und grünlichem Prinzip: E. T. A. Hoffmanns Bedeutung für Tony Buddenbrooks erste Eheschließung. In: Thomas Mann-Jahrbuch 24 (2011) S. 155–172.

Reiber, Joachim: Bewahrung und Bewährung: das Libretto zu Carl Maria von Webers *Freischütz* im literarischen Horizont seiner Zeit. München 1990.

Riesenfeld, P.: Schelling als Musikphilosoph. In: Allgemeine Musikzeitung 40 (1913) S. 105–107, 174–178.

Rilke, Rainer Maria: Sämtliche Werke. Bd. 2: Gedichte. Zweiter Teil. Hrsg. vom Rilke-Archiv in Verb. mit Ruth Sieber-Rilke. Bes. durch Ernst Zinn. Frankfurt a. M. 1987.
– Gedichte an die Nacht. Hrsg. von Klaus. E. Bohnenkamp. Berlin 2016.

Ritzer, Monika: Friedrich Hebbel. Der Individualist und seine Epoche. Eine Biographie. Göttingen 2018.

Rooseboom, Hans: What's Wrong With Daguerre? Reconsidering Old and New Views on the Invention of Photography. Amsterdam 2010.

Rosenkranz, Karl: Die Ästhetik des Häßlichen. Königsberg 1853.

Safranski, Rüdiger: Friedrich Schiller oder Die Erfindung des Deutschen Idealismus. München 2004.
– Romantik. Eine deutsche Affäre. München 2007.

Sampson, Fiona: In Search of Mary Shelley. The Girl who Wrote *Frankenstein*. London 2018.

Saße, Günter (Hrsg.): Die Abentheuer der Sylvester-Nacht. Romantische Ich-Dissoziation und Doppelgänger-Problematik. In: Günter Saße (Hrsg.): E. T. A. Hoffmann. Romane und Erzählungen. Stuttgart 2004.

Scherer, Wilhelm: Die Anfänge des deutschen Prosaromans und Jörg Wickram von Colmar. Eine Kritik. Straßburg 1877.

Schindler, Herbert: Nazarener, romantischer Geist und christliche Kunst im 19. Jahrhundert. Regensburg 1982.

Schlaffer, Hannelore: Frauen als Einlösung der romantischen Kunsttheorie. In: Jahrbuch der deutschen Schillergesellschaft 21 (1977) S. 274–296.

Schmidt, Johannes: Das A und O der Dinge. In: Literaturkritik.de. Nr. 3. März 2016 (aufgerufen am 17. 2. 2020).

Schmidt, Ricarda: Narration – Malerei – Musik. Mediale Interferenz am Beispiel E. T. A. Hoffmanns. In: KulturPoetik 1 (2002) S. 182–213.

Schmidt, Thomas M.: Glauben und Wissen. Jürgen Habermas und die Religion. In: zur debatte 2 (2020) S. 27–31.

Schmitt, Carl: Politische Romantik. Berlin 41982.

Schmitz, Walter: *Mutabor*. Alterität und Lebenswechsel in den Märchen von Wilhelm Hauff. In: Wolfgang Bunzel [u. a.] (Hrsg.): Schnittpunkt Romantik: Text- und Quellenstudien zur Literatur des 19. Jahrhunderts. Festschrift für Sibylle von Steinsdorff. Berlin/Boston 1997. S. 81–98.

Schmusch, Rainer: Hector Berlioz – Autopsie des Künstlers. Musik-Konzepte. Bd. 108. Hrsg. von Heinz-Klaus Metzger und Rainer Riehn. München 2000.

Schneider, Marcel: La Littérature fantastique en France. Paris 1964.

Schnyder, Peter: Die Magie der Rhetorik. Poesie, Philosophie und Politik in Friedrich Schlegels Frühwerk. Paderborn/München/Wien/Zürich 1999.

Schott, Heinz: Franz Anton Mesmer und die Geschichte des Mesmerismus. Stuttgart 1985.

Schroeder, Walter / Siebert, Werner: Adam Müller. Bd. 2: Kritische/ästhetische und philosophische Schriften. Neuwied/Berlin 1967.

Schweizer, Albert: Die Weltanschauung der indischen Denker. Mystik und Ethik. Hrsg. von Johann Zürcher und Ulrich Luz. München 1987.

Scott, Walter: On the Supernatural in Fictitious Composition; and Particularly on the Works of Ernest Theodore William Hoffmann. In: On Novelists and Fiction. Hrsg. von Ioan Williams. New York 1968. S. 312–353.

Seymour, Miranda: Mary Shelley. London 2000.

Shim, Ocksook: Der Tanz bei Heinrich Heine: Heines Tanzfiguren und Zeitdiagnose. Riga/Düsseldorf 2008.

Sieferle, Rolf Peter: Fortschrittsfeinde? Opposition gegen Technik und Industrie von der Romantik bis zur Gegenwart (= Die Sozialverträglichkeit von Energiesystemen. 5). München 1984.

Siegel, Steffen (Hrsg.): Neues Licht. Daguerre, Talbot und die Veröffentlichung der Fotografie im Jahr 1839. München 2014.

Siemons, Mark: Die Wiederkehr des Unerwünschten. Restauration – die vielen Gesichter eines Mythos. In: Frankfurter Allgemeine Zeitung. 10.1.1987.

Simmel, Georg: Gesamtausgabe. Aufsätze und Abhandlungen. Hrsg. von Alessandro Cavalli und Volkhard Krech. Frankfurt a. M. ²1997.

Simpson, David: Romanticism and the Question of the Stranger. Chicago 2013.

Sismondi, Jean-Charles-Léonard Simonde des: Von der Bevölkerung, die durch die Erfindung der Maschinen überflüssig wird. In: Neue Grundsätze der Politischen Ökonomie oder Der Reichtum in seinen Beziehungen zu der Bevölkerung. Bd. 2. Berlin 1902.

Slezak, Friedrich: Italiener in Wien. In: Wiener Geschichtsblätter 43. Verein für Geschichte der Stadt Wien. Wien 1988.

Sontag, Susan: Against Interpretation and Other Essays. New York 1966.

Sorkin, David: The Religious Enlightenment: Protestants, Jews, and Catholics from London to Vienna. Princeton 2011.

Sousa, Karin: Heinrich Heines *Buch der Lieder*. Differenzen und die Folgen. Berlin/Boston 2007.

Spark, Muriel: Mary Shelley. Eine Biographie. Aus dem Engl. übers. von A. Beck. Frankfurt a. M. / Leipzig 1999.

Städelmuseum: Friedrich Overbeck. Der Triumph der Religion in den Künsten, 1829–1840. Über das Werk. In: www.sammlung-staedelmuseum.de (aufgerufen am 18.11.2020).

Starzinger, Jakob: Eine trügerische Nachtmusik: E. T. A. Hoffmanns *Das Sanctus*. In: E. T. A. Hoffmann-Jahrbuch 14 (2006) S. 50–64.

Starzyk, Lawrence J.: Tennyson's »The Gardener's Daughter«: The Exegesis of an Icon. In: Mosaic: An Interdisciplinary Critical Journal 32 (1999) H. 3. S. 41–58.

Steig, Reinhold: Georg Friedrich Benecke und die Heidelberger. In: Euphorion 17 (1910) S. 351–363.

Steigerwald, Jörn: Verräumlichte Augen-Blicke: Narrative Visualisierungsstrategien in Mdme de Staëls *Corinne* und Goethes *Wahlverwandtschaften*. In: Erich Kleinschmidt (Hrsg.): Die Lesbarkeit der Romantik. Material, Medium, Diskurs. Berlin 2009. S. 251–272.

Steinecke, Hartmut: *Meister Floh*. Ein humoristisches Märchen aus Frankfurt. In: Günter Saße (Hrsg.): E. T. A. Hoffmann. Romane und Erzählungen. Stuttgart 2004. S. 271–288.

Stern, Carola: »Ich möchte mir Flügel wünschen«. Das Leben der Dorothea Schlegel. Reinbek b. Hamburg 1990.

Stockmann, Alois: Die deutsche Romantik. Ihre Wesenszüge und ihre ersten Vertreter. Freiburg i. Br. 1921.

Strauss, David Friedrich: Justinus Kerner. Zwei Lebensbilder aus den Jahren 1839 und 1862. Erl. und Nachw. von Herman Niethammer. March 1953.

Strich, Fritz: Deutsche Klassik und Romantik, oder Vollendung und Unendlichkeit. Ein Vergleich. München 1922.

Susman, Margarete: Frauen der Romantik. Neuausg. mit einem Nachw. von Barbara Hahn. Frankfurt a. M. 1996.

Szondi, Peter: Einführung in die literarische Hermeneutik. Studienausgabe der Vorlesungen. Bd. 5. Hrsg. von Jean Bollack und Helen Stierlin. Frankfurt a. M. 1973.

Taszus, Claudia: Lorenz Okens Isis (1816–1848). Zur konzeptionellen, organisatorischen und technischen Realisierung der Zeitschrift. In: Blätter der Gesellschaft für Buchkultur und Geschichte. 12./13. Jahrgang. Rudolstadt 2009.

Tebben, Karin: Tannhäuser: Biographie einer Legende. Göttingen 2011.

Thums, Barbara: ›Ende der Kunstperiode?‹ Heinrich Heines *Florentinische Nächte*. In: Heine-Jahrbuch (2007) S. 46–66.

Traeger, Jörg: Philipp Otto Runge und sein Werk. München 1975.

Trakl, Georg: Dichtungen und Briefe. Bd. 1. Historisch-kritische Ausgabe. Hrsg. von Walther Killy und Hans Szklenar. 2., erg. Aufl. Salzburg 1987.

Tushar, Chandranandinee: Stendhal's Racine et Shakespeare, the Classicist-Romantic Conflict and Racine as the Overlooked Mystical Romantic. In: Research and Criticism. Journal of the Department of English. Banaras Hindu University (2007) S. 13–31.

Ueding, Gert: Weltpoesie ist Weltversöhnung. Friedrich Rückert zum 200. Geburtstag. In: Frankfurter Allgemeine Zeitung. 14. 5. 1988.

Uerlings, Herbert: Theorie der Romantik. Stuttgart 2000.

Uglow, Jenny: Romantic Scientists. In: The London Review of Books. 14. 1. 2010. S. 57–59.

Vick, Brian E.: The Congress of Vienna. Power and Politics After Napoleon. Harvard 2014.

Viebrock, Helmut: Schöpferischer Identitätsverlust. Die Begriffe ›identity‹ und ›loss of identity‹ in der epistolarischen Poetik von John Keats. Sitzungsberichte der Wissenschaftlichen Gesellschaft an der Johann Wolfgang Goethe-Universität Frankfurt am Main Bd. XX, Nr. 4. Stuttgart 1984.

Vietta, Silvio (Hrsg.): Die literarische Frühromantik. Göttingen 1983.

– Novalis und E. T. A. Hoffmann: Produktive Ästhetik und Narrativik der Romantik und ihre Wirkungsgeschichte. In: Serapion 1 (2020) S. 39–66.

Vieweg, Klaus: Humor als ›ver-sinnlichte‹ Skepsis – Hegel und Jean Paul. In: Dieter Wandschneider (Hrsg.): Das Geistige und das Sinnliche in der Kunst. Ästhetische Reflexion in der Perspektive des Deutschen Idealismus. Würzburg 2005. S. 133–154.

– Hegel. Der Philosoph der Freiheit. Biographie. Darmstadt 2019.

Voss, Karl: Wege der französischen Literatur. Berlin 1965.

Wagenseil, Johann Christoph: Buch von der Meister-Singer Holdseligen Kunst. (= Litterae. Bd. 38). Hrsg. von Horst Brunner. Göppingen 1975.

Wagner, David: Leben. Hamburg 2013.

Waser, Georges: Füssli und der Reiz des grauenvoll Schönen. In: Neue Zürcher Zeitung. 11./12. 3. 2006.

Weiß, Johannes: Das frühromantische Fragment. Eine Entstehungs- und Wirkungsgeschichte. München/Paderborn 2015.

Weltzien, Friedrich: Elektrische Menetekel. Ritters Abbreviaturen einer allgemeinen Schrift. In: Erich Kleinschmidt (Hrsg.): Die Lesbarkeit der Romantik. Material, Medium, Diskurs. Berlin 2009. S. 185–209.

Willms, Johannes: Napoleon. Verbannung und Verklärung. München 2000.

Winkler, Bettina: Musik und Widerstand (1). SWR2 Musikstunde. 7. 5. 2012.
Wolfart, Karl Christian (Hrsg.): Mesmerismus oder System der Wechselwirkungen. Theorie und Anwendung des thierischen Magnetismus als die allgemeine Heilkunde zur Erhaltung des Menschen. Berlin 1814.
Wolters, Gereon (Hrsg.): Franz Anton Mesmer und der Mesmerismus. Konstanz 1988.
Worringer, Wilhelm: Abstraktion und Einfühlung. Neudruck. München 1948.
Ziolkowski, Theodore: European Romanticism. Cultural Synchronicity Across the Arts, 1798–1848. Cambridge 2019.

Abbildungsnachweis

Josef Danhauser, »Liszt am Flügel«: © Artexplorer / Alamy Stock Foto
Kupferstich aus *Mémoirs d'outre-tombe*: © Bridgeman Images
Arnold Böcklin, »Die Toteninsel«: © Peter Horree / Alamy Stock Foto
Moritz von Schwind, »Erlkönig«: © The Picture Art Collection / Alamy Stock Foto
Thomas McLean, »Living Made Easy: Prescription for Scolding Wives«: © Bridgeman Images
Thomas McLean, »Living Made Easy: Revolving Hat«: © Science and Society Picture Library / Bridgeman Images
William Turner, »Tintern Abbey«: © Ashmolean Museum / Bridgeman Images
Caspar David Friedrich, »Abtei im Eichenwald«: © classicpaintings / Alamy Stock Foto
Joseph Michael Gandy, »The Bank of England as Ruin«: © Sir John Soane's Museum / Bridgeman Images
Johan Clausen Dahl, »Blick auf Dresden bei Vollmondschein«: © Historic Images / Alamy Stock Foto
Hector Berlioz, *Symphonie fantastique*: © Abbus Archive Images / Alamy Stock Foto
Eugène Delacroix, »Paganini«: © The Phillips Collection Washington
Tizian, »Bacchus und Ariadne«: © GL Archive / Alamy Stock Foto
Friedrich Overbeck, »Der Triumph der Religion in den Künsten«: © The Picture Art Collection / Alamy Stock Foto
Caspar David Friedrich, »Wanderer am Gestade des Meeres«: © The Picture Art Collection / Alamy Stock Foto

Worte des Dankes

Wie romantisch, wie analytisch soll man gestimmt sein, um angemessen und ansprechend über ›die Romantik‹ zu handeln? Eine Frage für Gespräche, gleich ob im universitären Seminar oder außerakademischem Umfeld; ihre Beantwortung entscheidet sich von Fall zu Fall neu.

In meinen einschlägigen (meist auf Englisch gehaltenen) Seminaren, in Vorträgen, Diskussionsveranstaltungen mit Kollegen und Freunden ergaben sich eine Fülle von Möglichkeiten, Thesen zu erproben und mit dem Experimentellen im Denken der Romantik zu experimentieren, um es ansatzweise neu fruchtbar zu machen für Diskurse in unserer Zeit. Als besonders bereichernd und förderlich ist für mich über die Jahre der Austausch zu Fragen des Romantik-Verständnisses mit Anne Bohnenkamp, Richard Faber, Manfred Frank, Karin Fugger, Peter Gülke, Paul Hamilton, Kaltërina Latifi, Kolja Lessing, Wolfgang-Müller-Funk und Joachim Reiber gewesen. Dass ein solcher Austausch nie abgeschlossen ist, dafür sorgt allein schon die unabschließbare Thematik ›Romantik‹.

Danken möchte ich vor allem dem Reclam Verlag für eine sachgerechte und konstruktive Begleitung dieses Buches, die man sich nicht erfreulicher wünschen könnte.

Die Arbeit an diesem Buch half dabei, die beklemmenden Erfahrungen während der Corona-Pandemie zu bestehen. So bleibt mein größter Dank der Romantik selbst vorbehalten, dafür, dass es sie gab – als eine schöpferische Herausforderung für Geist und Gemüt.

Personenregister

Abel, Jakob Friedrich (1751–1829) 191
Adam, Adolphe (1803–1856) 169, 178
Adelung, Johann Christoph (1732–1806) 209 f.
Adorno, Theodor W. (1903–1969) 145, 172
Agrippa, Cornelius (1486–1535) 316
Andersch, Alfred (1914–1980) 303
Andersen, Hans Christian (1805–1875) 37, 99, 101, 114–120, 263
Apel, Friedmar (1948–2018) 225, 232
Apuleius (125–170) 81
Arendt, Hannah (1906–1975) 25
Arndt, Ernst Moritz (1769–1860) 47, 151
Arnim, Achim von (1781–1831) 22–24, 28, 46, 212, 320 f.
Arnim, Bettine von (1785–1859) 19, 25 f., 160 f., 213, 264, 270, 274, 280, 306, 322, 324
Arnold, Matthew (1822–1888) 61
Assing, Ludmilla (1821–1880) 26
Auber, Daniel-François-Esprit (1782–1871) 169, 171, 248
Austen, Jane (1775–1817) 125
Austin, Sarah (1793–1867) 26

Badt-Strauß, Bertha (1885–1970) 25
Balzac, Honoré de (1799–1850) 54 f., 56, 219, 222–224
Barthes, Roland (1915–1980) 18, 87 f., 95, 307
Bartholdy, Felix Mendelssohn (1809–1847) 119, 170, 248, 255, 278
Baudelaire, Charles (1821–1867) 172, 175–177, 303
Bauer, Ludwig Amandus (1803–1846) 146
Beaumont, Pauline de (1768–1803) 19
Bechstein, Ludwig (1801–1860) 263
Becker, Nikolaus (1809–1845) 151
Beddoes, Thomas (1760–1808) 184
Beethoven, Ludwig van (1770–1827) 14 f., 102, 136, 197 f., 233, 247 f., 250, 252 f., 258
Belinskij, Wissarion G. (1811–1848) 123

Benecke, Georg Friedrich (1762–1844) 212
Berlin, Isaiah (1909–1997) 29, 38
Berlioz, Hector (1803–1869) 14, 16, 248, 25–260
Bernhard, Thomas (1931–1989) 5
Berwald, Franz (1796–1868) 37
Blake, William (1757–1827) 38, 275, 279
Blechen, Carl (1798–1840) 225
Bloch, Ernst (1885–1977) 32
Böhme, Jakob (1575–1624) 45
Boisserée, Melchior (1786–1851) 23
Boisserée, Sulpiz (1783–1854) 23
Bollnow, Otto Friedrich (1903–1991) 307
Bopp, Franz (1791–1867) 210
Börne, Ludwig (1786–1837) 171
Brandes, Georg (1842–1927) 34, 36 f., 56, 64, 72
Brecht, Bertolt (1898–1956) 304
Brentano, Clemens (1778–1842) 22, 28, 51–53, 99, 131, 133, 139, 160 f., 164, 211 f., 217, 320 f.
Brentano, Kunigunde (1780–1863) 164
Breughel, Pieter (1525–1569) 112
Brewster, David (1781–1868) 217
Brontë, Charlotte (1816–1855) 101, 280
Brontë, Emily (1818–1848) 302
Brookner, Anita (1928–2016) 38
Browne, Sir Thomas (1605–1682) 237
Browning, Elizabeth Barrett (1806–1861) 295
Browning, Robert (1812–1889) 19
Bruckner, Anton (1824–1896) 247, 261, 324
Bürger, Gottfried August (1747–1794) 16
Burke, Edmund (1729–1797) 215
Byron, Lord (1788–1824) 14, 16, 26, 28, 71, 98, 125, 146–148, 158, 185–187, 248, 255, 259, 275, 278, 313 f.

Callot, Jacques (1592–1635) 108, 112 f., 250
Campion, Jane (geb. 1954) 302
Capo, d. i. Cem Anhan (geb. 1991) 325
Carlile, Richard (1790–1843) 69
Carlyle, Thomas (1795–1881) 20, 61, 279, 289

Castlereagh, Lord Robert Stewart (1769–1822) 69, 153

Catull, d. i. Gaius Valerius Catullus 282

Cervantes, Miguel de (1547–1616) 81, 212, 278

Chamisso, Adalbert von (1781–1838) 108, 119, 145 f., 207

Chateaubriand, François-René de (1768–1848) 17–19, 125

Chézy, Helmina von (1783–1856) 80

Chladnis, Ernst Florens Friedrich (1756–1827) 192 f.

Chopin, Frédéric (1810–1849) 14, 16 f., 84, 197, 248 f., 260

Clésinger, Auguste (1814–1883) 16

Coleridge, Samuel T. (1772–1834) 38, 60 f., 63, 65–69, 154 f., 158, 184, 187, 279, 283 f., 289, 318

Constant, Benjamin (1767–1830) 84 f., 98 f., 183

Cornelius, Peter von (1783–1867) 161

Cornish, Abbie (geb. 1982) 302

Correggio, Antonio da (1489–1534) 281

Creuzer, Friedrich (1771–1858) 160, 164 f.

Czerny, Carl (1791–1857) 247, 253

d'Agoult, Marie (1805–1876) 14 f.

Daguerre, Louis Jacques (1787–1851) 217

d'Alembert, Jean-Baptiste (1717–1783) 209

Dalton, John (1766–1844) 316

Danhauser, Josef (1805–1845) 13–15, 271

Davy, Humphry (1778–1829) 184, 313, 316

Delacroix, Eugène (1798–1863) 14, 16, 218, 222, 226, 271 f., 304

Deleuze, Gilles (1925–1995) 112

Dickens, Charles (1812–1870) 29, 118

Diderot, Denis (1713–1784) 209, 278

Doig, Peter (geb. 1959) 245 f.

Döring, Julius (1818–1898) 213, 264, 271, 306

Dostojewskij, Fjodor M. (1821–1881) 71, 124, 128, 132

Droste-Hülshoff, Annette von (1797–1848) 20, 26, 47, 131, 142 f., 156, 277, 289

Droysen, Johann Gustav (1808–1884) 67

Dumas, Alexandre, d. Ä. (1802–1870) 14, 259

Eichendorff, Joseph von (1788–1857) 22, 40, 43, 46, 50, 53 f., 64 f., 97, 101, 133, 142–150, 277, 280, 311

Einaudi, Ludovico (geb. 1955) 269, 302

Eliot, George (1819–1880) 26, 61, 279

Elßler, Fanny (1810–1884) 169–175, 256

Elßler, Therèse (1808–1878) 170

Engels, Friedrich (1820–1895) 187, 287

Ennemoser, Joseph (1787–1854) 188

Ernst, Max (1891–1976) 217, 229

Esenbeck, Lisette Nees von (1783–1857) 160

Faber, Richard (geb. 1943) 32

Falckenberg, Otto (1873–1947) 304

Fechner, Gustav Theodor (1801–1887) 196

Ferdinand II. von Aragonien (1452–1516) 262

Fichte, Johann Gottlieb (1762–1814) 13, 34 f., 42–46, 70, 72, 78, 80, 108, 183, 198, 287–289, 308

Fielding, Henry (1707–1754) 81

Field, John (1782–1837) 102, 247

Flaubert, Gustave (1821–1880) 18, 182 f., 303

Fontane, Theodor (1819–1898) 67

Forster, Georg (1754–1794) 79

Foscolo, Ugo (1778–1827) 98

Frank, Manfred (geb. 1945) 22

Freud, Sigmund (1856–1939) 39 f., 49, 183

Freytag, Gustav (1816–1895) 48

Friedländer, Rebecca (1783–1850) 23

Friedrich, Caspar David (1774–1840) 218, 226, 235 f., 291, 320, 322, 323

Fries, Jakob Friedrich (1773–1843) 47

Füssli, Johann Heinrich (1741–1825) 245

Gadamer, Hans-Georg (1900–2002) 307

Gade, Niels W. (1817–1890) 118, 132

Gandy, Joseph Michael (1771–1843) 235

Gaskell, Elizabeth (1810–1865) 280

Gauß, Carl Friedrich (1777–1855) 277

Gautier, Théophile (1811–1872) 54, 146, 169–172, 175–178

Gentz, Friedrich von (1764–1832) 171

Gervinus, Georg Gottfried (1805–1871) 42

Geuß, Marie Elisabeth 160

Glass, Philip (geb. 1937) 269
Gluck, Christoph Willibald (1714–1787) 119, 255, 259 f., 278
Godwin, William (1756–1836) 312
Goethe, Johann Wolfgang (1749–1832) 15 f., 18, 23, 27, 35, 41, 60–63, 70–75, 78–82, 96–98, 106, 132, 159, 166, 171, 180, 188, 199, 225 f., 230, 248, 275–278, 288, 300, 307–309, 312 f., 316, 318
Gogh, Vincent van (1853–1890) 245 f.
Gogol, Nikolaj W. (1809–1852) 123, 127 f.
Goleman, Daniel (geb. 1946) 325
Gontscharow, Iwan A. (1812–1891) 124, 182
Gorki, Maxim (1868–1936) 122
Gounod, Charles (1818–1893) 16
Goya, Francisco de (1746–1828) 245
Graf, Conrad (1782–1851) 13
Grawe, Christian (geb. 1935) 313
Grieg, Edvard (1843–1907) 37
Grillparzer, Franz (1791–1872) 161, 265–269
Grimm, Jacob (1785–1863) 210, 212
Grimm, Wilhelm (1786–1859) 210, 212
Grisi, Carlotta (1819–1899) 170
Grotius, Hugo (1583–1645) 117
Grundtvig, Nikolai (1783–1872) 37
Günderrode, Karoline von (1780–1806) 26, 159–165

Habermas, Jürgen (geb. 1929) 277
Hackert, Philipp (1737–1807) 227 f.
Hahn-Hahn, Ida (1805–1880) 25
Haller, Albrecht von (1708–1777) 215
Haller, Karl Ludwig von (1768–1854) 51, 276
Hamann, Johann Georg (1730–1788) 68
Hamilton, Alexander (1755–1804) 23
Hammer-Purgstall, Joseph von (1774–1856) 17
Hardenberg, Friedrich von, d. i. Novalis (1772–1801) 11, 13, 22, 24, 38 f., 44 f., 54, 61–63, 68, 74, 76, 79 f., 82 f., 99–108, 131, 148, 183, 189–193, 210, 213, 224, 236–239, 304–307, 311 f., 319
Hauch, Carsten (1790–1872) 37
Hauff, Wilhelm (1802–1827) 99, 319
Hauptmann, Gerhart (1862–1946) 39
Haydn, Joseph (1732–1809) 11, 252, 261

Haym, Rudolf (1821–1901) 36
Hazlitt, William (1778–1830) 158, 278, 280, 284 f.
Hebbel, Friedrich (1813–1863) 49 f., 114
Hebel, Johann Peter (1760–1826) 32
Hegel, Georg Wilhelm Friedrich (1770–1831) 47, 78, 92, 134 f., 161, 195, 215 f., 226, 273, 276, 278
Heiberg, Ludvig (1854–1928) 37
Heine, Heinrich (1797–1856) 36, 42, 46, 50, 53, 57–59, 64 f., 84, 108, 131, 145–151, 171 f., 177–181, 186, 276–280, 285–289, 299
Heinrich IV. (1050–1106) 222
Heinse, Wilhelm (1746–1803) 82
Herbart, Johann Friedrich (1776–1841) 196
Herder, Johann Gottfried (1744–1803) 35, 80, 132, 139, 188, 194
Herschel, John (1792–1871) 217
Herwegh, Georg (1817–1875) 150
Hesse, Hermann (1877–1962) 116
Hildesheimer, Wolfgang (1916–1991) 275, 285, 298
Hitzig, Julius Eduard (1780–1849) 67, 201 f.
Hoffmann, Ernst Theodor Amadeus (1776–1822) 11, 14, 31, 37, 39–41, 53–56, 59, 64, 66–68, 71–76, 101, 107–109, 113 f., 123, 129, 133, 140, 146, 199–204, 207 f., 219, 224, 226–228, 248–251, 254–256, 260 f., 263, 266, 270, 324
Holberg, Ludvig (1684–1754) 116
Hölderlin, Friedrich (1770–1843) 27, 56, 68, 98, 136, 161 f., 215 f., 278
Hölty, Ludwig (1748–1776) 66
Holtzmann, Adolf (1810–1870) 43
Hoods, Thomas (1799–1845) 279
Horaz, d. i. Quintus Horatius Flaccus (65–8 v. Chr.) 55
Hotho, Heinrich Gustav (1802–1873) 134
Howard, Luke (1772–1864) 230
Huch, Ricarda (1864–1947) 25, 36, 142, 197, 199, 319
Hufeland, Christoph Wilhelm (1762–1836) 201
Hugo, Victor (1802–1885) 14, 43, 44, 70, 146, 255, 259

Humboldt, Alexander von (1769–1859) 13, 18

Humboldt, Wilhelm von (1767–1835) 13, 211

Hundt-Radkowsky, Joachim Hartwig (1780–1835) 46

Hunt, Leigh (1784–1859) 69

Ihering, Herbert (1888–1977) 304

Ingemann, Bernhard S. (1789–1862) 37

Ingres, Jean-August (1780–1867) 259

Isabella von Kastilien (1451–1504) 261

Jahn, Friedrich Ludwig (1778–1852) 47

Johannes vom Kreuz (1542–1591) 239 f.

Johnson, Samuel (1709–1784) 209

Jones, William (1746–1794) 75, 210

Just, Coelestin August (1750–1822) 61

Kant, Immanuel (1724–1804) 12, 22, 35, 70 f., 176, 215, 279, 286–288

Karl von Habsburg, Erzherzog (1771–1847) 197

Karl x. (1757–1836) 171

Kassner, Rudolf (1873–1959) 37

Keats, John (1795–1821) 19 f., 38, 68, 73, 158, 187, 259, 278, 283–285, 293 f., 302

Keble, John (1792–1866) 289

Kerner, Justinus (1786–1862) 21, 48, 101, 113, 135–138, 146, 154–157, 189, 200

Kerr, Alfred (1867–1948) 304

Kierkegaard, Søren (1813–1855) 114

Kieser, Dietrich Georg (1779–1862) 188

Klein, Georg (geb. 1953) 313, 317

Kleist, Heinrich von (1777–1811) 27 f., 51 f., 161, 229, 261 f., 320–323

Klingemann, August (1777–1831) 236

Klopstock, Friedrich Gottlieb (1724–1803) 23, 60

Koch, Joseph Anton (1768–1839) 161

Koeppen, Wolfgang (1906–1996) 5

Kokoschka, Oskar (1886–1980) 225

Körner, Christian Gottfried (1756–1831) 72

Kotzebue, August von (1761–1819) 23, 47, 117, 233

Krauss, Werner (1884–1959) 12

Kreutzer, Conradin (1780–1849) 169

Kühn, Sophie von (1782–1797) 44, 79

Lamartine, Alphonse de (1790–1861) 118, 151 f.

Lamb, Charles (1775–1834) 278–285

Lavater, Johann Caspar (1741–1801) 21

Lavoisier, Antoine Laurent de (1743–1794) 316

Leibniz, Gottfried Wilhelm (1646–1716) 62, 272

Lermontow, Michail J. (1814–1841) 43, 123

Lessing, Gotthold Ephraim (1729–1781) 12, 174, 197

Lewes, George Henry (1817–1878) 61

Lewis, Matthew Gregory (1775–1818) 31, 96, 313

Lichtenberg, Georg Christoph (1742–1799) 68, 192 f.

Liebig, Justus von (1803–1873) 192

Lind, Jenny (1820–1887) 179

Linné, Carl von (1707–1778) 193

Liszt, Franz (1811–1886) 13–17, 48, 178, 248, 253, 255–257, 260, 303, 324

Loève-Veimars, Adolphe François (1799–1854) 54

Longos 81

Lorrain, Claude (1600–1682) 227

Lovelace, Ada (1815–1852) 26

Lumley, Benjamin (1811–1875) 178 f.

Magnus, Albertus (1193–1280) 316

Mahler, Gustav (1860–1911) 161, 240, 242, 263

Maimon, Salomon (1753–1800) 189

Malfatti, Johann Baptist (1775–1859) 188, 197

Mann, Thomas (1875–1955) 5, 38–40, 81, 124 f., 303 f.

Marr, Wilhelm (1819–1904) 48

Marschner, Heinrich (1795–1861) 248

Marx, Karl (1818–1883) 41, 187, 287

Mayer, Carl (1894–1944) 146

Méhul, Étienne-Nicolas (1763–1817) 248

Mendelssohn, Fanny (1805–1847) 26

Mendelssohn, Moses (1729–1786) 12, 80

Menzel, Wolfgang (1798–1873) 174, 220

Mereau, Sophie (1770–1806) 25

Mesmer, Franz Anton (1734–1815) 188, 200

Metternich, Klemens Wenzel Lothar von (1773–1859) 24 f., 47, 249
Meyerbeer, Giacomo (1791–1864) 248
Mickiewicz, Adam (1798–1855) 146, 148, 150 f.
Milton, John (1608–1674) 279, 318
Montesquieu, Charles-Louis de Secondat, Baron de La Brède et de (1689–1755) 33
Morgenstern, Johann Karl Simon (1770–1852) 81
Mörike, Eduard (1804–1875) 64, 141, 144, 154–156, 219–221, 240 f.
Moritz, Karl Philipp (1756–1793) 189
Morosow, Sawwa T. (1862–1905) 122
Motte Fouqué, Friedrich de la (1777–1843) 37, 160, 171
Mozart, Wolfgang Amadeus (1756–1791) 84, 110, 119, 252 f., 265, 278
Müller, Adam (1779–1829) 28, 72, 229
Müller, Max (1823–1900) 210
Müller, Wilhelm (1794–1827) 29, 137, 160, 266
Musil, Robert (1880–1942) 27

Nelvil, Lord Oswald 26, 85
Nerval, Gérard de (1808–1855) 16
Newman, John Henry (1801–1890) 278, 289
Nicolson, Harold (1886–1968) 209
Niebuhr, Barthold Georg (1776–1831) 161
Nielsen, Carl (1865–1931) 37
Nietzsche, Friedrich (1844–1900) 68, 154, 238–240, 310
Nikolaus I. (1796–1855) 258
Nimo, d. i. Nima Yaghobi (geb. 1995) 325

Oehlenschläger, Adam (1779–1850) 37
Offenbach, Jacques (1819–1880) 55
Oken, Lorenz (1779–1851) 74, 188
Overbeck, Johann Friedrich (1789–1869) 161, 218, 277, 290–294
Ovid, d. i. Publius Ovidius Naso (43 v. Chr. – ca. 17 n. Chr.) 83, 282

Paganini, Nicolò (1782–1840) 13, 59, 253, 259
Palladio, Andrea (1508–1580) 232

Paracelsus, d. i. Theophrastus Bombast von Hohenheim (1493–1541) 316
Pärt, Arvo (geb. 1935) 269
Passavant, Johann Karl (1790–1857) 200
Paul, Jean (1763–1825) 32, 82, 108, 116, 133 f., 154, 157, 160, 251
Paulus, Karoline (1767–1844) 80
Peacock, Thomas Love (1785–1866) 69, 279, 289
Pergolesi, Giovanni Battista (1710–1736) 262
Perrot, Jules (1810–1892) 170
Petrarca, Francesco (1304–1374) 82
Petronius (27–66) 81
Pforr, Franz (1788–1812) 218
Pichler, Karoline (1769–1843) 25
Platen, August von (1796–1835) 51, 167, 276
Plotin (204–270) 62
Plutarch (45–120) 318
Pockels, Karl Friedrich (1757–1814) 189
Poe, Edgar Allan (1809–1849) 54, 71, 129
Polidori, John (1795–1821) 185
Poussin, Nicolas (1594–1665) 56, 222–224
Pugni, Cesare (1802–1870) 169, 171
Puschkin, Alexander S. (1799–1837) 101, 121–126, 132

Quincey, Thomas de (1785–1859) 65 f., 158, 280 f., 284

Raabe, Wilhelm (1831–1910) 47 f.
Racine, Jean (1639–1699) 35
Radcliffe, Ann (1764–1823) 125
Raffael, d. i. Raffaello Sanzio da Urbino (1483–1520) 96, 189, 218, 222, 227, 282, 292, 294
Raffenel, Claude (1797–1827) 149
Rand, Ayn (1905–1982) 38
Ranke, Leopold von (1795–1886) 67
Rasmussen, Dennis 21
Rauch, Christian Daniel (1777–1857) 278
Reclam, Anton Philipp (1807–1896) 301
Reil, Johann Christian (1759–1813) 201
Reimer, Karl (1845–1883) 145
Ricardo, David (1772–1823) 187

Richter, Ludwig (1803–1884) 169

Rijn, Rembrand van (1606–1669) 112 f., 222, 272

Rilke, Rainer Maria (1875–1926) 244 f.

Ritter, Johann Wilhelm (1776–1810) 74, 188, 192 f., 254

Robbe-Grillet, Alain (1922–2008) 88

Robespierre, Maximilien de (1758–1794) 21, 279, 287

Robinson, Henry Crabb (1775–1867) 61, 78, 279

Rodin, Auguste (1840–1917) 16

Rosa, Salvator (1615–1673) 227

Rosenkranz, Karl (1805–1879) 177

Rossetti, Dante Gabriel (1828–1882) 38

Rossini, Gioachino (1792–1868) 14, 16, 126, 278

Roth, Patrick (geb. 1953) 304

Rousseau, Jean-Jacques (1712–1778) 21, 66, 81, 183, 215

Rückert, Friedrich (1788–1866) 159–161, 166 f., 241 f., 276

Rudolf von Habsburg, König (1218–1291) 218

Runge, Philipp Otto (1777–1810) 89, 218, 225 f., 292, 320

Sainte-Beuve, Charles-Augustin (1804–1869) 34, 107

Saint-Saëns, Camille (1835–1921) 261

Sand, George (1804–1876) 13–16, 26, 84 f., 101, 182

Sand, Karl Ludwig (1795–1820) 47

Savigny, Friedrich Carl von (1779–1861) 160, 164

Schadow, Friedrich Wilhelm von (1789–1862) 278

Scheffer, Ary (1795–1858) 13, 15 f.

Schelling, Friedrich Wilhelm Joseph (1775–1854) 33, 66, 72, 74, 78 f., 183, 188, 198, 200 f., 226, 231, 249, 272–274, 277

Schiller, Friedrich (1759–1805) 23, 27 f., 70–72, 80, 91, 171, 179, 215

Schlegel, August Wilhelm (1767–1845) 13, 33 f., 57 f., 62, 66, 70–72, 75, 79 f., 91, 96, 125, 130, 136, 148, 212, 273 f., 291

Schlegel, Caroline (1763–1809) 26, 62, 80

Schlegel, Friedrich (1772–1829) 12, 23 f., 26, 28, 32–35, 41 f., 58, 61, 63, 74, 78 f., 81–88, 91 f., 94 f., 127, 136, 161, 165, 168, 188 f., 197, 210, 213, 289–291, 300, 306–312

Schleiermacher, Friedrich (1768–1834) 13, 65, 79, 289, 306 f., 310 f.

Schmidt, Julian (1818–1886) 43

Schmidt, Thomas M. (geb. 1960) 277

Schmitt, Carl (1888–1985) 38, 64 f.

Schubert, Franz (1797–1828) 29, 80, 132, 161, 247, 266, 302

Schubert, Gotthilf Heinrich (1780–1860) 74, 188, 200 f., 238

Schumann, Clara (1819–1896) 14, 26, 303

Schumann, Robert (1810–1856) 14, 16, 26, 43, 49 f., 143, 161, 236, 247, 249, 255, 260, 274, 301, 320, 324

Schwab, Gustav (1792–1850) 136, 145, 151, 160

Schwind, Moritz von (1804–1871) 132

Scott, Sir Walter (1771–1832) 16, 64–67, 146, 182, 278

Shakespeare, William (1564–1616) 21, 26, 35, 97, 175, 212, 245, 248, 273, 279

Shelley, Mary (1797–1851) 26, 97, 185, 192, 285, 312–319, 324

Shelley, Percy B. (1792–1822) 37, 69, 152–154, 185, 278, 313 f.

Sibelius, Jean (1865–1957) 37

Simmel, Georg (1858–1918) 232 f.

Sinding, Christian (1856–1941) 37

Sismondi, Jean-Charles-Léonard de (1773–1842) 187

Sontag, Susan (1933–2004) 307

Sorkin, David (geb. 1953) 21

Southey, Robert (1774–1843) 184, 187

Spinoza, Baruch de (1632–1677) 62

Spohr, Louis (1784–1859) 16, 132

Spontini, Gaspare (1774–1851) 259

Staël, Madame Germaine de (1766–1817) 26, 71, 84, 125, 279

Steffens, Henrik (1773–1845) 74, 201

Stendhal, d. i. Henri Beyle (1783–1842) 18, 35 f., 63, 83 f.

Stenhammer, Wilhelm (1871–1927) 37

Stern, Carola (1925–2006) 22

Sterne, Laurence (1713–1768) 81, 278

Stockmann, Alois (1872–1950) 71

Stoker, Bram (1847–1912) 185
Strauss, David Friedrich (1808–1874) 65, 138
Strich, Fritz (1882–1963) 27
Sulzer, Johann Georg (1720–1779) 197
Susman, Margarete (1872–1966) 25
Svendsen, Johan (1840–1911) 37

Taglioni, Filippo (1777–1871) 169, 171
Taglioni, Marie (1804–1884) 169 f., 172, 174 f., 256
Talbot, William Henry Fox (1800–1877) 217
Tennyson, Alfred Lord (1809–1892) 279, 295, 298
Thalberg, Sigismund (1812–1871) 256
Thorvaldsen, Bertel (1770–1844) 116
Tibull, d. i. Albius Tibullus (um 55 – 19/18 v. Chr.) 117
Tieck, Ludwig (1773–1853) 13, 37, 45, 50, 53, 96, 103, 113, 133, 136, 139 f., 211 f., 216, 231, 236, 243, 278, 282, 305, 311
Tizian, d. i. Tiziano Vecellio (1488–1576) 282 f.
Tolstoi, Lew N. (1828–1910) 101 f., 124
Tombleson, William (1795–1846) 216
Trakl, Georg (1887–1914) 131, 145, 156
Troxler, Ignaz Paul Vitalis (1780–1866) 188, 197 f.
Tschaadajew, Pjotr J. (1794–1856) 123
Turgenjew, Iwan S. (1818–1883) 124
Turner, William (1775–1851) 14, 43, 186, 225 f., 234, 276

Uhland, Ludwig (1787–1862) 136 f., 146, 150 f., 154, 160, 211
Unger, Johann Friedrich (1753–1804) 96

Varnhagen, Rahel (1771–1833) 5, 12, 25
Varnhagen von Ense, Karl August (1785–1858) 5, 86

Varsamopoulou, Evy 325
Veit, Dorothea (1764–1839) 12, 24, 26, 78–80, 84–86, 136, 161, 301
Verdi, Guiseppe (1813–1901) 170, 179
Viardot-García, Pauline (1821–1910) 16
Vico, Giambattista (1668–1744) 187
Vischer, Friedrich Theodor (1807–1887) 270, 292

Wackenroder, Wilhelm Heinrich (1773–1798) 96, 133, 136
Wackernagel, Wilhelm (1806–1869) 263
Wagenseil, Johann Christoph (1633–1705) 75 f.
Wagner, Cosima (1837–1930) 14
Wagner, Richard (1813–1883) 14, 16, 48, 119, 170, 237, 259 f., 304
Walpole, Horace (1717–1797) 125
Walther von der Vogelweide (1170–1230) 136, 264
Weber, Carl Maria von (1786–1826) 80, 160, 170, 248, 255, 258
Weber, Ernst Heinrich (1795–1878) 196
Wergeland, Henrik (1808–1845) 37
Whishaw, Ben (geb. 1980) 302
Wickram, Jörg (1505–1562) 212
Wieck, Friedrich (1785–1873) 260
Wieland, Christoph Martin (1733–1813) 23, 80
Winckelmann, Johann Joachim (1717–1768) 245
Wolley, Benjamin 26
Wollstonecraft, Mary (1759–1797) 312
Woolf, Virginia (1882–1941) 20, 26
Wordsworth, William (1770–1850) 20, 38, 60 f., 63, 65, 77, 187, 233–235, 278, 281, 285, 289, 295

Young, Edward (1683–1765) 237